金牌导游培养项目丛书

U0685554

导游带团

实战案例精讲与解析

——全国优秀导游员亲历的

82 个带团故事

张志强　徐堃耿◎著

中国旅游出版社

选题策划：郭海燕
责任编辑：郭海燕
责任印制：冯冬青
封面设计：中文天地

图书在版编目（ＣＩＰ）数据

导游带团实战案例精讲与解析：全国优秀导游员亲
历的 82 个带团故事 / 张志强，徐堃耿著 . -- 北京：中
国旅游出版社，2022.1
（"金牌导游"培养项目丛书）
ISBN 978-7-5032-6662-1

Ⅰ . ①导… Ⅱ . ①张… ②徐… Ⅲ . ①导游－案例
Ⅳ . ① F590.633

中国版本图书馆CIP数据核字(2021)第252851号

书　　名：导游带团实战案例精讲与解析：全国优秀导游员亲历的 82 个带
　　　　　团故事

作　　者：张志强，徐堃耿著
出版发行：中国旅游出版社
　　　　　（北京静安东里 6 号　邮编：100028）
　　　　　http://www.cttp.net.cn　E-mail:cttp@mct.gov.cn
　　　　　营销中心电话：010-57377108，010-57377109
　　　　　读者服务部电话：010-57377151
排　　版：北京旅教文化传播有限公司
经　　销：全国各地新华书店
印　　刷：三河市灵山芝兰印刷有限公司
版　　次：2022 年 1 月第 1 版　2022 年 1 月第 1 次印刷
开　　本：787 毫米 × 1092 毫米　1/16
印　　张：17.5
字　　数：330 千
定　　价：48.00 元
ＩＳＢＮ　978-7-5032-6662-1

目 录

第三章　生活服务篇 …………………………… 67

序 一

　　《导游带团实战案例精讲与解析》是继《去带团吧》之后第二本案例书，生动、深刻、有意义，可以看作当代导游带团的纪录片，真实地记录了 21 世纪以来的导游带团活动，为导游立影，为旅游实录，非常有价值。

　　我国旅游业的发展初期为 1949 年至改革开放前，主要接待来华的外宾和华人、华侨，旅游属于各地的外事口管理，为接待更多的外国友人和华人、华侨，1964 年成立了中国旅行和游览事业管理局。我国旅游业的大发展为 1978 年改革开放以后，入境旅游者大幅增加，国内旅游、出境旅游如火如荼，我国入境人天数、出境人天数均是世界第一，2011 年旅游总收入为 1.93 万亿元，2019 年则达到 5.73 万亿元。1841 年 7 月 5 日英国托马斯·库克组织的团体旅游揭开了现代旅游业的序幕，至今已经 180 年，中国用了 40 多年的时间走到了世界旅游的前列，这个历史需要有鲜活的记录，我相信今后研究旅游的学者一定会引用这些案例。

　　现在，国家（城市、地区、人民生活）几十年前、一百年前的老照片、老影像资料十分走红，几十年后，书中案例就是中国导游（领队）带团的老照片、鲜活的资料，导游、游客赏阅时定会感慨不已，感慨于旅游的迅速发展，感慨于众多导游为旅游"立心"的努力。

　　旅游业快速发展，旅行社、导游、游客都需要及时跟上这个发展，旅行社要研究如何满足游客的生活需求、娱乐需求、文化需求，导游要研究怎样提高自己的服务水平，游客要更新对旅游的认知，做到文明出行、文化旅游。

　　书中案例都是旅游中经常发生、经常看到的事，越普通、越平常，越有实际价值。本书是"实授"，给导游以真切的借鉴和教益，给游客以知识，本书是导游和游客的良师益友。

　　优质服务和文明出行体现在点点滴滴之中，如导游为旅游团讲解故宫都要把无线讲解器发给游客，案例中的导游还在每个讲解器的塑料袋外贴有小标贴，导游的姓名、电话都有，以备不时之需；游客走错了停车场，导游跑着去接她；雨中带领中小学生游览动物园，讲解非常认真、生动，我们的导游都把这些看作他们的本分工作，总是以辛勤耐劳、尽职尽责感动着旅游者。

旅游的实质是文化，本书第七章的案例专门讲导游讲解艺术和文化旅游，其中"风雨交加讲故宫""藏拙与亮彩"，手把手地教导游如何讲解，讲昆曲、讲端午、讲中秋、讲问茶的案例有学问、有感悟，令人不忍释卷，我读后颇有感受，如果我国的导游都能深入文化讲解、精心服务，一定会使得游览更有吸引力，旅游更健康地快速发展。

书如其人，拜读之时，总能领略到二位作者谦和待人、治学严谨的风采。

一本好书不仅可以"传道、授业、解惑"，还会提高人的修为，感谢中国旅游出版社出版此书。

唐瑞缋

成道禅寺寺院管理委员会　　主任

烟台庆达旅游开发有限公司　董事长

招虎山国家森林公园　负责人

序 二

　　《导游带团实战案例精讲与解析》是一本生动的导游带团案例书，每则案例都能让你深入其中，体验案例发生、进展和结局的同时，试想倘若是自己遭遇此事，该如何处理？教训发人深省，经验立可汲取。俗话说不经一事不长一智，但是如果事事都经历方得其智，"学费"就太昂贵了，这本书为导游提供了带团的借鉴与阅历，阅历是人生的宝贵财产。

　　每一位导游都有难忘的带团经历，但是很少记录下来，全国优秀导游员张志强把近年自己和学生的带团经历真实地记录下来，案例后有徐堃耿老师的点评，值得导游认真研读、汲取教益。

　　全书由八个篇章组成，涉及导游（领队）带团的全过程、全方位。

　　"立身篇"不是说教，既有导游需要纠正、改进的案例，又有导游献身导游职业的感人案例。古人云"生如蝼蚁仍持不屈之心"，真正的成功者首先是做人的成功（凡侥幸者必前功尽弃），导游带团就是体验人生，导游要接受游客、同行以及自身心灵及学问的考验。

　　"导游篇"和"生活服务篇"是导游带团生活的真实写照，导游读了，自会想起类似的经历；游客读了，会心头一热，原来带团导游是如此辛苦。案例"我为辽源市援鄂医护人员当导游"，真实地再现了在2020年抗疫中导游为援鄂医务人员服务的情景。

　　"事故篇"的案例让人记忆深刻，处理突发事故是检验导游带团能力的试金石，检验导游对于复杂事物的处理能力，对于游客情绪的引导能力以及自控能力。点滴经验也是强有力的援手，失败的教训更加弥足珍贵，导游带团就是深入社会、体验人生。事不避难者则进，业不求易者必成。

　　"出境旅游篇"记载了一些领队在境外带团的经历，其经验、教训很有借鉴作用。有的导游羡慕领队带团出国风光，殊不知领队在国外带团责任重大，特别是遇到突发事件，更是需要领队镇定、正确、灵活地进行处理。

"文化旅游篇"令人手不释卷，讲解是导游的基本功，但是怎样讲解，却是八仙过海各显神通，导游的讲解是否具有知识性、艺术性，能否讲出文化，需要游客的评判，正如书中所说"导游的水深、水浅，层次高低，游客一听就知道"，导游讲解其实是导游对于观览内容的理解，其讲解展现的是导游的文化修养、思想境界。"文明旅游篇"和"文化旅游篇"是新时代导游带团的写照，导游在带团中为了突出文明、突出文化，颇费了一番心血。

　　"研学经典范例篇"是导游员学习的标尺，导游为研学团讲解昆曲、北京动物园、端午节、中秋节、问茶，都非常生动，有见解、有感悟、有深度。导游不是专家，但是游客希望听到文化内涵丰富的讲解，文化是旅游的灵魂。

　　书中一个个案例展现了众多导游为旅游事业尽心尽责的生动事迹，一个人将身心献于所从事的职业，就是走向杰出。范仲淹云："予尝求古仁人之心。"忠诚服务游客是我们的初心，永远保持孜孜不倦奋力前行的状态，必定是广受游客赞誉的好导游。一辈子坚守导游职业，虽然劳累、辛苦，但永远快乐！永远青春洋溢！

　　中国旅游出版社出版《导游带团实战案例精讲与解析》，为广大导游开了一堂别开生面、生动的导游业务课，受教面既广且深，不胜感激！

　　谨以小序表达我对二位作者和责编老师的敬意。

李爱龙

北京旭冉假期旅游有限公司董事长

北京市旅游行业协会自驾游专业委员会监事

北京市旅游行业协会地接专业委员会监事

序 三

文化和旅游部成立后，文化大大促进、加强了旅游的文化性，旅游团的显著变化是更加追求文化品位。研学团有了很大的变化与提高：第一，从"游中学"变为"学中游"；第二，研学课题更加丰富，传统文化的研学内容明显增加；第三，研学地点由城区、近郊发展为远郊、外地，研学时间由半日发展为一日或多日游。

《导游带团实战案例精讲与解析》是一本令人大声喝彩的案例书，不仅有常规旅游团的案例、出境游的案例，还有一些研学案例，为研学团提供了宝贵的经验。书中的"接励志团""动物园之游""为研学团讲昆曲""端午民俗研学游""思茅问茶"等篇目直接是写研学游的，为研学讲解提供了"范本"。每一个城市（地区）的每一个小学，都会组织年级或全校师生去本市动物园参观游览，动物是人类的好友，如何组织好观览、如何讲解，研学导师可以直接从"动物园之游"取经：学生问研学导师"从什么时候就有老虎了？为什么欧洲没有老虎？"于是研学导师就讲了虎的历史沿革，研学导师问学生"老虎怎么渡过海峡的"，四年级的学生联系课文的内容讲了："……魏格纳认为古代大陆原来是联合在一起、而后由于大陆漂移而分开，分开的大陆之间出现了海洋，魏格纳的学说叫'大陆漂移说'……"科学知识深入研学，知识不再枯燥、冷冰冰，而是带着温度，被学生们喜爱。

2014年5月4日，习近平总书记在北京大学师生座谈会上说："中华优秀传统文化已经成为中华民族的基因，植根在中国人内心，潜移默化影响着中国人的思想方式和行为方式。"许多案例都是弘扬传统文化的，生动地展现了在研学中如何让传统文化植根于心。2001年5月18日，联合国教科文组织全票通过昆曲列入世界首批"人类口头遗产和非物质遗产代表作"，在看昆曲前，研学导师为同学们讲解如何欣赏昆曲，讲解之后研学导师说："舞台上，演员一投长长的白纺绸水袖，你的心会怦然一动；演员深情的一瞥、浅浅的一叹，你会感喟良久。只有在剧场才会'情不知所起、一往而深'，我要用昆曲的念白真诚地对大家说一声：'不到园林，怎知春色如许？'"中国戏曲只要看了一次，就会在学生稚嫩的心灵里埋下种子，有时会影响他的一生。

2009年9月30日，端午节入选世界非物质文化遗产名录，研学导师不仅讲解了端午节的来历、习俗，对邻国的影响，还讲了粽子文化，研学导师说："端午节时，全国从南到北、由东至西都吃粽子，2000多年了，端午节时，还没有任何一种食品能替代粽子，粽子是最经典的节日美食。如果评选一种最普遍的节日食品，粽子是当之无愧的。"如此温馨，暖入心脾。

2018年国务院办公厅发布了《关于促进全域旅游发展的指导意见》，文化和旅游部为了贯彻《国务院关于印发"十三五"旅游业发展规划的通知》，2020年12月2日公布了第二批国家全域旅游示范区名单，研学的范围更广阔了。本书是最好的研学导师，认真研读，必有大收获。

徐教授、张老师（我的师父）每每在著作中诚恳地教导我们德艺双馨，噫，微斯人，吾谁与归？

北京中广研学教育科技有限公司　董事长

第一章 立身篇

有些人（包括某些导游）认为，导游只要能说会道并且有点学问、脑瓜灵、颜值不错就一定是一个成功的导游。是这样吗？非也！

任何一个行业的优秀从业者、杰出人士都必须具备三个条件：善良，唯有善良才能心正、路正；勤奋，勤奋是聪慧的基础，滴水穿石；自身条件（包括身体和文化修养）适合所从事的职业。

凡是能坚持导游行业 10 年以上的导游，绝大多数是热爱导游工作的人，是老实从业的人，不是一个这山望着那山高的人。

好的导游应具有发自内心的热情、真诚、善良，自觉、刻苦、不断地淬炼自己的思想道德、品质修养，扩展知识结构，增强工作能力。

品德与操守是事业的坚固基石，没有这个基石，任何高楼大厦都会坍塌。孔子曰："为朋友谋而不忠乎？""人而无信，不知其可也。"一个人的品德与操守，旁观者的评论未必准确，但是在利益面前，一定能够测试出来。导游要经受得起利益的考验、旅游界同行的考验、游客的考验、社会的考验和岁月的考验。

明理立德，博智立学，以"诚实"端人品，以"信义"行天下，以"勤劳"立业，带团就是做人。

✈ 1-1 "你是世界级优秀导游"

2019 年 5 月，北京某国际旅行社筹备承接一个以色列以残障人士为主的旅游团，这个团由 4 个家庭组成，加上领队夫妇一共 12 人。

如果旅游团中有个别残障人士，困难不会太大，但是同时接待 8 位残障人士还真有不少困难。首先，酒店要同时提供几间残疾人房间，残疾人房间的房门能让宽大的电动残疾车开进去，房间里的任何电器、洗手间马桶旁的扶手、淋浴器的高度等都要适合残疾人，但是这种房型利用率低，有的酒店就把残疾人房改为其他房型了，还好，北京的好苑建国酒店、悠唐皇冠假日酒店能同时提供3间纯残疾人房（有一个家庭的残障人可以住普通房间）。

参观游览出行时，8辆残疾人电动车都要开到旅游车上，适合这种要求的旅游车不多，旅行社与北京公交集团联系，北京公交集团提供了大型公交车（俗称"大通道"）。车的中门有活动坡道，8辆电动残疾车能开上去，"大通道"里宽绰，残疾车都能停下，残疾车停好后锁死，非常安全。残障游客不坐在座位上，总是坐在残疾车上。

旅游团还有许多特殊需要，如要有一辆行李车（金杯面包车）随时跟着，车上载有备用的手推残疾车、电动残疾车的备用钢轨道（以备没有坡道时用）、随机向当地残疾人士赠送的残疾车、小帐篷及马桶（没有洗手间时用）。以色列方面还直截了当地提出必须派一位精明强干、富有生活经验的男导游进行服务。

这次接待任务很重，旅行社领导觉得高级导游马存最适合上这个团。马导刚过不惑之年，工作一贯兢兢业业，但是他上周五刚请了一个月的假，他弟弟在老家盖房，弟弟刚去一个新单位不能请长假，于是马导在老家替弟弟盯着工程。旅行社老总对计调经理说："旅游团5月15日到京，还有好几天，你一定要劝说马存上团。"

接到旅行社的电话后，马导就和他弟弟说了带团的事，安排好了盖房的事儿。

5月12日上午马导到了旅行社，领了行程，与计调经理协商接团的具体细节。

当天马导就开始进行接团前的各项准备工作，跑了一趟天安门广场、故宫、天坛、颐和园，把能提供残疾人用的洗手间全都记了下来，马导觉得如果只凭过去带团时对洗手间的印象肯定不行，倘若这些残疾人到了洗手间门口，一看不能进去，那种失望情何以堪？

13日，旅行社计调说原来联系的两位推残疾车的师傅被客人续订，不能上团了，让马导另找推车师傅，马导觉得打个电话有点毛糙，就亲自跑到天安门广场找到两位熟悉的推车师傅，对他们说："这个团有两位残疾人，你们得随时推着他们，这个团的吃喝住宿都是高标准，西安、上海等地你们都跟着去，上团待遇，计调会与你们谈。"

马导把行程中所有市内用餐的餐厅、咖啡店都跑了一遍，一看餐厅附近能否停"大通道"，二看餐厅有没有无障碍通道，轮椅能否开进洗手间，三与餐厅落实旅行社计调与他们签订的餐单。

马导与"大通道"司机师傅联系，逐一落实出行时的上下车地点，因为普通旅游车停两三分钟几十个游客就能上下车，但是这个团上下车至少得20分钟。"大通道"

虽然是公交车，但也得遵守交通规则，停车地点必须是能停20分钟左右的地方。

晚上，马导又去下榻酒店实地看了一下残疾人房间。

14日，马导得知旅行社安排他的师弟张燕军担任助手兼全陪，非常高兴，"打虎亲兄弟"嘛，马导约师弟来家细细地把行程过了一遍。

旅游团乘坐LY095航班于23：20从以色列首都耶路撒冷起飞，15日13：30抵达首都国际机场T3航站楼，马导、张导、两位推车师傅、行李车、"大通道"都提前到达机场准备接机。在等候时，马导、张导看了一下B出口两侧的洗手间是否方便。

以色列航空为这些残障人士提供了很多方便，出机场时也有机场工作人员帮旅游团推着大量的行李，直到17点马导才看到客人慢慢出来，马导对客人简短地致了欢迎词，然后照顾着游客去洗手间。

全体聚齐后，马导带领客人坐直梯下到地面一层，直梯只能容一辆残疾车和两三个人，但是绝不能乘自动扶梯，这样有危险。马导让张导断后，他和领队带着第一辆残疾车先行抵达地面一层，然后通过机场大巴管理员把"大通道"调过来，每下来一辆残疾车就直接进"大通道"。

旅游团下榻在北京好苑建国酒店，入住后，马导、张导陪着领队夫妇到每一间房间查房，客人休息半个小时后在大堂集合，就去酒店隔壁的餐厅用餐。餐单早已和餐厅核实好，以色列人饮食是有一些忌讳的，马导在等客人下楼时又嘱咐了餐厅一遍有哪些忌讳。

游客看到菜肴都是他们喜欢的，很高兴，他们喜欢喝青岛生啤，马导让餐厅满足客人需要。这些残疾人都是为国家立过功的，待遇优厚，只要他们喜欢某菜肴、酒水，就可以再点，全程无任何自费，导游签单或开发票就是。

用晚餐后陪客人回到酒店，马导、张导他们已经工作了10个多小时了。

16日上午的行程是天坛，客人的习惯是早出发、晚回酒店，尽管昨日抵京非常辛苦，但客人很早就起床、用早餐。

在马导等人的服务下，"大通道"顺利抵达天坛东门停车场，这些客人在国内可能做过功课，一听说天坛到了都很兴奋，世界各国人民对"天"都是敬畏的。

天坛以及许多景点对于世界上的残疾人都是免费的，但天坛规定不允许电动残疾车开进去（避免电动残疾车疾驶），天坛检票人员问马导："您们是否带了手推的残疾车，我们天坛有志愿者服务队，可以帮着推。"张导与推车师傅就把行李车上备用的手推残疾车都取来了。"换车"是个很累的工作，电动轮椅上带有一个特殊"椅垫儿"，椅垫四角各有坚实的带儿，客人坐垫儿上，马导、张导、推车师傅四个人各持椅垫一角的带儿，兜起客人抬到手推轮椅上。客人身高体胖，没有力气真提不动，天坛的志愿者热情地帮助推着残障游客。

在进入东内坛墙豁口时，游客约瑟夫先生在轮椅上反复回头看体育馆大街，又凝望着前方的祈年殿，他问马导："Mike（马导的英文名），我过去是军人，对关键位置感兴趣，这个口子一定是后开的，开这个口子是皇帝的命令吗？"马导说："不是皇帝让开这个口子的，20 世纪 70 年代，参观天坛的人从东门进来后进入内坛非常不方便，天坛的徐志长先生就向当时的领导建议在这里打开一个豁口，方便群众。当初的一个建议，现在发挥了巨大作用，因为天坛东门的客流量最大，旅游车、小轿车都停在东门停车场。"约瑟夫先生说："这位徐先生懂得哪里是要害位置，很有战略眼光。"马导说："徐志长先生是我老师的老师，按照北京人的习惯，我管徐老师叫师爷爷。我师爷爷曾在 1986 年 10 月 13 日陪同英国女王游天坛。"游客纷纷要求马导讲一讲英国女王如何游天坛，马导说待会儿一定讲，约瑟夫先生说了几句希伯来语，大家都笑了，马导悄悄问领队："我说错了什么吗？"领队大声说："约瑟夫先生说你很有导游艺术，吊着我们的游兴，吸引我们参观。"

进入东内坛墙豁口后，以色列游客看到有打太极的、跳舞的、打柔力球的、踢毽子的、唱戏的、唱歌的、打牌的，非常高兴，说"和平、祥和的氛围是他们渴望已久的"。公园里有健身广场，太棒了，以色列因为天气热没有健身广场，都是在健身房或者去海滩健身，这些以色列残疾游客特别爱看北京百姓的生活。

进祈谷坛时有一个插曲，马导说走祈谷坛的东门就行，天坛的志愿者说西门最好走，马导想当然是天坛的人最熟悉路了，但是到了西门一看有台阶，只好又绕回去，天坛的工作人员直道歉，马导说："你们这么辛苦，我们感谢还感谢不过来哪。"

祈谷坛的须弥座不可能设有坡道，所以马导就在下面讲祈年殿的作用和建筑艺术以及徐志长（时任天坛公园副园长）陪英国女王游天坛：

1986 年 10 月 13 日，女王和丈夫爱丁堡公爵一行百余人下午 3 点到达天坛，来到祈年殿时，女王对徐副园长说："这个大圆殿美极了，从各个不同的位置上去看，它都是十分端庄和美丽的，是少有的建筑杰作。"我师爷爷说："每年早春，在寒冷的凌晨时分，皇帝从斋宫来到这个圣殿，举行祈谷大典，为全国百姓向上天祈祷，以求上天恩赐风调雨顺、五谷丰登。"女王深有所感："皇帝的地位高、权力大，责任也更重大，皇帝是不会轻松的。"

在即将离开祈谷坛时，女王停下脚步对徐副园长说："您刚才说到风调雨顺，我在别处也多次听说过这句话，风调雨顺究竟是个什么概念？"我师爷爷的回答可精彩了："风调雨顺就是在一年中刮风下雨都适时、合度，天气正常，古人并没有向上天提出过高的奢望。"

女王说："降雨的作用是明显的，可是你们古人祈求风，这是为了什么？"徐副园长说："五谷（黍、稷、麦、稻、粱）都是禾本科植物，均属风媒花，每当抽穗开花时，需要风来帮忙传授花粉，缺少风的助力就会减产许多。在五谷成熟的时候还需要风的帮助，没有风，地中间的庄稼就可能捂烂了，地边的庄稼往往长得好，就是得风。"

女王对我师爷爷的回答频频点头表示同意，随行的人很多，女王对着他们深有所感地说："西方各国都有求雨的历史，但是没有求风的记录，而中国自古追求的就是一个完美的系统，风调雨顺，中国的东方文化真伟大。我还要告诉各位的是，今天世界上许多重大的发明、发现，都能从中国古人那里找到启示，中国真是了不起。"

马导的这番讲解引起了客人对天坛的极大兴趣，虽然客人上不了圜丘坛、皇穹宇的须弥座，但是听马导优美、翔实的英语讲解已经很满足了。

天坛的游览即将结束，游客看到七星石南面有 100 多人聚集着，便提出要去看看，原来那里是个"红娘角落"，绝大部分是许多老人在为儿女求偶，地上摆着大龄男女青年的照片、资料，一位以色列女游客对马导说："在中国太幸福了，我弟弟的女儿 28 岁了，还没有男朋友，能来这里寻找吗？"马导笑着说："当然可以啦，我也要当一回红娘，您看张导可以吗？他是未婚单身，今年 29 岁。"这位夫人说："张导人很好、年龄也合适，但是我的侄女身高 1.88 米，比张导高了一大截。"张导的脸一下就红了，推车陈师傅低声说了一句话，天坛志愿者都抿着嘴笑了，这位女士马上问马导："Mike，推车的先生在说什么，为什么你们几个都笑了？"马导连忙编了一句："他说你们的伙食太好，所以姑娘也长大高个子。"

游览结束后先到红桥市场地下餐厅用餐，客人一边吃着火锅一边喝着青岛生啤，吃完饭坐直梯到楼上自由购物，购物后乘"大通道"前往餐厅用晚餐，之后返回下榻酒店休息。

17 日走中轴，"大通道"停在前门东 23 号院那里，因为团队通道要下台阶，马导就没有走团队通道，武警非常照顾这些残疾外宾，团队就直接从国家博物馆前面的人行横道进广场了。在广场马导给客人留了 30 分钟自由拍照留念，两位推车师傅一边推车一边热情地给客人讲解，客人虽然听不懂中文，但是开心地笑着，不断点头称是。

进故宫前，马导安排大家在劳动人民文化宫东侧的洗手间方便一下。

进了午门，马导让大家先去家具馆南侧的洗手间，顺便让大家在城墙下的阴凉处歇一歇。马导对张导说："带老年团、残疾人游览，一定要勤去洗手间，如果他们憋不住了，很尴尬。"

太和殿、中和殿、保和殿客人肯定是上不去的，于是在东侧体仁阁下面的阴凉处，马导给大家讲太和殿的作用，马导看出大家非常想了解太和殿内部的陈设，给了张导一个眼神，张导从双肩背包里取出一张太和殿的内景照片图版，客人一看就"炸了"，英语的"伟大"、希伯来语的"太棒了"赞不绝口，就这样，每到一个殿宇，张导就出示图版，马导讲解之后，帮助游客拍照留影。

游客对故宫的洗手间非常满意，每次去洗手间就成了短暂的休息时间。

从神武门出来后，几个游客看到对面就是景山，很感兴趣，领队提出临时增加这个景点，马导过去带团时知道景山东门有无障碍通道，于是就带大家游景山。

在景山东麓山脚处有一汉白玉石碑"明思宗殉国处"，马导为大家介绍了崇祯皇帝的经历以及殉国的过程，约瑟夫先生说："这么一个勤政的皇帝，为什么是这样的命运啊？午餐时 Mike 可以给我们讲一讲崇祯皇帝。"

午餐后游览钟鼓楼地区，马导为大家讲了钟楼大钟的故事：

"钟楼的正中悬挂着'大明永乐吉日'铸的大铜钟一口，钟高 7.02 米，直径 3.4 米，重 63 吨，是中国的'钟王'，钟声悠远绵长、圆润洪亮。

"当年铸钟时，久铸不成，铸钟头领的女儿担心父亲获罪，听人说如果人投入炉中祭了炉神就一定能铸成，一天，她乘人不备一下子投身炼铜炉中，钟最终铸成，后人念其忠孝两全，建了金炉圣母铸钟娘娘庙，庙就在钟楼西边铸钟厂胡同那里。

"中国古代计时一天分 12 个时辰，一个时辰 2 小时，2000 多年前的汉代命名了12 时辰：子时 23~1 点、丑时 1~3 点、寅时 3~5 点、卯时 5~7 点、辰时 7~9 点、巳时9~11 点、午时 11~13 点、未时 13~15 点、申时 15~17 点、酉时 17~19 点、戌时 19~21 点、亥时 21~23 点，每一时辰的前一小时为初，后一小时为正。比如，7 时叫辰初，8 时叫辰正。打更是古代中国民间的一种夜间报时制度，更夫打梆子巡夜报时，23~1 时为三更，1~3 时为四更，3~5 时为五更。"

约瑟夫说："Mike 这一段讲得太好了，真有学问。领队，你亥初（21 点）的时候要打更啊，你不打更，我不睡。"大家开怀大笑，说约瑟夫可以师从 Mike，当导游。

在钟楼附近乘坐三轮车游胡同，因为游客都比较胖，故一人一辆车，从电动轮椅下来移到三轮车上还是要用"椅垫儿"，马导再三嘱咐三轮车师傅慢点骑，一定要稳当。

从钟鼓楼到烟袋斜街很近，游客对于市井文化感兴趣，一位游客看到胡同里的厕所，他问怎么知道残疾人是否可用，马导说："厕所标志上只要带有轮椅图案，就可以用。"在烟袋斜街遇到了一位当地的残疾人，这位残疾女性是一个学校的图书馆管理员，会说英语，游客和她攀谈起来，领队告诉马导立刻让行李车开过来，从车上取下来一辆残疾人车，赠送给她。马导让张导顺便把行李车的钢轨道也取下来，因为刚才游客说要去一家咖啡馆喝点咖啡、牛奶，体验一下休闲生活，银锭桥附近的一家大点的咖啡馆有台阶，架上轨道残疾车就能推进去了。

第四天（18日）登长城，残疾人登长城，居庸关是最方便的。"大通道"开到4号停车场（坡上面的停车场）。首先是电动残疾车换手推残疾车，遇到台阶，先把手推残疾车搬上去，然后用椅垫儿把客人搬过台阶坐上手推残疾车，有拐杖的游客非要下来自己挪着走一走不可。全体游客登了长城200米，集体合影之后，好几位客人抚摸着长城的砖、垛口，热泪盈眶。张导对他们说："不到长城非好汉，我为你们骄傲。"那几个客人激动地对马导、张导说："我们都知道长城建在崇山峻岭上，但是从来没有想到我们能站在长城上，用自己的手摸一摸长城的砖，今天真的登上了长城！"

从长城下来，马导请领队为每人颁发一个登长城纪念牌，红红的绶带下面是金光闪闪的纪念牌。马导对大家说："我们的祖先用最坚强的毅力、集思广益的智慧，在最险峻的地方建起了长城，各位尊贵的客人，你们同样以最坚强的毅力登上了长城，实现了自己的愿望，中国导游、推车师傅，向你们致敬。"

中午在一家社会餐厅用餐，这个旅游团从不在有旅游团队的餐厅用餐。

下午游览鸟巢、水立方，这里场地广阔，电动残疾车慢慢开着，悠闲地游览着，马导、张导以及推车师傅紧步快行跟着他们。

第五天（19日）游览颐和园，马导引领客人欣赏最美、最豪华的皇家园林。下午王府井自由活动，这一天都是在地势平缓的地面行走，所有服务人员都感到轻松不少。

第六天（20日）乘G571去西安。火车是9：30开，头天晚上领队说早餐打包，6：40就从酒店出发了。

"大通道"停在北京西客站北广场停车场，马导联系的小红帽服务队及时到来，进站必须得依靠小红帽服务队，他们能把行李提前送到站台上，旅游团行李非常多，每个家庭至少有3件大行李，还有准备赠送的几辆残疾车。

北京西站二层候车大厅有一个检票口，那里有直梯，但直梯只能容下一辆电动轮椅和两个人，一进候车大厅，马导就带领大家在直梯前排队，以便快速登车。

在等候检票的时候，领队把一个大信封和一封有全体游客签名的感谢信郑重地交给马导，约瑟夫先生非常激动，他说："几天来，受到Mike以及所有服务人员无微不至的关照，Mike用金子一样的心为我们服务，你是世界级的优秀导游！"

高铁登车时间很紧张，马导、张导、推车师傅都很能干，不管怎样，行李和游客都及时上了车。车厢连接处的通道比较宽敞，残疾车就停在两三个通道处，一路上游客都坐在电动残疾车上。

当列车缓缓开动时，好几个游客透过车厢玻璃给马导打着飞吻，似乎流下了热泪。

火车过了保定，开车一个多小时了，张导微信告诉马导："师哥放心，全体游客都已安置好，行李集中在 3 个车厢内，因为有明显的行李牌，又是终点站下，会安全的。"

马导在回家路上，旅行社老总打来电话："马老师，你们每天工作 13~14 个小时，真的辛苦了！领队打来电话，说 7 月、9 月底还来两批同样的以色列残疾人旅游团，领队说北京地陪一定要 Mike，马老师你为社里争光了。"

☞ **评析：**

以色列残疾人旅游团离开北京时，评价北京地陪马存"你是世界级的优秀导游"，理由是"用金子一样的心为我们服务"。

事实证明这个赞誉马导当之无愧，请看马导对残疾人旅游团的服务：

接团前马导请了一个月的长假帮弟弟修建新宅，但是接到旅行社电话后二话没说就赶回北京接受任务，开始紧张的筹备工作。

为了高质量地接待残疾人旅游团，马导事无巨细进行认真周到的准备，查看卫生间、餐厅、酒店是否具备接待条件，核实旅游车停车地点等。

马导的讲解有文化、有历史、有故事，激发了行动不便的残疾游客对游览景点的极大兴趣。

马导的导游服务无微不至，面面俱到，游客"宾至如归"，因而满意、兴奋。

接待残疾人旅游团是对导游的极大考验，不仅要热情周到地服务，还要出大力气帮助他们游览景点。导游和服务人员把游客抬上长城时，游客没有想到他们竟然真的登上了长城、亲手摸了长城的砖，非常激动。

这次成功接待，马导师弟张导、推车师傅、司机、旅游景点的志愿者也功不可没，值得称道。

接待以色列残疾人旅游团应注意下面三个方面：

一、对残疾人旅游团要热情周到，但一定要注意方式方法，过分热情的服务可能会让游客误解为怜悯。此外不能有了解如何致残、平日如何生活的"好奇心"，即使他们主动说起，导游只能认真倾听，可能时对他克服困难表示钦佩。

二、以色列位于中东，其公民主要是犹太人，信奉犹太教，而周边国家的居民是阿拉伯人，信仰伊斯兰教（什叶派、逊尼派）。我国的导游员大多是无神论者，不太了解宗教问题，所以在带团中不提及、不评论宗教问题，更不要宣传无神论。

三、中东地区，宗教问题、民族纷争纠集在一起，还有战争，很复杂。导游员应不提及、不评论，适当时多讲和平，其实各国人民都希望和平、安定，以色列游客看到天坛内当地居民的娱乐健身活动感慨地说和平、祥和的氛围是他们渴望已久的，就是明证。

1-2 门票丢了

8月6日，CH旅行社晚上临时接了一个旅游团，新导游苏翠早早带团来到GG景区，在售票处买票。

这个团没有全陪，又是昨夜刚接到，苏导还认不清本团的游客，进景区的人熙熙攘攘，苏导就嘱咐团内游客排好队，请一位年轻游客断后。有的散客不自觉硬往队伍里插（谁知道他们有没有票），苏导客气地把他们请了出去，如果没票的人和团队一起进了检票口，缺票就会很麻烦，因为GG是列入《世界遗产名录》的景区，每人每天只能买一次票，没有办法补票，苏导把这道理和旅游团一说，大家都紧紧地排好队了。

拥挤中好不容易到了验票口，"导游，你团是27个人吗？""28位游客啊！""验票老师，我先带团进去，清点一下看看缺谁，您记着我的团还差一个人哪。"游客老刘告诉苏导："有个年轻女游客，好像叫范蕾蕾，她在后面拍照，没见她排队。"苏导赶快按照行程表上这位女游客的手机号联系她，还好这位女游客这时已经到了检票口，苏导把她领了进来。

旅游团的人齐了，苏导开始带领游客依序游览。有个游客提出想要张门票留作纪念，苏导向他解释，为了节能减排，景区的门票不再是一张一张的票了，而是现场打印的集体票。讲到这里苏导突然想到没有把门票收起来，验票员确实把票给她了，可能在过安检时不知把票放在什么地方了，带着团也不可能回去找。

"没有门票，回旅行社怎么报账啊？旅行社怎么看待自己这个新导游啊。"越想越丧气，苏导怪自己慌里慌张、毛毛糙糙的。

游览快结束时，师傅打来电话，问她团队有没有问题，苏导就把丢了门票的事儿说了。师傅说："你别管了，我来想办法。"

后来才知道师傅下午特意去了趟景区，导游不带团是不免票的，师傅买了张门票才进了景区。进了景区后师傅看见散客就问能把门票给他吗，就这样一张票、两张票地凑齐了28张票。这么热的天，苏导的师傅真的辛苦了，苏导对同伴说："要是我，真抹不开面子跟人家要票。"

新导游啥事也得师傅操心受累，后来苏导就把她师傅叫成师父了。师父说："师徒是名分，其实是志同道合的朋友。"

☞ **评析：**

新导游初次带团，即使做好了种种准备，仍会有不踏实感，甚至有恐惧感，这都属于正常现象。虽然踩过线、跟过团、看过老导示范，现在是自己带团，因为这是第一次，总有点底气不足，不知道该怎么办。

游览列入《世界遗产名录》景区的人很多，散客加塞儿也常见，所以导游不但要组织好队伍还要有"认人"的本事，一眼就要看出是不是本团的人。一般进景点时地陪与全陪分工合作，把旅游者带进景点，本案例中没有全陪，所以地陪请一位游客帮忙压阵。

还有一点新导游要特别注意，进景点前一定要点清人数，进入景点也不要以为游客都进来了，有时可能会有一两名落后的游客没有跟上来。多一个人验票员绝不会放进去，但是人少了，验票员有时不提醒你，幸好景区的验票员提醒苏导的团缺一个人。现在景区已经是电脑约票，取消了纸质门票，进景区只要刷一下导游的身份证，验票员的视频上会出现所有游客的姓名及身份证号码。

导游丢失景点门票的事不少见，但丢了门票无法报账，有时还会被旅行社认为少买票多报账，对导游的人品打折扣，导游一定要重视门票问题。通常，工作认真的导游会准备一个夹子，用来保存签单、门票、发票等，工作严谨的导游交给旅行社的票据总是平整、干净。虽然导游业务书中没有写这类细节，但一件小事也能体现出导游的工作作风。

很多旅游者希望将景点门票，特别是世界文化遗产的门票留作纪念，在符合旅行社报账要求的前提下，导游应尽可能满足旅游者的要求，把票根撕下来后，把门票发给旅游者，要在相对安宁的环境中发，甚至可以回到饭店后发，当然景点发售的旅游团集体票就没有办法发了。有的景点要求每人持票，机器验票，导游要及时收齐门票。

本案例中，导游师傅打来电话，关心苏导带团情况，得知她丢了门票，就到景区专门为她向散客收集门票，解决了她报账的麻烦，苏导感激地把师傅叫成"师父"了。拜师不仅是学艺，更重要的是学如何做人。案例中的导游师傅虽然没有介绍，但是大家似乎已经感受到他一定是个优秀导游，是个好人、好师傅，他不怕麻烦、不怕辛苦，为徒弟去找门票。这种古道热肠，这种敬业精神一定会传给徒弟的。

✈ 1-3 跟团记

某旅行社要升为五星级旅行社，计调部把张燕军几个导游找去，说为了提升他们的网上好评，让他们向网红导游取经，给张导安排的高手是李永虎，张导一听就乐了，平时李导经常口口声声说要跟张燕军学导游讲解。从导游从业条件来讲，说实话，张导比李导强很多。

晚上10点，首都机场二号航站楼接机，等张导来到机场时，李导已经站在接机最明显的位置了，张导问李导这么早来干什么，李导说："早点来心里踏实，我还给游客领了几个打火机，烟民下了飞机第一件事就是急着吸两口烟。"

李导可真行，这样热的天竟然穿得衣冠楚楚，不过他的白衬衫、领带、裤子、皮鞋都是永定门外批发市场买的，张导的一个圆领T恤都比他一身的行头贵，李导真像一个年轻的村支书。

接到了游客，李导没有急于带领旅游团乘自动扶梯下楼，而是先让大家去方便一下。

李导把几位老人的包包放在行李车上，他推着，带着老人们走在旅游团前面，全陪和张导断后，张导和全陪看得很清楚，刚一下飞机，李导就得到了旅游团中老年人的喜欢。

全团游客登车落座后，李导看到第三排的一个阿姨老往后看，他就问大家是否还需要调整一下座位，那位阿姨说希望坐到第六排与她女儿、外孙在一起，阿姨夸李导真有眼力见儿，懂别人的心思。李导致完欢迎词后没有直接进入沿途导游讲解的环节，而是拿着游客名单一一认起人来，叫一个人名，马上就亲切地叫一声张叔、李姨、王哥、许大姐，他管小朋友叫小弟弟、小妹妹，张导觉得真够俗气的。

李导这样介绍张导："这位帅哥是张燕军，一位优秀导游，我的铁哥们儿，我请他来指导我的导游服务。张导多才多艺，肯定会给大家露一手的。"

沿途讲解环节，李导没有讲北京的3000年建城史、800年建都史，而是和游客聊上了老北京人的日常生活、待人接物，北京人说话的特点。别看李导在河北农村长大，他介绍的许多事儿就连在北京土生土长的张导也是第一次听说，如冰糖葫芦怎么把核

（hú）捅出去、糖怎么熬，炸酱面的酱怎么炸、面如何和，夏天吃啥菜码，冬天吃啥菜码等。张导一直认为这些家长里短的太贫，不值一提，可是李导说起这些生活琐事，游客都支棱着耳朵认真听。

为旅游团办理好入住手续、查房完毕，李导把一张早餐券给了张导，张导问李导："你不吃早餐吗？"李导说他要减肥。

张导从前带团，经常为了多睡一会儿，临出发前 15 分钟才到酒店，这次早上 6 点就到了酒店餐厅，但李导来得更早，他正在与前来就餐的游客打招呼。李导又换了身行头，穿着春草绿的 T 恤衫。

参观天安门广场时，每个家庭都把相机交给李导，李导身上挎着很多相机，李导让张导拿着社旗与游客合影，对游客说："张导这么帅，不和你们合影，不是浪费资源吗？"张导只好灿烂地笑着与大家合影。

游客提议照张全团合影，李导端起他的微单广角相机为全团照下全家福。"哎呀，这相机得小两万元，李导这家伙平日省吃俭用的，竟然买这个高档货"，张导暗暗吃惊。

李导看见李大妈老用手遮着阳光，就从双肩背包里拿出自己的遮阳伞，让李大妈用。

李导带的团总是第一个进故宫的。

李导在内金水河边拿出一张很大的故宫平面示意图，图上红红绿绿的颜色，一看就知道是手绘图，肯定是李导求会画画的高手给绘制的。他简明扼要地介绍了今天的游览路线、游览时间以及最后出神武门的时间，希望大家不要走散，万一走散，请及时与全陪、地陪联系。李导让张导负责照看 3 号、4 号、5 号家庭，全陪负责 6、7、8 号家庭，他负责 1 号、2 号家庭，说这几个家庭如果走失了他就找负责人算账。

李导笑着告诉几位烟民，整个故宫是禁烟区，洗手间抓吸烟罚款一抓一个准，团里几位大叔忙说："不吸啦，不吸啦。"

李导简洁地介绍了午门和内金水桥，给大家几分钟时间照相，他领着需要方便的游客去了协和门内的洗手间。张燕军真服了，导游还带着去洗手间，就这么大的地儿，怎么会走丢？

在太和殿广场李导又端起高级微单为每个家庭拍照，凡是大场面他就义务为每个家庭拍照，回宾馆后把照片发到游客的微信里。

李导带领旅游团走上太和殿广场的东庑，上午这里阴凉，体仁阁和左翼门之间有几排座椅，李导让大家坐着听他讲皇帝如何上大朝。有位阿姨问东西两庑的房子是做什么用的，李导就讲起了清朝的六大库。

走上太和殿须弥座，李导给了游客8分钟时间，自由参观拍照，他在几位老人不注意的情况下抓拍了几张表情最自然的照片。

从保和殿下来，李导带领大家去养心殿。进了内右门说这里的洗手间是四星级的，冬暖夏凉，大家最好都去方便一下。

张导问李导："你怎么不给大家讲讲军机处？""人这么多，军机处根本容不下，我要把时间放到最有游览效果的地方。"张导瞪了他一眼，故宫处处都是最有游览效果的地方，看你李广伟弄啥稀奇的？

从养心殿后门出来，李导带团进了长春宫，趁着游人很少，他让大家坐在体元殿前的廊座上后，讲起了慈禧在紫禁城内的生活：

清咸丰十一年（1861）七月十六日午后，咸丰口授遗诏，立载淳为皇太子，任命了以肃顺为核心的顾命八大臣，十七日清晨咸丰帝在承德避暑山庄烟波致爽殿驾崩。九月二十三日咸丰灵柩起运回京，九月二十九日下午慈安、慈禧回到紫禁城，三十日清晨两宫皇太后宣布了顾命八大臣的罪名，史称"北京政变"，慈禧把政权牢牢掌握在自己手中。两宫皇太后回到紫禁城就在考虑住在哪个殿宇为好？整个紫禁城东西六宫都没有咸丰题写的匾额，只有长春宫正殿的匾额有咸丰御笔"澂（澄的异体字）心正性"，也许是怀念驾崩的皇帝，也许是感念咸丰的遗训，慈安住在东配殿履绥殿，慈禧住西配殿平安室。清同治十年（1871）慈安从长春宫搬出，到内东路的钟粹宫居住，长春宫为慈禧一人独享。清光绪八年（1882）慈禧五十大寿，将体元殿前改为戏台，演戏为慈禧庆寿。宫里有一批太监专学京剧，这些太监称为"内学"，体元殿前的小戏台就是这些内学的演出场地。外东路的畅音阁是专门演大戏的地方。内学早已不在了，我给大家请了一位鼎鼎大名的"外学"（宫外面的艺人），请张导清唱《四郎探母》。唱就唱，张导的嗓子也痒痒了，一展歌喉是他的拿手活，全团游客给张导鼓掌。

乾清宫、交泰殿、坤宁宫，李导只是略讲，让游客往宫殿里面看看就算完成任务了。

李导从背包里掏出两瓶矿泉水，递给了王大爷和郭阿姨。郭阿姨对李导说："孩子，你怎么知道我渴得难受？"张燕军也很纳闷，李导这家伙是怎么观察到的？

到了御花园，李导来劲了，钦安殿、春夏秋冬四亭、四神亭、绛雪轩、养性斋、摛藻堂、堆秀山，连讲带游览，李导对游客说在这里溜达溜达也是帝后般的享受，他给游客15分钟自由活动时间，临了嘱咐一句"万春亭东面就是洗手间，需要去的游客抓紧时间"。

在浮碧亭外，张导低声对李导说："后三宫这么重要，你一带而过，御花园成了重点，瞎胡闹。"李导说："天这么热，如果游客中暑了，怎么继续下面的行程，北京就白来了。""哎呀，我怎么就没想到啊。"李导突然对张导说："去前面的座椅，把我的遮阳伞拿来，李大妈起身后忘了拿了。"张导说："你的眼睛是广角的？"李导憨厚地笑了。

这一上午跟团张导顿悟：李导是用心来带团的，那点点滴滴的服务感动了所有的人。

☞ **评析：**

为了提升导游的网上好评，旅行社安排张导和几个导游向网红导游取经，给张导安排的高手是李广伟。

经过接机与上午半天跟团，张导对李导的服务不得不服。李导服务时从细微处关心旅游者。他早早来到机场，接到旅游者，先让他们去洗手间，帮老人推行李车，旅游者一下飞机就喜欢上了李导。在旅游车上他按名单认人，张叔、李姨不离口，客导关系一下子就热了起来。他在机场帮吸烟的游客拿了几个打火机，但进了故宫用诙谐的语言讲吸烟罚款，旅游者愉快地接受了他的劝告。

李导善于观察旅游者的需求，旅游者还没有提出要求就予以满足。在车上看到一位老人常往后看，李导问明情况，就帮助调座位，让老人与女儿、外孙坐在一起。看到李大妈老用手遮阳，就送上自己的遮阳伞（可能就是专为游客准备的）。送矿泉水给两位老人，老人惊讶地问"你怎么知道我渴得难受？"（这矿泉水肯定是李导为不时之需准备的。）在故宫李导亲自带领旅游者去洗手间，这些小事，张导可能从来没有做过。

李导根据现场实况灵活应变。旅游团老人多，李导没有讲北京的地理和历史，而是介绍北京人的生活琐事，旅游者，甚至张导也听得兴趣盎然。在太和殿广场东庑的阴凉地，李导让旅游者坐在椅子上听他讲皇帝上朝的情况；在体元殿又安排旅游者坐在廊座上，讲解慈禧在紫禁城内的生活。李导略讲后三宫，因为那时天气已大热。到了御花园李导很是活跃，又是讲解又是引导游览，因为这里凉快。

李导一心扑在工作上，平时省吃俭用，但买了高档相机，热情为旅游者拍照留念。李导请人手绘故宫示意图，以便更好地讲解故宫。他接团时一身正装，带团游览又换了衣装，兢兢业业地工作。

李导对同事友善。张导是跟团学习的，但他介绍张导是优秀导游，是来指导他的导游服务的。在体元殿的小戏台，让张导发挥特长，唱起了京剧。他还把早餐票给了张导，自己不吃，让张导很是感动。张导深深感到，李导对游客、对同事都是一片真诚，"跟张导学导游讲解"的话也是李导的真心话。

经过一天跟团，张导顿时醒悟：导游讲解只是导游服务中的一个环节，没有好的服务，导游讲解就会苍白。导游工作无惊天动地之处，整个导游服务就是点点滴滴的细节。要让旅游者满意，导游必须把导游服务放在心上，要成为"游客之友"。导游服务要有功力，要善于观察，要随机应变，服务要及时、要到位。

跟团是一个实学的好途径，看书十遍，不如跟团一次。

✈ 1—4 接励志团

5日晚上，导游黄赛维去首都机场接团，航班正点落地。这是一个励志旅游团，13位学生，25位成人。

黄导身材修长、浓眉大眼，非常帅气，特别有人缘，游客无论大人、孩子与他都无生疏之感。在路上黄导进行沿途讲解时与孩子们互动。团里大部分成人和孩子都来过北京，这次主要是参观清华、北大，让孩子们励志。

6日上午走中轴，进故宫黄导就以孩子们为主要讲解对象，围绕着他们的兴趣点进行讲解：

午门是故宫的正门，很威严，明、清两朝好几个皇帝登基时和你们的年龄差不多，如正统帝朱祁镇9虚岁登基，正德帝朱厚照、嘉靖帝朱厚熜都是15虚岁登基，万历帝朱翊钧10虚岁登基，康熙8虚岁登基，当上皇上他们也是少年儿童啊，孩子谁不爱玩啊？同学们，你们说这些小皇帝能随意登上午门去玩会儿吗？（黄导顺便就把午门的作用说了。）

在讲太和殿时，黄导特意说了小皇帝在上大朝前几点起床，如何穿衣服，太后、师父（老师）嘱咐什么，大朝礼时小皇上说不说话。成人皇帝上大朝时，那些未成年的皇子是不是允许来太和殿观瞻，他们能在自己屋里玩吗，如果不能，他们要做哪些事情？在哪儿等着皇帝老爸？皇子们平时在哪儿学习？能装病逃学吗？能和亲妈一起吃饭吗？黄导跟皇子、皇孙们的生活、学习干上了。13个学生，最大的是上高一的刘宇泽，最小的是即将上小学的尹灏为。黄导讲得头头是道，孩子们听得津津有味，还不时提问题。

有的家长给孩子们背着饮料，有的妈妈给孩子打着伞，见了冷饮部就买冰激凌。

有个孩子的父亲在黄导讲完乾清宫时不知道他是炫耀学问还是感兴趣，问黄导："导游，明朝皇帝每天选妃嫔侍寝，就是在这个宫殿午膳时翻牌子吧？牌子是象牙的吗？"黄导白了他一眼，他立刻吐了吐舌头，知道自己的问话太不合时宜了。

午餐坐了四桌，还没用餐，有两个孩子要吃"顺风"（猪耳朵）和"毛子"（一斤左右的鲤鱼），全陪徐健朝解释后黄导才明白，黄导对孩子说："真没有。"孩子说："可以有，不差钱。"黄导说："我们用旅游便餐不是挺好吗，快捷、卫生、营养均衡。"这时，2号桌的一个孩子妈妈在喊："导游，过来！"她要另加一盘软炸虾仁，"我就给孩子多夹了两筷子虾仁，有人说我不顾别人。既然孩子爱吃，我就再加一盘，一盘不够就再来一盘。"对面的一位家长说："文明不文明，自己知道。"黄导和全陪赶快劝解。这里还没平息，其他三桌的游客，有的说菜不对口味，有的说菜太素，很难对付，黄导和全陪忙得只匆匆吃了几口午饭。

下午去清华大学，排了一个小时的队才进去。黄导没用清华大学的讲解员，自己讲。带着游客到了图书馆门口，黄导对孩子们说："你们听听里面有人说话吗？你们统计一下10分钟内有多少个学生进去看书。现在是暑假，这些莘莘学子不回家，还在学习，为什么？如果你们觉得考上清华就无比荣耀，清华毕业就能发财。那我告诉你，第一，有可能你考不上清华。第二，考上清华，未必能发财。现在，我想听你们说说，学校里哪些类型的同学刻苦学习，他们为什么刻苦学习。"孩子们纷纷说起来了。有个家长觉得没兴趣，催黄导赶快去别的地方参观游览，结果被她儿子猛吼了几嗓子，就乖乖地和家长们坐在一边倾听孩子们的研讨会。

黄导对孩子们说："学习是一件非常辛苦的事，许多知识要背、要理解，要灵活掌握。但是学习也是一件很享受的事。一个人没有知识，就没有能力，没有发展空间。一个民族没有文化，就不能豪迈地立足于世界。如果你是为了自己，或者为了你的老头子（爸爸）、老娘（妈妈）学习，那遇到困难和不顺利时，就可能心灰意冷，放弃学习。但是你立志要为国家干点事，你就一定会自觉地把自己打造成一个有用之才。"

不知道孩子们是被黄导学武汉话还是被他励志的话语所打动，反正都在热烈鼓掌。

黄导接着说："今天你们来北京了，早餐时，有人说过早（早餐）没有热干面，午餐时要吃顺风，要是为吃，来北京可能并不合适，因为北京的饭再好也没有武汉的饭顺口。一个热爱学习的孩子，一般不在意吃喝穿戴！反之就有可能不在意学习。你若吃哈胀（猛吃很多东西），你的条子（身材）模子（面容）能好吗？今天我们来到清华，一点一滴要向这里的学子学习，吃饭不挑食，不乱说话。"孩子们听了各个都点头。刘宇泽说："黄拐子（黄哥哥），我们孩子们能聚在一桌吗？""只要你们家长同意，当然可以，我们孩子桌要特别讲文明，刘宇泽你当桌长吧。"孩子们特别高兴，孩子们、黄导、全陪，把手搭在一起，每个人都很激动，小声但坚定地说："努力学习，考上清华。"

晚餐时，13个孩子坐在一桌，非常兴奋，都跟小大人似的。饭菜没上来，每个人说一个笑话，大家都抿着嘴乐，"导游拐子说了，有文化的人不会大声喧哗的"。桌长刘宇泽说启动后孩子们才开始用餐。用餐时，家长要给孩子们送菜，被孩子们挥挥手轰回去了。

返程送机时，孩子们对黄导说："通过这次旅游，我们真的长大了，感谢导游哥哥。"

☞ **评析：**

　　黄导接了一个来自武汉的励志团，25名成人陪13名学生来北京参观清华、北大，为孩子们励志，长大后都成龙成凤。

　　参观全国最高学府北大、清华就能让孩子们树立凌云之志，这只是父母们的美好愿望，但是怎么让孩子们通过参观北大、清华后有所受益，黄导的做法值得肯定。

　　黄导没有让孩子们在清华大学走马观花，没有过多赞誉清华，也没有说祝愿孩子们将来考上清华这样的空话，而是很具体地讲解，让孩子们深切感受清华浓郁的学习氛围，比如在图书馆门口，让他们听听图书馆内是否有喧哗声，让他们数数10分钟内有多少学子进图书馆看书，还与他们开起了讨论会，让孩子们说说什么样的孩子会刻苦学习，为什么要刻苦学习。孩子们认真地参加了讨论，黄导也讲了自己的观点，讲了文化、教育对于一个人、一个民族的重要意义，讲了读书的辛苦、读书的享受，鼓励孩子们要树立为国家、为社会学习的目标。

　　黄导发自肺腑的话和真诚的做法会让孩子们受到教育，有助于他们树立正确的学习目的。参观完清华，孩子们激动地、坚定地说"努力学习，考上清华"就是一个明证。

　　父母们带孩子来北京励志，愿望是好的，但有的家长其做法却让人遗憾：游览故宫时，家长给孩子背着饮料，为孩子打伞，买冰激凌；吃饭时，为给孩子多吃一点虾仁，就与同桌赌气，当场要单为孩子加一盘软炸虾仁……这不是在为孩子励志，而是在溺爱孩子，在迁就孩子的不良习惯。那个在乾清宫发问的家长要明白上梁不正下梁歪的道理，家长是孩子无形的老师。

　　黄导的做法值得称赞，看到家长惯孩子的言行，听到孩子要吃鱼吃肉而说"不差钱"的话，就提醒孩子们把全部身心放在好好学习上，而不要追求吃喝穿戴。当孩子们提出是否让他们聚在一桌吃饭，黄导全力支持，鼓励他们。孩子们也很懂事，安静、有序地进餐比大人们还文明，孩子们拒绝家长送来的菜肴。好样的，孩子们受教育了，进步了。

离别时，孩子们说："通过这次旅游真的长大了。"黄导很欣慰。

近两年来暑假、寒假期间励志团特别多，怎样接待励志团？黄导不怕辛苦真诚接待，值得称道。我们真诚希望广大导游和读者提出你们的宝贵意见，集思广益，让孩子们受到真正的励志，获得更多的教益。

✈ 1—5 "谢谢外甥导游"

某年，全国中老年歌唱团大赛在北京举办，参赛的 45 个团队陆续抵达，4 月 5 日下午新导游王晨在北京西客站举着"七彩夕阳"的接站牌等着洛阳龙门歌唱团。

G656 次列车于 15：33 正点到站。王导看到有一队人排着整齐的队伍缓缓出站，女士们着猩红色风衣，男士着浅咖啡色风衣，每人拎着同一品牌的行李箱、化妆箱，这些人大多是中老年，王导觉得一定是自己的团队，迎上前去，笑着说："老师们一定是洛阳歌唱团的吧？"团长助理冯博是个小伙子，陪着团长田晓华走来，田团长一下子就愣住了："你是王晨，王导？"王导说："是啊。"歌唱团好几位老师笑嘻嘻地说："咦，咦，咦，长得咋那像啊。"

王导和冯助理点好人数，请司机师傅开车，开始致欢迎词："下面我开始沿途导游讲解，介绍北京的新变化……"这时田团长走到车前问王导："孩子，你多大了？""25岁。"全车都笑了，王导有点疑惑不解，坐在第二排的阿姨说："王导，你不知道，田团长有个外甥在河南省歌舞团跳舞，25 岁，你们俩长得和《麻雀》里的李易峰一模一样，俺们都怀疑她外甥到北京当导游啦。"于是团里很多人不再称王晨为王导了，都叫他"外甥"。

到达下榻宾馆，按照公安局的要求机器"刷脸"、按分房表入住，田团长晚上要去组委会开团长会，就让冯博和王导照顾大家用晚餐。

导游颜值太高也有麻烦，晚餐时许多阿姨、叔叔不让王导去用司陪餐，非得和他们一起用餐、一起喝洛阳名酒"仰韶酒"不可。王导一喝酒就上脸，脸上红扑扑的，好像京剧里的小生，歌唱团的老师们连说带笑地轮流和王导合影。

次日歌唱团下午到中央音乐学院礼堂参加初赛，按照计划是12：15从酒店出发，午餐后洛阳团的全体人员都提前上车了，田团长说："中央音乐学院在清朝时是醇亲王府，光绪皇帝在那里出生，从那里进宫的，我们早点去多拍几张照片。"12点就开车了，车也就开出了一站地，王导突然想起9号车的团今天新来了一位钢琴师，9号车满座，说好要乘王导的8号车。王导只好给钢琴师、9号车导游贾佩杰打电话，请贾导指引钢琴师从古城坐一号线地铁到复兴门，钢琴师、贾导虽然快快不快，也只好如此了。

出发早，处处顺，早早到了中央音乐学院，音乐学院里紫玉兰、白玉兰、紫藤萝盛开，洛阳团的老师们开心地拍照留念。组委会的赵总把王导叫了过去："预备会上说了，不要过早到学校，早到了不要进校到处拍照，影响教学环境，你没说这些注意事项吗？"王导说："我马上维持秩序。"

第三天游览颐和园，洛阳团里人才济济，有吹萨克斯的，有拍照、录像的摄影专家，他们在好几处进行了"快闪"：各位老师手持小国旗，在音乐中从各处款款走来，突然几位男老师展开一幅巨大的国旗成为"快闪"的背景，众人唱起"歌唱祖国"，外国游客也兴奋地纷纷加入，一会儿"快闪"就在网络传开了。洛阳团的老师们兴奋极了，问王导："还有哪里的风光美，俺们拍些个人照片"，王导说："还拍照吗？已经到了午餐时间了，餐厅会催促我们的。"好几位女老师说："要拍个人照啊，我们不饿，不去凑那个饭口，我们给餐厅排解困难。"王导就带洛阳团到谐趣园拍照，谐趣园不仅是颐和园里最美的园中园，也是中国古典园林里最美的园中园，歌唱团的老师们咔嚓咔嚓照个不停。刘老师的手机拍照得没电了，她对王导说："外甥，把你手机借给老姨用用。"刘老师发现王导的手机是华为新款，摄影效果非常好，她就给各位老师拍照。在知鱼桥拍照时，刘老师把手机还给王导："外甥，不好意思，你的手机也用得没电了。"

王导想起该给司机打电话，让他做好接团准备，从书包里拿出行程单，行程单上没有标注司机电话。王导暗暗叫苦："我怎么给司机打电话？"王导借用冯博的手机，给导游组长白中银打了电话（他记得师哥的手机号），让师哥告诉他司机的电话。白师哥一接电话就火了："餐厅给你打电话，你的手机停机了，餐厅向组委会反映了，组委会和我反复给你打电话，都是关机状态，以为你出事了。"王导说："师哥，赶快帮我给组委会、餐厅打个电话，解释一下。"

旅游车来到北四环的餐厅已经两点多了，洛阳团的老师们又喝上酒了。按照要求导游今天必须把送行计划报上去，王导用刚学的洛阳口音问田团长："姨，后天咱乘哪趟车？咋送怎哩？"田团长说："返程火车票是俺老头子在家给买好了，他说是下午五点多的那趟高铁。俺们三点从酒店出发。"冯博对王导说："田团长老伴是一个民营企业大老板，往返火车票都是他赞助的。"王导查了一下，G669 次 17：05 西客站发车，王导请田团长写个送团时间，田团长说："外甥，你替姨写吧。"王导写完后忘了让团长签字确认。

第四天下午到国家大剧院正式比赛，王导和 9 号车早早停在了北京国电的大楼前。这次歌唱团没有提前到场，田团长在车上指挥着声部演习。

距离进场时间还有 5 分钟时，王导和 9 号车的导游贾导各自带团抵达国家大剧院南门。

歌唱团在三条通道上排着队，因为安检，进入速度比较慢，王导就给田团长和冯博拍照，他一拍照，团里的老师们就开始各自拍起照片来。导游组长白中银带团在东侧甬路上排队，他一见王导的团有点乱，立刻就给王导打电话："队伍不能乱，进入大剧院后在二楼可以拍照。"

比赛结束了，洛阳团几乎把所有的奖项都拿下了，晚餐他们提前退了，自己在酒店附近的"御风楼"摆宴，让王导一同聚会，王导说："庆功宴，我就不参加了，我帮着其他车的导游安排晚餐。""姨"们、"舅舅"们都急了："咦，咦，外甥你这是咋说话哩？俺们团的大获全胜有你的一份大功劳哩，你不来可是不中！"

第五天司机师傅按照送行时间准时把洛阳团送到了西客站，组委会的何老师也来到西客站与大家话别。田团长让冯博去自助取票机取票，没有几分钟冯博就跑回来了："团长，金叔给订的是 G663 次 15：45 的车次，咱们误车啦，咋弄？"田团长说："莫（没）事，莫事，我们改签后面的车吧。"一改签大家就坐不到一个车厢了，有些老师说王导给记错了送行时间，埋怨了几句。组委会何老师说："王导，你的送站计划呢？"王导拿出来，何老师说："你怎么没让团长签字呢？"

还好 G669 次（17：05 开车）有票，但全团 45 人，只改签成功了 44 张票，冯博说他先乘其他车去郑州，然后再从郑州上这次车（郑州下车的人多，就有座位了）。这几天冯博一直积极支持王导工作，王导备好了一个礼物，他把恩师的《北京经典景点导游词》一书赠给了冯博，冯博打开一看还有著者签名，特别高兴，说在火车上读。

田团长对组委会何老师说："王导是我北京的外甥，特别好，这次误车是我的问题，老头子说 15 点多，我记错成 5 点多了，组委会可不能批评俺外甥啊。"

王导对田团长说："谢谢姨，本来应该特别完美的事儿，由于我的粗心大意，没弄好。"田团长拥抱了一下王导，对何老师说："我外甥王晨是最好的导游。"

☞ 评析：

　　新导游王晨导游服务热情周到，长相帅气，很像田团长的外甥，很受团中叔叔、阿姨的喜欢。洛阳团在比赛中拿下了几乎所有的奖项，认为也有王导的一份功劳，因此请他参加庆功宴。

　　王导这次带团本应该很完美，但由于缺乏经验，出现了纰漏。

　　有一客人应坐王导的车，王导应提醒合乘者提前来乘车。发车前，王导应清点人数，了解合乘者是否上车，但他忘记此事，提前离开了酒店，该游客只好乘地铁前往，心情不悦。

　　到中央音乐学院后，王导没有讲清纪律要求，听任歌唱团在校园里随意拍照。影响了校园安静的学习环境，王导受到组委会的批评。

　　王导在谐趣园把手机借给一位阿姨拍照，本无可厚非，但是用得没电了，无法与餐厅、组委会联系，影响了工作。

　　旅游团在一个景点游览，通常都有时间限制和活动范围的，王导为了让游客尽兴，没有控制游览节奏，让餐厅久等、组委会担心。

　　更严重的是王导没有按照组委会的要求，送行安排没让团长签字，因团长记错返程火车的开车时间，造成误车，虽然成功改签了后面的列车，田团长也承担了责任，但仍有游客说王导弄错了车次，如果改乘不成功就很麻烦了，王导应汲取教训。

　　导游年轻、颜值高、善与人交，有利于做好导游服务工作，虽然团长说王导是最好的导游，但不等于优质的导游服务。年轻导游必须认真学习，努力使自己成为一名具有相当文化修养、诚实守信、责任心强、热情周到的称职导游，从案例中可以感受到王导一定会成功。

✈ 1—6　全陪占尽了风头

　　有一年，某社有系列团到遵义、贵阳参观游览。第二个团由柳浩担任全陪。

　　从贵阳开往遵义的旅游车上，地陪王晶向大家介绍了当日的主要行程，然后就请大家在车上观看路旁风光，贵州的田地高高低低，而且都是那么一块块的，每块地种着不同的农作物，北方人很觉新鲜。

　　全陪一般是坐在旅游车的后面，但是柳导和王导都坐在第一排，王导刚放下话筒坐在座位上，柳导就站起身，拿起话筒在旅游车通道前开始讲话："刚才魅力动人的王导给大家介绍了行程，从贵阳到遵义每一寸土地都洒有烈士的鲜血，我来说一说红军长征的事儿，给大家助兴，红色旅游嘛就要红红火火。"

柳导滔滔不绝地给大家讲解红军如何北上长征的，遵义会议如何召开的，就连遵义会议上的伙食，以及喝啥酒他都能侃侃而谈。柳导说：我知道的事儿，许多遵义的地陪导游都不知道，大家若不信，可以问问王导，她听过吗？

1951 年 1 月，为庆祝中国共产党诞辰 30 周年，遵义地委成立了"遵义会议纪念建设筹备委员会"，1954 年 8 月，确定遵义会议的地址是老城里柏辉章的私宅。1955 年 1 月，根据文化部的决定，成立"遵义会议纪念馆筹备处"，1955 年 2 月，经贵州省文化局批复，成立遵义会议纪念馆，由娄山关战役中负伤留在遵义的老红军孔宪权担任馆长。1955 年 10 月 1 日，筹展工作基本就绪，会址开始半开放。

每一个参观的人都希望了解当年有哪些领导人参加了遵义会议，刚建纪念馆时认为参会人员为 16 人，中共中央党史资料研究委员会经多次核对，1984 年 9 月公布了参会者 20 人名单：博古（秦邦宪）、朱德、陈云、张闻天、毛泽东、周恩来、刘少奇、王稼祥、邓发、凯丰（何凯丰）、刘伯承、李富春、林彪、聂荣臻、彭德怀、杨尚昆、李卓然、邓小平、李德（共产国际特派员、德国人）、伍修权。

周恩来在遵义会议上做了总结讲话，我来模仿一下周恩来讲话："这次会议改组了中央领导机构，增选毛泽东为政治局书记处书记（常委），取消博古、李德的最高军事指挥权，由王稼祥、周恩来、毛泽东组成军事指挥三人小组，张闻天代替博古任党中央负责人，遵义会议完成了中央组织整顿工作。"

带队的郭总突然插话："柳导所说的这些都是真的史实，看来他做过深入的研究，我们给他鼓掌。"

柳导再三鞠躬感谢大家赞许，这时，他一手叉在腰间，模仿毛主席挥着另一只手，用似像似不像的湘潭口音说："在遵义会议上中国共产党运用马克思主义基本原理制定了正确的路线、方针和政策，按照中国的国情进行革命斗争，中国的革命一定会胜利，我们伟大的目的一定会达到！"

讲完了，柳导手叉着腰、双目炯炯地望着前面，突然旅游车一刹车，这个假领袖差点栽倒，引得大家哄堂大笑。虽然大家都知道他在杜撰毛主席讲话，表情全然是装模作样，但觉得柳导很有表演才华，讲的也很有激情，给予他热烈鼓掌，地陪王导很佩服这位知识丰富、才艺出众的柳导。

次日到黄果树瀑布、天星桥景区游览，王导在车上大致介绍了风光特色，柳导又拿过话筒讲起了世界三大瀑布：尼亚加拉瀑布（位于加拿大与美国的交界处的尼亚加拉河上）、维多利亚瀑布（位于非洲赞比亚与津巴布韦接壤处）、伊瓜苏瀑布（位于阿根廷和巴西边界的伊瓜苏河上）。接着又讲黄果树瀑布的宽度、长度，以及雨季时黄果树瀑布飞奔直下喷珠溅玉轰鸣若雷的壮丽奇观，还讲了黄河壶口瀑布、镜泊湖吊水楼瀑布。旅游者觉得柳导的知识真丰富。

柳导谈兴大发，一时收不住话题："兴义有个贞丰双乳峰景区，有峰不能登，有乳没有奶，女人看了脸红，男人看了心跳，当地布依族称为'圣母峰'。在天星桥石头山的半山腰间，有一溶洞叫天星洞，洞内钟乳石恍若冰柱玉崖，流水湍急……"

从黄果树回贵阳的路上他又讲起了玉文化，一路行一路侃，柳导的口才很好，说慈禧如何爱玉活灵活现，总之，柳导说得女游客洗耳恭听，几个男游客真想去给老婆买玉。地陪王导被晾在一边，只得静静地坐在导游座上，本来想说一下今晚和明天送机的安排，但一句话也插不上，觉得自己不仅被动，而且很尴尬。

送团后地接社给组团社打电话："柳导的经验和学问值得我们学习，但是下个团贵社千万别派柳导来了。"

☞ 评析：

> 旅游团导游服务集体的成员各有职责，有明确的分工，他们之间的正确关系是协作共事。在正常情况下全陪要起组织、协调、衔接的作用，而地陪则做具体工作，落实旅游团在当地的接待服务。在参观游览时，地陪主要为旅游者进行导游讲解，引导旅游者观景赏美，而全陪要观察周围环境变化和旅游者动向，当然，必要时也可协助地陪补充讲解。通常两位导游员的工作不越界。
>
> 案例中柳导知识丰富、口才不凡、善于模仿伟人的音容笑貌，有强烈的表现欲，好表现自己的讲解才能，应当说是块当导游的材料，只要不走偏锋，他有可能成长为好导游。他的本意是想让游客多听些知识，在旅途中多些欢乐，但是控制不住自己，做过了头，越俎代庖，抢了地陪的风头。一个男全陪让女地陪处于尴尬处境，很不应该。应该说柳导犯了大忌，所以地接社明确要求组团社不要再派柳导担任下一个团的全陪了。
>
> 全陪的知识丰富，工作能力强，超过地陪是常事。在这种情况下，全陪更要注意自己的言行，更要搞好与地陪的合作，必须让地陪唱主角。可惜，柳导太好表现自己，一听到游客的掌声就忘乎所以，干脆唱起了独角戏，不仅损害了与地陪的关系，也给自己断了一条后路，他以为那些给他鼓掌的人是在赞美他的技艺，但他不知道他们很

可能只是出于礼貌，而未必欣赏他的为人。导游需要知识渊博，更需要有很好的道德修养。

至于地陪王晶，她的知识、技能可能比柳导差了一大截，也缺乏应变能力。如果王导有自知之明，自己技不如人，就主动给全陪的导游讲解铺垫一下，或者直接请全陪展示他的学识、才艺，这样客导会皆大欢喜，游客也会记住这个谦虚、实诚的贵州姑娘。

✈ 1-7 "人往高处走"

三年前的一天，导游李萌去旅行社拿行程，在地铁里碰上导游楼然，他俩是同班同学，聊了一阵子彼此的近况。楼导说："李萌，你去旅行社拿行程，反正我今天没事，陪你一块儿去。"李萌说："好啊，你脑子快，能帮我理理行程。"

到了旅行社，李导就向计调介绍了自己的好友楼导，楼导给每位计调、经理都恭恭敬敬地问好，礼貌地请求加上人家的微信，领导和计调觉得楼导这个帅哥真不错。

社里让李导接的团是由香港各商会的中层领导组成的，规格高，行程繁密，李导看到行程上那些繁杂的要求，一时把握不准，多次问计调如何具体操作，而楼导几句话就给李导说清楚了，那些复杂问题楼导全说在点子上。这时，接待部刘经理突然问楼导："小楼，最近你在带什么团？"楼导说："闲着哪，在家休息。"于是刘经理对李导说："小李你看这样好不好，社里派你带团去台湾，这个团让楼导上吧，我看他很灵醒。"楼导喜形于色，嘴上却说："刘总，这样不太好，还是让李萌上这个香港团吧，我会帮他的。"李导本想借带这个香港商会团，见识一下香港的商界大亨，但是经理说了，再争着上就没意思了，再说这个团也是自己的哥们儿上，就高兴地说："我听领导安排，让小楼上吧，他特别会来事儿。"

楼导果然把香港商会的团带得很好，许多香港老板都赠给他一些礼品。下团后楼导去旅行社报账，特意带了两份礼品送给刘经理和责任计调魏姐。李导的朋友小王恰巧在旅行社看到了，后来小王见到李导时随意说起："李萌，你的哥们儿楼导真会搞关系，香港商会团送他的礼品，他给社领导送了礼，还拿了许多巧克力让大家吃，楼导送给你啥好东西了？"李萌只是"啊"了一声，因为楼导始终没有来看望他。

楼导后来就和这家旅行社的计调，特别是和几位领导亲热起来了，这家旅行社经常安排楼导带重要的团队。有一次李萌见到楼导，问他："上周末，你和吴总去温都水城了？""没有啊，你听谁瞎说的，吴总怎么会带着我去。"李萌想把具体时间和人指给他，一想太无聊了，就没有说下去。突然李导看到楼导上衣口袋里装着一个大墨镜，就问他："这大冬天的，你怎么还戴墨镜啊？"楼导得意地一笑："我跟一个香港老板学的，我从墨镜里可以细看每个人的表情，但是他们不知道我在看。"李导说："我笨，学不来。"楼导说："人往高处走才是胜者。"

某旅游集团在桃花岛召开度假旅游研讨会，旅行社吴总带着楼导去开会。用餐时楼导逐桌去敬酒，酒过三巡，楼导开始替吴总挡酒，凡是盛情难却的楼导就替吴总一饮了之。楼导不时给吴总布菜、夹点心，殷勤地照顾吴总。楼导晚上一一拜访参会的旅行社老总，他穿一身得体的黑西装，打着名牌领带，非常抢眼，老总都说楼导是旅游界的出色人才。

桃花岛研讨会以后，楼导去那家旅行社的次数越来越少了，吴总几次安排他带团，楼导总是说档期排满了，有机会再给您效劳。因为桃花岛会后一家旅行社老总安排楼导做领队了，楼导的业务遍及东南亚和欧美诸国。

李萌的朋友小王有一次偶遇楼导："楼哥，你发达了，能介绍我去你们旅行社当领队吗？"楼导满面笑容说道："好说，好说。"可是，再也没有下文。

☞ 评析：

案例中楼导步步高升，看起来很成功，但是朋友们却离他越来越远。

楼导非常现实，会巴结领导，会说恭维话，会送礼，但一旦利用完，就将其甩在一边；抢朋友的团不犹豫，不动声色地与领导争风采；学会了虚伪，只会说好听的，但从来不帮助别人。

人人都往高处走，谋求发达，但必须走踏实了，戴着墨镜看人，容易走虚了、看差了，踩空了就可能后悔莫及。

社会主义核心价值观中"爱国、敬业、诚信、友善"为我们指出了做人的基本原则。不能说楼导不爱国、不敬业，但离"诚信""质朴"远了点，而且楼导的所作所为让人有一种说不出来的感觉。

朋友之间、同事之间，应该如何相处？人们常说："一个人能当人梯，说明他身体硬朗，能挑重担，但是绝不能自己登上了梯子就撤梯，更不能把扶梯子的人给端了。"帮助别人，快乐自己。帮助别人，就是为自己铺平道路。

导游每天都在与人打交道，为人诚恳、实在是最重要的，不可过度"聪明""机灵"，要知道有时"聪明终被聪明误"，只有脚踏实地、忠厚老实才是正路。

✈ 1-8 下课记

从 2016 年网络收客深度游这种旅游形式就开始了，旅行社接受游客网上报名、交费，然后在指定的集合地点集合，达到一定人数后由导游带领参观游览，费用主要有两种方式：A.门票 + 讲解费（含耳麦），或讲解费（含耳麦）门票自理；B.（游览超过 4 小时）门票 + 讲解费（含耳麦）+ 午餐费。一个团内可以有 A、B 两种交费方式。过去旅行社往往为住宿、用车、用餐操心受累，但是经常在这些方面游客有意见甚至投诉，现在旅行社在这些方面解脱了，导游也不再为敦请游客加自费项目、积极购物而尴尬，旅行社和导游集中力量搞好讲解服务、突出旅游的文化性就可以满足游客的需求，所以这种旅游形式受到游客热捧、导游欢迎，也能让旅行社省心。

深度游 2018 年下半年火起来，一些旅行社开始仿效。旅行社的网络收客需要游客在网上给予好评，才会吸引更多的游客，有的旅行社就开始招募善于讲解、颜值高的导游。导游崔大锤到北京某旅行社应聘，计调部魏大姐一看崔导戴着墨镜、穿着花格衬衫、雪白的裤子，就觉着这个导游长得帅、穿着酷，就让崔导先填个简历，崔导唰唰就写好了，魏大姐在看简历时闻到崔导身上浓浓的 BLUE 香水味儿。魏大姐说："崔导，您带团时间才一年半，带'深度游团'行吗？"崔导说："魏总，别看我带团时间不长，我可是师出名门，北京好几位导游大咖都是我师父。"正好这时好几个电话找魏大姐，魏大姐就不再和崔导聊，对他说："崔导，你等通知带团吧。"

崔导为自己能这么快被魏大姐接受而高兴不已，他想怎么也得露一手啊，于是每天看抖音上怎么讲解，虽然抖音上的视频很短，但是都说得挺带劲。等了近两个月也没等到魏大姐的电话，崔导就这家旅行社带个周边团，那个旅行社接个四晚五的小团。

2019 年 11 月 10 日上午，魏大姐来电话了："崔导你好，明天有个故宫深度游的小团，游览时间 4 小时，我一看报名的大部分游客是年轻人，觉得您带比较合适。"崔导连忙道谢："魏总，我一定会发挥出讲解水平，您早点把电子行程单、客人名单及手机号发来，我会按照社里的要求，今晚再通知他们一下集合地点、集合时间。"

11 日 9 时，18 名游客来到了午门前的集合地点，崔导按照名单点名、发耳麦（语音接收器）。然后就开始了讲解：

各位朋友大家好，我是各位的导游崔大锤，我是一名北京市优秀青年导游，希望大家在结束游览后在网上为我点赞。

说到午门，全国人民都熟悉这句话——"推出午门斩首"。但是紫禁城的正门怎么会是刑场哪？可是这句话说了几百年了，这是怎么回事呢？清朝北京的刑场在菜市口，到菜市口要出宣武门，北京人说话爱藏音快说，宣武门一快说就成武门了，那时的老百姓没文化，推出武门斩首就说成推出午门斩首了，几百年以讹传讹就这么下来了。各位朋友，这个考证很多导游都不知道，我好多天才研究出来的。

青年游客封顺说："崔导，明朝刑场在西市，也就是今天西四牌楼这个地方，到这里不从宣武门推出去啊？"崔导说："明朝时，没有推出午门斩首这句话。"封顺说："因为明朝在午门外廷杖'逆鳞'的大臣，所以当时乱弹戏中就有推出午门斩首的戏词了，您说的推出宣武门，是清朝的事儿，把'宣'字省略，剩下'武门'，是您从哪篇史料上看到的，还是您自己发明的？"崔导说："哪篇史料，我记不清啦，现在时间很紧，我们赶快刷身份证验票进入午门。"

崔导带着大家从午门正中的门洞迈着皇帝的步伐走进去，一边走一边说："历代的皇帝进出故宫都要走午门正中门洞。"好几个游客笑了，封顺是个爱较真的游客："崔导，故宫的称谓是民国后才这样叫的。过去看书时，看到明清皇帝有出东华门、神武门的记录啊。请问，午门的称谓是从哪个朝代才有的？"崔导略一迟疑说："大约在唐朝。"游客刘骐说："俺是西安的，唐长安皇城的南门是朱雀门，宫城太极宫的南门是承天门，大明宫的南门是丹凤门。"游客李佳俊说："我是开封的，北宋时开封叫汴梁，皇宫的正门叫宣德门。据我所知元大都皇宫的正门叫崇天门。明洪武十年（1377）改建南京大内宫殿，把皇宫正门称午门，午门这个称谓是朱元璋创立的。"崔导听了，有点后悔带这个专听讲解的"深度游团"。

在太和门前讲解，崔导讲解得比较小心了："清光绪十四年（1888）深冬，具体哪一天我忘记了（腊月十五），两个守军在贞度门守卫，夜里困了，把油灯挂在东山墙后檐柱上后酣然入睡，由于夜不熄灯，当夜风大，油灯烧着了山墙后柱，四更时火起，风大助燃，火势逾猛，结果把东侧的太和门、昭德门以及附近的库房都烧着了，一时浓烟四起、火光冲天。故宫里的火班（消防队）、太监们都来扑火，后来京城内的护城官兵、王公贵族、文武百官都来了，据说共有7000余人，但是火太大，人再多也无济于事。案后，对直接启事者处绞刑，并对有关官员处罚，并奖励救火有功人员。但是来年正月二十七是光绪帝的大婚典礼之日，这大火真是灾星。大婚那天皇后必须要走过太和门，皇后是慈禧的亲侄女啊，不能让侄女灰头土脸地走过，慈禧太后就下令让扎彩工匠们搭一座假太和门，这些工匠都是为红白喜事扎棚的老手，他们善于给死人糊纸人、纸马、纸的车船，但是从来也没扎过这么大的棚，架子搭好后他们用彩纸糊上，看着就跟真的太和门一样，任凭北风怒号，太和门巍然屹立。"

游客李佳俊问："崔导，用的啥纸啊，怎么这么结实？"一位看手机的游客说："百度上说用的是各色绸缎。"

在太和殿广场前，崔导说："为啥太和殿广场没有一棵树？大家看太和殿广场是方方正正的一个口字，种上树，口中有木，则是困字。所以不能有树。"游客封顺说："大臣们站在太和殿广场，人在口字当中，就成了囚字。"几个游客大笑。

在太和殿前，崔导说："昨天我看了一个抖音，说在太和殿前人是没有身影的，古代建筑真是奇妙无比。"两三个游客说："崔导你的影子就在这里。"

好几个游客走到一边给旅行社打电话："你们派的这个崔导，历史知识太缺乏了，我们真的听不下去了，能否给派一个优秀的老导游来，如果没有导游，就退我们讲解费吧。"计调部经理说："真不好意思，临时真的给大家找不到优秀的导游，讲解费退给大家，让崔导义务讲解行吗？"游客说："谢谢您，真的不听了，听了有点堵心。"

崔导看着离他而去的游客，叹了口气，无精打采地走出了故宫。

☞ **评析：**

> 看了这篇案例一则以喜，我国游客参加旅游已经从走马观花看热闹提升到文化欣赏；一则以忧，有的导游还没有迅速提高自己的讲解水平，文化底蕴需大步提升。
>
> 案例中崔导在他一年多的带团中，凭着颜值高、穿着新潮，可能会让游客喜欢，但是遇到了追求文化欣赏的游客，就暴露出知识的缺欠。如果崔导学问好，遇到了这些有文化的游客，定会有互遇知音之感。
>
> 一、导游讲解应该真实地介绍景点的历史沿革和文化价值，帮助人们了解历史事件、欣赏古建园林风景。
>
> 如果失去真实，即使导游说得天花乱坠，对旅游者有什么意义？只有真实的讲解，才无愧于游客，无愧于景点，无愧于古人，无愧于祖国的优秀传统文化。
>
> 真实就必须言之有据，做到正确、准确，不能让旅游者挑出导游讲解的硬伤，否则旅游者对导游讲的任何事都可能持怀疑态度，降低了对导游的信任度。有的旅游者回到饭店甚至是回到家乡还在琢磨、品味导游的讲解，只要不真实，导游讲解再多、再生动，也流于浅薄，比如崔导说太和殿广场若有树就是"困"字，就是浅薄之谈。
>
> 二、知识支撑着真说、正说
>
> 导游讲解是传播文化，不是娱乐节目，不能道听途说，也不能跟着影视戏说，要根据历史进行正说。影视是戏剧，是演绎故事的，与导游讲解不是一回事。正说就是

尊重历史，还原历史真实。为了真说，导游讲解中涉及的重要日期、一个冷僻字的读音，都应反复查证，力求准确。

要真说、正说，就必须认真读书，读很多书，导游消化、吸收各种知识，融会贯通之后再讲解，就会叙述有条理、分析有见解，具有很强的吸引力，游客听后有"听君一席谈，胜读十年书"之感。

云山雾罩的讲解，会被人视为草率、轻浮、无知。旅游者一旦对导游讲解失去了信任，其他环节的导游服务都会苍白无力。比如崔导把彩扎太和门与糊灵棚混为一谈，被游客视为轻浮。

导游肩负着弘扬祖国传统文化的责任，必须坚持正说、真说。一个有文化、有品位的导游，他的导游讲解一定会符合历史、尊重事实，对旅游者进行真实、真切的导游讲解，像放映历史风云的纪录片，像画轴一样徐徐铺展开，游客边游览，边听讲解真是一种文化享受。

✈ 1-9 他认我为兄长

7月15日晚上，导游刘飒接了一个丹麦旅游团，一共11个人，没有领队。团内有3对中老年夫妇，其余2女3男均单身，在这3名男士中有一位是泰国青年，名查开。查开一见到刘导竟有似曾相识之感，他俩身高都是1.86米，浓密的头发，大眼睛、长睫毛，瘦瘦的身材，只是刘飒有细密的胡茬，查开没有胡子，脸上光洁得很。

刘飒引领游客上车后开始进行沿途讲解，有两位老妇人不知是听力不好还是英语不太好，总是让刘飒重复，查开突然用标准的汉语普通话对刘导说："导游刘，你讲吧，我用丹麦语给她俩翻译。"刘导很高兴，有查开这个义务翻译，他的导游讲解会顺利很多。

到了酒店，办入住手续时，刘导知道了查开是1996年出生的，比他小两岁。酒店应给刘导8间大床房，但大床房差了一间，查开说："导游刘，不要麻烦酒店了，我就住双标间吧。"

刘飒随同客人上楼，查看房间情况，这个五星级酒店的房间很好，刘飒最后查看查开的房间，查开热情地请刘导进去，要给他沏咖啡，刘导说这么晚了，要赶快回家。查开说："导游刘，见面有礼，这是丹麦特产蓝罐曲奇饼。"刘飒婉谢，查开坚持送，刘导只好恭敬不如从命，说了声谢谢就告辞了，查开非要送刘导到酒店大堂，刘导说：

"泰国人礼节真多。"查开腼腆地一笑。

次日第一站是慕田峪长城，全团乘缆车登上长城，外国政要乘坐过的缆车车厢内大玻璃上都贴着 × 国总统（总理）× 年 × 月 × 日乘坐的透明贴，查开乘坐的那个缆车车厢正好是泰国政要坐过的，他非常开心，说自己交了好运。

在长城上刘导给大家讲起了慕田峪长城：

"明初徐达与元兵曾大战于此，明永乐二年（1404）建'慕田峪关'。明隆庆年间戚继光对慕田峪长城进行增建、扩建。慕田峪长城现已修复 3000 米，可供游人登临。长城上布有敌楼 23 座，平均不到百米就有一座敌楼。

"慕田峪长城标准墙体高 8 米，顶宽 4 米，底部宽 6 米，内外墙面就地取材，用 13 层花岗岩垒起墙基，墙体内外包砖。城墙顶上两边垛墙一般高，均建雉堞，狡猾的敌人万一从关内攻上来，军士们从里面也能够射杀敌人，如果是低矮的女儿墙就被动了。有些地段垛墙的垛口不是开口的长方形，而呈锯齿状，以加大雉堞的掩体作用。

"长城外侧的山坡上每隔不远挖有挡马坑，万一敌人的战马来到长城脚下，就会陷进去，人仰马翻。

"慕田峪关东南的大角楼山海拔 603 米，有三条长城汇集其上，形成著名的'北京结'。"

在长城上每走一段查开就说："导游刘沨，我可以和您合个影吗？"旅游团内的游客咔嚓咔嚓给这两大帅哥拍照。

中午在慕田峪长城脚下吃了农家饭，旅游团就去神堂峪了。

晚餐在一家专门做虹鳟鱼的餐厅用餐，旅游团吃饭前先钓虹鳟鱼，钓上来的鱼现做。查开非要刘导陪着他钓鱼不可，说是好聊天。查开说："在丹麦，你在湖边、河边钓鱼，常常会有一些并不是政府的人走过来查看鱼桶。如果发现钓上来的鱼不符合法律规定的标准，他会严肃地命令你把这些小鱼或保护鱼种的鱼立即放生，他站在旁边监督着，目睹这些鱼全被倒回河湖里面。"

就餐前由查开代替大家点菜，游客邀请刘导与他们共进晚餐。

晚餐非常热闹，丹麦人能喝啤酒，一瓶又一瓶。查开坐在刘导旁边，一双大眼睛直勾勾地看着他，不说什么话，只要一举杯就干杯。刘导觉得查开的眼睛里有一种怪异的神色，刘导后悔与他们一起用餐，查开这样喝下去，很快就要醉了。

为了阻止查开自我灌酒，刘导对大家说："我给大家讲个故事，请查开翻译好吗？"

"你们丹麦河湖里的鱼十分快乐，自由自在地生活着，我们古代也有一个故事，讲鱼的快乐。战国中期有一个思想家、哲学家、文学家，就是庄子（约前 369~前 286），一天他和好友惠子（惠施，前390~前317）来到濠水桥上，庄子对惠子说，你看河里的鱼游来游去，多快乐啊。惠子说，您不是鱼，怎么会知道鱼快乐不快乐呢。"

听后大家热烈鼓掌，说真富有哲理。刘导感谢查开的精彩翻译。他小声对查开说："你要是再猛喝下去，我现在就下团！"查开真听话，没有再喝。

回到酒店，查开故意走在最后，他小心翼翼地恳求刘导："亲爱的刘汍，今晚你不要回家了，住在我的房间好吗？"喝酒时刘导就意识到查开是一个homo（同性恋），查开迷上他了，如果不让他打消这个念头，明后天肯定会出丑。刘导说："查开，我在酒店茶厅请你喝碧螺春好吗？"查开很高兴。

刘导与查开从孩童时代到长大成人海阔天空地聊起来了。

查开的爷爷是国民党驻曼谷使馆的一名武官，一家人随爷爷在曼谷生活，查开的母亲出身于泰国的一个名门望族。查开3岁时，父亲抛弃了他们母子远走美国，母亲现在是曼谷一个大学的教授，教中国古典文学。因为羡慕丹麦的开放意识，查开在丹麦读的硕、博，并加入了丹麦国籍。查开说："虽然我的国籍是丹麦，但我总说我是泰国人，我们泰国人特别注重人与人的真挚情感。"刘汍说："你喜欢我，没有错误，但我不喜欢那一种情感。我希望你能理解我，旅游者与导游只有在互相尊重的情况下，才能做好朋友。"

查开的脸开始一红一白，慢慢地泪水一滴一滴流下来。缓了一会儿，查开慢慢地说："刘哥哥，我真的非常喜欢你！我更尊敬你，我就一个要求，以后我叫你哥吧。""当然可以，但你要听我的话。"查开迟疑了一下，慢慢地说："哥，你回家休息吧。"

刘导去结账，查开早已把签单押在收银台了，刘导后悔没有提前预付茶费，唯一庆幸自己刚才还算比较冷静，没有让查开下不来台，不然真的对不住这个心地善良的查开了。

应游客邀请，后几天的每顿饭刘导都与旅游团共餐，游客说12这个数字特别美好，刘导不参加就只能11了。

旅游活动一路顺利。送机那天，全团11名旅游者在进入安检前热情与刘导相拥告别，查开走在全团最后，用力握了握刘导的手，说："哥，请你记住泰国查开，再见了，多保重！"

☞ **评析：**

　　旅游期间，男女导游，尤其是颜值高的导游，受旅游者性骚扰的现象不少见，本案例介绍的是英俊的男导游遇到了异国他乡的同性恋者。

应对这样的事，导游一定要沉着、策略，不能与之争吵、冲突，也不应严正驳斥，而应以委婉的语言，但必须明确地表明自己的态度——拒绝。总之，不能让其得逞，但也不要让其下不了台，要维护对方的人格尊严。

案例中，刘沨是名有经验的导游，刘沨友善地请查开喝碧螺春茶，并海阔天空地闲聊起来，从查开的家世讲到中国的伦理道德，刘沨坦言对此类事的态度，希望查开理解、尊重自己，最后说到客导之间只有互相尊重，才能做好朋友。查开是个诚实、善良、有文化、有修养的泰国年轻人，他同意了刘沨的意见，接受了刘沨的要求，放弃了非分之想，真诚地要求叫刘沨哥哥，刘沨欣然接受，从而，在余下的几天旅游生活中，刘沨与查开是朋友兼兄弟。

只要客导之间相互尊重、和谐相处，旅游活动就能一切顺利。11名旅游者高高兴兴地离站回国，刘沨与他们相拥道别。

刘沨成功处理了与同性恋旅游者的关系，很有借鉴意义，希望大家认真阅读这篇短文，受到启发，将来带团时遇到此类事时，或旅游者提出类似要求时，可以借用刘导的方式，合理、成功地予以处理。

这个案例虽然简单，但是展示了两个中泰青年善良、坦诚的人性以及真诚的友情。导游是民间大使，刘沨成功地起到了"民间大使"的作用。

刘沨有文化、有修养、有道德，很会处理客导关系，一名优秀导游之所以优秀，主要表现在综合素质优秀、品德高尚。

德艺双馨应是每一个导游的奋斗目标。

✈ 1—10 "栾导比亲儿子好"

2017年国庆节，北京导游栾广德接了一个湖北黄冈来的旅游团，全团50人，用的是56座的旅游车。这个团由很多家庭组成，其中尹阿姨一家就11人，尹阿姨的儿子小林对栾导说："团里这么多人，栾导你要操心受累了。"栾导说："人多热闹啊，走行程时浩浩荡荡的，挺壮观，我就爱带大团，有气势。"

10月2日下午游览天坛，旅游团从天坛南门进来后因为游人如织，栾导就没有在天坛示意图展板前讲解天坛的布局，直接把团带进圜丘坛，为游客细细讲解皇帝祭天过程：

为表示对皇天上帝、各界天神、列祖列宗最虔诚的尊崇，祭天前皇帝以及所有参祭者都要进行斋戒，什么是"斋戒"？斋，是内心净化，达到庄重、纯洁；戒，是节制行为、简朴生活，达到朴素、谨慎。明代皇帝在紫禁城散斋两日，第三日来到天坛斋宫斋戒。清乾隆七年（1742）钦定斋戒规定，祀前两日在紫禁城斋宫斋戒，第三日在天坛斋宫斋戒，陪同祭祀的大臣在天桥树林中的毡棚里斋戒。

导游讲天坛斋戒

对于"天"而言，天子的斋宫必须示卑，躬身示谦，因此斋宫自明代就位于祈谷坛的正西偏南，不在中轴，位居偏位，在天的脚下（明嘉靖十七年以前在大祀殿祭天，大祀殿即后来的祈年殿）。斋宫的建筑规制、设施、装饰都要降等级，如正门、正殿面向祭坛、坐西朝东，而不是坐北朝南，面阔五间而不是九开间，殿顶覆绿琉璃瓦而不用黄琉璃瓦，彩绘用旋子彩绘而不用和玺彩绘，雕饰只用瑞云不用祥龙，斋宫内只设钟楼不设鼓楼，不建亭台楼阁、园林建筑，最大限度地表示对天的尊崇。

因为我们不去参观斋宫，我这里就多介绍几句。

明朝皇帝来斋宫斋戒，接驾时要三严（擂）鼓角、三鸣画角，晚上起更时擂鼓。乾隆下旨吹角、严鼓之例停止，以昭肃穆。

东宫门是斋宫正门，为皇帝出入之门，斋宫为五进院落，布局严整，斋宫建筑群主要是正殿钦若昊天殿和皇帝寝宫。冬至祭天是一年中最寒冷的时节，虽然皇帝寝宫有地暖，但是仍然不暖和。孟春祈谷大多是正月上旬，仍然寒冷。在致斋时，皇帝一行人的饮食必是热腾腾的好饭菜以御严寒。

很多人认为斋戒期间不能吃肉，实际上不但皇帝可以吃，所有斋戒的人员都可以吃肉。明史说"祭祀行礼委曲繁重"，冬至是一年中最寒冷的日子，皇帝和祭祀百官吃"腥"，以"增益其精神"。腥，是月肉旁，指肉食，但是只能吃当日屠宰的鸡鸭鱼肉，只用盐、酱、醋，清淡调味。"不茹荤"是不吃"五荤"，荤，是草字头，指带有强烈气味的植物。五荤是葱、韭、薤（xiè，野蒜）、蒜和蒜薹，以免气味熏着皇天上帝及祖宗。

斋宫内设有点心房、茶果局（供饮品、果品），以供皇帝夜宵，衣包房为皇帝更衣服务。

斋戒期间规定很多，皇帝、臣僚不理政、不举乐、不饮酒等，皇帝恭敬端正地来到斋宫，或诵咏祖训，或阅览圣贤文章、著文写诗。然后焚香沐浴，静候大典。

有一年乾隆阅视神版、祭品、坛面后回到斋宫，用膳已毕，和几个近臣叙谈，乾隆想起来在神厨视阅祭品后，有臣属想用甘泉井的水给乾隆沏茶，乾隆一摆手示意不可。在寝宫乾隆就问和珅可曾记得王士祯（zhēn，淄博桓台县人）咏甘泉井的诗。王士禛是清顺治十五年的进士、清康熙四十三年的刑部尚书。和珅本来想说记不太清，让乾隆爷露露学问，但是一想王士禛也不是李杜苏辛，万岁爷背他的诗有点跌价儿，就说背的如果不对请万岁爷指教："京城土脉少甘泉，顾煮春芽枉费煎。唯有天坛石甃（zhòu，井）好，清泉一勺卖千钱。"乾隆皇帝说："神厨自前朝就是制作祭天食品的地方，为何神厨院的井水几百年来如甘泉一样醇美？如此之巧，何也？"和珅思维敏捷，说道："人敬天，天从人意。"乾隆说："地顺天意，天人协和。生民望泽勤仰止，荣泉瑞露庆无疆。"

尹阿姨听得入迷，就问栾导斋宫在哪里，她想去看看，栾导说："斋宫在天坛的西南，挺远的，您别去啦。"尹阿姨说："栾导，阿姨天天早上跑 6 里路哩，没事，我看完斋宫后去哪里找你？"栾导说："这样，我把皇穹宇、祈年殿的门票给您，团队 16∶40 到天坛北门，然后乘车去虎坊桥北京金沙剧场，就是原来的北京工人俱乐部，我们去看杂技。团队是先来先坐，我们得提前到坐在前排看得清楚。阿姨，谁和您一起去斋宫？"尹阿姨问家人们谁去，尹阿姨的儿子说："我爱听栾导讲解，去斋宫要走那么远，我不去。"最后尹阿姨拉着她妹妹以及妹妹的女儿、女婿去斋宫。栾导嘱咐尹阿姨的外甥女婿："小伙子，一定要尽早与团队会合，有事给我打电话。"

这位女婿带着她们快步奔向斋宫，他们路过神乐署时听人说有祭天乐舞表演，于是就买票到神乐署的凝禧殿去看"中和韶乐"展演，从神乐署出来才去了斋宫。

15∶40，栾导打电话问尹阿姨现在在啥地方，尹阿姨说："在斋宫拍照哪，到集合时间就与你们会合啦。"16∶30 栾导给尹阿姨外甥女婿打电话，外甥女婿说还在斋宫。栾导说："你们从斋宫出来赶不到北门了，如果等你们，大家的座位会不好，待会儿路上就该堵车了，你们就走天坛西门吧，打个的，我马上把虎坊桥金沙剧场地址发旅游团群里，我会在剧场外等你们。"

到了金沙剧场栾导赶紧买票，安排团队进剧场里坐下，栾导在剧场门外等候尹阿姨她们。杂技开演一会儿，尹阿姨她们 4 个人就赶到了，栾导把她们送进剧场，安排好座位，栾导对尹阿姨女婿说："散场后别慌，我在出口举着旗子迎候全团。"

第二天早餐后上山（八达岭长城），全团都决定乘缆车，缆车是 6 个人一个车厢，栾导再三嘱咐："大家最晚 10∶50 就要坐上下山的缆车，一定要在 11∶30 回到滚天沟停车场，就是后山停车场。"

等到 11∶35 时，全团游客都上车了，就差尹阿姨了，尹阿姨儿子小林也很着急，一打妈妈电话，尹阿姨的手机在车里响了，原来尹阿姨把手机放在书包里了。栾导对小林说："我给长城广播室打电话，请他们广播找人。"就在这时小林的电话响了，小林一看是陌生电话，啪的就挂了，电话又响，栾导说："林大哥，您接一下。"原来电话是尹阿姨借一个游客的手机打来的，栾导接过来问尹阿姨在什么地方，尹阿姨说："停车场啊，这里有好多公交车哪，好多团队从这里上八达岭。"栾导说："阿姨，您找个导游，借他手机再打您儿子电话。"陌生导游打来电话，原来尹阿姨跑到熊乐园停车场来了，栾导让尹阿姨原地别动，他去找他，尹阿姨的儿子小林说："我妈总是瞎跑，栾导，让我媳妇陪你去找她，我媳妇也爱乱跑。"

很快找到了尹阿姨，栾导看见尹阿姨还提着一个塑料袋，袋里装的好像是食品，栾导想尹阿姨能量真大，这么一会儿还在商铺购物了。

导游的腿是练出来的，尹阿姨和她儿媳妇的腿是跑出来的，三个人风风火火回到旅游车上，也就比集合时间晚了30分钟。尹阿姨刚坐下，第二排的一个阿姨嘟囔着："黄金周人这么多，还四处乱窜，耽误大家。管子坏了（脑袋不好使）暴里暴气滴（很笨），么'咧'烦。（烦人）。"尹阿姨耳朵很尖，听到了，马上回击："老裸（老家伙）搞么斯吵，搞么名堂吵，搞么裸（你想干什么）？"

眼见得不文明的争吵就要发生，栾导马上打开车上的麦克风开始讲话："毛主席说不到长城非好汉，我现在学毛主席讲话，'黄冈的朋友们好，你们爬了长城，都是好汉。'"大家一听学得真像啊。接着栾导说："我是个爱挑理的人，爱'挑事'的导游，大家允许我'挑事'吗？"游客一听还有公开挑事的，挺好奇，就说："快挑！"栾导故作不解状："我就不知道是儿子跟妈亲，还是儿媳妇跟婆婆亲？"尹阿姨"扑哧"就笑了："栾导比我儿子还亲，栾导，我买了小糖葫芦给你吃。"栾导说："我就奇了怪啦，尹阿姨是啥功夫，怎么跑到前山停车场了。请尹阿姨给大家说说，好不好？"尹阿姨说："我们家谁也没我走得快，咱们今天早上出发早，我没跑步，我就想走着下山吧，不坐那个缆车了，一走就走到前山停车场了，我遇到的导游说那儿叫熊乐园，哈哈，我成了大狗熊了。耽误大家了，我现在就请尹导把小糖葫芦发给大家。"

☞ **评析：**

　　游客尹阿姨高兴地说："栾导比我儿子还亲。"这是对栾导导游服务的赞扬，不过，栾导对此评价受之无愧。

　　游客尹阿姨是个好活动的爽快人，她尽情享受着旅游活动的快乐，但是给栾导带来了不少麻烦。听了天坛斋宫的精彩讲解，她就与妹妹一家离团去游览斋宫，途中听说神乐署祭天乐舞表演，就买票去看"中和韶乐"展演，旅游团集合去剧场时，他们还在斋宫，幸亏离看娱乐节目的剧场不远，栾导拿着票在剧场外等她们。

在长城游览时，尹阿姨为了活动腿脚离开大家徒步下山，害得栾导跑到前山停车场去找她；她兴冲冲回到旅游车，而旅游团整整等了30分钟，另一女游客说了不好听的话，她立即反击，一场吵架即将发生。栾导灵活应变，以风趣的方式、幽默的语言调侃尹阿姨，尹阿姨一听就高兴了，请栾导吃小糖葫芦，并请栾导分给大家，栾导巧妙地平息了游客之间的争吵。

案例中的栾导是一个有经验的导游，没有生硬地批评自由散漫的游客，而是通过自己的努力化解困难。栾导是一名很有文化修养的导游，在旅游团游览天坛时，栾导讲了明、清两朝皇帝祭天之事，讲了斋宫的建筑等级，斋戒时皇帝之所宜与不宜，游客情不自禁地产生敬天之情以及参观天坛的极大兴趣。

导游读此案例一定会受到些许启发，努力提高自己的导游服务水平。

第二章　导游篇

导游带团从接站开始，送站结束。应顺利开始，圆满结束。

游客走出机场、车站后，必然会默默地观察接站的导游是否干练有礼、热情真诚。倘若游客出港、出站后，没有看到前来迎接的导游，会怎样预测这次旅游？接站不顺，诸事蹉跎。送站的核心是不能误机、误车。送站环节一定要给这次带团画上圆满的句号。

在带团中往往不会一帆风顺，不顺利的原因多种多样，优秀导游在困难条件下，总是通过自己的努力让游客满意这次旅游，有的导游虽然做了工作，但是游客未必认可。游客在旅游中最主要的心理需求是旅游舒适、行程安全、导游服务好，导游只有辛勤工作才能满足游客在旅游生活中的多种实际需求。

好的导游办事稳妥、每一件事都做得到位，遇到困难能立刻拿出办法，遇到突发情况敢于担当、能担当得起，导游既是旅游团的勤务员又是旅游团的主心骨。

有人说导游工作最大的特点就是人际交往广泛，这仅仅是导游工作的表象，无论是带半日游团还是带多日团、长线（多个地区）团，导游在与游客相处、讲解中，总是在与游客进行情感交流、文化交流，导游是游客旅游中需要依靠的朋友。"宾至如归""游客就是上帝"，不是空洞的口号，而是点点滴滴的实际工作。

每一个成功的导游都是在带团中的磕磕碰碰、辛苦劳累中成长起来的，本章的案例就是明证。

✈ 2-1　三次接机迟到

导游刘锦超现在一听接机就紧张，两个月来他三次接机迟到，要不是客人大度，要不是前赶后错的旅游团没有按时出港，旅行社准得以"屡屡漏接"为由辞退他。其实这三次迟到都是时运不济，每次都早早出发了，结果却迟到了。

上月 5 日，刘导去接深圳的旅游团，HU7706 航班 22：05 落地，他搭司机师傅的车去首都机场。晚上 19：30 师傅带着他从师傅住地广安门出发了，一路畅通无阻，师傅说时间很富裕，先去天竺那儿洗车，天竺距离机场就两站地，最多一刻钟就到。因为时间有富余，师傅没走高速走的辅路，结果还没有到天竺，前面发生了交通事故，辅路狭窄，加上不断有一些小轿车硬往前挤，挤来挤去路被堵死，连交警骑着摩托车都进不来。交警喊破了喉咙，才疏导开。全陪打来电话，说飞机提前了一刻钟降落了，马上带着客人去提取行李，刘导把堵车的情况告诉了全陪，央求全陪给他遮掩，就说由于临时交通管制，旅游车正在机场外面的马路上。到了 T1 航站楼，旅游团已经等候半个小时了，客人看刘导百米赛跑般冲到面前，还直安慰他。

第二次是上月 29 日接海南来的旅游团，CZ3119 航班，按照计划飞机将在 11：50 抵达 T2 航站楼。这次接机刘导不搭司机师傅的车了，从西单坐民航大巴去机场。他 9：29 到了民航大楼，眼看着一辆大巴的门关上了。他边跑边冲着师傅大喊"等一等"，师傅不理他，大巴车从他身边慢慢地启动了，真够倒霉的。

刘导上了后面的大巴车，盼着早点开车，因为乘客人少，直到 10 点才开车。一般说来民航大巴行车一个小时就到首都机场，刘导悠闲地在大巴上给导游同行发微信，结果大巴过了阜成门北就遇到严重堵车，磨磨蹭蹭地开到安定门东。平时只要一过东直门上了机场高速就会很快抵达，可是这时前面几辆小轿车发生追尾，那几个小车司机真差劲，还在马路上推推搡搡动粗，你说急不急啊。刘导的朋友在微信里批评刘导，问他为何不坐地铁，刘导说从东直门二号线转机场地铁要走好长的路，嫌麻烦，结果严重堵车的麻烦却找他来了。

机场高速一般不堵车，今天也堵上了，哎呀，首都真的成了"首堵"了。到了 T2 航站楼已经 12：20，刘导赶紧给全陪打电话问旅游团在哪里，全陪说有位客人的行李箱没有找到，正在机场查找，一听全陪这样说，刘导悬着的心才放下了。

第三次是本月 18 日接港龙航空 KA900，旅游团是台北的老年团，这个团结束了香港观光后来北京旅游，团内有几位老人曾是台湾民意代表，社里很重视，精心做了接站牌。

刘导很早就从家里出来。坐地铁去接团，刚进入 1 号线地铁，突然想起接站牌没有带，他犹豫了，去取，会不会晚？不取，在机场咨询处可以领一张纸，写上旅游团的名称，但是游客看到了会认为太随意了，不重视他们。旅行社知道了也会批评的。他家离地铁站就两站地，合计了一下时间还来得及。刘导从地铁跑上去，急忙回家取接站牌。越是忙的时候偏偏有人添乱，几个新导游给他打电话，问几个餐厅的电话，因为他们非常着急，他只得急匆匆地为他们从手机中翻检电话号码。

刘导从家里出来后，等了10分钟公交车还没来，他想时间很紧了，一狠心，打车去地铁站。他在南礼士路乘1号线，复兴门站换乘2号线，到东直门再换机场地铁。几次换乘，时间就耽搁了。

航班11：15抵达。刘导到达T3航站楼已经是11：30，还好领队没有打来电话。他赶快给领队发了信息，但是领队没有回信息，打电话领队也没接听，刘导很着急，会不会提前到达？假如提前到达了，旅游团不会甩下他和司机直接去宾馆吧？人着急时就容易失去自信。

直到12点旅游团才出来，原来飞机没有停泊口，转来转去，停在老远的地方，乘客坐摆渡车出港，耽误了时间。这下解救了他，要不然这次接机又迟到了。

☞ 评析：

地陪接机、接站通常要提前30分钟（重要团队要提前45分钟）到达接机、接站地点。旅游团乘坐的交通工具抵达后，地陪要及时与全陪、领队联系，并站在醒目位置迎候旅游团。如果导游迟到，让游客无奈地等待，还未见到游客导游就失职，情何以堪？

导游前往接机、接站，要安排足够的时间，因为谁也无法预料路上会遇到什么问题，堵车、交通事故都有可能发生。案例中刘导为自己辩解，每次都早早出来了，所以"迟到不怨他"，但现实是他两个月迟到了三次，若旅行社因此辞退他，他能把迟到责任归咎于公交车、旅游车司机吗？

刘导三次接机迟到，幸亏没有出什么事，第一次，旅游者看到他气喘吁吁冲来时还直安慰，非常通情达理。后两次由于种种原因旅游团没有准点出港，他"及时"地接到了旅游团，真是非常幸运。但导游必须明白，千万不要存侥幸心理，若心存侥幸，总有一天会出大事。

地陪迟到，发生漏接，必须妥善处理。首先导游不能慌乱，方寸一乱，往往会乱中出错、错上加错，本来就有气的旅游者就更生气、更不满，局面就不易收拾。迟到了，导游要真诚地赔礼道歉，让旅游者消消气，稳定情绪，然后再适当说明情况，求得他们谅解。但不宜解释过多，否则旅游者会认为导游在推卸责任，为自己迟到狡辩。当然，如真是狡辩，那只能是搬起石头砸自己的脚。

接机、接站迟到的导游找到旅游团时，最应该做的是更热情周到地服务旅游者，消除因漏接造成的不愉快、不信任。如果旅游者久等不见接站导游，不会一味地干等下去，就会与旅行社联系，旅行社会让接团司机联系旅游者，由司机把旅游者拉到酒店。如果旅游者就三两个人，他们也不会傻等，往往是自行打车前往饭店，若这样导游除道歉外，还要主动赔付车费。

导游接机、接站迟到，会给旅游者造成心理阴影，导游要加倍努力，使旅游活动顺利、圆满。

2—2　连续误接

导游陈薇、宋乐毕业于一所名牌旅游学院，他们和一些导游接待全国七彩夕阳歌咏大赛的参赛选手。按照任务分配，陈导、宋导 17 日的任务是在北京西客站接站。开碰头会的时候，导游组长马英豪再三强调每个接站导游必须最迟在 16 日下午与每个合唱团的团长、接站司机进行沟通，核实车次、抵达时间，并向团长说明接站地点及标识。

陈导、宋导的接站任务并不复杂，只负责接待抵达北京西站的 11 趟列车，宋导是陈导的小师弟，陈导说："你第一次参加，你看我怎么做就行了。"

陈导用手机把接站任务表拍成照片，她说带着接站表太麻烦，直接看手机就行了。宋导说："师姐，我拿着接站表吧。"陈导说："你毛头小伙，还是我拿着吧。"陈导熟练地与乘 K158、Z68、Z4、Z6 车次的合唱团领导以及司机师傅都顺利地联系好了。陈导觉得前几个团都没有问题，后面的团也不会有事。陈导要去参加一个高中同学的生日 party，宋导说："后面 7 趟车的领导和司机，咱们都没联系哪。"陈导说："提前一两个小时与合唱团和接站司机联系是最准确的，咱们一边接着团一边联系着 17 日下午抵达的合唱团。"宋导疑惑地看着陈导离去。

K158 次列车 5:52 抵达北京西客站，陈导、宋导刚过 5 点就到了车站，他们从早上忙碌到 10 点多，接站工作非常顺畅，七彩夕阳合唱团的叔叔阿姨以及接站的旅游车司机都满意他们的工作。乘坐 T8 次的成都"锦官城合唱团"将在 12:28 抵达，陈导说利用这段空档时间休息一下，顺便用午餐，早上起床太早，很困乏。宋导说："师姐，你去休息吧，我在出站大厅休息就挺好。"

陈导在西客站对面的肯德基餐厅休息，迷迷瞪瞪醒来已经 11:40 了，赶紧联系成都锦官城合唱团团长，但是团长的手机总是没有人接，发了讯息也没有回复。陈导想可能是合唱团的老师年岁大了，忙于准备下车，没有顾上回复她。这个团有48位团员，她们出站时一眼就能看出来。

陈导、宋导在北1出站口望眼欲穿地等待合唱团，但是团一直没有出现，陈导慌了神，让宋导跑到北2出站口去寻，那里也不见踪影。正在手足无措时，组委会赵老师打来电话，说合唱团在质问为何不见接站导游。陈导说李团长不接电话，组委会赵老师说："哎呀，小陈你联系的是李团长啊，她因病没有来京，接站表上有第二联系人孟指挥的电话啊。"原来上午10点多的时候，锦官城合唱团的孟指挥在列车上和组委会小刘通了电话，小刘说已经派好了导游接站，他们会联系您。孟指挥左等右等也等不来接站导游的电话，她想如果再给组委会打电话，接站导游一定会被批评，再说一出站准会看见导游持接站牌等候团队。孟指挥带领大家从北2出口出了站，没有看到接站导游。高音部的一位老师说："接站导游都是在地上一层的出站口等待，我上次从哈尔滨来北京，导游就是在地面出站口接我们的，听我的，咱们走上去，没错。"

这位老师把北京站的出站经验搬到北京西站了，于是孟指挥带领团员提着行李箱、化妆箱从地下上到了北京西站北广场地面上，正在四顾茫然时陈导打来了电话，北广场上旅客人头攒动，陈导、宋导找到了团队，但是旅游大巴车停在了南广场，如果让这些60多岁的艺术家提着行李箱、化妆箱再次穿过地下广场去南广场的停车场，非炸了不可，宋导反应挺快，打电话央求司机师傅把车开到了北广场的停车场。在等候旅游车时，陈导诚恳地向孟指挥及大家承认了错误。

送走了成都团，下趟车接乘坐G672来京的宝鸡合唱团，正点应15：11到站，但是电子屏幕上显示晚点，大约15：23抵达，可以休息一个多小时，陈导拽着宋导去肯德基店休息，她不停地玩手机，手机速度慢了，她就清理手机上的微信。

15：10，司机打来电话，问列车是否正点，以便把车及时开过去，陈导这才想起来还没联系宝鸡合唱团团长，赶快翻手机，天啊，清理手机垃圾时把照片全清理了，接站表的照片没有了。宋导说："赶快让马师哥把西客站接站表发到你微信上吧。"正说着宝鸡合唱团的团长打过电话来了："陈导你好，我们出站了，在哪里去找你们？导游，不要着急啊。"陈导和宋导满面羞红，还好宝鸡团的各位老师没有嗔怪她们。

马导及时把接站表发到他们微信上了，问他们："你们为何不带接站表啊？"陈导说："我嫌费事，哎，坑人的手机。"

第三天午餐后各个团由导游带领前往鸟巢、水立方游览，陈导带的是烟台合唱团，她在车上讲解了鸟巢、水立方的建筑特点和使用情况。由于是外景参观，抵达鸟巢停车场后陈导说："我带领大家到鸟巢、水立方中间拍摄集体照，15：50车上集合，16点准时发车。"

15：30，合唱团的老师全部回到了车上，但是不见陈导的影子，请司机给陈导打电话，但司机没留陈导电话，无奈团长只得让组委会联系陈导，陈导赶快跑回车上。

在回酒店路上，王阿姨说："陈导，许多导游都在出口前冷饮摊树下等候迎接游客，你怎么不在那里等我们？"陈导红着脸说："团队集合往往是拖延，我以为你们不会提前回到车上，我就去找别的导游聊天去了，我没想到各位叔叔阿姨都是麻利人，早早回到车上，真的很对不起大家。"

☞ **评析：**

细微化是导游服务的突出特点，责任心是导游的基本素质，如果陈导、宋导提前与所迎接的团队联系，就不会造成误接，如果陈导在鸟巢提前迎候旅游团，就不会导致客人提前到达而找不到导游，这些本来应该做得很漂亮的事，陈导却屡屡出了纰漏，难道不应认真思考原因吗？宋导碍于情面，不好说师姐陈导，但是贻误工作，自己也是要负责的。

导游稍一疏忽就容易出现问题，往往还是"屋漏偏逢连阴雨"错上加错，虽然导游组长马导早已提醒必须提前与团长联系，但是陈导还是没有与17日下午抵达的合唱团团长联系，贻误接站是个严重的错误。

去鸟巢、水立方游览时，陈导不把自己手机号告诉烟台合唱团领导和司机，很难理解。合唱团老师都已回到了旅游车上，但不见陈导的踪影，一个导游不在工作岗位，自己瞎跑，就是玩忽职守。

如果陈导把接站工作放在心上，认真提前联系，就不会发生接团失误，更不会连续失误。

如果陈导想一辈子从事导游工作，真的要从头学起，名牌旅游学院毕业的导游不一定就能成为好导游。好的导游总是兢兢业业，把每一个细节都做好。

✈ 2-3 最傻的空接

人有的时候特别容易犯最低级的错误，三年前导游刘秋颖就有过一次最傻的空接。那年5月，他没有休息一天，"连轴转"地接团。到了5月底实在受不了了，他对计调经理说："我要过六一，歇几天。"计调都笑喷了，"你都25岁了，还要过'六一'儿童节？"接着又是一阵哈哈大笑。不过计调还是挺有人情味的，笑完了，告诉刘导这几天就不给他派团了，让他6月5日下午1点接机，就6位散客。刘导拿了行程，顺手在手机记事簿上记下航班号，给司机师傅打了电话，说接机那天就机场见了，师傅说晚不了。

一切都妥当了，就该犒劳自己了，刘导去北京远郊游玩，很多远郊景区都通公交车，很方便。欧阳修云"日出而林霏开，云归而岩穴暝"，山间朝暮之时真的是空气清新、景色极美，刘导享受着山水之乐。最后一天刘导住在怀柔一家很高档的洗浴中心，高档洗浴中心是含住宿和餐饮的，价格很合适。

第二天上午10点刘导结了账，结账时还问了一声："今天是周三对吧？"人家说没错啊。于是刘导坐上916高速，一个多小时就到了东直门枢纽站，乘机场地铁直接去机场了。

早早到了机场，刘导有点饿，就买了一份快餐，玩着手机等航班，一看时间，飞机快落地了，刘导高举着社旗等待散客，因为行程在家里（行程上有客人电话），刘导就没联系游客，刘导想反正这6位游客知道看社旗找导游。

航班正点降落，12点半时刘导给师傅打了电话："师傅你到了吗？"师傅说："不是明儿接机吗？这几天我也忙得糊里糊涂的，你说怎么办啊？"刘导对师傅说："你家不是在来广营吗，离机场近得很，客人取行李还得一会儿，您现在往机场赶就行。"

师傅还真行，20多分钟就到了机场外围，只要客人一到，他就进停车场（这样可以免交或少交停车费）。

一拨一拨的客人在刘导面前走过，他使劲摇晃着社旗，以便他的客人看到。但是，等到13：40了，游客还不出来！他忙问服务台，服务台帮他联系，说这趟航班的行李都取走了。游客去哪儿了？不得而知。急得刘导赶紧给计调打电话，计调说别急，我问问组团社。计调来电话了，问刘导是否得了大脑炎？这几位散客是明天的班机。嘿，瞎忙了多半天！刘导感到真对不起师傅，让师傅白跑一趟。司机师傅人很好，不但不让刘导赔偿损失，还非让刘导去他家吃饭喝酒。

喝酒的时候，刘导很郁闷，"怎么会是明天呢？记得死死的，是周三啊，我没出过这错误啊"。偶然间，刘导瞅了一眼师傅家的台历，"哎呀！我在家看的竟是5月的台历，5月5日是周三，哎呀，我光看日期、星期，不看月份。"师傅笑着说："秋颖，你不是最傻、最二的，一个导游头（热心给导游排团的人），有一天死乞白赖地跟我说，让我给找5个导游，说明天上山，我把导游都给他找齐了，一会儿他打来电话赔罪，说这个团是下月今天的，原来计调给这个导游头打电话，说安排导游的事儿，他就以为是明天的团。"

俩人喝着酒，笑得不亦说乎。

☞ 评析：

接站工作，导游必须予以高度重视，若一开始就出了事，很可能会影响整个旅游活动。刘导是个聪明人，又很有经验，可能是累得晕头转向，也可能没有重视这6个人的接机，闹了个让人笑掉大牙的笑话。他在京郊玩了几天，心里却一直惦记着6月5日接机之事。但是6月的事却按5月的日历去做，结果瞎忙了一场，还害得司机师傅陪绑。

在正常情况下，按刘导的工作惯例，会在飞机起飞之前与全陪或旅游者代表联系，了解旅游团的行踪，但是这次忘了带游客的电话，没有联系。可能他认为就是一个单纯的接机任务，而且就是6位散客，于是大意了，害得他在机场因接不到旅游者而干着急。如果按照惯例做了，就什么事都不会发生了。好在只是空忙了一场，并没有误事，要是因看错日期漏接了，麻烦就大了。

如果真的发生了空接，导游要设法与旅游团联系，或在接站地点寻找旅游团，与机场、车站工作人员联系，了解旅客是否都已出港、出站，然后报告旅行社，并请示旅行社自己与司机是继续等待还是离开接站地点。案例中刘导与地接社计调联系，才得知自己接机提前了一天。看来许多低级错误都是不认真、大意造成的。

为了做好旅游接待，导游、司机以及计调都要适当休息，缓解一下身心疲劳。疲累之时容易出差错，这是多人经过事故总结出来的教训。

案例中司机是个好师傅，刘导催促后，急忙赶到机场，白跑了一趟，他不但不要导游赔偿空驶，还拉他回家喝酒吃饭，又讲了一名导游头犯傻的故事，冲淡了刘导的烦恼，与刘导一起汲取这次糊里糊涂接机的教训。师傅是好样的，导游都会愿意与他合作，而且一定会合作愉快。

✈ 2—4 进站、候车风波

送夏令营团返程乘火车，地陪要尽量把旅游团送进火车站，这个案例虽然是几年前发生的，导游席兴至今记忆犹新。

4个导游一同带江苏泰州某小学的夏令营团，夏令营活动非常顺利，几天的时间很快过去了。8 月 15 日，师生 182 人乘 T215 次返泰州，发车时间是 19：43。由于夏季是旅游高峰季节，夏令营团 17：10 就到了北京站。

席导是导游组长，带着 1 号车的师生首先选择了爱心通道进站，值班人员进行车票、身份证核查，他要求每个小学生持身份证或户口本及车票进站。席导对值班员说："这些十来岁的小学生出来旅游，有的家长就没让孩子带着户口本、身份证，这些学生都是一个学校的，有校长、老师，学生的车票都在我这里，您统一验一下好吗？孩子们拿着行李，手里再拿车票容易丢。"说了许多请求的话根本无效，最后这个值班员要席导把买火车票时提供的身份证号单子拿来。地接社在郊区，单子送到了，火车早就开走了。席导灵机一动，北京站对面有家四星级酒店，他赶快跑去，给社里打了电话，让社里计调把买票的身份证号单子盖上公章，传真到酒店商务室。席导拿着传真件，给值班员呈上，值班员抽查了几张车票，就让同学们进站了，但是不让地陪进。地陪不进站怎么带领师生们候车啊？值班员说："拿着你们的身份证买送站站台票去。"

因为时间还早，席导就安排夏令营团在一楼大厅的一个角落集中休息，大厅管理人员非常客气地请他到二楼候车室休息，说大厅内不得停留。

大家乘自动扶梯到了二楼，T215 次应在 6 号候车室候车，但 6 号候车室里的旅客满满当当的。一个年轻的女管理人员说："离开车时间还早，6 号候车室旅客太多，你们先到 7 号候车室去候车吧，那里旅客较少。"席导就带着大家去 7 号候车室。到了 7 号候车室一看果然比 6 号候车室宽松许多。

这小 200 人的队伍刚放下行李稍作休息，7 号候车室的一个小伙子管理员走过来，问明情况后让大家出去，席导再三解释他就是不听，席导说："这些孩子都是祖国的花朵，应当体贴爱护。我们有车票，6 号候车室的管理员让我们过来，你撵我们走，你们是怎么工作的？"这个小伙子说："哪个车次就在哪个候车室候车，不然乱套了。"席兴说："乱，是你们瞎指挥造成的，6 号候车室人太多，我们就在 7 号。"话语交锋间这个小伙子要乘警过来把席导叫走，席导立时火冒三丈。此时地陪、全陪和学校的老师竟然没有一个上来帮他解围，席导突然有所醒悟，这样吵下去只会把事情弄得更僵，于是拿着手机大声佯装接电话"噢，领导来了，好，我马上就去接他"，给自己下了个台阶。

席导急急忙忙在楼上楼下找值班站长，好不容易找到了，向她说明了情况。值班站长安慰他："这点事很好解决，你不要着急，我们一定把师生们安排好。"

值班站长查看了几个候车室都是挤得满满的。就对师生们说："来自梅兰芳大师家乡的老师们、同学们，由于旅客太多，非常抱歉暂时不能安排你们进入 6 号候车室候车，请你们先在楼道一侧休息，只要列车进站了，我一定带你们优先进站，谢谢同学们的支持。"

值班站长真的先让夏令营团检票、乘车，几个地陪帮助这些小学生进车厢，最后目送列车缓缓驶离月台，这时席兴长长嘘了一口气，总算完成任务了。

☞ 评析：

> 182人的江苏泰州小学生夏令营团在北京的旅游活动都很顺利，但离站时，进火车站、候车时却让导游着急了。
>
> 几年前，进火车站乘车，必须人、票、证件一致（现在进站、验票，刷身份证），小学生没带身份证、户口本就不能进站，车站检票员坚持规定，最后席导出示旅行社购票时学生的身份证号单子传真件，孩子们才进了火车站。
>
> 进站后候车室人满为患，而较为人少的候车室又不让停留，席导与值班站长洽商才解决了问题，并让夏令营团提前检票、上火车，导游终于完成了送站任务。
>
> 为了小学生夏令营团顺利离京，席导忙前忙后，奔忙周旋，尽责尽职。
>
> 大型旅游团，尤其是夏令营团，进站、候车、上火车，都是让导游费心的事，特别是在旅游旺季。为了顺利送站，导游一要熟悉火车站的有关规定和各火车站的相应安排。在进站忙乱时，导游一定要耐心与车站工作人员合作，遇事积极协商，协商时不能使用激烈的言语，更不能争吵。案例中，好在席导比较理智，意识到与车站工作人员争执不仅无济于事，反而会越闹越僵。
>
> 在带大团队时，所有带团导游在整个旅游过程中都必须密切配合，案例中的导游友好合作，在遇到问题时保持理智，值得称道。

✈ 2—5 差点没带导游证

曹建虽然年轻，但已是一个从业6年的老导游了，带团很受游客的欢迎。几年前，曹导的同学介绍他到远征国旅（化名）带一个到江西全省游的摄影团，和带着"长枪大炮"的摄影师一起旅游、摄影，曹导特别激动，因为曹导也是个摄影迷。

远征国旅的李总说这个团很重要，因为还有一个大摄影团在等待效果，他要亲自送摄影团上旅游车，他让曹导出团那天在北四环奥运大楼前等他，然后开车带曹导去与摄影团会合。

出发那天曹导早早就起来了，吃完早点后检查行装和行程带齐了没有。照镜子时发现他的格子衬衫与白夹克不太配，于是又换上一件月白色的衬衫。最后再次检查身份证、导游证、相机的充电器、备用电池、手机充电宝是否带上了，因为有一次忘带充电宝，害得他在当地买了个贵的。

4月22日，曹导早早到了奥运大楼前，心里默想在旅游车上怎样致欢迎词。李总到了，曹导赶紧迎上前寒暄了几句。李总边开车边嘱咐曹导需要注意的事项，李总说："曹导，该带的都带齐啦？"曹导连忙说昨天就都已备齐，当他习惯性地摸了摸脖子上挂着的导游证时不由一惊，换衬衫时有个导游朋友来电话，顺手就把导游证放在床上了，他不敢对李总说没有带导游证，李总会想一个导游连导游证都不带，还能干啥？曹导心想实在不行就掏钱买票吧。

到了摄影协会，那些专家还没有到齐，曹导的心里反复盘算着，江西那么多景点，花钱买票得花多少钱啊？让宿舍里合住的小罗晚上给他发快递是可以的，但是在江西每天换一个地儿，虽然知道每天的住宿宾馆，万一收不到怎么办？李总看出曹导心不在焉，就问他有啥事，曹导只好把没有带导游证的事儿说了。李总说你要是早说，我就让你直接回家去取了，与游客在机场见面会合。曹导说："我应当给客人换登机牌、托运行李。"李总说："赶快给你室友打电话，让他把你的导游证送到机场，实在不行就办快递，今天肯定能快递到南昌。"

室友小罗的单位离宿舍很近，小罗请了假，回家取了曹导的导游证就打车直奔机场。

曹导给旅游团以及自己都办好了登机手续，把旅游团送到安检口，和摄影师约好飞机上见，曹导站在候机楼门口，盼星星盼月亮地盼着小罗快到机场。

小罗及时把曹导的导游证送到了，曹导看着导游证倍觉亲切，他把打车的钱给了小罗并许诺："我回来，一定给你带好吃的。"小罗说："弄点江西酒糟鱼吧。"

从此以后每次带团前曹导都要摸一摸导游证是否挂在脖子上。

☞ **评析：**

导游进行导游活动必须佩戴导游证。曹导也是一名老导游了，出团当全陪，差点没带导游证，很不应该，是失职行为。

出团前导游一定要做好各项准备，导游证、行程表、签单等都必须随身携带，工作时还必须把导游证挂在脖子上，让游客看得见，不要因为一些小事，而忘记了拿工作证件。案例中如无室友及时送来导游证，就会造成工作不便，还会给自己造成经济损失。

如果游客发现曹导没有佩戴导游证，有可能投诉旅行社委派了一名无证导游，或者在外地景区被旅游执法人员查获，若这样会惹出一些不必要的麻烦。现在虽然换了电子导游证，手机里也可查看，但是有的景区规定导游必须佩戴电子导游证查验卡才允许免票进入景区。

案例中曹导因疏忽忘带导游证，多亏室友帮忙，没有造成什么麻烦，但在本书的一些案例中，由于"一时疏忽""一不小心"或"一匆忙"，出了这样、那样的事，或造成导游工作困难，或招致旅游者不满，都或多或少影响了旅游活动。因而，导游工作时必须谨慎细心，一点点失误就有可能导致前功尽弃。

导游不带导游证，有失颜面，曹导怕李总笑话、不信任，就没有说出实情，差一点造成麻烦。如果及时说出实情，纵然一时尴尬，却可以避免旅游全程的麻烦。看来一个人做事还是实事求是、坦诚面对失误为好，千万不要陷入"死要面子活受罪"的局面。

✈ 2-6 蹩脚的提示

导游廖川在机场迎接一个来自四川眉州的散客旅游团，全团是 23.8 人（23 个成人，8 个小孩），无全陪（在地接质量稳定的情况下，有的组团社不派全陪，把省下的钱拿出一部分加在旅游者的住宿或餐饮上，以提高接待标准）。廖川一眼就认出了自己的团队，快捷有序地带领旅游团登上旅游车，欢迎词也很有独创性，游客给予了热烈掌声。

在旅游车上廖导介绍了旅游团在本地的主要活动，顺便与旅游者核对了行程，在讲解沿途风光的间隙，他就开始进行安全和卫生提示，廖导笑嘻嘻地说："我们这辆旅游车是崭新的车，设备好、车容整洁，司机师傅任命我为本车的卫生部长，部长的权力是很大的，车内不许吃雪糕和水蜜桃、西瓜等果汁多的水果，也不能把烤羊肉串拿上车来吃，如果哪位游客乱扔糖纸、瓜果皮或者偷偷吃水果，我就要学习外国的经验，罚款 200 元，罚款我和司机都不会要，我给大家买烤鸭吃。如果心疼钱的不接受罚款，也没有关系，省钱就不能省力，罚他两次先擦拭车厢地板然后再吃饭，由我来检查是否合格。如果是小朋友弄的，家长代替受罚。本部长不讲情面呦，部长令即刻生效。"

廖导的卫生宣言刚一讲完，一位女游客严肃地对廖导说："导游，请你不要把很好的事说得如此难听，大家多注意就是了。你只要罚款，我就代替被你罚的游客交，但是你要给我正式发票，内容必须是卫生罚款。你这个罚款的权力是国家旅游局赋予的，还是旅行社给的？有正式文件吗？有物价局的核定吗？我们来自眉州，是苏东坡的家乡人，我们是讲文化的，你这个导游不要把别人都看成没文化、没教养的土包子。"

女游客连珠炮的一席话非常犀利，火药味浓烈，车内的气氛顿时沉闷，小朋友们也不说笑了。廖导红着脸连声说："对不起，对不起。车厢弄脏了我来搞。"一位小男孩说："叔叔，我也学雷锋。"小朋友的话让车厢内笑声顿起，缓和了尴尬气氛。

☞ 评析：

　　旅游者要文明旅游，在乘车旅行、景点游览时都不要随意扔垃圾，破坏环境卫生，导游提醒旅游者注意卫生很有必要，但如何提醒，让旅游者注意起来并身体力行，却很有讲究。

　　案例中，地陪廖川想既严肃地把注意卫生的事情宣布了，又把气氛弄得活跃些，就用戏谑的语言提醒旅游者保持旅游车内卫生。但说歪了，惹得旅游者不高兴，又赶上了一个很较真的旅游者，对廖川的话予以批驳，顿时，旅游车内的气氛很尴尬。幸亏廖川还算灵活，一看气氛不对，就连连认错，承诺由自己负责车厢卫生。孩子也来凑趣，说他要学雷锋做好事，从而化解了尴尬的气氛，旅游车内又有了笑声。

　　应该说廖川是个不错的导游，工作熟练，欢迎词独特，游客欢迎，在沿途讲解时顺便核对了行程并提醒注意事项，工作规范、正确，游客对他很有好感，在这种情况下廖导应该更谦虚谨慎，做好导游讲解，服务好旅游者。可惜他想要耍嘴皮子，博得更多的笑声、掌声，结果适得其反，被游客批驳得狼狈不堪，幸亏及时认错进行补救，没有导致不良后果。

　　从此案例中可以得出这样的结论：在带团工作期间，导游不要因一时一事的成功冲昏了头脑，也不要为博得游客的掌声而说话口无遮拦没有分寸。当然也不要因暂时的困难而气馁，不知所措，而应始终沉着冷静地工作，认认真真、踏踏实实为旅游者服务，使旅游者在有限的时间内最大限度地享受到旅游的快乐。

✈ 2-7 旅游者大幅减员之后

2018 年 6 月 21 日，导游郭飞和尹艳芳带一个两日游的拓展团去怀柔，团员是亦庄一家企业的职工。郭导、尹导和两位司机师傅 7：20 就到了集合地点。接待计划上标明：68 位员工，分乘两辆旅游车，8 点半出发。

8：15 只来了 3 位旅游者，他们说他们是生产一线的员工，8 点下夜班，大部分人员 8 点半才会到齐，导游和司机只能耐心等待。拓展师、摄影师都按时上车了，拓展者姗姗来迟，他们也很郁闷。

因为没有单位的领导带队，俩导游试着给人名单上带"*"的人打电话（估计他们是班组长），有人接了电话，说太累了，就不参加了，有人根本不接电话。郭导向旅行社计调汇报了情况，计调请示经理后说 9 点准时出发，有多少人就多少人，照样走行程。如果一辆车能坐下，另一辆旅游车不用去了，损失社里负责。

9：10，一名司机师傅，两名导游、两名拓展师、两名摄影师，陪同 15 名拓展者前往怀柔青石岭培训中心。

不管人数多少，导游服务程序不能省却，郭导开始致欢迎词、沿途导游讲解。因为一部分人是刚下夜班，郭导就把导游讲解搞得很有趣，不时还和他们互动一下，比如说怀柔在汉代是北方的兵工厂、农具厂、造币厂，大家猜一下，在怀柔是怎样发现大量汉朝铜钱的？又说怀柔油栗大名鼎鼎非常好吃，怎么吃油栗最有营养？ 15 名拓展者都是 20 岁左右的青年人，郭导估计很多人都是未婚者，于是说道："如果你是怀柔的新郎官，你去迎娶新娘之前在家吃点啥？到了岳父家，老丈母娘怎么招待你这个新姑爷？给新姑爷的改口红包，是岳父、岳母合着给还是分别给？"郭导几下子就把这些青年旅游者弄得激情洋溢。

由于旅游者大幅减员，尹导在车上忙着与培训中心、供餐餐厅进行沟通减房、减餐。这些协作单位都提出了赔偿损失的要求，尹导请他们与旅行社计调联系，导游做不了主，尹导把与协作单位沟通的情况再次向计调汇报。

午餐在培训中心附近的一个生态餐厅，所谓生态餐厅就是一个高大宽敞的大棚，棚里有各种果树、花草、小池塘、假山、喷泉，餐桌散落在树下花丛旁。

15 位客人分坐两桌，摄影师、拓展师说不愿意和客人一起用餐，要和司机、导游一起用餐。如果是 7 桌餐完全可以免去这 7 位陪同人员的餐费，但是客人只有 2 桌，餐厅经理说只能提供 2 个人的司陪餐，剩下的 5 个人就得掏钱点餐。郭导一看水饺 32 元一斤，就点了 2 斤半水饺。

郭导和尹导巡餐时有的游客要求给每桌再加些酒水，他们说："本来应该是 7 桌饭，现在 2 桌了，省了那么多钱，应该给我们多上好酒、好菜。"二位导游连忙解释："退了 5 桌是为了你们单位着想，因为旅游协议商定了用餐标准，所以不能突破，请你们理解。如果一定要加酒水，只能你们单位领导通知旅行社，旅行社再通知我们执行。"由于旅游车上有了沟通，游客说："我们不会让导游为难，就是别便宜了餐厅。"游客还邀请俩导游晚上和他们一块儿喝啤酒。

午餐后入住青石岭培训中心，培训中心说原定的 37 个标间只能退 15 间，于是 15 位旅游者和 7 名服务人员都是一人住一个双标间。

约定下午 2 点大堂集合，14:20，只有 5 位旅游者到来。郭导和尹导依照住房表给其余 10 个房间打电话，大多数游客不接电话，于是俩导游员一间屋一间屋地敲门，无人应声，可能都在酣睡。郭导和尹导回到大堂，对拓展师说："开始吧，就这 5 位游客参加。"

因为人太少，他俩也加入游客的拓展训练，成了拓展团的正式队员。拓展团推选一车间的贾志超为队长，他是天津大学的高材生，指挥着大家闯关，因为人少，逼得拓展师只能屡出花招。两位摄影师伺候 7 个人，估计一定会留下非常生动的照片。通过拓展训练，二位导游学了几招非常有意思的增强团队精神的活动。

次日上午的景点游览只有 6 个人参加，由郭导进行景区讲解，年轻的拓展师说："我俩带着他们玩，你们在湖边等我们吧，不开展拓展活动，怕他们公司不给劳务费。"

在回京的路上贾志超说："我们住得、玩得都很爽。人少，导游可以少操心，导游，你们也爽吧？"郭导和尹导无言以对，导游的甘苦只有自知。

☞ **评析：**

　　单位组织的旅游团大幅减员的现象不多见，但被郭导、尹导赶上了。企业组织员工进行拓展训练，但原定的 68 人只来了 15 人，两位导游没有消极等待，而是积极与名单上的旅游者联系。旅游者人数减少，导游必须及时通报旅行社，旅行社决定两车并一车，行程照走不误。

　　旅游者人数大幅减少，导游服务不仅不能减少，反而增加了减房、减餐、退景点门票等工作，所以旅游车启动后，郭导致欢迎词，进行沿途导游讲解，而尹导则忙着通知退房、退餐，以及与旅行社计调联系、汇报。住房、餐饮都是旅行社预订好的，突然要求大量退房、退餐，对方提出赔偿要求是合理的，一般会向导游提出，然而导游无权处理这类问题，但必须明确告知对方，让他们直接与旅行社计调联系，商定如何赔偿损失。

由于游客刚下夜班，又累又困，于是郭导用精彩的、趣味横生的导游讲解激发他们的游兴，他的做法值得称道。参加拓展活动的只有5个人，导游就主动加入了拓展训练，既学到了一点本事，又使拓展活动增加了生气，从而可以看出，这是两名有经验、善于灵活应变的导游，尽了导游应尽的责任。

✈ 2-8 千人一日游

周三上午北京旭日东升旅行社（化名）的经理给导游吴鹏飞打来电话，说接了一个千人一日游的大团，日期就在本周日，共需要26个导游。吴导细问了一下行程，旅游者是来开医疗器械订货会的，散会后利用周日游八达岭长城、照合影，午饭后送机、送站。行程说起来很简单，但是旅游活动只要超过200人，每一个环节都和打仗一样紧张，何况上千人。举办会议的组委会真会算计，把旅游、合影、用餐、送机送站这四大任务合在一天进行，省车费，省导游服务费。吴导对旅行社经理说他可以参加，但是操持不了。经理说："就因为这个活儿棘手，所以好几家旅行社都不接，组委会临时找到我们社。吴导您的人脉广、工作能力强，一定要给我帮这个忙。"

吴导问了几件事，组委会、旅行社都没有弄：游览后的午餐是桌餐，但没有人员分桌，参会者还有一些人是回民，需安排清真餐，这1020人的入桌有可能乱成一塌糊涂，送站、送机没有登记好具体的航班、车次，只知道都是下午四点以后的。

组委会只做了一件事就是分车，哪个团坐几号车，但是这样一分车绝对乱套，午餐后这个车里的游客有去机场的，有去火车站的，游客需要从所坐的车里拿出行李，还得急急忙忙地打听哪辆车去机场或车站，找到车后装行李，现场会乱成一锅粥。

吴导向旅行社经理提出几件必办之事：

必须准备若干送站表（送首都机场3号航站楼、送首都机场2号航站楼、送首都机场1号航站楼、送北京西客站、送北京南站、送北京站），按照送站地点让参会的代表登记姓名、电话和具体航班或车次。一张表最多登记45人（大型旅游车有50个座位，但不宜坐得太满）。根据登记送站的人数，确定26辆旅游车够不够用。

安排好游客乘几号车后，立即把司机、导游的电话通过微信发给游客，以便联系。

旅游当天，按照送机、送站的名单表上车，不能按团上车，提醒代表们千万别上错车。

按照送站计划准备接客人的牌子，要在几号车的后面加上定语，例如，"1号车——首都机场3号航站楼""12号车——北京西客站"，游客一看就明白了。

旅游当天，导游会提前在饭店大堂门口外持接客牌，等候客人。停车场地小，26辆旅游车不可能排列在一起，导游要带着游客上车，又快捷又准确，找不到车的游客会打导游电话。

按照登记的人数，让送早餐的、送矿泉水的送到每辆旅游车，交给司机，导游没有空去搬运早餐、矿泉水。

严肃宣布纪律：游览后、午餐后，凡是到点不集合上车的，也不给导游打电话的，旅游车最多只等10分钟，误机、误车责任自负。遗留在车上的行李自己到车队去领，司机、导游不负责保管。

先合影后登长城。

旅行社派人提前买好票，按照×号车××名游客，把门票装在一个信封里，交给导游。

与八达岭景区协商，为本团专开一个检票口。

用餐时导游签下人数、姓名、电话就可以了，旅行社事后与餐厅结账。

旅行社经理说吴导所言句句在理，一定逐一办理。

因为周日出发很早，旅行社在一个快捷酒店租了房间，让导游住下，顺便发了接客牌。吴导对导游讲解了行程安排：

旅游当天，导游要顺利地把游客引领上车。如果有的游客说他和车上的××很熟，要求坐一起，如果送站地点不一致，让他把行李放到身边，因为送站前不开行李箱（怕有人拿错），到了机场、车站才打开行李箱。游客上车后按照名单点名，宣布本车的送机、送站计划。坐错车的尽快换车，不能等午饭时才换车，万一车上座位不够就麻烦了。

开车后统计乘车人数、用回民餐人数，在导游微信群里报数。及时报给餐厅＊号车××名普通餐×名清真餐，一进餐厅报车号，服务员就会安排好桌次。

抵达长城立即带团到摄影地点。登长城检票前导游一定按表上的姓名发门票（每发一人做一记号），边发门票边排队，安排最后一名游客截住团队，一定不要让外人加进来，别的车的游客也不让加进来，否则人数与门票数就会一团糟。上洗手间回来晚的游客以及没和本车一起进入的，让他找本车导游，导游核对姓名、电话后再发给他门票。

在车上多次强调集合时间、地点。强调准时发车。集合上车后，人齐就出发。组委会要求下长城后所有的旅游车一起出发，不能这样！只要本车的人齐了就奔向昌平餐厅，尽量错开到达餐厅时间。因为一个团到达餐厅，分桌不会乱。几个车一起到，本车的、外车的游客就会乱坐，几个团同时到达餐厅，洗手间也会紧张。嘱咐餐厅服务员旅行社是按人数结餐费的，若分桌没弄好，是餐厅的事。

这些导游大多是吴导的同学或好友，配合默契。旅游那天早晨，导游紧张有序地把游客引领上车，在车上点名，宣布注意事项，进行沿途导游讲解，顺便说道："午餐时，希望大家抓紧时间，这样可以早些到城里，还可以逛逛商场，每辆车人齐了就发车。"游客说开会这几天没空买东西，来北京一趟，空手回去交代不了，纷纷说吃好就上车，谁也别磨蹭。

到了八达岭景区，各位导游顺利地把团带到了照合影的地点。组委会要大家按照他们画的位置图去站队，导游不理他们那一套，哪个团来了就站齐在铁架子上，先到的就站在前面，一会儿这1000多人就排好了，很快完成了摄影任务。

登长城时，有的团先让客人去洗手间，有的团抓紧时间登城。导游给本团发门票、组织排队，盯紧队伍，不许外人插进，人数和门票完全一致。因为有个特定的检票口，所以每个团很快就进去了。

旅游车有前有后到达餐厅，一些客人说不吃饭了，要取了行李，打车进城买东西。导游说："一定要有会务组的人陪着，司机才给开行李箱，以免拿错。"有的游客说导游是以小人之心，度君子之腹，导游就只当没听见，拿错一个行李箱就麻烦了。

个别导游忘了统计清真餐人数，好在餐厅服务员会安排，给用清真餐的旅客安排了小桌，上清真饭菜。

至于个别游客说菜淡了咸了、凉了热了、油大了，导游就作揖、拱手，不多解释，很多游客说："这么多人，拍集体照、登长城、用餐、送机送站，导游真能干、真辛苦。"

最后所有团队都安安全全地提前送到机场、车站，大功告成。

千人一日游的大团，对于吴导这位干练、果断的大导游如烹小鲜，旅行社经理说："吴导啊，你们这些导游真是干将、战将，没有你们，社里接不了这活儿。"

☞ **评析：**

带大型会议旅游团游览、送站是棘手的事，有一点考虑不周，就有可能大乱，后果不堪设想，怪不得几家大型旅行社都不愿接单。

吴导是名经验丰富，擅长接大型旅游团的导游。接计划时一问情况，吴导有打退堂鼓的想法，但经理力邀，吴导只好帮他操持。吴导指出了会议组织者的安排种种不妥，提出了自己的合理建议。

由于吴导井井有条的安排，全体导游的精诚团结、密切合作，以及会议组委会的积极配合，千人大团的游览、照集体相、用餐、送机送站有条不紊，顺利进行。一日游结束，旅行社经理深有感触，自叹不如："你们这些导游真是干将、战将！"

组织协调能力是一名合格导游的必备素质。带一个小团，需要导游的组织协调，千人大团更要协调好。要是没有吴导很强的组织协调能力和丰富经验，要是没有其他导游的密切合作，肯定不可能这样平安、圆满地完成各项任务，带超大团如同一场战役。

本案例提供了丰富的接大团经验，如导游接团前一定要认真研究旅游接待计划，尽可能多地做好多方面的准备，旅游活动一开始就得立起旅游秩序，导游要严格执行，旅游者也要遵守必要的纪律，服从导游的安排。案例中，若没有严谨的安排，没有必要的规定，这样的大旅游团肯定带不好。

本案例在组织会议团上车、合影、进景区、就餐、送站等方面均具有切实可行的示范性。

✈ 2—9 雨中游园

2018年7月中旬，夏令营团、研学团铺天盖地来到北京，夏令营的口号都特别响亮，如"我要上北大，携手进清华""少年强国梦""小记者走天下""我是小小国学家"等。大多数夏令营都有1000~3000名学生，这些夏令营安营扎寨于北京各郊区的大学或者其他有住宿条件的教育机构里。

大型夏令营的司令部由组委会、总教官、总导游、车队长组成，组委会负责招募各地报名的夏令营团，制订接待计划、接待标准，联系接待单位，协调总教官、车队长、总导游之间的协作。总教官指挥夏令营的青年教官（刚退役的青年士兵），教官负责带领每辆旅游车上的师生进行活动（早读、三餐、活动、晚读、点评等），活动时教官带队，负责营员的安全；车队长负责调配、指挥各个旅游车；总导游指挥各位导游，导游负责旅游讲解、带团进入景区；随团而来的老师负责照顾当地的教育机构招募的夏令营员；高标准的夏令营还高薪聘请了名牌大学的在校生做辅导员；夏令营好似一个大兵团作战。

一个 1800 人的夏令营团住在昌平的一个学校里，学校里的每座学生宿舍楼都住满了夏令营营员。夏令营分几十个分团，每个分团由 40~43 名学生、组团带队老师 2~3 位、1 名教官、1 名导游组成，每个分团不称作"团"，而称"队"，军事化色彩浓郁。几队上几号车，通常一辆旅游车的学生基本上是一个地区的，但也有一辆旅游车上是几个地区的学生。

导游刘艳华被她的导游朋友拉来参加导游服务。刘导服务的 8 队就是"组合部队"，学生们来自日照、泰安、兖州、曲阜和邹城，一共 43 名学生，年龄最大的 11 岁，最小的只有 7 岁，带队的两位老师分别来自日照和兖州，8 队的张教官是刚退役的坦克兵战士。

7 月 13 日早晨 6 点雨就下了起来，早餐后，7:20 张教官带领师生上车，等待出发的指令，张教官随身携带的对讲机响了，组委会说颐和园一带大雨滂沱、电闪雷鸣，让教官带领学生先回宿舍。司机、导游懒得回去，就在旅游车上等。

8:30，总教官李楠发令可以发车，几十辆旅游车鱼贯出发。

半路上雨又下起来，刘导嘱咐学生把便携式雨衣穿上。因为旅游车太多，根本停不进颐和园小土坡的停车场，在离颐和园挺远的地方就下车了。夏令营的所有学生都是穿同样的 T 恤，又穿着雨衣，根本认不清是不是自己队的同学，刘导再三嘱咐同学们跟紧队伍，万一掉队了，茫茫"营员之海"中难以找到。刘导让两位老师在队伍中间照顾着，张教官殿后避免营员掉队。

刘导从导游总指挥马忠华老师处领了票，颐和园的验票程序是：门票插到机器里，验票后方能通过。因为下雨颐和园验票处挤成了一锅粥，许多旅游团、散客都急于进园，刘导没有急于带团进园，引导师生排好队，嘱咐学生一定把队排紧，不要让外人插进来。

检票时刘导对验票员说："老师，这是 43 张学生票，3 张成人票（2 名老师、1 名教官），因为雨大，我就不发票了，免得跌落遗失，您验一张票就过一个学生。"有序地过了 21 个学生 1 位老师，突然七八个成人散客挤在前面，整个队伍断了。刚过了 5 个学生，又有几个散客涌到检票口，好不容易这些不排队的成人游客进园了，又有夏令营其他队的十来个学生持票挤了进来。万一挤散了学生就麻烦了，其他夏令营的学生混进来门票就不够了，刘导大声喊："二位老师，请您看紧队伍！"老师们无奈地苦笑了一下。刘导急中生智，用麦克风大声喊着："8 队的同学们，把双手搭在前面同学的肩上，排成钢铁长城，不要让任何人插在你前面！"

　　颐和园里全是夏令营团队，学生都打着伞或穿雨衣，根本不好辨认自己的团队，刘导觉得随时都有丢失学生的可能性，在仁寿殿庭院集合好队伍，刘导开始宣讲安全游览："同学们，今天颐和园游客特别多，又下着雨，一不注意就容易掉队，一掉队很难找到自己的队伍。万一你走失了，首先找到你身边的任何一个导游，请他按照你夏令营卡上的电话联系老师、教官或者我，你身边的导游会把你所在的位置告诉我，你千万不要动。如果你夏令营卡丢失了，就找身边带手机的游客帮你拨打110，同学们，只要你记住了你住在哪个大学，警察叔叔很快会把你送回营地。"

　　组委会规定颐和园的游览时间是2小时，早进园的队11：45出园，晚进园的12：15出园，出园后在停车场领快餐。

　　前往玉澜堂、乐寿堂的路上，旅游团挤得挪不动步，刘导计算了一下游览时间，决定把团先带往谐趣园，然后再去游长廊一带景观。

　　谐趣园是颐和园最大、最美的一个园中园，乾隆下江南时对无锡惠山脚下的寄畅园情有独钟，于是在清漪园（颐和园前身）的东北角建了惠山园，嘉庆年间改建后更名谐趣园。谐趣园处处佳景，园内清静，百间游廊环湖而建，廊子里有回音，刘导的讲解听得很清晰。

　　在知鱼桥，刘导通俗地讲了庄子和惠子的对话："庄子和惠子在濠水的桥上赏景，庄子说：'你看，儵（tiao，鲦鱼）鱼游得如此悠闲自在，这才是鱼的快乐。'惠子说：'你不是鱼，怎么会知道鱼的快乐？'庄子说：'你不是我，怎么会知道我不晓得鱼儿的快乐？'惠子说：'我不是你，固然不知道你；你不是鱼，就不可能知道鱼的快乐。'庄子说：'你刚才问我从哪里知道鱼的快乐，你明明知道了我知道鱼儿的快乐，反而故意问我，我是在濠水的桥上知道鱼儿快乐的。'"

　　刘导问大家："鱼的快乐是什么？庄子的快乐在哪里？"虽然这是哲学问题，小营员们却是饶有兴趣，有的同学说："鱼在河水里游，自由自在，与大自然和谐共处。"有的同学说："庄子理解动物，所以庄子也快乐了起来。""惠子发展方向是自然科学家，庄子是社会学家。"刘导说："外界景物，有的人只是看在眼中，有的人看在心里。有人看颐和园就是湖光山色，有人看到的是'一座颐和园，大半清朝史'。"

　　兖州五年级的刘润泽很聪慧，他对刘导说："刘姐姐，今天游颐和园，您受累了，但是庄子一定会说刘姐姐是快乐的。"刘导说："学习的快乐在于乐趣，乐趣来源于对知识的探索，仰观天，俯察地，希望同学们自由地遨游在学海中。"

　　从谐趣园出来后，经紫气东来城关来到仁寿殿庭院，这时人流已经缓解了，刘导精练讲解，在乐寿堂后院讲解了慈禧和光绪的故事。

从长廊到排云门的沿途路上，刘导和张教官陆续遇到了与团走失的 8 个小营员，张教官用对讲机通知他们的教官来领营员。刘导带团出园时尽量靠路边走，不与进园的人流对撞，既安全又快捷。

刘导带领的 8 队没有一个走失的、掉队的，回到停车场，8 号车司机师傅说："好几辆车都走失学生了，导游着急地问师傅有没有自己走回来的学生，刘导，你的团一个学生不缺，还及时回来，真是个干练的导游。"刘导说："谢谢师傅夸奖，颐和园里前山全是熙熙攘攘的游客，我的心一直提到嗓子眼啦，生怕走丢一个学生。"小营员们特别自豪，对司机师傅说："刘姐姐是最棒的导游。"

☞ **评析：**

夏令营团虽有老师照顾、教官护卫，但营员的安全总是让带团导游操碎了心。刘导雨中带团游颐和园的案例有三个看点，值得一阅。

第一个看点是在游人如织、天气不好时，导游如何安全带团进入景区。

进入景区验票环节需要导游特别操心，既怕外人插队混入，又怕游客丢失门票。刘导带领的夏令营小同学雨中进入颐和园时，就有不文明的游客挤在小学生队前，导致小营员分几拨入园，让刘导好生着急，好在刘导急中生智，教小学生如何把队排紧不散，此法非常管用。导游的本领之一就是能拢住队伍，保证团队不散。在遇到困难和麻烦时，刘导没有任何埋怨，而是积极想办法，稳妥带团。雨中行，游人拥挤，说起来很轻松，但是做到没有一个走失的、掉队的，并非易事，经验不足的导游可能会手忙脚乱、顾此失彼。进景区后就要及时迅速地收齐门票，一张门票不缺、不损坏也不是容易做到的。导游带团安全走出景区回到乘车区也是有技术的，所以得到了司机师傅以及小营员的衷心赞扬。

第二个看点是在游客拥堵时，导游如何带团游览。

在人流如织的时候，很多导游也只能是带着团队走过场，隔着人流观看景色，这也是没有办法的事。刘导带团进入颐和园后，避开了帝后政治活动区、居住区的人流高峰，把队伍带到谐趣园，让小营员感受皇家园中园之美。游览不是上战场，而是文化欣赏，刘导没有被动地随波逐流，更没有敷衍塞责，而是在规定的游览时间内尽力让夏令营小营员更多地欣赏皇家园林，在他们能够理解、接受的基础上更深地体味颐和园，刘导是一个特别称职的导游。

第三个看点是导游如何深入浅出讲解传统文化。

　　"知鱼"的故事，每个导游都会给游客讲解，但是如何理解，恐怕很少有人能够诠释，如何向小学生讲解更有难度，刘导的讲解能够适应小学生的理解力，又有启发性，估计刘导对于国学进行过研究，刘导是一个有文化的导游，并善于传播文化。

✈ 2—10　跟着感觉走行程

　　来自广东的某旅游团中午抵京，由于飞机延误了一小时，游客都急着用午餐，地陪马英豪忙着，就没有和全陪刘茜茜核对行程。

　　午餐后游览香山，马导从三山五园讲起，讲解了一路。游客不时给马导鼓掌，刘导给马导送上一瓶矿泉水："小马哥，献上这瓶水如同献花一样啊。"游客觉得全陪、地陪合作很好，这次旅游一定顺利、圆满。

　　马导热情地在双清别墅为大家照相，有的游客邀请马导、刘导一起与他们合影。不知谁说了一句"看，这俩导游真的很有夫妻相啊"，马导很会做戏，就和刘导紧紧手拉手，情侣一般，摆着姿势让游客拍照，游客非常开心。

　　在回宾馆的旅游车上，游客老李问："组团社介绍说在香山可以拜谒孙中山先生衣冠冢，怎么没有看到啊？"马导说："我的行程中没有碧云寺。"刘导赶紧拿出自己的行程一看，行程上写着：香山（碧云寺）。马导平时带团游览香山的行程通常没有碧云寺，刘导也不清楚碧云寺是要单买票的，就把碧云寺忽略了。两位导游知道肯定是不能弥补了，立刻实事求是地向旅游团承认了失误。游客老李忙说："没有关系，不要在意啊。我们离中山市很近，能看到中山先生的故居。"马导和刘导再次向游客赔礼道歉，说会把碧云寺的门票钱退给大家，游客纷纷说："这点小事情，毛毛雨啦，毋挂在心。"

　　按说经过这个事故，马导、刘导应该好好核对一下日程了，但是两人得空就聊起天来，像是久别重逢的好友，有的游客看他二人的亲密劲儿，不时偷偷地笑。

　　第二天走中轴线，刘导在旅游车上说明行程时说："今天我们先去国家大剧院，然后再去天安门广场、国博……"行程是"外观国家大剧院"，但马导没看行程，就买了团体票带旅游团进去参观。有两位游客在晚餐时对马导说："报名参团时没有说让我们参观国家大剧院，你们真好，让我们参观了，但是门票钱我们还是应该付的。"

　　马导对刘导说："你们社的团都进国家大剧院，怎么这个团不进啊？"刘导说："我知道行程上有国家大剧院，你买票了，就认为是要进去参观的，幸亏游客很讲道理，主动提出来补门票。"马导说："游客不补门票钱，我也不会让你跟着我一起赔钱啊。"

五天的旅游生活很快过去了，送机时，旅游者对此行都非常满意，纷纷在意见书上给予好评，最逗乐的是游客老李在地陪、全陪的意见书上分别附加了一笔："导游曼妙，游客开心。情趣盎然，旅游欢愉。"马导、刘导看了，相视一笑。

☞ 评析：

旅游团在一地的行程是地接社根据组团社下达的接待计划安排的，地陪带领旅游团完成行程是在履行旅游合同，导游要不折不扣地按照合同规定的内容和标准为旅游者提供服务。履行合同是导游员职业操守的首要准则。

在服务准备阶段地陪要熟悉旅游团在本地的行程安排，落实接待事宜。旅游团抵达后，地陪要尽早与全陪、领队核实，确定活动行程。案例中如果抓紧时间核定行程，就会发现两个导游的行程表上的明显不同：地陪的表上游香山无碧云寺，而全陪的表上则有，发现有误就应及时改正。但不知为什么，地陪没有这样做，全陪也没有要求核实行程，带团失职。

没有去参观计划中的碧云寺，把外观国家大剧院变成参观项目，幸亏遇到了通情达理的好游客，他们认为两位导游服务大体上是很好的，这两次失误仅仅是小插曲，不仅没有投诉，反而安慰导游"不要在意"，并主动支付了大剧院的门票费。

这两个导游应该都是很好的导游，遇到文明的游客导游服务应该锦上添花，为何反而犯了低级错误？究其原因，可以从三个方面分析：一是缺乏责任心，他们带团随着感觉走，想当然地安排参观游览活动。二是马导自信经验丰富，反正干熟了，没有行程表照常带团，于是凭经验行事了，而全陪又依赖地陪，没有起到主导作用。三是两位导游似乎刚见面就互相产生了特别的好感，因此影响了工作。

导游只要上团，就要严格按照旅游协议规定的内容和标准服务，上团就是为旅游者服务，不能在工作时间把注意力放在其他方面，否则必有失误。导游要知道尽管游客给予好评和表扬，不见得你的服务没有瑕疵，只有严格要求自己，才能不断前进。

✈ **2—11** 刷卡

新导游刘建忠刚刚大学毕业，就干起了导游工作，刘导一表人才、谈吐不凡，所以他自认为绝对会成为一名网红导游。

　　旅行社有 5 个团到桃花源和双泉谷一日游，周六，旅行社计调小李早早就来到集合地点，因为其余 4 辆旅游车上的女导游都是新来的，小李就把三张支票（门票两张、用餐一张）和行程计划交给了刘导，嘱咐他照应着整个大团队。

　　在行车时，四辆车的导游都把本车人数准确地报给了刘导，刘导把五辆车的成人、老人、儿童、免票人数分别统计清楚，写在一张纸上，俗话说好记性不如烂笔头。

　　到了桃花源，刘导请 4 位女导游照顾全团的旅游者去洗手间，自己则疾步去旅行社售票窗口买票，他把写着各类人数的纸条、支票和免票证件递进去，售票员看后赞许他说："你这个导游办事清楚利索。"刘导笑了笑。售票员说："你把支票填一下吧，一定工工整整地写啊！"刘导心想，他的硬笔书法好，全校有名，填个支票小菜一碟。填好后交了过去，售票员叫了一声："哎呀，5015 元不能写成伍仟另拾伍元整，要写成伍仟零壹拾伍元整！"

　　支票填错了，景区不给出票，旅游团进不了景区一准会炸团。刘导豆大的汗珠流下来了，他再三恳求明天再给景区换一张支票，亲自送来，售票员说我们经理在山上检查安全，等他下来再说吧。刘导恳求售票员给经理打个电话，售票员真的打了，但是山里信号太弱，打不通。突然刘导想起了什么，他从钱包里掏出信用卡，大声说："刷卡！"售票员乐了。刘导想虽然垫付了门票钱，但还为自己的信用卡积分了，心理上有了安慰自然就会转化为干劲，刘导生龙活虎地组织全团游览。

　　午餐签支票时刘导非常小心了，按照收款台的要求填写好了。正在用司陪餐时，餐厅服务员满脸赔笑地来找刘导，说刚才计算餐费时忘了把 5 位司机 5 位导游的餐费加上，还差 100 元。刘导说："这是你的错误吧？支票我都签好了，没法改了。"服务员说："餐厅规定，凡是服务员出错，都要自己赔偿。"

　　刘导一听这话就放下筷子，去找餐厅经理："经理，我们 5 辆车，200 多人来吃饭，服务员多忙碌，她忘了算 10 个司陪的饭费。你要是一定让她赔偿，我就给你刷卡，但是回到社里，我保证汇报贵餐厅是个'一丝不苟'的餐厅，如果你能免了，或者我下回带团给你补上，我就跟社里说，这 5 个团吃的午餐真不错。"餐厅经理说："免了，免了，回到社里你一定要多为餐厅美言啊！服务员，去拿瓶饮料给这位导游。"

　　下午的景点是双泉谷，签支票时刘导特别小心，签完了，售票员说你把日期也给填上吧。售票员接过来一看，日期填写得不对，2016 年 4 月 15 日，刘导写的是贰零壹陆年肆月拾伍日，必须写成贰零壹陆（年）零肆（月）壹拾伍（日），刘导说："没事，我在肆月前加个零字，拾五日前加个壹字。"加完之后，壹字压住支票上的月字了。只要压上支票上印刷的"年""月""日"字，就是无效支票。刘导心里的懊恼就别提了，他没好气地说："刷卡！"

☞ **评析：**

景点门票、用餐、娱乐等，有的可以签单，有的可用支票，有的可以刷卡，有的必须是现金，这些付费都要经过导游的手，分文不差是导游应该做的，出了差错就得导游自己承担责任。这是导游最头疼但还必须干的工作。导游要予以高度重视，还要学一点财务知识。

新导游必须学会签单怎么签、支票怎样填，本案中的刘导两次填错了支票，显然没有请教、学习。银行对于支票要求非常严格，导游必须保管好，不能折损，还要会填写。最省事的办法是尽量让收款单位去填写，他们填错了、折损了，可以到旅行社去更换支票。收款单位应及时开出发票，导游保存好。

填支票时导游可只填费用的阿拉伯数字，并在数字前封上"¥"，其他由收款单位去填写。如果必须导游现场填写支票，5015元就得顶头写"伍仟零壹拾伍元整"，日期2016年4月15日就得写成"贰零壹陆（年）零肆（月）壹拾伍（日）"，导游还要学会汉语数字的大写。

导游要随身带好签单、支票，万一弄丢了，麻烦非常大，最好也随身带着银联卡、信用卡或手机微信中有钱，必要时，如填错了支票、签单，银联卡、现金以及微信支付就可解围。案例中餐厅服务员忙中出错，忘了司陪餐的费用，刘导帮她与经理沟通，做得很对。此事与刘导无关，他可以不管，但他仗义执言，帮她解围，这会感动餐厅其他服务员，她们以后会对刘导的团多加照顾。

导游工作越是细节越要注意，一点小失误就可能变为难以挽回的错误。优秀导游看起来好像是谈笑风生、挥洒自如，但是不知道他是多么在乎一点一滴的细节。案例中的刘导大学毕业、一表人才、谈吐不凡，自信能成为导游圈里的大咖，但是导游路上"路漫漫其修远兮"。

✈ 2—12 早到机场却差点误机

正月初六，地陪张勇送机，初六是旅游团的返程高峰，机场高速路拥堵，张导特意把午餐订在机场附近的一家大餐厅，避免因堵车造成误机。

旅游者吃饱喝足，14:45就到达了首都机场3号航站楼。张导请全陪带领全团到团队柜台办理登机手续，自己则带两个身份证刚刚过期的游客去办理一次性身份证件。

机场警务工作站里补办身份证件的人还真多，等张导帮游客补办完证件，已经是15：40了。回来找团队时，发现全陪还在排队，原来前面几个都是大团队办理登机手续。张导感到这样继续等下去肯定会耽误登机，就对值机柜台的经办人说："我们的航班是17点15分的，离登机就一个小时了，能否提前给办理一下？"经办人说："请你和排队的团队商量吧。"

张导对全陪说："没有时间和他理论了，你赶快带领几个青年人去自动值机帮助全团出登机牌，托运行李的事好办，只要有登机牌，哪个柜台都可以托运。儿童的登机牌我去找值班经理办。"

张导匆匆找到值班经理说明了情况，值班经理通知紧急办理柜台窗口给张导这个团所有未办理登机牌的游客快办。值班经理很和善，说："我认识你这个老导游，以后有事儿就找我，我叫×××。"张导向他拱手致谢。

一位游客的名字叫张芬，但电子机票登记的是张分，柜台不予办理登机牌，如果再去警务站办理一次性身份证件就可能误机。同行的两个游客埋怨张芬为何不早说，张导扬了一下手，暗示游客不要责怪张芬，张导让她赶快到自动值机出登机牌（自动值机只认身份证号），有了登机牌哪个柜台都可托运行李。

因为时间很紧了，张导嘱咐谁托运好了行李就及时排队过安检。张导特意嘱咐张芬过安检时如何答对，然后陪着张芬过安检。安检人员果然说张芬的登机牌姓名与身份证不符，不予通过。张芬出示了来程的登机牌，对安检人员说："公安局不会把一个身份证号发给两个人的，分和芬就差一个草字头，这是航空公司出票时给弄差的。"张导说："这个客人是我团队的，您看全团名单及身份证号都在行程后面。"安检人员仔细核对了张芬的身份证号与登机牌上的身份证号是完全一致的，又是团体票，还有来程的登机牌，就放行了。

16：20所有游客的行李该托运的都托运了，大部分游客已经过了安检。只有几位老实的游客还排在安检队伍的后面。张导向负责安检的经理说明情况，请安排这几个游客直接安检，以免误机。

许多游客在登机前给张导打来电话或发来信息，几乎都是同样的话："张大哥辛苦了，我们都非常感谢你。"全陪发来信息："非常感谢张老师，我没有经验，虽然早早到了机场，可差点误机。"

☞ **评析：**

本案例提供了一个紧急处置可能误机的范例。

旅游团离站，地陪应安排充裕的时间带领旅游团在规定的时间内抵达机场、车站、码头。但有时旅游团准时到达送站地点，仍有误机（车、船）的可能，本案例就是一个明证，导游必须灵活应变、紧急处置。

导游要熟悉乘机（车、船）的全过程以及相关的便民措施，情况紧急时这些常识就能发挥大作用。案例中团队柜台前有多个大团队在等待办理登机手续，如果一味死等，必然误机。张导立即应变，让年轻人去自动值机帮全团出登机牌，全团分散托运行李。找到值班经理为孩子们和其余几位游客办理登机手续，又请安检经理让几位死等排队的游客提前安检，以免误机。本应全陪带领游客办理临时身份证，因为她不熟悉，地陪就自己去办了。地陪为机票上姓名与身份证有些微之差的游客巧妙但合法地办理了登机牌，又让她顺利通过安检。紧赶慢赶总算是全体旅游者顺利地准时登机了。"张大哥辛苦了，我们都非常感谢你。"游客的话语简单却表达了他们最热切、最真诚的感谢。游客的感谢是对张导的最大肯定、最高褒奖。

不常乘坐飞机（火车、轮船）的旅客也可以从案例中得到一些启发，身份证过期、丢失、遗忘，不要着急，警务工作站可以办理一次性身份证。身份证与电子机票、火车票不符的也得办理一次性身份证。可能误机时一定要请机场工作人员提供方便。机场的一些现代化设施极其便利快捷，不会使用的旅客可请工作人员协助。

✈ 2-13 好难办的登机手续

旅游专业研究生陈磊毕业后直接就从事导游工作了。2018年7月下旬，陈磊担任全陪带领82人的散客团到H市旅游，团中有16个小孩、2位70多岁的老人，导游都不愿意带这样的团，计调找到陈磊，陈导二话没说就接了，计调说带这个团难度很大，陈导说："再难，有程婴救孤难吗？"原来陈导与程婴是一个村的（临汾翼城县程公村），他总以程婴的精神要求自己。

7月25日乘飞机返程，飞机22：10起飞，因为旅游团里有老有小，旅游团19点就到了机场候机楼。H市是暑期的热点旅游城市，但是机场不是大型机场，候机楼内也没有团队值机柜台，陈导和地陪问值机柜台："我们是82个人的团队，能否提前办理登机手续？"回答是："凡是落地后再起飞的航班都是提前90分钟才办理登机手续，团队和散客都要排队。"陈导又询问这个航班在哪个值班柜台办理，答曰："不固定，到时候看电子屏幕指示吧。"

陈导想两个地陪要等一个多小时才能帮着自己办理登机手续，他们回家得打的，就说："许导、齐导，你们回家吧，我自己能办得了登机手续。"许导说："你要给80多个人换登机牌，会忙不过来的。"陈导说："团里有的青年人已经按照我说的网上选座了，这样会省事许多，你们早点回家吧。"

送走了两个地陪，陈导就安置大家在值机柜台附近休息。陈导每隔一刻钟就去打听一下啥时候能办登机手续，20：30电子屏幕亮出了飞机延误的讯息，原来是因为始发地天气原因，飞机飞不过来。值机柜台前乱哄哄的，陈导请老人和小孩找地儿休息，请一些青年人排在三个值机柜台前，万一哪个值机柜台开始办，陈导就在那个值机柜台办。

等候的时间是最令人烦躁不安的，陈导不断地去照看一下旅游团的每一个游客，跟他们说还得耐心等待。陈导看到有个机场工作人员走到六号值机柜台，陈导赶快排在本团游客的前面。

23：15，六号柜台上方的电子屏幕亮了，显示开始办理登机手续，预计凌晨1点起飞。忽的一下子排在别的值机柜台的大爷大妈和抱孩子的妇女全挤到六号柜台前，陈导身体再好也不能去抗他们，只能让他们加到自己前面。过了一刻钟，其他两个值机柜台也开始办理这趟航班的登机手续了，旅游团的一些青年游客排在这两个柜台的前面，他们赶快让陈导过来办。

已经网上选好座的游客只需要拿到登机牌和托运行李，没有网上选座的游客希望在换登机牌时，把一家子安排在一起，于是陈磊把身份证件发给青年游客，他们自己办理登机手续会更快些，陈磊专为需要安排座位的游客办理登机手续。

一位老人走过来厉声对陈磊说："我们每次旅游都是导游给办好一切，你不但没办成，还被挤在后面，旅游团要你这个笨蛋有什么用？你把我一家的身份证给我，不用你办了！"上手就要抢陈导装身份证的小袋子，陈导连连说："大爷您别生气，马上就办好。"老人死活不让陈磊办了，只好把大爷一家的身份证件交给了他儿子。

陈磊在办理登机手续时，值机柜台的工作人员竟然这样说："导游，你要是统一给客人换登机牌、托运行李多好，省得他们乱糟糟的，我被这些乘客弄得晕头转向。"站在陈磊身边的青年团友挤到柜台前愤愤地说："为何你们不设个团队值机柜台啊？这么乱，是我们造成的吗？你还想图省事，办得这么慢，误机你负责吗？"陈导默默把他推开了。

好不容易办好全团的登机手续，陈导带领全团通过安检，进入候机厅。凭登机牌领盒饭、矿泉水。陈导走到生气的老人跟前向他道歉："大爷，您别生气啦，我没经验，抱小孩的、大爷大妈冲到队伍前面，我不能和他们挤。没有及时换好登机牌，我也挺郁闷。"老人的儿子赶紧说："陈导游，不怨你啊，旅游好几天啦，大家都看得出你是一个非常负责、非常敬业的导游，我老爹说话太硬，您别放在心上，谢谢你啊。"

0:45开始登机，一位游客对陈导说："这次登机比皇上登基还热闹。"陈导点了点头。

☞ **评析：**

有人认为，当全陪很轻松，就是陪着游客乘飞机、坐火车、住酒店，游山玩水，有的导游也是这样看待全陪工作的。本案例描述了旅游团返程办登机手续的混乱过程，充分显示了全陪工作的艰辛。

陈导是名真诚、富有同情心的全陪，他看到飞机延误，要很晚才办登机手续，就让两位地陪提前回去了，自己挑起担子。全陪、地陪就得这样互帮互助、相互照顾。

快办登机手续时，陈导本来排在前面，但一些老人、抱孩子的妇女拼命挤在前面，陈导退让，招致了一位老年游客厉声指责，陈导不辩解，事后还去向这位老年游客致歉，老人的儿子明事理，高度赞扬了陈导。面对值机柜台人员图省事的要求，陈导也不辩解，陈导知道尽快办好登机手续是最重要的，许多时候忍辱负重才能息事宁人。

陈导是一个成熟的导游，陈导根据实际情况相应调整了工作方法，发动青年游客在另一个值机柜台办理登机手续、托运行李，因此全团及时办好了登机手续。

导游有什么样的气度、胸怀就有什么样的工作表现，作为先贤程婴的同村人，陈导是一个大器的导游。

第三章 生活服务篇

　　游客来自不同国家、各个地区，其宗教信仰、民族习俗、生活习惯、个性、行为方式、文化结构、旅游需求、品德修养各不相同，对旅游生活、参观游览自然会有各种要求和期望。满足游客需求的前提是符合行程计划，在处理游客超标准要求时，更需要导游有水平。导游为游客服务，要热情周到，更要有针对性和引导性，把服务做到游客的心上。

　　带多日的旅游团，导游与游客朝夕相处，更是"一条船上的人"，在食、住、行、游、购、娱诸方面，一定要让游客感到你是最"暖"的导游，你在无微不至、诚心诚意地为每一位游客服务。

　　旅游是一个系统工程，社会化的特性非常突出，在带团中，导游还要与多行业的旅游服务单位和谐合作，导游工作的特点之一就是事事、处处与人打交道，其中难易，只有心会。

　　导游服务是一个"脑体高度结合"的工作，不但要腿勤、嘴好（善于表达），还要善于灵活处理问题，不失原则而又人性化。

　　旅游产品提供给游客的最终价值是旅游体验，旅游体验的最大成功就是带给游客一种美好而独特的感受，导游服务直接影响游客的旅游感受，导游服务艺术是每一个优秀导游的追求。

✈ 3-1 一根筋

　　孙有强号称"一根筋"，那是十多年前得的这个尊称。

　　那年"五一"节孙导带团去南京、黄山、千岛湖、杭州，每地都安排有当地的地陪。南京、黄山、杭州的行程都很顺利，游客也挺满意。但是在千岛湖的住宿经历让孙导至今难忘。

5月4日上午到了千岛湖，地陪上了旅游车，在千岛湖就是一个坐船游湖的行程，很轻松，所以孙导向地陪建议先去酒店入住，让游客放下行李、略微休息一下。地陪说12点后才会有房，于是大家就先上船游览了。船上的午餐真不敢恭维，游客都是许昌人，爱吃面食，南方的糙米饭真接受不了，可是船上所有人都吃这种米饭，游客就啥也没说，凑合吃了。

下午3点就结束了行程，旅游团前往酒店。旅游合同上标注了下榻的饭店是千岛湖一家准三星级的酒店，到达酒店一看，地理位置真好，位于千岛湖的黄金地段。地陪去拿房，对大家说先别下车，他拿到房后大家再下车，孙导认为这样耽误时间，就带着游客下车了。游客三三两两下车拿行李时，地陪跑来说因为一个会议大团延长住宿，房没有腾出来，我们只能到别处去住宿了。孙导死死地盯着他的脸，地陪有点胆怯了。

孙导想大约有两种可能导致旅游团不能入住酒店，一是酒店把房给了出高价的客人，二是千岛湖地接社根本没有在这个饭店订房或者把订好的房给了出高价的团队，地接社估计河南的旅游团住低价位的饭店也不会说啥。孙导要找出真实的原因，就去问前台，旅行社肯定和前台商量好了，前台经理说："因为会议团不退房影响了好几个大团队入住，给大家添麻烦了。"孙导问："你们是不是因为会议团给的房价高，就让人家续住了？"前台经理看了他一眼就不再理他了。

孙导对地陪说："你给地接社打电话，让你社经理拿着订房传真和酒店理论。"地陪说："千岛湖的酒店在旅游旺季就是爷爷，你磕头也没戏。地接社不敢得罪饭店，旺季每天都要求着人家给留房间。"

在孙导催促下，地陪给地接社打了电话，然后对孙导和游客说入住该酒店没有希望了，旅行社安排了一个相似的酒店，条件也很好。孙导犹疑了一下，此时几个游客急于休息，要去看看那个饭店。到了饭店，孙导一看饭店的小门面就特别生气，根本不进去，斩钉截铁地说："这是准三级别的饭店吗？鬼才相信！"

地陪又给地接社打电话，开车去看另一个饭店，设施没有啥改进，孙导问地陪这个饭店是啥级别？地陪说准三的级别。孙导说："你写下来这是准三级别的饭店，签上你的大名，我立刻给千岛湖旅游局打电话核实。"地陪迟疑了，说了许多具体困难，请大家原谅等话语，又请游客去看房间，有的游客看完房间，偷偷对孙导说，房间挺新的，就凑合住下吧，反正就住一晚。孙导觉得肯定是地接社有问题，因为他们根本不敢与原来订的饭店理论，之后提供的饭店都未达到协议标准，所以孙导坚持不入住。

地陪说旅游团要不住，他就回家了。孙导说："请便。"但是他根本不敢走。

地接社史副总来了，一个劲地儿给旅游团赔笑，说大家辛苦一天了，赶快入住吧，晚餐时会给大家多上菜、上酒水。看孙导没有反应，就要陪他到楼上看看房间，用眼神暗示要与孙导单谈，这点小伎俩一眼就可看穿。孙导脸上一点表情都没有。史副总生气了："你这个全陪太一根筋了，我赔礼道歉、赔着本加菜加酒，你都不接受，随你的便吧。"孙导说："因为是'五一'节的团，我们社半个月前就与南京国旅签下合同，南京安排你社接待我们团的千岛湖之行，你应该与酒店签了订房合同，酒店应该赔偿我们，你有必要替它承担责任吗？"史总无言以对，狠狠地说："你们就住在旅游车上吧。"

孙导没有搭理他，个别旅游者劝孙导妥协，孙导用眼神制止了他们，并给游客中的核心人物使了个眼色，孙导下车去看附近有无三星级的酒店。在路上孙导给南京的旅行社打了电话，南京社说要了解一下，最好能谅解千岛湖旅行社，都不容易，别太跟他们较真了。孙导回复得很干脆："协议上的白纸黑字不算数，那结账时综费算数不算数？"

附近就有一家军队系统所属的宾馆，挂三，价格也在旅行社核定的范围内，房间数足够，孙导跟宾馆经理说给他预留一小时。

孙导回到旅游车上，笑嘻嘻地把在路上买的几副扑克给了游客，地陪傻傻地看着他。突然史副总骑着摩托车回来了，说有个挂三准四的宾馆有房，请大家去住，如果酒店不好，他就不姓史，姓尿，弄的男游客都笑了。史副总来情绪了，把摩托车锁好随旅游车一同前往，在旅游车上给大家又说低俗段子又猜谜语，尽力挽回影响。

酒店虽然不在市区却毗邻湖边，游客一看欧式的庭院就知道酒店不会差，客房又高又大，装修得特别好，晚餐也很洁净丰盛，次日的早餐是中西自助。客人都说这是孙导斗争出来的，但是孙导笑不出来，觉得这样的斗智斗勇真不是旅游。

从此孙导就挂上"一根筋"的"荣誉称号"了，反正不符合旅游协议的，他坚决是一根筋。

☞ **评析：**

　　为了维护旅游者的合法权益，孙导坚持原则，耍了"一根筋"的脾气，很好。

　　节假日期间，各地的住宿、餐饮、旅游车都可能比较紧张，出一些问题也是常事，但案例中的千岛湖地接社试图以此理由糊弄旅游团，降低饭店星级和服务标准，多赚钱，不履行旅游合同。若不是孙导坚持，不为史副总的笑脸、好话、拉拢以及南京旅行社的说情所动，更不因狠话退却，旅游团就有可能住进低星级的饭店了。如果旅游者不说话，也可能就过去了，但若游客因此而投诉，孙导就说不清楚了。因为孙导同意住低星级饭店，损害了旅游者权益，是要承担责任的。

根据《旅游法》，如果地接社不履行合同，不为旅游团安排住进准三星饭店，是要重罚旅行社的。本案例发生在多年前，现在千岛湖的高级宾馆林立，旅游接待的硬件设施非常好，可能不会发生这种状况了。但旅行社试图降低服务质量的现象没有杜绝，所以导游有时还得斗智斗勇，维护旅游者的合法权益。与损害旅游者合法权益的现象作斗争，必须有理有据。案例中，孙导"一根筋"地坚持不住低星级饭店，是因为他看出千岛湖地接社不敢与第一家饭店理论，拿不出客房预订单，或者把客房高价卖给了其他旅游团，后来史副总服软也证明了这一点。如果孙导没有组团社与地接社的协议，"一根筋"就无理了。

孙导为维护旅游者的权益"一根筋"，应给他点赞。千岛湖的地陪虽然在旅行社工作，有苦衷，但是也不应当与地接社经理沆瀣一气，损害旅游者权益，严重失职，他应该明白旅游中出问题时，旅行社往往会让导游当替罪羊，吊销导游证时，谁也不会出来为导游担责。聪明的导游不会为旅行社背黑锅的，更不会与旅行社合伙蒙骗坑害旅游者，解决问题的办法总是有的。

✈ **3—2** 调房

7月28日16点导游史维振接到旅行社电话，让他去接来自周口的旅游团，旅游团将于17：58抵达石家庄火车站。计调说旅游团的36人都是退休老教师，要细心接待。史导赶紧到社里取行程，以及用餐、住宿的签单。

接到旅游团时，全陪李导说客人退休前都是周口地区的模范教师，最年轻的老师已65岁，史导带领旅游团上车，去用晚餐。

在旅游车上史导致欢迎词："叔叔、阿姨们，大家好，欢迎来到河北省省会石家庄游览，我是你们的导游史维振……"史导还没说完，一个阿姨就说了："乖乖，俺的孙女都可能比你大，俺们都是你的爷爷奶奶哩。"史导马上就改口："爷爷、奶奶都精神矍铄，根本不像退了休的人，所以我出口就错，我是大家的好孙子。"几句话，就让游客乐了。

晚餐安排在一家三星级宾馆的餐厅，饭菜的质量、数量都很好，史导发现1号桌的李奶奶光喝茶不吃饭菜，就过去问她怎么不舒服，李奶奶说高铁太快，有点晕车。史导问她想吃点啥，她说吃碗方便面吧。

史导跟餐厅经理说退掉1个人餐费，用这个餐费给李奶奶弄碗面，餐厅经理说饭菜都上了，要吃面得另付款。游客刚到石家庄，就让奶奶交钱吃碗面，史导说不出口，他就在小卖部买了一碗方便面，让厨房给煮一下，顺便让厨房下几片黄瓜、西红柿，打个鸡蛋。方便面倒是做得很漂亮，但是厨房让史导交8元加工费，史导交了费。

用完晚餐旅游团乘车去下榻的酒店，酒店是座四星级的新酒店，设施豪华。前台给的客房是11个双标间，7个大床房，围在史导、李导旁边的游客立时就急了，纷纷说："大床房咋睡？在家跟老伴还一人一间屋哩，现在要俩老头或者俩老太太睡一块儿，根本不习惯，谁一翻身或者出口长气都会弄醒对方。"全陪李导是刚入行的新导游，他一看游客都气鼓鼓的，就哭丧着脸不知所措了。

史导和饭店前台经理交涉："为何给我们留这么多大床房？""咱们省里的游泳队60人刚入住，他们占了好多双标间，你们旅行社也没有事先提出住房要求。""大姐啊，哪个旅游团全是夫妻啊？给我的团留这么多大床房，合适吗？再说老年人适合睡大床房吗？""明天就给你们调换。""明天早上我们就退房了。""给你们豪华商务房吧，很大，但也是大床。"

游客王大爷说："退房，上别的酒店去住，死了张屠户，照样吃猪肉。"史导连忙劝解："旅行社订房都是提前预订好的，不住要给人家损失费。而且其他酒店的外联部都下班了，旅行社也没法和人家沟通了，您老能不能克服一下困难？"

李奶奶拉着王奶奶的手说："咱姐俩一辈子莫（没有）住过啥豪华商务房，咱就去住一夜，过过豪华房的瘾。"李奶奶一带头，共有6个老人去住豪华商务房了。

王大爷催促着别人去住双标间："你们早点休息，别管我们，俺们死等双标间。"8位老爷爷在酒店大堂气呼呼地坐着，等着饭店给安排双标。

酒店是真没有双标间了，史导一看事情要弄僵，就偷偷给师父打了电话，打完电话他就乐了。史导向前台要了省游泳队刘主任的房间号，见到刘主任把情况一说，刘主任说要多少双标间，就给腾出多少间，双标间的难题迎刃而解。

史导帮几位老爷爷提着行李上电梯，王爷爷笑眯眯地说："小导游啊，脑袋瓜还怪灵哩。"

☞ 评析：

> 史导接待36位周口地区的退休模范教师，最年轻的已65岁，下榻在一家四星级

新建的饭店，可惜饭店只剩下 11 个双标间和一些大床房，这让老教师们犯难了，平时在家独睡惯了，现在要不在一起生活的两个老人睡在一张床上，怎么让老人们接受？

史导与饭店交涉无果，于是请教师父，师父的几句话让他豁然开朗，赶快求助住在同一饭店的游泳队领导，游泳队腾出双标间，解决了住房难题，王爷爷夸史导"脑袋瓜灵活"。

史导是一名机灵的导游，很会处理客导关系，"爷爷、奶奶"不离口，很有人情味，很有责任心，看到李奶奶因长时间坐车，身体不适，晚餐时没胃口，史导跑前跑后自己掏钱为老人送上一碗热乎乎的方便面，很让李奶奶感动。当住房发生困难时，李奶奶主动站出来为史导解围。导游员为旅游者服务，很小一件事，很不起眼的一个细节，有时在关键时刻往往能起大作用，本案例就是一个很好的证明。

案例中住房风波本不应该发生，此团有可能是地接社仓促接团，但是应该在接团时了解旅游团的构成，以便订房时提出具体要求。史导临时接团没有时间了解旅游团、核实订房情况，情有可原。入住时的尴尬局面，地接社负有责任，而不是饭店在刁难旅游团。

✈ 3-3　喜吃海阳风味

8 月 19 日晚上快 10 点了，导游马晋在酒店门口接到自驾车旅游团，这个团共 42 人。这些邯郸游客在烟台游览了一整天，在烟台吃了晚饭才来海阳。

马导与全陪高媛利索地为大家办好入住手续，告知大家："酒店 6 点开始供应早餐，明天 8 点钟大家在大堂外登车，上午游招虎山国家森林公园，下午在国际浴场嬉水，记着带泳装、浴巾。"

入住、查房搞完了，马导热情地对高导说："海阳夜宵可好吃了，给我个请客的机会吧。"高导笑着说："感谢帅哥，我可没钱买减肥药。"马导说："小酌不会长肉。"

这些邯郸游客都是由家庭组成的，老年人（60 岁以上）占了 1/3，其余都是中年人、青年人和孩子们，这些老年人都很有文化，讲文明，总是嘱咐自己的亲属要遵守时间，要配合各地的地陪，所以高导的工作挺顺利。

8 月 20 日 7：50，全体游客都提前坐在了旅游车里，马导对司机师傅说："去招虎山国家森林公园是直路，用我的手机给您导航吧。"

在车上马导开始了沿途讲解：

海阳是俺家乡，海阳属暖温带亚湿润季风气候，四季分明，雨量充沛，冬无严寒，夏无酷暑。无霜期长达200余天，年平均气温为11.9℃，年降水量700毫米左右。从气温、空气清新度、居住环境、城市绿化率都称得上世界级人类最宜居城市。

海阳海滨平阔的沙滩长达一万余米，20多里啊，沙质细腻洁白，人称不是三亚，胜似三亚。碧海蓝天白云，远山逶迤，脚下的浪花滚滚而来，沙平潮涌海岸阔，山青风和鸟盘旋。敬爱的胡耀邦同志在1984年10月24日欣然挥毫题词命名"海阳万米海滩海岸"。

一个文化生态旅游城市应该具有这些特点：1. 风光独特；2. 气候宜人；3. 历史悠久；4. 文化荟萃；5. 物产丰富；6. 与时俱进。

海阳虽然是个县级市，但是自古就声名显赫。中国的城市众多，城市名第一个字为海字的只有9个城市。城市名第二个字带阳字的只有35个城市（含省、地、县级市）。古人把山之南、水之北称为阳。海阳地处黄海之北、招虎山之南，因而称阳。海阳背倚东岳泰山，俯瞰黄海东海，山为五岳之尊，水为浩瀚之海。海阳之海胸襟无限。

秦始皇到泰山举行封禅大典之后，命齐人徐福寻找长生不老的灵异瑞草，于是寻找仙人和灵药的一行人马来在海阳安营扎寨，徐福从海阳出海远游到日本。

北宋元丰八年（1085），50岁的苏轼被任命为登州知州（州长），农历六月苏轼自常州启程赴任，十月十五才到达登州任上。苏轼到了登州刚刚5天，朝廷又要他到首都汴梁担任礼部郎官，往返路上苏轼都路过了海阳。农历十月已是深秋，极少出现海市蜃楼了，但是苏轼拜了龙王庙，竟然在海阳境内看到了非常壮观的海市蜃楼。

大家知道书圣王羲之的家乡在哪里吗？王羲之是山东临沂人，临沂古称"琅琊"（láng yá），青年王羲之曾来招虎山游玩，游玩之后饥肠辘辘，于是来到县城，见一家饺子铺门口热闹非常，王羲之注意到门两侧有一副楹联："经此过不去，知味且常来。"于是要了一大碗鲅鱼饺子，饺子个个玲珑精巧，好像浮水嬉戏的白鸭，饺子鲜美滑香，王羲之一口气把一大碗饺子全吃了，食后想盛碗饺子汤，原汤化原食嘛。王羲之见一位白发老妈妈坐在面板前，一个人擀皮、包馅，转眼即成，老太婆顺手将饺子向开水锅抛去，犹如白鸭入水。王羲之问老妈妈这么香的饺子怎么调的馅，老太婆说："六分五猪肉三分五鲅鱼肉，配点儿嫩韭菜，鲅鱼必须是新鲜的，鱼皮湛蓝湛蓝的那种。"王羲之说鲅鱼馅饺子比大虾馅的还香，又问老妈妈如何才有这等技艺，老人答道："熟练十五年，深熟五十年。"王羲之钦敬不已，特意用原楹联的词句写了一副对联，恭恭敬敬地送给了这位老人。

现在时兴深度旅游，怎么才算"深度"？所谓深度就是：游当地老百姓认可的美景，买当地老百姓所买的物品，吃当地老百姓最爱的饭食，交几个当地老百姓朋友。一句话就是要融入当地人民的日常生活中去，把自己这个异乡人变成当地人，王羲之就是深度游。

马导正说得来劲，一位大爷走到车前，对马导说："这次旅游，啥都挺好，就是一样不沾弦（不好），吃得不好，我给旅行社打电话反映问题，旅行社说我们的饭钱太低，旅行社也犯愁。我今天不想吃旅游团的伙食了，俺自己吃，你领着俺吃鲅鱼饺子去。"老大爷这么一说，全车人都响应了，说午餐、晚餐都退了，自己改善一下伙食，吃当地的特色餐。

马导说："退餐，需要高导和我分别向自己的旅行社汇报，两家旅行社同意了，您派代表签了字，我才能把午餐、晚餐退了。"游客纷纷说："你先别讲风光了，先搞定午餐。"

汇报后两家旅行社几分钟就沟通好了，马导说："招虎山有海阳风味餐，肯定有鲅鱼饺子，桌餐比较经济实惠，每桌才500元。"大家都说马导的建议太好了。

马导继续为大家讲解：招虎山东西长三四十里，横亘于县境内，前山后峰层峦叠嶂，林木参天，溪流湖泊润泽山林。招虎山国家森林公园分为东、西两线，西线为沿峪而行的游览线，东线为登山而上的游览线。一般的名山大川都是东、西两线，或者南北两线，但是景色各异的两线景观，合围拱卫起来能够形成一个风水格局风景区的，就全国而论也寥寥而已。招虎山独能将地势、风水、景色融为一体，藏风聚气，阴阳和谐。今天我们游览的是招虎山西线，浓茂的山林自然景观为招虎山主体景观，无尽的田野平畴、万顷海涛为借景，药师佛道场——成道禅寺为人文景观。招虎山一步一景，步移景换，一景胜于前一景，回眸一瞥又是景。

招虎山游览结束后，午餐全是海阳特色美食，例如：

白黄瓜拌海蜇皮：清脆爽口，白黄瓜是海阳最出名的水果型蔬菜。

烟台焖子：由上等地瓜淀粉加水、少许盐、少许五香粉，煮成粉团再制成焖子，凉透后切成小方丁，下锅两面煎至发黄，铲入盘内，浇上麻酱、蒜泥等佐料，热脆、香辣可口。

黄金蛎子："蛎子"与"利子"谐音，为喜庆筵席上的美肴。制作时，用面粉、生粉、鸡蛋调成薄糊，加入鲜蛎肉拌匀。油锅九成热时烹炸，炸散，装盘，另加一小碟椒盐，以备蘸食。外焦里嫩，深圳人称此菜为"金屋藏娇"。

还有油爆海螺、油烹大虾、炸咸鱼、炸知了猴（蝉）等。

主食也受到热烈欢迎：

猪耳朵面：分别和好白面及红薯面，用两份白面团包一份薯面团，擀成薄饼，切成面条，两层白夹一层赭红，煮熟后浇盖海味卤汁。

大饽饽（馒头）上来的时候，马导特意做了介绍："现在上来的大饽饽是小个的，两个一斤。我们村的有一斤一个的、两斤一个的，上供敬佛的馒头更大。海阳的小麦香味浓，做出的馒头有嚼头，越嚼越香。大饽饽的传统做法是：和面时用'面肥'（发酵后的面）不用酵母粉，边揉边掺些花生油、糖和鸡蛋清，和面时一点一点兑水，不断地揉，最好用面杖去擀，和成很硬的面团。冬天饧一夜，夏天也要饧半天，饧发透了，揉成形，盖上毛巾或笼布再饧半小时。大柴锅烧水，锅里支上竹箅子，箅子上铺苞米皮（玉米皮），开锅后30分钟即得，揭锅时用菜刀在锅上劈两刀，驱鬼辟邪。稍凉后用八角蘸些微红色食用色素水，在饽饽顶上点红，提精神。"

晚餐后游客纷纷说今天逮饭（用餐）逮得好，几个大爷大妈说："出来旅游就得吃好饭，人这一辈子，啥也没吃过冤死了。"

☞ **评析：**

导游最头疼的是游客往往对团餐不满意，或因餐标过低，或因当地物价高，有时也有旅行社的安排原因。

旅游团来到异乡一般有三个愿望：欣赏当地优美风光，品尝当地美食，购买当地土特产品。案例中马导在讲解当地风光时非常自然地讲解了当地美食，所以游客纷纷提出退餐，改为品尝海阳风味。马导关注生活，把美食讲得十分生动、细致，马导一定是个热爱家乡的好导游。

美食的吸引有时是不可抗拒的，毕竟民以食为天，"美食旅游团"的旅游者专门前往某地或多地品尝那里的风味美食。现在抖音上最受欢迎的视频就是厨艺，各个电视台的风味餐节目收视率都很高，疫情之后，人们更加注意健康餐饮，美食一定会促进旅游业的发展。

旅游团的退餐、换餐，马导处理得合情合理，既满足了游客需要，又符合旅游条例，值得导游参考、借鉴。

✈ 3—4　多管闲事?

新导游夏彦第一次出全陪是和师傅在一起，非常顺利。第二次旅游团只有 21 个游客，于是旅行社放了夏导单飞，夏导自己第一次当全陪独立带团，但偏偏就遇到了不该有的麻烦事儿。

这个旅游团去张家界旅游，K267 次是从北京到怀化的车，13：20 开车。夏导带着旅游团顺利上了车。大部分游客都按照车票上的卧铺号，找到了自己的铺位，只有少数几位老年游客腿脚不好，睡中铺上下不方便，夏导就好言好语地与睡下铺的青年游客协商，帮他们调换了铺位。

游客王晓红和刘大爷在 3 号包厢内，她一会儿给刘大爷削苹果，一会儿又倒饮料，然后不好意思地说："刘大爷，想和您商量一下，我的朋友刘茜然在隔壁 4 号包厢的下铺，她不爱和生人说话，您和她换一下铺位行吗？您就把刘茜然当成您的亲侄女，和她换换铺位。"刘大爷说："不用是我侄女，我也和她换啊！""大爷。太谢谢您了，您不用拿行李，反正都挨着。"刘大爷来到 4 号包厢受到热情欢迎，4 号包厢都是年轻人，一个叫郭达的小伙子悄悄对刘大爷说："那个白雪公主可算走了，我们说句话，她的眉毛都一蹙一蹙的，嫌我们声大吵得慌。"游客王海说："郭达，现在都 4 点多了，咱们喝点吃点吧。"郭达说："好，开吃，我给大爷敬酒。"刘大爷忙说自己酒量不行。郭达说："大爷，一看您就是敞亮人，保准能喝，火车上喝酒美不可言啊！"

这几个年轻人把二锅头酒和烧鸡、酱猪头肉、花生米等一大堆东西摆在小桌上，刘大爷高兴地和他们吃着、喝着、聊着，开心地享受着旅途晚餐。吃喝已毕，这几个年轻人拿出扑克牌准备"敲三家儿"，刘大爷忙说："我不会，我不会，你们玩。"王海说敲三家儿就得 6 个人，缺一个人怎么玩啊？郭达找到夏导说："导游，你好，想麻烦你个事，我们敲三家儿，刘大爷不会，我们想请 5 号包厢的那个美女过来，但她不是我们旅游团的，我们要是和她说，她准得认为我们不怀好意，你帮助协调一下好吗？求求你了。"

夏导想这有何难，就和那位美女去说。美女非常高兴。正好美女的卧铺也是下铺，夏导安排刘大爷去睡美女的铺位。美女过来后，郭达跟刘大爷说："大爷，待会儿我们过去看您，我们和美女一块儿打牌。男女搭配，坐车不累。"

列车到郑州时已经 22：49，熄灯了，旅客开始休息了。刘大爷睡觉打呼噜，对面的一位老阿姨不时推推他，推一下，刘大爷的呼噜就停一下。老阿姨实在受不了呼噜声，就使劲推刘大爷，顺口说了一句"老死猪！"刘大爷挺逗，打呼噜不影响耳朵，一听老阿姨的嘟囔就醒了，翻身起来对老阿姨说："我确实老了，但不是死猪，是个大活人！"老阿姨没有说话，起床，走向列车员办公室，对列车员说："我有严重的神经衰弱症，有噪声就无法入睡，这位大爷打呼噜影响我睡觉，如果他买的票就是这个铺位，算我倒霉，但他是换过来的，我要求他回到原来的铺位去。"

列车员拿着票夹子走过来了，说："大爷，您的铺位在3号包厢，请您回原铺位休息。"刘大爷只得气呼呼回到3号包厢。刘茜然正在睡，刘大爷把她推醒了，说列车员找你，刘茜然刚一起身，刘大爷就躺下了，刘茜然急得要哭："我的床单、我的枕套！"刘茜然有洁癖，别人沾过的东西她就不使用。刘茜然让那位美女游客回到5号包厢，那位美女说："是你们导游让我过来的，我和你是冬天吃冰——没化（话）。"两个姑娘话赶话，争论之声越来越高。夏导要从上铺下来，对面的游客说："不用管她们。"

夏导躺在床上真的如坐针毡，还是一骨碌下床了，调解不成，他只能向游客、旅客承认错误，请他们各自回到原来的铺位。

有个游客说："夏导、夏导，真是瞎导，多管闲事，要不然哪里会吵得像蛤蟆坑，快睡着了就又被吵醒了。"美女游客说："别看这个导游长得帅，办事一点也不帅。"夏导沮丧，心想："我为了游客，反遭斥责。刚开始旅游就失去了游客的信任，这个团我还能带好吗？"

☞ 评析：

> 带领旅游团乘坐火车旅行途中，全陪要照顾好游客生活，保护好他们的安全。
>
> 案例中，全陪夏导在团中调整铺位，让老人睡下铺，协助喜欢打牌的年轻游客聚在一个包厢，甚至动员不是本旅游团的美女游客调换铺位，晚上入睡前，旅行顺利，游客间关系融洽，夏导做了全陪在旅途中应该做的工作。
>
> 问题的转折点出在刘大爷打呼噜，而睡在铺位对面的老阿姨患有严重的神经衰弱，听到呼噜声根本无法入睡，她向列车员反映，刘大爷被要求回原铺位休息，于是出现了恢复原铺位的连锁反应，并引发了女游客与美女游客的高声争吵，吵醒了许多人，导致了个别游客指责夏导"多管闲事"。
>
> 从案例看，夏导并没有多管闲事，不过有一点倒可以商榷：为了年轻人打牌，他好心地动员美女旅客与刘大爷换铺位，导游是否应插手此事，可以讨论，是否由要打牌的年轻人自己调整铺位更妥帖些？游客提出超出了导游职责的要求，虽然这些要求

不复杂、不过分也容易满足，但是导游如何处理，是一个需要灵活应变的事情。本案例中，如果刘大爷后来铺位对面的旅客不神经衰弱，或者刘大爷睡觉不打呼噜，夏导的"多管闲事"就有圆满结局了。

夏导是一名新导游，一开始单独带团就受到几个游客指责，自认为失去了游客的信任，很是懊恼。其实，夏导是多虑了，个别游客的指责是在气头上说的，事实上他就是出于好心，希望更好地安排游客的旅途生活，算不上"多管闲事"。到了张家界，只要夏导继续努力工作，更热情周到地为游客服务，游客就会不再计较晚间换铺的事，这个旅游团准能带好。个别游客有时随意地说几句不满意的话，导游不要太在意，只要你认真工作、热情服务，大多数游客会认可的，会给你好评的。有句俗话"群众的眼睛是雪亮的"。年轻人，努力向前。

✈ 3—5 迟到的午餐

4月29日，某中学初一至初三的学生春游，为了让学生更深刻地了解北京，也不给景区安全造成麻烦（人多就拥挤，拥挤就容易出事故），旅行社配合学校安排了8条线路，每条线路两辆大旅游车，两位导游。

导游白静博和靳远负责1号、2号车，师生共75人，线路是参观中国影视大乐园。白导提前在网上查了中国影视大乐园的情况，地点就在西红门中国北京星光影视制作基地，距离市区不太远。

白导、靳导早早就到了集合地点，他俩把车头纸放在旅游车前，把矿泉水搬上车，站在车门处迎候师生上车。

白导告诉靳导："臧主任说不给学生布置作文了，所以咱们没有必要像参观中国电影博物馆那样，在车上讲中国影视的发展史。学生们天天上课，好不容易轻松一天，我们就不絮叨那么多了，让他们在车上互相聊天，看iPad吧。"

8点整出发了，开车后靳导把他车上的学生、老师人数给白导报过来，白导把两辆车的实际师生人数报给旅行社计调和影视大乐园。

前往参观景点途中照例是景观简介，提醒注意事项，并嘱咐学生在车上可以聊天、休息，但不要在车上喧哗、玩击鼓传花的活动，以免影响司机师傅驾驶。

参观影视大乐园的主要内容就是在一个全息剧场看节目，还在一个大厅剧场观看文娱演出。到了中国影视大乐园，接待人员就把师生引导进园了，白导把转账支票交给了销售部经理，白导小心翼翼地收好了销售部开出的发票，怕万一丢失，还用手机拍了发票的照片。

影视大乐园的销售部经理说上午11:45参观活动就可结束，白导和带队老师就商定11:45在影视大乐园的大厅集合准备用餐，白导估计12点多老师才能把学生集合齐。出发前计调经理告诉白导，由白导那车的师傅去附近的一家肯德基取快餐，餐费旅行社已经给打过去了。

白导给肯德基餐厅打电话："从星光影视基地到你那儿开车多长时间可以到达？"一位女店员说："挺快的，几分钟就到。"按照城里肯德基店铺的布局，开车最多也就10分钟的路程。白导想让师生们吃上热乎乎的快餐就与司机商定11:15出发，11:25就能到达，取完餐点好数，11点45保证能回到大乐园。于是白导和餐厅约定11:30取餐。

11:10，白导请司机师傅按照行程单上面的肯德基店地址去取餐。师傅打通电话以后对白导说餐厅离影视大乐园七八公里远。

主路在铺沥青，辅路不算难走，但是师傅一见岔道就犹疑不定，一直到11:45才找到那家肯德基餐厅。点数、装车。回来的路上又偏偏遭遇堵车，好不容易12:30回到了影视大乐园。

12时，师生早已集合在大厅，饥肠辘辘，不少学生挤在大厅门口东张西望，焦急地等待运餐车，但运餐车就是不来，老师虽然没有批评白导和司机，但也面露不悦之色。

两位导游匆匆吃完午餐就去大厅收拾卫生，把餐盒、空矿泉水瓶塞进几个大纸箱子里，然后送到垃圾站。

回学校的路上，白导心里很不爽，本来挺完美的春游，就因为没有与司机一起提前询问肯德基餐厅的位置，司机也没有打开百度导航，一味地着急找路、赶路，耽误了师生用餐。白导想起一位优秀导游说的话：任何一个细节没有做到就可能成为败笔。

☞ **评析：**

> 中学生的旅游活动相当圆满，孩子们玩得很开心，只是因白导没有做好取餐的准备，使活动美中不足，留下遗憾。
>
> 案例显示白导是一名有经验的导游，整个活动安排得井井有条，中国影视大乐园的参观游览活动很顺利，午餐后，师生就可以高高兴兴地返校了。但是，就在午餐上出了问题，白导可能是想当然，也可能是一时疏忽，忘了事先了解提供午餐的那家肯

德基餐厅的具体位置，司机一时找不到餐厅位置，路上又堵车。白导为了让师生吃上热乎乎的快餐，取餐时间就没留宽裕量，本来应该 11 点 45 分用餐，直到 12 点半师生们才吃上，白导很是内疚。虽然确定餐厅地址、准时取餐的事是司机的责任，但白导认为自己安排欠妥，因而不爽，可以看出白导是一名很有责任心的导游。

导游接团前必须充分做好各种事项的准备工作，用餐很重要，一定要提前认真落实，要让游客吃上热饭，时间上既要安排恰当也要适当留有余地。至于具体如何落实，导游各显神通，处理得好，旅游者满意，若久久等候，旅游者肯定有意见。案例中因为午餐迟迟未到，使春游活动留下了一点遗憾。

"任何一个细节没有做到就可能成为败笔。"这句话值得各位导游深思。

3-6 终于等到游客

4月30日中午，导游李腾带领辽源市 39 名游客前往丹东凤城市凤凰山二日游。辽源到凤城最近的路是走辽开、京哈、丹阜高速、鹤大高速，全程 437 千米，途中最少要在服务区休息一次，行车约 6 小时。

游客集合好后，李导按照参团报名的先后次序请游客依次上车，上车后可以任选座位。旅游车是 51 座的，座位富富有余。即将开车时，有妯娌俩笑嘻嘻地对李导说她俩有晕车的毛病，希望能坐在第一排或者第二排，李导说第一排是导游专座，为保证游客安全，交通、旅游部门联合规定不允许游客乘坐。妯娌俩说"出事不赖你们"，但是真要出了事，司机、导游必须承担责任。妯娌俩走到车厢前面执意要坐第一排，这时坐在第二排的游客李泽、王祎、张和平说："我们年轻，两位大嫂坐这里吧。"这三位年轻人朝车厢后面走去。妯娌俩带着孩子坐在第二排后开始眉开眼笑地聊天、吃零食，大家都觉得她俩根本不晕车。

路上李导向游客简介此行的游览景点——丹东凤城市凤凰山：

相传唐贞观年间，唐太宗李世民征东途经"乌骨山"，山中凤凰翩翩起舞，向唐太宗行礼，唐太宗非常喜悦，随即赐名"凤凰山"。

无论秦、汉、明朝，万里长城的起点都是鸭绿江边虎山，虎山背依凤凰山，凤凰山人称"万里长城第一山"。因有帝王将相巡幸、僧人佛徒修行、名人雅士游赏，所以凤凰山有许许多多的文物古迹和优美传说。

凤凰山自然风光有泰山之雄、华山之险、黄山之奇、峨眉之秀。

登山可以选择乘索道上主峰，凤凰山上最险峻的是"老牛背"，"老牛背"形似卧在山脊的一头老牛，长50余米，宽度不足30厘米，窄处仅10厘米，两侧峭壁险峻。相传老牛背是太上老君的一个坐骑，因私下凡间，被九天玄女以神符贴于牛背，变成巨石。

过了老牛背，有一条梯路，极其险峻，这条路正好是100个台阶，人称"百步紧"。在"百步紧"与"天下绝"之间，有一条凌空铺设的玻璃栈道，宛如一道透明的云桥依附在悬崖峭壁上。玻璃栈道尽头有一个全玻璃观景台，极目远眺，远近山川景色尽收眼底。

旅游团抵达丹东后，入住、晚餐都非常顺利，在分房卡时李导宣布了次日叫早、上行李的时间。

5月1日大家5点就起床上车了，旅游车开到用早餐的"凤凰饭店"，饭店就在凤凰山景区大门正对面。早餐用完后，李导郑重地说："午餐也在这家饭店用，好找、好认。因为一上午全是爬山、走路，一定饥肠辘辘，所以一点准时开餐，大家按照桌号用餐，来晚的一律不等。两点钟准时开车返回辽源。凡是想多看景观的、腿脚不好的，最好坐缆车上下山。下山累了，就花钱坐电瓶车到景区门口。大家一定要有时间观念啊。"

李导把饭店名片每家发了一张，很多人说："我们认得这家饭店啊，不用发了。"李导说："我把每家用餐的桌号写在后面了，五一节人多容易乱，谁先来了就按桌号入座，先休息。"游客纷纷说这个小伙子导游考虑得比大姑娘还细致。

进入景区后，大家就开始自由游览了。

李导回到酒店把桌号签摆好了。中午12点时，李导给每个家庭打了个电话，问他们现在到哪里了，下山时注意安全。

12:30，有30位客人回到饭店，喊着饿透了，让李导赶快给他们开饭。李导一看正好能凑3桌，就和饭店通融了一下，先给这3桌开餐了。

12:45了，除了李泽、王祎没到，其余游客都到齐了。李导赶快给他俩人打电话，结果两人的电话全部关机。李导非常着急，生怕他俩有什么事。

13:00午餐时间到了，李导就让饭店开最后一桌的菜肴、饭食，这一桌也狼吞虎咽地吃了起来。

李导每过10分钟就给这两个游客打一次电话，俩人的手机仍然是关机状态。到了13:50，饭店服务员走来说："李导，前台有您的电话。"原来是游客李泽打来的，他俩拍照把手机的电全用光了，所以打不通电话。李泽脑子活泛，想到导游发了饭店的名片，但是怎么翻也没有找到，不过还记得饭店的名称，就借用身边游客的手机，打 114 查询台得到了饭店的电话，打通饭店电话继而与李导联系上了，李导催他们赶快下山。

12：30 吃饭的 30 人半个小时就吃好了，在餐桌坐不住，李导让他们在附近转转，14：00 以前回来。凤凰山景区门口附近也没啥好转的、好买的，加上天气热，一会儿这些人就都回来了。饭店里人很多，乱哄哄的，这些人催促李导赶快把人弄齐了，早点开车回辽源。李导也着急，全团就差李泽、王祎俩帅哥了。

14：00 了，游客李泽、王祎还没有到，那妯娌说："对不遵守时间的人就必须给他们个教训，等来等去等到什么时候？那哥俩迟到，就让他俩坐火车回辽源吧。"还有随声附和的。李导再三劝慰："已经联系上了他俩啦，下山到景区门口的电瓶车肯定是排大队，这两个小伙子要走到景区大门口，肯定费时间，咱们都是辽源人，乡里乡亲的，再等一下，应该几分钟就到。"

14：15 了，妯娌非要司机开车不可，这时她们的一个孩子哭了："在老牛背是李叔叔拉着我们上去的，为啥不能等等他啊？"妯娌也不再说一句话了，车里安静了下来。

14：25，李泽、王祎跑来上车，车开动了，李导走到车厢后面对他俩说："用餐时间早就到了，所以不能等你们用餐了，请理解。"顺手把一个塑料袋递给他俩，里面是几个花卷。"车厢前面有大桶的矿泉水，你们可以去打。"

车行驶在高速路上，有位大叔笑嘻嘻地说："李导游啊，以后我出去旅游，住宿酒店、用餐餐厅的名片都拿着，我要是丢了、迷路了，凭着名片也能联系导游啊。我可没这两个小伙子聪明，能想办法联系你，我们等了他们半个小时，怎么也得让他俩唱个歌啊。"李泽、王祎都会唱二人转，俩人走到车厢前面深施一礼就唱起来了："五月里头一天啊，辽源的人儿登上了凤凰山啊……临到集合着了急，手机没电咋联系？急坏了导游，害了大家苦苦等啊，不管咋地上了车，咱们都是亲亲热热的辽源人儿啊！"。

（吴雨伦供稿）

☞ **评析：**

　　李导是一个有经验、热心服务的青年导游，许多细节都做得很到位，怕游客找不到午餐地点，特意发了餐厅名片，爬山之后必定饥肠辘辘，所以李导宣布到时准时用餐，不等迟到者。有 3 桌游客齐了，李导和饭店通融了一下，先给他们开餐了。

　　因为五一节人多，李导不仅强调了用餐时间，而且把饭店名片后面注明了桌号，没想到两个游客遗失了饭店名片，不过还记得饭店名称，通过查询台得知饭店电话，借用别人手机，通过饭店与导游联系上了。青年游客体力好、精神足，经常多游多逛，想到该集合了，赶到集合地点时已经迟到多时。

　　散客旅游团对于导游来说是很费心的，要照顾好全团每个家庭，又要面对个别人自私自利的要求，案例中的妯娌俩就是只顾自己不顾别人的游客，假借晕车坐到旅游车前面，要求导游、司机不等迟到的游客。李导满足了她们的换座要求，但劝大家等待迟到的游客，处理很到位。

　　导游引导文明出行要言行得体才能收到很好的效果。两个青年游客因游兴勃发导致迟到，李导没有当着全体游客的面去责备他们，只是向他们解释了没有等他们用餐的原因，还给他们准备了充饥的花卷，相信他们今后一定会遵守旅游团的时间约定。游客遇到这样的导游，实在是幸运。

✈ 3-7　游客盯着导游结账

2016 年 7 月 28 日，导游王海带着 S 市的 42 名游客乘火车前往北戴河游览。

　　夏季北戴河、东戴河、南戴河、秦皇岛以至昌黎，住宿特别紧张，这个旅游团 4 天的行程要换 3 个酒店，从三星换四星再换五星级酒店，每天换一个酒店。

　　临出发前旅行社计调打来电话："王导，咱社一个老客户的妹妹刘阿姨要带着外孙女去北戴河，因为酒店没答应给加房，就没收她入团。你看如果能帮上忙就帮她一把，帮不上就让她自己想办法。她在火车上找你。"

　　火车上，刘阿姨带着一个 4 年级的女孩找到王导，小女孩拿着一个水蜜桃说："导游叔叔，我姥姥让我把桃送给您，请您多照顾我们。"刘阿姨笑容满面地说："王导，一点小心意啦。"王导对刘阿姨说："社里都跟我说了，只要有房一定要帮您安排，没房，就爱莫能助了。我每月都来三四趟北戴河，房、车都特别紧张。"游客李叔说："半个月前，礼拜五下午，俺侄子带着我开车来到北戴河，不管多贵的，啥房间也没有啊，我们爷俩半夜才在秦皇岛找了个房间，一个五星级酒店的总统套房，花了多少钱，侄子不说。"刘阿姨说："您说得太邪乎了，酒店遍地都是，至于这么紧张吗？"李叔说："老大姐，我说瞎话能挣钱吗？"王导一看俩人要吵架，就示意李叔不要理会。王导说："刘阿姨，您还有什么要求？"刘阿姨说："我看看你们行程行吗？"王导把行程单让刘阿姨看了，刘阿姨摘下老花镜，撇了撇嘴说："哎呀，门票、餐费怎么这么贵啊？王导，我不参加你们的旅游团，但是王导你可得帮我订房啊。"游客贾大爷站在刘阿姨身后，对刘阿姨说："大妹子，我的脑筋就没你灵活，我要是不去逛这些景点，能省不老少的钱哩。"有个大妈一下子把贾大爷往回拽："出来玩来了，老说钱、钱，你退休费那么多，省钱干啥？"原来这是贾大爷老伴。

北戴河旺季太缺导游了，王海是本省导游，就全陪兼地陪了。下火车前王导给旅游车司机打了电话："韩师傅，我又来了，我带团去停车场找您。"

到了下榻酒店，王导给全团办好了入住，说明了晚餐时间、餐厅位置，就开始在大堂磨前台，让前台给刘阿姨弄间房。这时来了一个小团，正好他们少来了俩人，前台就把这间房给了王导，刘阿姨耳朵尖得很，一听有房，几步就走到前台："美女，这房多少钱一间啊？"前台工作人员说："墙上的房价表写着呢。"王导说："阿姨，您自己结账吧，我去看看其他游客。"刘阿姨把王导拉到一旁："你们旅行社肯定有优惠，多少钱一间啊？"王导说："320元/间夜，早餐费是旅行社单给餐厅结，您交费后我给您打个收条。"刘阿姨一看旅行社的价格真便宜赶快交了费。

王导用银联卡给酒店付了刘阿姨的房费，前台刷卡后让王导在小票上签字，王导正签字时，发觉刘阿姨在他身后看，可惜刘阿姨没来得及戴老花镜，看也白看。

晚饭后，王导回到酒店大堂，一看刘阿姨在等着他，刘阿姨说："王导啊，你现在就把明天、后天的住宿给落实一下，咱们赶早不赶晚。"王导说："社里早就问酒店了，酒店说都订满了。"刘阿姨说："明天酒店如果有房，结账时我刷卡，你就不用刷了。"王导说："团队房不会和游客结账的。"刘阿姨说："我就说我是旅行社的，对了，不行，因为团队的房是你办的。这样，你刷我的卡，摁密码时，我来摁。"王导一听就明白了，刘阿姨认为旅行社肯定赚她钱了，刷她的卡，旅行社就没法赚钱了。王导说："刘阿姨，别处都没房，你若愿意继续住在这里，就把后两天的房费给我。"刘阿姨说："明天我去找农家院住。"

这个酒店的早餐是外包的，需要现结，王导在餐厅门口和服务员一起点人数。自助早餐很丰盛，刘阿姨和贾大爷凑在一桌边吃边聊。王导看游客都在用早餐，就去餐厅柜台结账。结账时发现贾大爷站在身后，王海对贾大爷说："大爷，我在结账，请您去那边休息。"贾大爷说："让我学习学习。"餐厅柜台的小伙子很聪明，对王导说："刷卡机在经理办公室，你来办公室吧。"贾大爷刚走，王导就在柜台刷了卡、签了字。

早餐后，游客把行李装上旅游车，上午的行程是老龙头，临开车时，刘阿姨在车下与贾大爷挥手告别。

在老龙头团队售票处，王导拿着协议买票，贾大爷尾随而来，王导对他说："大爷，这里是办公的地方，游客不能进。"贾大爷说："我就参观参观。"售票处的人说："你们导游买好了票，会带着你参观。"贾大爷说："你们啥单位啊，对百姓都保密哩。"售票处的人说："这里是财务重地，你再不走，我叫保安了。"贾大爷讪讪地走了。

王导和贾大爷前后脚来到旅游团排队的地方，贾大爷的老伴吼他："你去哪儿找美女去了？"王导赶紧对贾大妈说："贾大爷看我买票去了。"贾大妈说："早餐时，他就和那个带小孩的妇女嘀嘀咕咕，说旅行社赚了多少钱，等回家，我再和这破老头子算账。"真有几个中年妇女憋不住，扑哧笑了出来。

☞ 评析：

> 　　导游带团出行，每天都要与旅行社的合作单位（酒店、景点、餐厅等）结账，而导游结账时经常有游客跟着观看，有的游客是出于好奇心，不过更多的是想知道底价，案例中的刘阿姨、贾大爷两人总是在嘀咕旅行社赚了多少钱，他们的心理是尽量不给别人赚钱的机会。
>
> 　　任何单位的财务账目都属机密，不对外公开，导游与相关单位结账时不应让旅游者知道消费价格，所以结账时若有游客观看，导游要设法避开，而相关单位财务人员也会与导游密切配合，友好地与这些游客周旋，巧妙地与导游结账，本案例可供借鉴。
>
> 　　有的旅行社在行程中明码标出若干项目的门市价（不会标飞机票、酒店、大巴车费用），可供有好奇心的游客计算。
>
> 　　刘阿姨不是本团游客，王导没有因为她的狭隘而袖手旁观，力所能及地给予帮助，体现了导游的宽广胸怀。

✈ 3-8　我忽悠了游客？

2016 年 11 月 12 日，我和社里的 3 个导游接了一个医疗器械的会议团，他们开完会后在京旅游一天半，行程很简单，12 日下午 1 点从国家会议中心接团，游故宫，晚上分别到几家烤鸭店用晚餐。13 日，上午游览居庸关长城，下午颐和园，在住宿酒店用晚餐，晚间到金沙剧场看杂技（费用自理）。

12 日下午 1 点多集合齐了游客，旅游车开到东华门，我们紧走，到午门时已经 2 点了，因为故宫内应参观、讲解的殿宇、重要的拍照"打卡地"太多，我就择其要者进行讲解，还要帮他们拍照。走下保和殿时，苏州的李总客气地对我说："孙导，我们能否不去后三宫，而自费参观珍宝馆？"我说只要大家愿意，我会给大家讲解的。李总把珍宝馆如何值得参观介绍了两句，大家一致同意自费参观。

在珍宝馆我着重讲解了皇极殿、宁寿宫的先秦石鼓、乐寿堂的玉瓮、丹台春晓玉山、大禹治水玉山。大家非常高兴,兰州的一位经理说:"要是在外地,就是看一下丹台春晓玉雕的门票至少也得 50 元,对了,导游说清朝习惯把大型玉雕叫玉山。"游客老吴说:"李总家大、业大、文化高,有见识,咱们跟着李总吃不了亏。"

按照行程,我团在全聚德前门老店用晚餐,开餐前李总对大家说:"大家静一静,我们来到全聚德前门老店吃烤鸭不容易啊,和平门烤鸭店没修好之前,周总理宴请国宾都是在这里,我爸爸在中央警卫局工作时常随周总理来这里,现在就麻烦孙导给我们讲一讲全聚德的发家史。"我就给大家讲了杨全仁最早是一个卖白条鸭的小贩子,如何积聚了第一桶金,风水先生如何给他指点这里是发祥贵地,杨全仁如何腾跃成为一个经营烤鸭的老板,当北京"勤行"(餐饮业)都竞相开烤鸭店时,杨全仁又以何妙招在激烈竞争中屡屡胜出,特别是我讲北京烤鸭的四种起源时,大家都听得入神入迷。

第二天上午游览居庸关长城时,我特意带大家参观了元代的"云台"。下午游览颐和园,我们从宜芸馆出来,游客看到德和园大戏楼的检票小伙穿的是清朝服装,有人说这是清朝太监的服装,有人说是大内总管的服装。李总问大家:"要不,咱们进去看看?"门票 5 元,李总一下把大家的票都给买了。

进了德和园,我就给大家讲慈禧看戏的故事,这时李总对我说:"孙老师,说不如唱,您来几句。"我说我不会唱,李总说:"把慈禧看戏研究这么透的导游不会唱京剧,谁相信?"说实在的,我嗓子也痒痒了,我就给大家唱了《四郎探母》中"杨延辉坐宫院自思自叹",我唱完了,李总说:"孙导,咱俩来段杨四郎与铁镜公主的对唱吧,我唱公主,您来驸马爷。"

杨延辉:(白)公主啊!【西皮快板】我和你好夫妻恩德非浅,贤公主又何必礼义太谦?杨延辉有一日愁眉得展,忘不了贤公主恩重如山。

铁镜公主:【西皮快板】讲什么夫妻情恩德不浅,咱与你隔南北千里姻缘。因何故终日里愁眉不展?有什么心腹事你只管明言。

……

李总说:"孙导的嗓子真好,绝对是最棒的青年票友。北京导游会唱京剧的,我是头一回遇到,这次旅游太开心了。"

旅游团在颐和园游兴高潮迭起。

在回城时,我在旅游车上统计去看《功夫传奇》的人数,李总问我:"您说是看《功夫传奇》好,还是到前门建国饭店的梨园剧场看京剧好?"这个问题很难回答,我就把两个节目的特点都说了说。2/3 的人愿意跟着李总去看京剧,剩下的人觉得留在酒店也没意思，有 6 个人也说要去。我给梨园剧场打电话订好了票，在旅游车上把费用也都收齐了。

回到东方饭店，匆匆用了晚餐就去看戏，我给大家订的是前 5 排的贵宾票，开演前我和李总引领大家看演员化妆。第一出《三岔口》是经典武戏，第二出是《卖水》花旦折子戏，第三出《贵妃醉酒》是梅派大戏，主角杨贵妃雍容华贵，是红花，两个大太监是大绿叶，八个宫女是小绿叶，舞蹈、唱腔、伴奏都非常棒。

散戏后大家一边评论着演员一边走回酒店。

第三天早餐后，退房、去机场或火车站游客自理。下午旅行社林经理给我打电话，说有两个游客投诉了，游客老吴说："导游擅自把行程上的《功夫传奇》改为京剧，导游说梨园剧场的京剧是北京京剧院的优秀青年演员演的，但是我看演员都懒洋洋的，节目一点也不精彩，我们被忽悠了。"游客吕女士说："导游没有征求每个游客的意见，专照顾某人的爱好，导游和某人都爱唱京剧，于是更改了行程，导游只迎合某人而不照顾大家，很不负责任。"林经理说："你以前总是得到游客的好评与表扬，这次是怎么弄的？"

我一听就很郁闷，这两条意见委屈人，大多数游客都愿意跟着李总看京剧，怎么是"专照顾某人的爱好"？游客吴先生、吕女士当时也没有表示反对啊。娱乐节目是自费的，你交钱就表示你自愿参加了。绝大多数游客都掏钱买票，导游就不用让游客签署同意改变娱乐节目了。至于说到演员的表演水平，艺术家还有好多负面评论哪。

我们旅行社不允许让客人带着意见回到家乡，我想了一下，开始给这两位游客打电话，再三赔礼道歉。

事后我一直闷闷不乐，游客是上帝，但也不能说我黑，我就黑啊。第三天旅行社质检办主任打来电话："小孙啊，你的团好几位游客打来电话表扬你。我们也电话回访了那两个提意见的游客，他们说：'导游赔礼道歉了，导游服务是很好的，就是娱乐节目这一环节处理的有瑕疵，算啦，算啦，原谅他了。'"

☞ **评析：**

> 　　导游"我"带领游客游览故宫、居庸关长城、颐和园都"超额"完成了讲解任务，导游服务也非常好，但是在观看娱乐节目这一环节被游客投诉，游客老吴的投诉原因是"节目一点也不精彩，我们被忽悠了"，节目未达到他的期望，游客吕女士的投诉原因是节目改为看京剧是迎合李总的爱好。游客投诉的心理一是求尊重，二是求发泄，三是求补偿。案例中两个游客投诉主要是发泄心中不快。绝大多数游客自费去看京剧，

散团后又有游客给旅行社打电话表扬导游，说明导游没有忽悠游客。

游客虽然从个人角度出发进行投诉，但是导游"我"主动打电话向投诉者赔礼道歉，做得很好。

一个合格的导游即使受到了委屈，也不能过多申辩，更不能与游客争辩对错，导游"忍"，游客则心理上舒服。旅行社质检办回访投诉游客，说明该旅行社是一家负责的旅行社。

案例中，"我"给游客讲解珍宝馆、为游客讲全聚德烤鸭店的历史沿革、带大家参观元代云台、在颐和园与游客一起唱京剧……可以看出"我"是一名知识渊博、多才多艺、很有责任心的导游。

3-9 游客得痢疾了

7月15日，导游白中银接了一个甘肃省内深度游的旅游团，游客来自福州。

白导和全陪于良以为福州游客吃不惯当地的面食，没想到他们太喜欢甘肃的面食了，尤其爱吃拉面和凉面。游客兴致勃勃地观看凉面的制作过程：精粉和面时兑蓬灰（一种绿色食用碱）水，掺入少量的植物油，反复揉揣，揉好后要"饧"（xíng，面团柔和细软的过程）半天，然后拉成或细或粗、或宽或窄的面条，大火煮好，放进凉水激两遍，然后倒一点油"拌"上两遍，最后浇上各种佐料汁，这样有味道、有牙劲的面条太好吃了。

17日下午，旅游车路过民勤县，游客被路边的蜜瓜田吸引了。民勤县东、西、北三面，被腾格里和巴丹吉林两大沙漠包围，年均降水仅100多毫米，而蒸发量却高达2000多毫米，所以民勤县沙地上的蜜瓜特别甜，全国有名，在当地价格特别便宜，最贵的蜜瓜也就一元一斤。城里人爱在田地里采摘瓜果蔬菜，游客纷纷要求下车摘蜜瓜、买甜瓜，白导、于导合计了一下，说就停车20分钟，权作中途休息。

瓜农对游客说瓜随便吃，白导、于导忙不迭地提醒大家："吃蜜瓜必须洗干净了再吃，大家买好了，入住饭店后好好洗刷后再吃。"嘴馋的游客用卫生纸擦擦就吃上了，连连说："真甜、真香！"采摘后，游客带着一袋袋的蜜瓜登车了，旅游车开往中国历史名城武威。

武威古称凉州，位于"丝绸之路"要冲，汉代河西四郡之一。去武威，白导在旅游车上讲解国宝级文物"马踏飞燕"：

"马踏飞燕"又名"马超龙雀""铜奔马",1969 年从张镇守使雷台墓中出土,铜奔马高 34.5 厘米、长 45 厘米、宽 13 厘米。马昂首嘶鸣,躯干壮实而四肢修长,腿蹄轻捷,三足腾空、飞驰向前,一足踏在一只正飞驰的龙雀(状若燕子)背上,龙雀吃惊地回过头来观望。

导游讲《马超龙雀》

古人常说天马行空、独往独来,这就是天马。这件青铜器构思巧妙、工艺精湛。一般的青铜器都重在传神,但是"马踏飞燕"的造型重在写实。按古代相马经中所述的良马标准尺度来衡量铜奔马,几乎无一处不合,它不仅是杰出的艺术品,也是相马的法式。雷台墓出土的"马踏飞燕",1983 年 10 月被国家旅游局定为中国旅游标志,2002 年 1 月列入《首批禁止出国(境)展览文物目录》。

到了武威,旅游团用晚餐、入住。武威的夏夜很凉爽,游客说:"就冲这个宜人的气温也要来甘肃,睡个好觉胜于大补。"

18 日早餐后大家开始登车,有 3 位游客没到,于导说他们去洗手间了。

旅游车开出还没有半小时,李大爷、张大哥急着让停车,他们说肚子有点疼,慌忙奔向路边的洗手间,早上迟上车的 3 位游客也急着下车去洗手间,说早上就拉肚子两次了。白导知道拉肚子是肠道疾病,具有传染性,他和于导一商量,赶快回武威市。

在旅游车上白导、于导分别向地接社、组团社汇报,地接社经理让白导问一问还有没有肚子不舒服的的,千万不能大意,幸好只有这 5 位。地接社经理说赶快送这 5 位游客去武威市人民医院看病,地接社马上派人去医院协助全陪照顾他们。

医院很快就诊断出 5 人都是菌痢,医院问他们什么时候感觉不舒服的、吃过什么,病因是他们采摘时吃了现摘未洗的蜜瓜,化验单排除了食物中毒的可能。

医院、地接社分别将患菌痢的情况报告了防疫站和文旅局,防疫站要求全团普查大便。还好,化验后其他人都正常,防疫站给全团发了杀菌、预防腹泻的药,讲了预防肠道疾病的知识:把住口(生吃瓜果要洗烫,食物必须要洁净),抓住手(平时也要常洗手,饭前便后必洗手,能把细菌都冲走),与病人隔离(即与痢疾病人保持必要的距离)。于是地接社开始调整旅游团的住房,隔离得病的游客,夫妇也得分开住。

文旅局与防疫站为了慎重起见,进行病因调查:前天的晚餐是在一家四星级饭店用的,5 个病号分布在四张餐桌,如果餐饮不洁,每桌不会只有一个人得病,而且同桌吃饭的病号家属都没有得病,调查证实病因就是游客在田地吃了未冲洗的蜜瓜。防疫站说人爱吃蜜瓜,苍蝇也爱舔舐好吃的蜜瓜而且是每天多次光顾,5 位病号沾了苍蝇的"光"了。

因为其他游客都健康,地接社让白导带团继续武威的游览行程,全陪于导负责照顾病号。

离开武威时这几位得病的游客已经好了很多，旅游团平安离站。

☞ 评析：

> 旅游期间旅游者生病是常事。旅游者生病，导游要沉着应对，及时、正确处理。
>
> 旅游者病了，导游要及时了解情况，必要时应及早送患者去医院救治并报告旅行社，若多人患病时，必须报告当地卫生防疫部门和文旅局。案例中白导做了一个地陪应该做的事：未摘蜜瓜时，他提醒旅游者一定要洗干净后再吃蜜瓜，但还是有人不听，当场吃了，得了菌痢；看到 5 人拉肚子，白导与全陪于导商量后，决定旅游团返回武威市；在路上报告了地接社；直接送病号去了医院。由于处理及时，没有造成严重后果。白导处理事故果断、正确，他是名有经验、有能力的导游。
>
> 旅游团中有人生病，导游应尽心予以照顾，但不能损害其他旅游者的合法权益，病号由其亲友、全陪以及地接社派人照管，地陪带领健康旅游者继续游览活动。
>
> 导游带团，安排活动一定要留有余地，注意劳逸结合，随时提醒旅游者注意饮食卫生，发现餐馆提供不洁食物，一定要交涉，要根据天气预报，提醒旅游者增减衣服，等等。总之，导游要尽力避免因导游的不慎导致旅游者生病。人们外出旅游，一定要注意饮食卫生，要听从导游的提醒，不要因一时任性大快朵颐而生病。

✈ 3—10　给我调换市中心的酒店

地陪王瑶 22 点从北京西站接到旅游团，该团下榻在北京南四环的一家四星级酒店。到达酒店后，在等候酒店前台办理手续时，王导向旅游团宣布明天 8 点叫早、8 点半报房号用自助早餐、9 点准时乘车出发。王导热情地介绍酒店从 6 点就开始供应早餐，起床早的朋友可以先用早餐。

王导在前台很快办好了入住手续，把所有房间钥匙交给全陪，请他填写分房表、分发房间门卡。但是客人迟疑着，不来领取门卡。一位大叔（该旅游团所在企业的老板）对王导说："你咋叫俺们住在这么偏远的饭店，北京市中心就没有饭店了？几年前我参加旅游团就住在市中心的 ×× 大酒店，你们为啥不安排住那个酒店？把我们骗到这个地方来！"大叔认为北京四星级的酒店应该和他们家乡一样，处于市中心的繁华路段，怀疑旅行社甚至是导游骗了他们。

　　全陪是第一次来北京，又是新导游，由于刚才提意见的大叔情绪很激动，这个小伙子紧张得不敢答话，把求救的目光投向地陪。王导说："叔叔您先消消气，如果是旅行社有错误，我们一定改正。您能让我看看您的旅游行程吗？"大叔没好气地说："没带！"有个青年说他带了。王导看后对大家说："你们家乡的组团社已经在行程书中标明了这个四星级酒店的名称，还标注了酒店地址、电话、网站。这个酒店是新建的，设施很好、自助早餐特别丰富，大家看到刚才两个入境旅游团已经入住这个酒店了，你们一定会喜欢这个酒店的。住在市中心也没有很多时间上街，而且市中心的四星级酒店价位会很高。"大叔没好气地说："导游，你以为我没钱啊？我今晚就不住这个酒店，你给我们换个好酒店！"王导相劝："叔叔，现在已经快半夜了，您先住下，如果实在要换，明天我们再换好吗？"其他游客也不再理会这个大叔，纷纷去全陪那里领门卡。但是大叔固执地不让他身边的几个人去领门卡，坚决要换酒店。

　　大叔身边的人对王导投去和蔼、友好的目光说："导游，我看这个饭店一点也不赖，今晚就让俺老板先凑合住下，麻烦你明天起个大早，陪我们去看看老板说的酒店吧。"王导想到明天早上不会堵车，不会影响早餐服务，就爽快地答应了。

　　第二天王导早早来到酒店，那个大叔正带着大家吃早餐。一行人打车很快来到大叔心仪的酒店，一打听房价，他们就不想看房了。王导带领他们看了看早餐，真不如他们所住酒店的早餐丰富。

　　打车回酒店，路上大叔讪讪地说："我就是想让跟着我来的工人享享福。"王导说："大叔您这样关怀自己厂的工人，我深受感动。预祝您和全团北京旅游顺利、愉快！"大叔欣慰地笑了。

☞ 评析：

　　很多旅游者将旅游服务理想化：服务是最好的，饭菜是美味可口的，下榻饭店是高级的而且位于市中心繁华地段……旅游者的期望可以理解，但现实往往令某些旅游者失望。本案例中的大叔（老板）坚持换饭店，要住位于市区他曾经住过的饭店，就是这种理想化的例子。不过，这个旅游团应该是奖励旅游团，老板说要让工人住好饭店，享享福，也可能是一种作秀。

　　旅游团到一地住什么星级的饭店，甚至下榻于哪一家饭店，旅游接待计划应该明确标注，地接社按协议安排旅游团入住该饭店，案例中王导引领旅游团住进的饭店就是协议标明的饭店。面对游客换饭店的要求，她可以简单地用"这是协议规定的饭店，您自己看看"予以驳回，但是王导摆事实、讲道理，用商量的口吻说："已经快半夜了，您先住下，若一定要换，明天再换好吗？"劝老板先住下，并答应第二天一早陪老板去看他心仪的饭店。王导以真诚的态度使得大多数游客心悦诚服，从而积极支持王导的工作。

旅游团要求更换饭店，不是导游能决定的，需由地接社操作。不过，地陪要做好前期工作，配合旅行社，安定旅游者情绪，这些王导都做到了。

旅游团要求去看老板喜欢的饭店，导游可以不管，完全可以让游客自己去，但是王导牺牲了休息时间，早早来到饭店，陪老板到市区了解情况，房价、早餐质量等事实说服了老板，王导以行动感动了旅游者，全团的旅游活动必然会顺利，游客对导游服务的满意度一定会提高。

看了自己主张的饭店，事实让老板尴尬，但王导没有以此证明自己的正确，而是抚慰游客"大叔您这样关怀自己厂的工人，我深受感动"，给足了老板面子。老板毕竟是有影响的人物，与他搞好关系，为旅游活动的顺利、成功奠定了基础。

导游要坚持原则，全面履行旅游协议，但怎样履行，导游各有自己的方式方法，王导的导游服务很到位，问题处理得非常人性化，值得大家学习。

✈ 3-11 为游客维权

10月4日晚上，导游老张在北京西客站送团时，遇到了某旅行社张总，他一脸愁容，非拉着张导去吃饭，说有些事想请张导指教。张导素厌吃喝更烦张总，两句话就谢绝了。张总知道张导的性格，说不去就不去，他死拉硬拽地打了个车送张导回家。在路上张总说："兄弟，这次您真得救救我了，91名兰州客人滞留在京，旅行社没有买到火车票，我从唐山租了两辆最豪华的大轿车送他们回家，这些人就是不坐。"张导没搭理他。

张导家在复兴门，几分钟就到了，虽然已经晚上9点了，张总死乞白赖地要跟着张导回家，他说："您是北京有名的导游，由您劝劝游客，效果可能会好得多。91名游客中有一多半是70来岁的老人。"张导一听情况真的挺危急，因为在京耗下去不知会出啥事情，就勉强答应明早去做劝说工作，张总千恩万谢地走了。

第二天早上不到7点，张总的旅行社就派车来接张导了。

滞留的游客在餐厅用早餐，张导环视了一下，觉得游客都很和善。张总把旅游团的带队领导老秦、老陈介绍了一下。老秦不友好地问张导："你是张总的托儿吧？"张导自我介绍了几句，问哪位游客带着笔记本电脑，从百度可以查到他。两个大学生游客告诉领队，张导是全国优秀导游员，并把网上报道张导事迹的网页给领队看，秦领队朝张导歉意地笑了笑。

陈领队说："这个张总特狡猾，很不老实，想用假火车票把我们糊弄上车，他说人上车了，火车上也不能把老人们撵下来。火车站不是傻子，能进站吗？我们不是不通情达理，但是不能让他捉弄我们。"张导沉吟了一下，对两位带队领导说："按照旅游界的惯例，旅行社买不到火车票就要给游客买飞机票。早上我上网查了，今天、明天、后天没有一张去兰州的飞机票，如果有，张总不买，我带着你们去旅游局告他。兰州总是要回去的，老人们在外一天，家里人总是惦记着，张总从唐山租了两辆非常豪华的旅游车，坐大巴回兰州目前是最好的选择了，这个方案可行，但是我们得让张总拿出个赔偿条件。我想听听你们的想法，只要合理，我帮你们促成。"

陈领队说："火车、飞机都无望，看来只能坐大轿车了，怎么赔偿，我们也想了几条，你看行不？"张导与二位领队研究了一下，领队向张总提出："到兰州后每人补助80元，一路上管吃、管喝，晚上要住在二星级的饭店，由张总的儿子随团照料一切。一项条件不落实游客就不下车，或者拿着赔偿协议诉诸法院。"

这些条件非常合理，张总只得答应了，领队和张总签署了赔偿协议，张导作为证人也签上了自己的名字。张导说早些给游客开午饭，早点上路，秦领队说："早上刚吃了，路上吃午饭吧。"

全体游客都上车了，秦领队突然死死地拉着张导的手，让张导上车，说没张导在他们不踏实。张导对秦领队说："你们把我当人质不合适，只有协议具有法律效力。我不是这家旅行社的职员，就是一个普通的讲良心的导游，我还有我的工作，如果你们不执行协议，我就不管了，当然你们也失理了。权益受损当然要争，但要通过合法途径维权，不得无原则地乱来，更不得人为地扩大化。"

听了张导的话，两位领队迟疑了一下，交谈了两句，俩人与张导握手，"张导，谢谢你！有空来兰州啊"！

后来张导听张总儿子说，游客思乡心切，夜里都没让住饭店，就说晚饭吃好点，一气儿开吧。张导问起那些老人，张总儿子说："这些爷爷奶奶身体真棒，我都累得不行，他们精神头好着哪。"

☞ **评析：**

> 虽然案例是多年前的事情，依然很有教益。案例中的张总是个不诚实的旅游经营

者，他企图用假火车票让旅游团混进列车，甩掉包袱，不考虑这样做的严重后果以及需要承担的法律责任。这些旅游界的害群之马扰乱着我国的旅游市场，损害着地区、国家旅游业的声誉。

张导讨厌张总，但是国庆期间91名兰州旅游者滞留北京，团中有一多半70岁上下的老人，他感到事态严重，弄不好会出人命关天的大事，北京旅游形象会严重受损，于是答应救场。

与游客会面，张导发现他们都很和善，于是他介绍了自己，用网上的信息证明了全国优秀导游员的身份，绝对不是张总的"托儿"，得到了旅游者的信任。然后苦口婆心地劝说旅游者乘豪华大轿车回兰州，并帮助旅游者厘清赔偿条件，搞出赔偿协议文字材料，维护了旅游者的合法权益，经过他的努力，终于送走了旅游团，避免了可能不堪设想的后果。

旅游团秦领队试图将张导留在车上当人质，倘若他坚持，就是违法，事情就会向相反方向转化。张导认真解释："还是协议更有法律效力。如果旅游团不执行双方议定的赔偿协议就失理，将来投诉、诉讼都不占理，旅游者要吃亏。"张导还严肃指出："旅游者权益受损，要通过合法途径维权，不得无原则地乱来，更不得人为地扩大化。"使领队冷静了下来。由于他的劝说、协调，众多老年旅游者得到相应补偿，安全回到了兰州。

处理游客权益受损问题，导游要协助游客维权，但要坚持原则、正确处理。

这件事虽然是张导帮助了那家旅行社化解了与旅游团的矛盾冲突，但是客观上维护了北京的旅游形象，兰州旅游团的每一个客人也会感到张导这位全国优秀导游员真的名不虚传。

第四章　出境旅游篇

领队带团出境旅游的工作程序相对烦琐、责任重大。

领队前往组团社领取"团包（接团资料）"，拿到团包后，马上核实资料：客户名单与护照是否齐全，核实签证信息是否准确（落地签除外），电子机票名字及时间是否准确，以及分房名单、保险单、意见表等。

确认无误后，领队要提前掌握行程要点、与旅游者取得联系，电话或短信告知游客出发当天的集合时间、地点有无变更情况，以及目的地当地的气温、饮食，个人所需药品等事项，进行温馨提示。

到落地签的国家，领队要提前准备好为游客填写落地签申请表、填写全团人的出入境卡（如果没有空白卡，登机后与空乘人员联系索要）。

出发当天，领队必须提前到达机场询问相关航空公司登机柜台是否提前统一办理登机牌，并等候游客。集合后，分发护照（如护照在客人手中需核实是否携带），收取有关费用，在机场召开说明会，并与游客核对行程，确保行程是否一致（如遇不一致先安抚客人并及时联系旅行社，得到回复及时告知客人）。核实分房表情况是否准确，说明服务标准，讲解托运、海关、安检的注意事项，旅途中各个环节的注意事项及旅游当地的风俗习惯，耐心解答旅游者的问询，宣讲出境游文明公约，请游客签字确认。带领游客办理登机牌及托运，出关盖章、安检等。

领队要提醒全团游客按时登机，登机时要核对人数。

如果出入境卡是飞机上发的，需要帮大家填写出入境卡，然后把办理落地签证的资料整理好：护照、出入境卡、入境申请表等资料都要一一对应，并按照落地签的要求整理好，把落地签费用算好。

落地签：飞机上收齐客人护照，抵达旅游目的地后，安排落地签游客在特定区域等待，办理落地签之后，分发护照协助游客在边防处盖章，在取行李处集合（和每位游客确认行李无损坏及丢失），统一出海关。出关后找寻接机人员或地陪，快速确认自已团的地陪后，协助地陪带领游客登车。

普通签证：提前嘱咐游客下飞机后在约定的空旷处集合，询问客人飞机上是否有遗忘东西，核实客人证件有无遗失。统一带领游客前往边境处盖章。

在边防处联系相关地勤工作人员，服从工作人员的安排，协助客人与边境警察沟通问题。

安排客人拿取行李，出海关。

旅游中领队的职责是尽全力维护旅游者的人身和财物安全，引导游客文明出行、文明旅游。

返程前要向游客再次说明托运行李的规定以及退税、安检、出边防、登机的注意事项。

到机场后帮助游客办理登机、退税手续，然后过安检，过海关边防，登机（登机前让客人填写游客意见单或者网评）。

飞机抵达国内，下飞机后带领客人进海关、拿行李，当客人顺利拿到行李后，与客人告别，结束本次带团。

✈ 4-1 机场说明会

3月16日领队杨海带领旅游团走澳新线，航班是CA783（0105/1730）。杨领队早早到了首都机场T3航站楼内的集合地点迎候游客。

团里的游客衣着光鲜地先后来到了集合地点，游客大多是退休后的老年人，好几位游客从来没有远途旅游过，更没有出国的经历，所以这次出行非常兴奋。

人员到齐后杨领队把旅游团带到了一个相对清静的地方，召开机场说明会。杨领队认为开好机场说明会很重要，虽然很多事在接到任务时和每一位游客电话交谈中都说过，但是到了机场登机前必须集中说一次：

大家好，我是××国际旅行社的领队杨海，请大家记清我的相貌，阿姨，不是让您给我找对象，是因为澳新当地不允许举着旅行社小旗，所以您一定要记住我，别把我忘了，跟紧我。

首先说件重要的事，几天前我已经在电话中问过大家，护照是否在您手中，今天还得问一下，您带护照了吧？

这次由我带领大家去澳新旅游，行程是12天，当地有华人地陪，他们的中文可能说得不太好，凡是他表达不清晰的、听不懂的，我用普通话给大家解释。

为了让大家舒心地旅游，我必须把注意事项和接待要点向大家再强调一下。

第一件事，大家要检查一下身上随身携带的书包、准备托运的箱包里有无违禁物品，什么是违禁物品呢？最容易出现问题的是食品，禁止携带各种生熟肉类（包括火腿肠、肉干、肉松、肉馅月饼）、蛋、奶类、水果、蔬菜、蜂蜜、植物种子、谷类，如果有人偷带并隐瞒将面临罚款460澳币（A$ 或 AUD）或460纽币（NZ$）（大约折合2000多元人民币）和不良记录甚至拘禁。真空包装的咸菜、辣酱、口香糖、巧克力、饼干（不得有果仁和夹心）、糖果、方便面可以携带，但必须如实申报。如果您带有违禁物品，现在最好把它吃了，落地前处理干净了。澳大利亚、新西兰的农业是重要支柱产业（有人称这两个国家是现代农业国），如果有外来物种入侵，就会给农林业带来巨大损失，甚至是不可挽回的。

其次是药材和药品，凡是中药材（人参、鹿茸、海马、枸杞、天麻、石斛、冬虫夏草等）均不能带。不能带入境的药品主要是治疗感冒的康泰克、快克，据说这两种药品含有毒品的成分。治疗高血压、心脏病等疾病的成品药可以带。香烟也只能带25支，如果带得多或者不申报，以走私罪论处。我还要提醒各位，飞机上提供的食品、饮料也不准带下飞机。

澳、新海关对于入境的人和物品查得非常严格，凡是有违禁的物品，海关罚款厉害，绝不讲情面，新西兰有世界上最严格的海关之称。

过海关时首先口头问询，问你是否带有违禁物品，你说没有，海关也许会开箱检查。经常有缉毒犬来闻，游客、行李排好队，缉毒犬来回闻两遍，若没有问题，游客就可以走了。我有一次带团某游客不重视，他认为我就带着两头蒜能查出来？结果被缉毒犬闻出来了，海关要罚款，他让我向海关说情，可是谁说情也不行，这是他们国家的法律。

好的，大家都说没有带违禁品，我来录个视频，留个证据。因为有的游客被查处后，他咬死了说领队没讲这个规定，领队必须替他缴纳罚款。曾有个带违禁品的游客说领队讲解时，他去洗手间了，他根本没听到领队说过有关规定，所以逼得我们领队只能先小人、后君子。

旅游团用餐大部分是到华人开的中餐馆，六菜一汤，吃完了不够可以补，管饱。过去旅行社也尝试过提供西餐，但是大多是冷菜、凉面包，我们中国的老年人不适应。外国人不喝开水，大街上、商场都有直饮水，但是中国人爱喝热茶，早晨您在房间就提前把您的保温杯灌满开水、茶水，到用餐的时候中餐馆有开水供应。

住宿的酒店都不在市中心或 CBD，外国人都愿意远离喧闹。当地酒店的衡量标准不同，下榻酒店标注四星、三星，但只能在当地网上查到酒店星级，酒店大堂没有标志，大家不要拿国内四星的标准来衡量下榻酒店，四星酒店和国内三星级酒店相似，有的如同国内优质快捷酒店，住宿都是双标间。

为了环保，酒店不提供一次性牙膏、牙刷和拖鞋，但一般会有香皂、洗发水，酒店内有毛巾、吹风机等。

经常有游客问国外地陪或者领队，为何不安排住更高级别的酒店，我们整个行程旅游费才 1 万元人民币左右，在澳新不坐火车和长途旅游车，都是坐飞机到各个城市，从北京出发，转机是 7 段飞机，直飞是 5 段飞机（北京飞悉尼、悉尼飞黄金海岸、黄金海岸飞新西兰、新西兰飞回墨尔本、墨尔本或悉尼飞返北京），加上食住行、导游服务，你算一下旅游成本。有的客人说 ×× 酒店还不如我们单位的招待所，酒店这么偏远，如果我们加点钱，能换个酒店吗？国外的酒店只要订了合同、交了钱是不能退房的，不住可以，钱不退，希望大家理解。

澳新的酒店全部是禁烟的，抽烟只能在酒店大门外两侧的吸烟区，房间内绝对不允许吸烟。去年有个旅游团曾发生过这样一起事故，在悉尼某酒店，夜里 12 点，一位老年游客在房间偷偷抽烟，一根香烟没抽完，全酒店各处烟感报警器尖锐鸣响，酒店广播英语"请各位住宿客人，不要携带任何物品，拿上鞋，立即顺绿色箭头沿着逃生口下楼，到酒店外面集合"。酒店的客人都不知出了啥问题，领队挨着房门通知游客立即下楼，大家慌忙逃生，其间报警器一直在尖厉地响着，酒店自己关不了报警器，消防局知道是哪个房间出的问题，报警器由消防局控制，只有消防人员才能关闭报警器。两辆救火车迅速开来了，救火车来一趟，每辆车的费用是 2000 澳币或 2000 纽币，两辆车要付人民币 2 万元。肇事者不缴纳消防车车费是离不了境的，一元澳币都不能少。

房间内的烟感报警器特别灵敏，电水壶烧开水的时候，水开了就拿开，不要让它一直烧着咕嘟咕嘟冒热气，洗澡后开门热气太多，也有时造成误报，消防车来了查看之后还得解释一番。

在澳新旅游期间，旅游车的司机大部分是华人，澳新规定 8 小时工作制，旅游车司机工作 9~9.5 小时，因为我国游客在属意的景点愿意多逛一逛，华人司机还比较好说话，略微延长一点时间还能通融。如果是外籍司机到点就下班，10 分钟也不延长。如果自费节目、自费景点费用中不含司机、导游的加班费，导游会说清楚的。

在澳新，游客只要一上旅游车，首要就是要系好安全带，路边有摄像头，有时警察上车来查，凡未系安全带者罚款 300 澳币（或 330 澳币，各个州规定不同），司机扣 3 分。

旅游车上不能吃任何食品，如果食品的渣滓掉到车里地板上，第二天游客一上车就会发现车里全是大蚂蚁，无法乘坐，只能去洗车，洗车费200澳币。有的客人血糖低，途中必须吃点东西，可以告诉导游或司机，司机会在休息区停下来，休息区有座位，在休息区坐着吃喝。车上只能喝白开水、茶水，不能喝可乐、咖啡等含糖饮料，这些饮料招蚂蚁。

在澳新不会"套车"，凡是一地游览就是这个车、这个司机。

在澳新看的公园、海滨基本是免费景点，付费景点有新西兰的牧场、毛利文化村、世界文化遗产——鸟岛黑沙滩，澳洲就是一些农场。黄金海岸坐豪华游艇，大约一个多小时，游艇上有吃（大虾、水果）有喝，有讲解员，每人100~120澳币。

在澳新没有强制购物，一些土特产店，店都很小，买东西时大家要认准"澳大利亚三角形袋鼠标"，大部分是绿色的标，您记着只要有袋鼠标志就是纯澳大利亚制造。

往往有人问有娱乐场所吗？悉尼有个很大的赌场。

如果哪位叔叔阿姨在澳新有要见的亲朋好友，每天行程结束后，您可以和他们在酒店见面，白天不能脱团去会亲友，有时会有移民局上车检查，对照团队签点名，（所有客人护照上都没有贴纸签，只有一张团队签证纸，上面有所有客人的名字）一个人都不能少，万一少个人，车上所有人都走不了啦，移民局以为您跑了，藏匿在当地了呢，请大家理解。

上面我介绍的是旅游中食、住、行、游、购、娱几方面大致的情况。

澳大利亚的入境卡有中文，新西兰的入境卡全是英文。入境卡应该每位游客自己填写，为了节约时间，有的叔叔、阿姨也没戴老花镜，我已经把护照信息帮大家填在入境卡上了，后面申报栏必须由自己填写，标注是否带了违禁品。澳大利亚比较特殊，规定凡是有的要打"×"，没有的空着。

导游讲境外
如何过海关

过海关时严禁拍照，过去有个阿姨在过澳大利亚黄金海岸海关时用手机拍了一张照片，海关人员立刻扣留她，问她为何拍照，阿姨说她丈夫问她现在到哪里了，阿姨说拍张照片发给他最简洁明了，我用英语向海关人员说明了，海关要罚款，游客再三道歉，把照片当面删了，海关才放过她。

16岁以上的客人入境时可以持电子护照（护照下方有个金色小长方条）走电子通道，照个相就直接通过了，持普通护照走普通通道，海关也许会问你很多问题，英语娴熟的游客绝对不宜用英语回答，以免认为你有滞留、移民的倾向，可能把你带到小屋里盘查。

进入海关后就去取行李，取到行李，我会再问一遍大家是否有违禁物品，大家不要嫌我啰唆。如果没有，我们去接受检查，如果有，赶快扔到垃圾箱。

说明会开完后，我会带领大家去办理登机手续和托运行李，然后我们集合，一起过中国安检和海关。

大家跟我来到登机口，就可以休息了或者在附近转转，我们的飞机 1:05 起飞，这样，请大家 23:45 在登机口集合，准备登机。

旅游团都是经济舱票，座位在飞机后部，到了澳大利亚，飞机落地了，空姐说可以下飞机了，我会提前走到飞机前部，我在下飞机舱口那里迎接大家，我的脸和宝石蓝夹克是我的标记。

下飞机后您拿着入境卡、护照过海关，过了海关取行李。澳大利亚的季节与我们正相反，取行李后，我们要再看一下是否有违禁品，接受检查。

以上的注意事项和出境、入境的大致程序，我说清楚了吗？若还有问题，您就直接跟我说。

☞ **评析：**

领队杨海带团走澳、新线，在机场为游客作行前说明会，层次清楚、详细讲解注意事项，是一个有经验、会沟通的领队。

导游，不管是领队、全陪还是地陪，在带团外出旅游前都必须认真讲清旅游时的注意事项，特别要强调到了某地、某景点不能做哪些事。

杨领队在机场说明会讲了澳、新的海关规定，强调不能带入的物品，举例说明带了违禁品又不报告将受重罚，很有必要。

我国有禁烟条例，但我国烟民往往不遵守，在酒店客房内甚至在床上抽烟的不少见。案例中在澳大利亚酒店客房吸烟者的遭遇，应该引起烟民的注意。外国禁烟非常严格，违规皆遭重罚。

不同国家的海关都有本国的规定，不同的地区各有不同的习俗，领队带团出境旅游、全陪带团到外地旅游，必须对游客讲清有关规定、有关禁忌。提醒游客遵守，以免触规，招致处罚。

杨领队在说明会上要求在澳、新旅游时必须随团活动，晚上可在酒店会见亲友，很有必要，防止出境游客滞留不归，这是领队的重要责任，必须认真对待。

旅游者往往会对食、住、行、游、购、娱有不合实际的期望，领队最好在行前说明会做必要的解释，以免游客产生误解和不满，有助于旅游活动顺利进行。

✈ 4-2 辗转飞往旅游目的地

我国一些游客对于旅游目的地的选择非常有文化，他们往往选择那些风景优美、生活安逸、人文历史丰厚的国家或城市，波罗的海三国（爱沙尼亚、拉脱维亚、立陶宛）加波兰 10 天的旅游行程很受欢迎。

2016 年 9 月 2 日，领队刘艳带了一个旅游团前往波罗的海三国加波兰旅游。团内老、中、青游客都有，老同志多是退休后的机关干部、老教授；有的中年游客是做买卖的商人，旅游顺便看看市场；青年人都是 20 多岁，在休年假。

刘领队在机场与全体游客会合后，行程说明会、办理登机手续、安检都十分顺利，因为要在华沙转机飞往伦纳特·梅里塔林国际机场，刘领队特别提醒两段飞机的登机牌都要保存好。波兰航空公司 LO92 次航班 8：45 从首都机场 T3 起飞，飞往华沙，当地时间 12：10 到达华沙肖邦机场。刘领队是个干练的女将，虽然飞了好几个小时，一点也不疲倦，在华沙机场办理入境手续之后迅速带领全团去转机。但是在机场内转机路上以及到达对应登机口，都没有在航班信息显示屏上看到任何飞塔林的信息，也没有听到广播华沙飞塔林航班延误、取消的任何消息。刘领队内心非常着急，她把游客安排在转机的登机口休息之后，就跑着去找波兰航空公司柜台，波航的人说波航飞塔林的航班全部取消了。

这时有几个飞塔林的散客也赶来问询，一听说波航给安排食宿就赶紧去乘班车住宿去了。刘领队耐心地问柜台人员："还有其他航空公司飞塔林的班机吗？"柜台人员说："亲爱的美女，我喜悦地告诉你一个好消息，明天上午可以飞塔林，整个飞机没有多少乘客，非常宽松，而且今晚你们可以免费住在华沙机场的酒店里，酒店提供的正餐、早餐都非常美味可口。"刘领队压住心里的急火，和蔼地对柜台人员说："我的旅游团今天必须到塔林，因为明天还有非常紧密的行程，请你无论如何也要想想办法。"柜台人员说："啊，亲爱的女士，难道你让我派一架专机送你们去塔林？"刘领队心想这个柜台人员真是"天真可爱"，突然一个灵感冒出来，她说："尊敬的先生，我的旅游团如果耽搁了，会有许多麻烦，有的游客会向波航讨个说法。我知道波航非常敬业，您是一位睿智的先生，能不能我们先飞到邻近的一个城市，然后从那个城市接着飞到塔林？"柜台人员点点头慢条斯理地说："It is a good idea, let me see."（真是一个好主意，让我搜一搜）"啊，我的天啊，两个小时后波航有华沙飞立陶宛首都维尔纽斯的航班，维尔纽斯晚些时候还有飞塔林的航班，亲爱的女神，宙斯在护佑你，我向你表达发自内心的热烈祝贺。"刘领队把全团护照交给他，盯着他把全团的两段登机牌都打了出来，又仔细核对了两个航班的起飞时间、航行时间。

因为行李是直挂，行李会随着飞机走，但是刘领队还是提醒了值班人员，刘领队把所有登机牌收好了，笑吟吟地对值班人员说："因为飞往塔林的航班取消，我旅游团游客的用餐，怎么处理？"值班人员想了一下，对刘艳说："wait a minute."（等一下）他到办公室给全团领了免费餐券，这种餐券挺有意思，可以在机场餐厅选购不同的餐和饮料，这顿免费餐游客吃得都挺愉快。

游客王阿姨端着盘子走到刘领队身边："闺女，你咋不吃饭啊？"刘领队说："我刚给国内组团社汇报完了，还要把航班情况告诉塔林的地接导游，让他做好一系列接机准备，让他通知餐厅推迟晚餐时间。"

夜间抵达塔林，由于爱沙尼亚属于北欧，天还没有黑下来。在旅游车上地陪说："刘领队在华沙就把各种工作详细交代给我了，让我一定把晚餐、入住安排好，现在餐厅服务员都在等待我们。"

刘领队带着旅游团走进餐厅，虽然旅途劳顿，所有游客都有一种胜利的感觉，由于刘领队智慧型的工作保证了第二天的行程。游客王阿姨对大家说："好像东欧、北欧的人表达感谢时，都要拥抱一下，我就代表全团游客拥抱一下刘导，表示感谢。对了，出国了，得叫刘领队。"一位毛头小伙子说："老太太入乡随俗啊，给您点赞！"

刘领队说："感谢大家的支持和配合，我们用餐后就去下榻酒店，地陪说酒店已把房卡备好，我们入住会很顺利，入住以后大家在房间就可以欣赏爱沙尼亚的夜景。"刘领队的话音未落，全团游客的掌声就响了起来。

☞ **评析：**

导游（领队）带团出游，经常会遭遇突发事故，遇到事故要沉着应对，合情、合理、合法处理，处理时还得机智、灵活，本案例提供了一个处理突发情况的范例。

前往波罗的海和波兰旅游是很多人向往的，但游客乘坐了 10 多个小时的飞机到达华沙机场，得知转机到塔林的航班取消。按照波航的安排，旅游团要在华沙住一晚，次日上午飞塔林，若这样就耽误了塔林的行程，尽管知道这是无可奈何的事，但游客肯定不满。

刘领队是很有经验的领队，急中生智，提出是否可辗转飞塔林的建议，一查，果然波航当天有航班飞往立陶宛维尔纽斯，于是转机飞塔林。刘导的建议得到波航工作人员的赞扬，更是化解了耽搁行程的难题，游客王阿姨高兴地拥抱刘领队，表示感谢。

　　一名成功的导游（领队）必须有很强的责任心，时时想到游客的利益，处处急游客所急，而且成功的导游必定知识丰富、灵活机智，刘领队就是这样的导游。旅游团本可以在华沙舒适地住一夜，即使游客有意见，却不是领队的责任。刘领队不顾劳累为游客奔忙，当然，如果她不知道波航航班频繁的信息，或是一位循章办事、得过且过的领队，即使有经验，也提不出辗转到达的建议。

　　导游可从案例中受到启发，提高责任感，学习尽可能多的知识，及时了解旅游活动中的各种信息，机动灵活安排行程，让游客享受旅游的快乐。

附录：

　　爱沙尼亚是一个发达的国家，2011年加入欧元区。由于其高速增长的经济，资讯科技发达，而被称作"波罗的海之虎"。爱沙尼亚气候属海洋性气候，春季凉爽少雨，夏秋季温暖湿润，冬季寒冷多雪，爱沙尼亚是全世界空气质量最优的国家之一，首都塔林被誉为"洗肺圣地"。

　　拉脱维亚2004年5月1日加入欧盟，全国地形以平原、低地和低矮丘陵相间，3/4地区在海拔120米以下，最高点海拔311米。拉脱维亚属温带阔叶林气候。夏季白天平均气温23℃，夜晚平均气温11℃，冬季沿海地区平均气温-2℃，平均年降水量633毫米。全年约有一半时间为雨雪天气。拉脱维亚以商品物美价廉，尤其是美女如云吸引各国的单身男士。

　　立陶宛是欧洲湖泊最多的国家之一，面积超过0.5公顷的湖泊有2830个，有722条河流，涅曼河流经立陶宛境内475千米，自东向西流入波罗的海。维尔纽斯位于立陶宛的东南部（北纬54°41′，东经25°17′，比北京晚5个小时）。距离白俄罗斯边界仅有40千米。维尔纽斯位于维尔尼亚河和内里斯河的汇合处，据说维尔纽斯的名称就得名于穿过城市的维尔尼亚河。火腿、香肠、熏猪肉、猪肉熏肠是立陶宛人的传统肉制品，爱吃土豆或豌豆煮的稀饭，喜欢俄式西餐，户外酒吧和咖啡店很多。

　　波兰位于中欧，每年的5~9月是最美好的季节，既温暖又阳光明媚。华沙在波兰语中，读作华尔沙娃，这个名字是为了纪念名叫华尔西和沙娃的一对恋人，他们冲破重重阻挠，最终结为夫妻。华沙拥有大小公园65处，条条大街绿茵葱葱，整个城市掩映在绿荫花海之中。波兰人吃饭时先喝汤，主餐有：肉塔菜卷（gotabki），内包米和肉，炸猪排（kotlet schabowy），薄饼和软起司（Nalesniki），以及各式的洋水饺（pierogi）。波兰人爱喝啤酒、伏特加，以及烈酒。

✈ 4-3 李大哥醉酒曼谷

下午4点半，旅游团48人高高兴兴从芭堤雅回到曼谷，因为明天上午即将乘机返回家乡西安，游客都很兴奋。

按照行程用完晚餐再入住酒店，旅游团来到一家中国风味的餐厅。因为开餐时间没到，游客就开始喝茶、聊天。旅游团中很多人是刚刚退休的，这次来泰国旅游非常开心，他们互相晒手机里的照片。有的阿姨还互相炫耀自己给家人买的礼品是如何如何物美价廉。泰国地陪乍仓旺和领队刘文华看着大家幸福满满的表情，也非常高兴。

游客李川是陕西凤翔县的某大货车公司的老板，一脸福相，体重200多斤，他媳妇老说让他减肥，李川听腻了，一赌气自己到泰国旅游来了。李川和吴大叔一看离开饭还有20多分钟，就到餐厅外面一个中国人开的商店去买酒和熟食，李川买了一些啤酒，吴大叔买了两瓶西凤酒，对李川说："这趟泰国旅游美气（好）得很，回国前喝西凤，了杂例（特别美）！"

开餐前泰导乍仓旺和刘领队到每个餐桌去看看，寒暄一番。李川非得和泰导、刘领队喝酒不可，刘领队说根本不会喝，泰导也说没酒量。吴大叔对泰导说："看见西凤酒不喝的都是瓷马二愣（犯傻）的娃，西凤酒产自陕西凤翔县柳林镇，凤翔就是凤凰展翅飞翔，殷商时代就有了，距今已有3000多年的历史，'开坛香十里，隔壁醉三家'。26岁的苏轼来到凤翔当官，每天必喝西凤，他还写了好多诗哩……"游客的盛情难却，泰导就喝了点，脸上立刻绯红。

在李川他们推杯换盏的时候，开始上菜了，泰导乍仓旺对大家说："各位朋友，今天的晚餐会比往日丰盛一些，希望大家慢用，我们7点钟上车去下榻酒店。"

晚餐时间充裕，又有别桌游客买了些啤酒，他们边吃、边喝、边聊。

大家酒足饭饱，刘领队就对泰导说咱们组织大家上车去酒店吧，大家连说带笑地登上旅游车，一点人数，李川和吴大叔不在车上，和他俩一桌的游客说："吴大叔要去洗手间，李川说陪吴叔去，我们以为他俩在餐厅外吸烟哪。"刘领队和泰导回到餐厅去找，乍仓旺把楼上楼下的男洗手间都找了，没有踪影。刘领队打这两人的手机，手机响，就是没人接。

餐厅经理汤（tang）看到泰导和刘领队心急火燎的样子，就问有啥麻烦，得知原因后说餐厅附近有家超市很有名，客人是否去买东西了，汤经理说陪他们走出餐厅，指点一下超市位置。刚一出餐厅旋转门，汤经理失声叫了一声，就跑回酒店，在佛像前祷告，紧接着有两个餐厅的男服务生也紧张地站在汤经理身边。泰导和刘领队不知发生了什么紧急重要的事。

汤经理祷告完了，不紧不慢、十分平和地对刘领队说："请尊贵的中国客人不要着急，很快就可以把两位先生找到。"说完话，又双手合十，念诵佛经。

泰导和刘领队问服务生："贵店经理说我们的客人很快就能找到，又不具体说，这里有啥奥妙？"服务生说："我们餐馆前面有一个贵重的古董，不知尊贵的客人是否看到？"刘领队心里说："妈呀，急死我了，他还在讲故事。"服务生接着说："餐厅外面摆着一辆黄包车，那是汤经理的爷爷从广州带过来的，是我们餐厅的金招牌，也是我们餐厅的财运车，曼谷很多人都认识这辆车，一报警很快就会有下落，顺便您的客人也就找到了。"

刘领队知道报警是要有过程的，就去找汤经理，汤经理这时也做完了祷告，说："我想他俩拉着黄包车不会去闹市，也不能走得太远，没准就在附近转悠呢。"刘领队说："麻烦您，让服务生骑摩托车，带着我们去寻一下他们，好吗？"汤经理说："好的。"

刘领队对游客说："大家先下车，到餐厅休息一会儿，两位客人很快会找到。"

刘领队随一个有中国血统的服务生去寻找，在离餐厅不远处的林荫道下看到了黄包车，李川和吴大叔躺在草地上酣睡。

两人回到旅游车上，李川说："我看那黄包车锃光瓦亮非同一般，就想拉着试试。我拉着吴二爸（叔叔）跑得可快哩，人家那车真轻巧。"吴大叔说："喝了酒困得不行，一坐在草地上就睡着了。"游客徐姨在座位上说："丢人现眼，自己还夸夸其谈哩，刘导你开始说今晚和明天的安排吧。"

☞ 评析：

> 　　泰国是中国游客钟爱的旅游目的地国，本案例中的游客尽情享受了泰国风光之游，在返程前夕的晚餐中游客在一起喝酒助兴无可厚非，但是游客李、吴饮酒之后私自拉走酒店前的摆设——古董黄包车，酒劲发作，睡在路边草地上，缺乏文明，正如游客徐姨所说"丢人现眼，自己还夸夸其谈哩"。
>
> 　　导游、领队带团时引导游客文明旅游、宣讲注意事项，但不可能事事都嘱咐到，谁也不会想到李、吴二游客会拉着餐厅前的金字招牌——黄包车，到附近转悠，明显的撒酒疯，每位游客都应自律，自觉文明旅游。

✈ 4-4　游客丢失护照

2018 年 2 月 1 日领队裴亮带领旅游团柬埔寨、越南 7 日行。

2 月 2 日，旅游团在暹粒（xiān lì）游览，暹粒是柬埔寨暹粒省的省府，距离金边 311 千米，距离泰国边界只有 152 千米，虽然是省会，但人口不到 10 万。

吴哥窟在暹粒市中心，802 年，国王贾亚瓦曼二世统一了高棉王国，在洞里萨湖北岸兴建首都，定名为"吴哥"，后代国王陆续建造宫殿与寺庙，吴哥逐渐成为整个高棉的宗教中心。1431 年，泰国人入侵高棉，王室被迫离开吴哥，在金边建立了新的首都，从此吴哥默默无闻。1860 年，法国植物学家亨利·莫哈特为了收集植物标本来到暹粒，在茂密的丛林中偶然发现了这处古迹，信息传出，世界瞩目，吴哥城声名鹊起。

人们习惯称吴哥城为大吴哥，吴哥窟为小吴哥。1992 年，联合国教科文组织将吴哥古迹列入世界文化遗产。吴哥窟是柬埔寨一张亮丽的旅游名片，吴哥窟的造型作为国家标志展现在柬埔寨国旗上。

小乘佛教是高棉民族的灵魂，吴哥窟巴戎庙是由一组 49 座小宝塔围绕中央尖塔构成的建筑群，塔在佛语里称浮屠，这里每一座塔的四面都雕刻着巨大的佛面，佛面为典型高棉人的面容。虽然佛的四个面容分别代表慈、悲、喜、舍四种无量之心，但喜悲皆不形于色，表情安详、略带微笑的面容还透发着几分神秘，世称"高棉的微笑"。

作为一个重要的旅游城市，暹粒有不同档次的酒店，有专营中国菜、泰国菜、越南菜或柬埔寨菜的餐馆，大街上的商店鳞次栉比。

按照行程，2 月 3 日旅游团从暹粒去金边参观大皇宫，因为不是高速路，车程要 6 小时，2 日晚饭时，领队裴亮和暹粒的地陪嘱咐大家早点休息，收拾好行李。

3 日，吃完了早餐，游客把行李放在旅游车的行李箱内，旅游车大多是厦门产的金龙大轿车，中国旅游者在国外乘坐国产车觉得很亲切。暹粒地陪点清了人数，裴领队笑容满面地说："各位朋友，有些话我总要说的，离开酒店前一定要确认一下，大家的行李是否都放进车下的行李箱了？手机、护照、贵重细软在不在身边，不放心可以摸一摸。"

坐在后面的游客黄文华惊叫一声："哎呀，我的护照放哪里了？"他的话音未落，坐在最后一排的游客路刚也说护照找不到了。裴亮让他俩下车从行李箱中取出行李，为了安全让他俩到酒店大堂去翻找。这两位男士是单身出游，行李都很简单，来回找了三遍也无护照的踪影。他们住的房间在 8 层，酒店就一座电梯，他俩等不及就噔噔地跑了上去，房间里根本没有护照，这两位男士又跑到旅游车上，在座位上下左右地寻找，护照根本没有遗落在车上。

裴领队问他俩："昨天下午我们去免税店买东西时你们收好护照了吗？"俩人都说根本没买东西，护照就没拿出来。裴领队又问："昨晚你们是否自己到大街去逛了？"俩人吭吭唧唧的。裴亮说："你们说清去哪里逛了，好帮你们找。"路游客说："我在一个铺子里买了一条烟，我把护照让商家看了，请他及时给我退税，商家说退税在海关，不过他们赠了我两盒烟。"暹粒地陪和裴领队问他是怎样的一个店铺，路游客说记不清了。黄游客则嗫嚅着说他去了洗浴中心，黄游客倒是记得洗浴中心的招牌，大家听了心里想笑没有笑出来。暹粒地陪说："我不随车去金边了，车上有暹粒'小弟'（泰国、柬埔寨、越南等国的助理导游，虽说叫小弟，不一定是小伙子，也许是阿姐）照料，我帮助他们在暹粒寻找护照，免税店 9 点半才开门，我让商家认真翻找有无丢失的护照，如果有，再快递到金边，但是快递费要游客自己负担。"路、黄连连说只要护照找到就好，费用是小事。

本来计划 7 点半出发，这一折腾 8 点多才出发。因为有人丢了护照，车上的旅游者不再说笑逗趣了。裴领队一边不断联系国内组团社，一边安抚这两个游客。

车里一位女游客低声对她老公说："哼，单身男人最爱夜里瞎逛，谁知道去什么地方了。"虽然声音小还是被这两位游客听到了，只好任别人去说吧，一路上黄游客和路游客非常烦闷，后悔昨晚出去瞎逛。

行车中，暹粒地陪打来电话，黄游客的护照在更衣柜里找到了，暹粒地接社委托中午去金边的一个旅游车司机给带着，当然黄游客要给司机小费。

黄游客的护照有了下落，路游客更着急了。随车的暹粒"小弟"联系了金边旅行社，金边地接社会安排一个"小弟"协助路游客办理旅行证，但是要给金边"小弟"25 美元小费，路游客同意了。

抵达金边后，裴亮和金边地陪要带领旅游团参观游览，金边"小弟"带着路刚到金边的公安局报案，开出了丢失护照证明，在中国大使馆以身份证为依据申报护照遗失、照相，最后拿着大使馆开出的证明、照片以及回程电子机票复印件，在移民局办出来一个旅行证，并补上了柬埔寨签证。

旅行证是代替护照的临时身份证件，持旅行证能否顺利入境越南，要次日才知道，路游客寝食难安。

4 号清晨从金边开车赴越南胡志明市，车程大约 4 小时。旅游车有金边"小弟"帮助领队照料出境事宜。

越南地陪阿忠哥哥和阿白姐姐在入关处迎接旅游团，因为旅游团46人再加上越南地陪和裴领队，一辆旅游车会很挤，越南地接社就安排了两辆旅游车，让地陪阿忠和阿白每人负责一辆车。

旅游团在木排海关办理落地签。

阿白急急忙忙跑来，说"海关说团签批文上是路游客的护照号，与路游客旅行证上的号不一致，没法入境。"路游客说："把小费送上去吧。"阿白说去试试，结果办理落地签的海关人员说这是原则性问题，不能通融。

阿忠把路游客旅行证的首页拍照后发给社里，请地接社与海关联系，旅行社与海关沟通好长时间才给路游客办理了入境签证。

越南木排海关很慢，好不容易都办好了，裴领队和越南地陪带领大家登上旅游车，前往胡志明市。

在越南期间，裴领队与北京组团社联系路游客的回程机票问题，北京组团社说回程机票信息中只有姓名，没有护照号，路游客凭旅行证就可以办理登机手续了。果然在胡志明市新山机场登机时很顺利，旅游团的行李是直挂北京，在香港国际机场转机时，路游客又去免税店逛了逛，不过这次他啥也没买，怕旅行证再丢了。

☞ **评析：**

走出国门护照丢失就寸步难行，领队一定要多次嘱咐游客认真保管护照，夜间自由活动时不要去不安全的场所。在灯红酒绿之所出了问题会非常麻烦。游客去洗浴中心护照丢了，还能找到，还能归还，真是幸运。有的人在境外商店购物时因讨价还价或者希望得到赠品，而把重要的东西遗忘在商店，这种因小失大的事情不少见，路游客就是这样丢了护照，但不知道店铺名称，无法及时寻找他的护照。

旅游者护照丢失一定要尽早报失，以便地接社尽快为他申领旅行证，以免影响行程。

在多国旅游时，游客在其中一个国家丢失了护照，办理旅行证后领队要尽快把旅行证首页拍下来，发给下一个国家的旅行社签证部，签证部做表呈报时就会把旅行证的号登上，这样该游客进海关时，批文上的旅行证号与游客所持的旅行证一致，就会顺利办理落地签。

游客在国外旅游丢失了护照，领队应这样做：

（1）设法稳定失主情绪，协助寻找。

（2）确认护照丢失，领队或失主拨打"外交部领保中心"24小时热线电话0086-01-12308，说明情况，领保中心会告知如何处理。

外交部宣布自2020年2月1日起实行护照"全球通办"，海外公民可向中国任何驻外使领馆申请护照换补发。如果是换发，仅需提供原护照、国际状况声明书、照片和申请表。如果是补发，另提供遗失或损毁情况说明即可。以往在国外停留不超过180天的中国公民发生护照遗失、被盗或损毁等情况，驻外使领馆一般为其颁发旅行证而非护照。今后将不再有180天的限制条件，只要时间允许，驻外使领馆可以应要求补发护照。

此外，借助新科技手段，外交部和驻外使领馆提供多项"互联网＋"便民服务。

✈ 4-5 "给我换国际五星酒店"

2017年4月5日，领队苑峥带领旅游团乘泰航TG615，从北京首都机场飞往泰国曼谷。

飞行了一个小时后，空姐开始发晚餐，团中游客丁俊梅对空姐说鸡肉有不好的味道，空姐说这是食品配送公司起飞前送上来的，有生产时间的，不会有问题。空姐说再给她换份晚餐，丁俊梅绕来绕去地说，就是要一份头等舱的晚餐，空姐说头等舱的晚餐是按客人人数准备的，没有富裕的，丁俊梅就说给她些休闲食品和西餐（面包、酸奶等）。苑领队在接行程时计调说过团里有位重点游客，叫丁俊梅，她是国内一家航空公司的销售人员，旅行社经常从她那里订票，让领队多照顾她，领队感到这位重点游客真够矫情的。

21：15正点落地。泰国地陪阿龙接到旅游团，阿龙对苑领队说："峥哥，这次全团就16个人，一定好带。"苑领队笑了一下，没说话。

旅游车开到酒店，泰导和苑领队给大家办理入住手续，丁俊梅非要先拿两间房的房卡不可，并顺手把一个房卡给了一个壮硕的男士——郭健，苑领队觉得郭健一定是丁俊梅的老公，另外的一男一女肯定是他俩的朋友。

其他客人刚乘电梯上楼，丁俊梅就来到了大堂，气愤地嚷了起来："导游，这是给我们住的酒店吗？这么差，我住不了！给我换酒店！"苑领队说："大姐，您看一下行程，上面明确标注了酒店的名称啊。我在机场开出行说明会时也介绍了下榻酒店名称。"丁俊梅说："别废话，我要住国际五星酒店。"

丁俊梅把两张房卡摔在柜台上，吓了前台小姐一大跳。泰导阿龙对丁俊梅说："我们泰国都是温柔说话、温雅行事，姐姐你小一点声。"丁俊梅说："理直自然气壮。"

僵持不是个办法，苑领队看了一下分房表，就对那个壮硕的男士说："郭大哥，这个下榻酒店是符合行程和住宿标准的，您劝劝嫂子……"丁俊梅尖声叫了起来："导游，你别瞎安排亲戚好不好，郭健是我男朋友，那两位是郭健的朋友。你不要看分房表，我们是俩女的住一间房，俩男的住一间房。"苑领队连忙道歉。

丁俊梅问苑领队："你到底给我换不换酒店？不换，我就向旅行社投诉你！"苑领队立刻向旅行社汇报，旅行社的回复是："慢慢劝，她们困了就住了。"

泰导把郭健朋友那一对男女劝上楼去住了，苑领队对游客郭健说："郭哥，您也先上去休息吧。"郭游客笑眯眯地拉了一把丁俊梅，丁俊梅上电梯前，回过头狠狠地对苑领队和泰导说："这事没完，你们旅行社得赔我钱。"

次日早餐后大家都准时上车了，就差丁俊梅、郭健俩人。苑领队给丁俊梅的房间打电话，她和郭健拉着行李箱匆匆下楼，交房卡，他们刚一上车，车就开动了。丁俊梅在车上吃点心萨其马、喝矿泉水，没顾上闹住房。泰导说："丁姐，你吃点心不要掉渣，免得蚂蚁爬上来。"丁俊梅瞪了一眼泰导。

参观了泰国大皇宫、玉佛殿以及沿途景观，晚上下榻芭堤雅花园海景大酒店，这次丁俊梅先要了一间房的房卡，说要去考察一下。结果还是很不满意，执意要住国际五星酒店。而且不让郭健三人上去入住。僵持了半个小时，丁俊梅对苑领队说："我们退团，你们要赔偿 3 倍的团费。"苑领队说："您签署了退团协议，就可以退团。至于如何赔偿，您与组团社销售商量。"丁俊梅说："啥事儿都让我自己联系，要你这个领队有个屁用，你给我联系。"旅行社告诉苑领队："退团费，只能每人退 600 元。"丁俊梅得知后说："你们旅行社开啥国际玩笑，我掏了 2600，就赔付区区 600 元？"苑领队说："丁大姐……""谁是你大姐？""丁经理，您算一下，往返飞机票、住宿、用餐、旅游车，这些费用 2600 够吗？"

郭健把丁俊梅拉到一边，小声劝解去了。这时苑领队看了一眼郭健护照上的身份证号，原来郭健和苑领队都是 1990 年 2 月出生的，郭健比苑领队大 10 天，俩人都是河南人，苑领队笑了。

丁俊梅走了过来，把苑领队拉到一边："苑大哥你好，小妹我心直口快，你不要在意。这样，我也不要你那 600 元了，你就悄悄给我换两间国际五星级酒店，你看这样咱们就两全其美。"苑领队说："你对组团社销售去说吧。"丁俊梅说："苑大哥，还是你说话力度大，你请示一下。"苑领队想这个大姐真有一套，她是 1984 年属鼠的非管我叫大哥。苑领队给组团社打了电话，社里让苑领队带着丁游客去看看行程上的另一个酒店（芭堤雅布莱顿酒店），如果她觉得这个酒店行，就让她或者全团都移过来住。地接社也接到了组团社的电话，吩咐泰导阿龙麻烦司机跑一趟。苑领队、泰导带着丁俊梅她们一起去看酒店，郭健的俩朋友不去，说花园海景大酒店真好，丁俊梅瞥了他们一眼，小声嘟囔着："乡巴佬，没见过世面。"

到了布莱顿酒店，泰导带着丁俊梅上楼去看房间，郭健说他抽烟就不上去了。

在大堂外面，苑领队掏出烟，用河南话对郭健说："这一天也怪累得慌，哥，抽一根，这烟不孬。"郭健一听特别兴奋："哎呀呀，在泰国碰上家乡人啦，一点也莫（没）想到啊。这是啥缘分啊。"苑领队对郭健说："如果不住这个酒店，就把大姐劝回去，拜托了。"

丁俊梅气哼哼地下来了，要发飙，郭健对丁俊梅说："你要是看上了这酒店你就先住下，我得回去陪着那俩朋友大街上逛逛哩。"丁俊梅一跺脚，对苑领队说："你们就拿这破酒店糊弄游客，告诉你，没完！"郭健说："麻烦二位导游了，俺们回酒店。"

次日用完早餐，因为还要住花园海景大酒店，大家不用拿行李，全车人都齐了，就差丁俊梅一个人，程领队正要给她打电话，丁俊梅来了，一脚蹬在车门处，喊道："不给我换国际五星酒店，车不能开。"怎么讲道理、劝解都无效。15分钟过去了，游客帮着劝解也不行，这时，游客徐老师在座位上对丁俊梅说："苑领队出发前已经宣讲了《中国公民出国（境）旅游文明指南》，这个文件也附在旅游合同中，你在文明指南上也签字了，这是法律依据。你执意换五星级国际酒店，符合行程要求吗？你为何签旅游合同时不提出要求？你这不是难为两个导游吗？"丁俊梅："怎么冒出来个多嘴驴啊？"一下子气坏了徐老师，徐老师严肃地说："你如果继续耽误时间，我就给大使馆、全国文明办打电话，只要上了不文明名单，你以后就不能参加出国旅游团了。"其他游客也说要给泰国警察打电话，凡是无理取闹的，泰国警方都会立刻带走询问。这时郭健起身下车，郭健说："俺丢不起这人，丁俊梅你自己玩吧。"丁俊梅怎么拉，郭健也不上车。苑领队对郭健说："哥，给老弟个面儿，上车吧，今天要去杜拉拉水上市场，可好玩哩。"郭健拉了一下苑领队的胳膊（递了暗号），郭健问丁俊梅："你还闹腾不？"苑领队拉着郭健："哥，上车吧，啥也不说啦。"丁俊梅乖乖跟着上车了。

以后的几天，风平浪静。郭健私下对苑领队说他和丁俊梅都是大龄青年，丁俊梅单位收发室的阿姨是郭健的街坊，介绍他俩认识的，刚认识了3个多月，但两边的家里都逼婚，虽然丁俊梅比郭健大了好几岁，也打算尽快把婚事办了。但是丁俊梅总是发臭脾气，郭健就不打算和她结婚了，这次丁俊梅好说歹说才把郭健劝来和她一起旅游。苑领队说："大姐是想在你面前摆谱，逞英雄、显本事哩，你别在意。"郭健说："还是咱家乡人明理，她再闹我真的就和她彻底分手了，这妮儿，孬着哩。"

返程登机前泰导、苑领队请大家在意见书上评分，大家都给了满分，包括丁俊梅。

北京落地后，苑领队对郭健说："哥，就等着吃怹的喜糖啦。"丁俊梅白了一眼苑领队。

☞ 评析：

又是一个旅游者不文明旅游的典型案例。

游客丁俊梅是一名航空公司的销售人员，因为旅行社购票经常与她打交道，她就事事摆谱，提出匪夷所思的要求，企图通过"一争、二闹"获得超值享受。

旅游团通常是乘坐飞机的经济舱出行，但丁游客却要享受头等舱的饭餐；在泰国多次发威，坚持要住"国际五星酒店"，她责骂领队，多次要投诉领队，威胁要退团，要求组团社赔她钱，甚至阻止旅游车开动，她的丑陋行为遭到其他游客的厌恶，连她男友都要与她彻底分手，足以证明广大游客都希望文明出行，高高兴兴旅游。

遇到这类矫情难缠的游客，给领队增添了很多不应有的困难，但是领队或导游都必须小心谨慎处理，不能有一句失言、一事差错，否则他们便会抓住一点顺势攻击，提出更多的无理要求。

苑领队遇到不文明的游客，坚持原则、合理合法处理问题，由于他的真诚服务，在最棘手的时候，赢得大家的有力支持，这也是一番功力。

《中国公民出国（境）旅游文明指南》是规范文明旅游的有力保障，导游、领队在带团中要积极宣讲。

✈ **4—6 "导游，侬有责任的！"**

领队张自强带团去泰国旅游，游客柴阿姨和曹阿姨是儿女亲家，柴阿姨带着外孙飞飞，曹阿姨带着外孙升升。柴阿姨对张领队说："阿强，侬要把阿拉一家 4 口安排在一起，两个小囡都要靠窗口看风景，你一定要搞好。"张自强说："只能尽量，因为许多客人已经网上选座了。"张自强在为旅游团换登机牌、托运时还再三请值机柜台帮助选好这 4 个人的座位，柴阿姨与曹阿姨只相隔了 3 排，两个孩子的座位都靠舷窗，但两个阿姨很不满意，曹阿姨说："这样一个小事体，侬都搞不好，还带团出国。"张自强说："阿姨，您亲自和值机柜台说一说。"曹阿姨说："啥事体都要阿拉亲自弄，还要你导游做啥？"张自强说："上飞机后，我们请空姐帮助调一下，也许能调成前后排挨着。"

飞机上空姐也没有帮她们调好座位，曹阿姨很不满意："他们屁股下都有黄金，舍不得更换座位哩。"

在曼谷张领队处处小心地照顾这 4 位游客，生怕她们挑毛病。

从曼谷去芭堤雅的路上，泰国地陪开始沿途讲解，首先介绍几处自费游览项目：

"富贵黄金屋"是泰国首富谢国民给他母亲 60 岁生日的礼物，14 亿泰铢建的一个私家花园。谢国民祖籍广东澄海，1939 年生，现任泰国正大国际集团董事长。小时候，父亲为了让他学习中文，送他回汕头念书，后来他又到香港读大学，大学毕业后父亲没有让他马上进入正大集团，而是让他在其他公司谋职，以积累从商经验。

庄园濒海而建，占地 18 万多平方米。庄园雕梁画栋，建筑与景观雕塑都是艺术精品，美不胜收，庄园其实就是一座富丽堂皇的宫殿。纯金的望海观音佛，赐你财运、福运。这个庄园也是红遍东南亚的青春偶像剧《流星花园》的外景取景地。

"泰国风情园"园主选择了皇家的一片荒山，种植了各种各样的热带植物和花卉，风情园有容纳 1000 多人的剧场，里面有泰国民俗表演。泰拳也很好看，还有重现泰缅大战的表演。大象表演更是引人注目，憨厚的大象，笨拙的形象与灵巧的动作，令游客或惊讶不已或捧腹大笑。泼水节更是一片欢腾。

杜拉拉是湄南河上最原始的水上集市，集合了泰国传统的水上市场的面貌，有新鲜的热带水果、特色小吃、工艺品等商品。在购物的同时还可以感受当地人淳朴自然的风俗文化，由徐静蕾主演的电影《杜拉拉升职记》就曾在这里拍摄。

走进杜拉拉先要乘坐一种细长条的小船，戴着斗笠，在小船慢悠悠的摇晃中，穿过一座座小桥，边行边看。水边布满各种木质结构的摊位，琳琅满目，数不胜数。返回的路上，可以步行细看，这里有各种服饰、工艺品、泰国小吃，也有酒吧和泰国料理的现场制作，甚至有歌手现场卖艺。走走看看，吃吃听听，悠闲自得。

"东方公主号"上的人妖是全泰国最靓丽的，也绝对是全世界最靓丽的。

这几个项目的价格都有点高，但是组合在一起，旅游企业给了一个非常便宜的价格。

在收自费的时候，柴阿姨说："你们这是瞎胡来，乱收费。"曹阿姨也表示坚决不参加自费项目。

来到"富贵黄金屋"，张领队让地陪带着大家进去参观，两位阿姨坚持不下车，说导游带团实战案例精讲与解析：
全国优秀导游员亲历的❽❷个带团故事

在车上凉快，张领队说："司机要去别处休息，会关上车门和空调。您在附近走走，在大门口拍拍照，您千万别走远了。"张导在一家小商店里休息，但是眼光一直没离开这两老两小，万一出点事，游客就会投诉领队照看不周，不尽责任。

过了一会儿，两个阿姨气哼哼地走过来："小张，你给那些人打电话，让他们回来，磨磨蹭蹭地，有啥好看的。"张导笑了笑。

凡是到了自费景点，两个阿姨带着孩子就瞎转悠，打发时间。飞飞和升升非常乖，有时就翻看自己带来的《成语接龙》，有一次耐不住寂寞，对外婆说："团里的小朋友说水上市场可好玩了，买了好多泰国玩具和美食。"柴阿姨说："那几个孩子就知道吃喝玩乐，没啥出息，你俩不要搭理他们。"两小孩无奈地把嘴一噘。

曹阿姨走到张领队身边："小张，你总是玩手机，你陪着两个孩子玩会儿，你当导游，要晓得陪伴客人的。"张领队没有说话，曹阿姨很生气："侬不负责任，这次泰国旅游，一点不开心，我要投诉你们。"张领队苦笑了一下，他知道不能和游客争是非。

旅游团下榻芭堤雅一个蛮好的酒店，晚上张领队来到大堂，有一个熟识的领队来找他聊天，俩人就坐在楼后的露天游泳池边座椅上天南海北聊起来。张领队看到飞飞和升升在泳池游泳，但是没有看到他们的外婆，"飞飞、升升，你们的外婆呢？""她们上大街买花裙子去啦。"张领队说："你们就在浅水区玩，千万别去深水区。"

灯光下，张领队不时扫看孩子一眼，突然他觉得没看见升升，再一细看，深水区一个小脑袋一浮一沉，张领队一个猛子就跳进泳池，泳池深处两米多，张领队踩不到底儿，仗着劲儿大，把升升拖出了泳池，升升吐了好几口水，升升说："谢谢导游叔叔，我没事，您放心吧。"张领队赶快给这俩阿姨打手机，手机都通，没人接。张领队让朋友到自己房间把大浴巾拿来，给孩子裹上，等着两个阿姨。

过了一个多小时两个阿姨连说带笑地回来了，升升说："外婆，导游叔叔刚才救了我的命。"两个阿姨一下子愣住了："这个泳池不是让玩的吗？导游，出了危险侬有责任的，你没有讲清爽啊。""阿姨，您看泳池边上有两块警示牌啊。"两个阿姨急忙把孩子带上楼。

已经夜里11点多了，张领队的房间电话响了："导游啊，我是升升的妈妈，真的不知怎样感谢你，老太婆脾气不大好，您多包涵……"

夜里12点了，张领队的门铃响了，曹阿姨提着水果来感谢，张领队怎么也辞谢不掉，说："阿姨，您看我自己也买了那么多，这样我留下您的两根香蕉，您回房好好休息吧。"

在燕窝商店，曹阿姨大声对店里的伙计说："侬给阿拉看一看质量好的，阿拉老头

· 114 ·

子就爱喝冰糖燕窝汤，哎，老柴姐姐，侬不要舍不得钞票啊……"

旅游团的客人和泰国地陪都在偷偷笑。

☞ **评析：**

> 导游（领队）带团总会遇到一些爱挑剔指责、对旅游服务理想化的游客，张领队带团泰国游就遇到了事事挑剔的曹、柴二位老阿姨。
>
> 张领队按照她们的要求安排了飞机座位，但是嫌两家隔了3排，曹阿姨说："这样一个小事体，侬都搞不好，还带团出国。"曹、柴凡是自费项目概不参加，还指责导游"瞎胡来，乱收费"。其他游客游览自费项目时，她们带着孩子在外面瞎转悠，气鼓鼓地让领队打电话让游客早点回来，还要求领队陪着孩子玩："你当导游，要晓得陪伴客人的。"领队不应就以投诉来威胁。
>
> 曹、柴外出购物，让孩子自己在酒店泳池玩耍，张领队不顾一切救出了即将溺水的孩子，孩子外婆不但不感谢，还说："导游，出了危险侬有责任的，你没有讲清爽啊。"
>
> 面对游客的多次指责，张领队从不辩解，依然细心地关照她们，许多细节非常感人，所以孩子的妈妈打来电话说"真的不知怎样感谢你"。
>
> 张领队任劳任怨，细心为游客服务，的确是一个好导游。

✈ 4—7　幸福的托运

旅游团晚餐后下榻在曼谷一家五星级酒店，未分房前领队蔡继行对大家说：

"明天是我们在泰国的最后一天，早餐后全天自由活动。准备一整天逛商场、游寺庙的朋友，请记得及时退房、交房卡，把行李放在大堂。着重提醒一下，免费托运的行李是23千克、手提行李5千克，千万别超额啊，据通常的经验，大家的行李都足重，没人能替你分担行李重量。还要提醒一下，牙膏、沐浴液、防晒霜、刮胡刀等都要托运，购买的化妆品即便未打开包装也不能随身带。

"上午在酒店休息的朋友，中午12点以前必须退房。退房后行李交大厅礼宾部，说明是蔡领队团的，行李员负责用网扣上。晚上8∶30我们在大堂集合、乘车。"

第二天，有些游客早餐后就出去逛街了，因为12点前必须退房，上午在酒店睡大觉的游客下午也去逛街、看电影。晚上7点半过后，游客络绎回到酒店，很多人兴高采烈地提着大包、小包，过足了购物瘾，但是进了酒店就一下子瘫坐在沙发上了，有人说感觉两条腿不是自己的了。一些女同胞在炫耀自己买的物品，交换着购物心得。有人看到别人买了物美价廉的好东西，心动了，还想打车去买，蔡领队说旅游车可不等你们啊，这才阻止了他们去购物。

晚 8 点，泰国地陪、蔡领队忙着把全团行李一件一件地往旅游车下面的行李箱里码，都弄好了，就请司机开车前往素万那普机场，在去机场路上蔡领队又强调了一下免费托运行李的重量额和必须托运的物品。

旅游团比较早来到机场，将乘坐东方航空公司 FM890 航班回国，蔡领队和泰国地陪很快就把全团的登机牌换好、行李托运好了。蔡领队对泰国地陪说："你早点回家吧，这几天辛苦了，我带大家进安检区。"

很多游客说时间有富裕，我们要在机场外面吃风味泰餐，再买点东西，不急着过安检。蔡领队说："大家一定拿好登机牌、护照，买东西别超重啊，我们 20：30 在安检口见。"美女程超然说："蔡哥，你这个帅哥导游比中国大妈还絮叨。"好多人轰然一笑，蔡领队也笑了，心想自己也确实有点太碎嘴唠叨了。

20：30，游客三三两两来到安检口，美女裴思诺、程超然都背着双肩包嘻嘻哈哈地走来，蔡领队问："又买啥了？"裴思诺一愣，失声说道："坏啦，我俩包里都是高档化妆品，忘了托运啦！"蔡领队说："咦，刚才托运时怎么没看见你俩背着双肩包啊？"裴思诺说："买了高档化妆品，顺便买了背包啊。"蔡领队说："化妆品不可能随身带上飞机，赶快去打包，俩人打一个纸箱吧。"打好了包，蔡领队帮她俩拎着纸箱去托运，值机柜台说："这个航班所有乘客的行李都已托运完毕，我们又接受了紧急货物托运，现在飞机已经满载，一千克也不能超重，你们交超载费也不能托运了。"两个美女急出了眼泪："小蔡哥哥，你要帮我们想办法啊。"

蔡领队嘱咐其他游客尽快过安检，到登机口候机，他要抓紧时间帮美女托运化妆品。

蔡领队想任何人的行李都不能退出来，但是怎么帮她俩托运哪？办货运也很费事，她俩也不放心，还会耽误她们把礼品送给朋友。蔡领队突然想到在芭堤雅走行程时遇到的刘领队，她也是今晚返程，于是蔡领队给刘领队打电话，刘领队答应了，蔡领队脸上露出了笑容。

蔡领队迅速领着裴思诺、程超然来到海航柜台，刘领队正在为团队办托运，蔡领队说："刘老师，这是我客人的行李，我在上面写了您的姓名、电话。"蔡领队把裴、程的化妆品纸箱放在了行李秤上，行李条贴在了刘领队的登机牌上，裴、程目睹纸箱沿着传送带送进去了。

蔡领队说:"刘老师,我的 FM890 航班是早 7 点到达首都机场 T2 航站楼,您的 HU7996 是 7∶30 落地 T2 航站楼,我等着您,咱们不见不散。"

蔡领队急匆匆领着裴思诺、程超然过安检、候机。裴思诺问:"蔡导,那个领队不会把我的化妆品弄丢了吧?"蔡领队故作严肃:"说不好,每天都有丢行李的。""啊?这个倒霉的机遇不会落到我头上吧?""别小心眼啦,丢了,我负责。"

FM890 航班起飞晚了,北京落地之后,HU7996 航班也相继落地了。

下机之后,行李电子显示屏打出来:"FM890 航班请在第四道取行李,HU7996 航班请在第六道取行李。"第六道行李转盘已经在传输行李,第四道转盘还没传输,几个同团团友对裴思诺说:"小裴,你这些细软化妆品可是幸福的托运啊,不但免费,抵达比我们的行李还快。"

蔡领队带着游客裴思诺在第六道转盘取到了化妆品箱,裴思诺、程超然想走过去向刘领队道谢,一看刘领队忙着帮着她的游客领行李,蔡领队说:"不用客气了,我会替你们致谢的。"

蔡领队帮助全团都取了行李,又嘱咐一遍,仔细查一下行李是否齐全,大家说:"我们除了没拿蔡导的行李,自己的都齐了。"蔡领队向大家拱拱手:"大家乘地铁、机场大巴也要记着拿好行李啊。"

出机场时,游客裴思诺对蔡领队说:"你们导游都太神奇了,啥事都能办好,我问你两个问题,第一个问题是我的行李占了刘领队的行李额,您怎么连个客气话都不说啊?第二个问题,如果你没有遇到刘老师,还能帮我托运吗?"蔡领队一笑:"刘领队是我的老师啊。一般情况下,我们绝对不为别人托运行李,因为万一有违禁品,就要坐牢的,你俩托运的物品,我了解,这才敢帮助代托。特别凑巧的是两个航班紧挨着,算你们有运气。第二个问题不是问题,我在我的领队好友群里一呼吁,肯定有人为我们雪中送炭。"游客裴思诺说:"我一定要在微信朋友圈发布'幸福的托运',让好友分享我的快乐。"

☞ 评析:

旅游团乘坐飞机外出旅游,领队和全陪必须讲清每位游客可以免费托运行李的重量、可以随身携带物品的重量及规格(例如牙膏不能超过100克),什么东西必须托运,什么东西不能托运但可以随身携带,什么东西既不可以托运又不可以随身携带。

旅游团托运完行李后,两位女游客又在机场购物店购买了两大包化妆品,飞机有紧急托运任务已经满载，无法托运了，急坏了她们。蔡领队急中生智，想到刘老师的团是飞往北京的相邻航班，于是请刘老师代为托运。化妆品托运难题之所以能轻松解决，一是领队灵活机动而不违法，二是领队之间的密切合作。

当两位女游客在北京机场领到化妆品后，激动地对领队说："你们导游都太神奇了，啥事都能办好"，游客裴思诺说："我一定要在微信朋友圈发布'幸福的托运'，让好友分享我的快乐。"

蔡领队说："一般情况下，我们绝对不为别人托运行李，因为万一有违禁品，就要坐牢的。"导游，尤其是领队必须严肃对待这一点。近年来有的游客外出旅游就是"带货"，领队不要因为客人的小恩小惠就盲目轻信，帮其带货，占小便宜吃大亏，领队也不要麻烦游客帮自己带货。

✈ 4-8 再见了，阿姆斯特丹

导游李建利从事导游挺有戏剧性，他本来在河南大学学电脑平面设计，后来老家的一个表哥说在德国搞电脑设计如何如何能挣钱，但是德语要特别过关。于是他就到北京读研专修德语，研二时考了导游证，由于喜欢旅游，毕业后做专职导游、领队，虽然做导游一年了还是跟书生似的。

2017 年 8 月 19 日，李导带一个小团（8 个人）去荷兰和德国，旅行社说："这个团很好带，他们都是一个民营企业的人，带队领导有个外国朋友舒曼，团队到达后舒曼带着他们参观，在阿姆斯特丹住一晚后就乘软卧去德国……"李领队愉快地领了任务。

旅游团乘坐的是奥地利航空公司的飞机，整个机舱都是满眼的鲜红色，毛毯、安全带、咖啡杯都是红色的，连空姐的制服以及她们的长筒丝袜也是红色的，团里的刘阿姨说："这是为了迎合越来越多的中国游客吗？"李领队说："看着这些穿着红色长丝袜的空姐走来走去，有点像几只火烈鸟迈着大长腿悠闲漫步。"一下子就把刘阿姨逗乐了。李领队用英语悄声问身边一位绅士模样的外国人："她们总是这样着装吗？"外国人微笑着说："尊敬的青年人，您见过她们穿别的颜色制服吗？我是老乘客了，到现在这一刻为止，我从来没见过。"坐李领队前排的刘阿姨扭过头来低声说："空姐要是问我吃啥、喝啥，你帮阿姨翻译一下啊。"李领队点点头。

飞机正点到达荷兰阿姆斯特丹史基浦机场，李领队带领旅游团领了行李出关，很顺利，但是没有看到地陪举着旗迎接。他立刻给地陪打电话，地陪是个苏州女孩，嗲哆地说："李领队您好，不好意思，我发寒热了（发烧），我的同学王铁柱去接你们，他没有给你打电话吗？哎呀呀，这个男生怎么这样肉滋滋的……"李领队赶紧联系这个替岗的王导，王导说他在司机的车上，过一会儿就到。李领队知道凡是司机、导游说旅游车一会儿就到，最起码要过 20 分钟才到，如果真是马上要到，他们就会说车到××地方了。刘阿姨说："旅游车都要早早等候旅游团的，荷兰这个旅行社这样稀里晃荡的，早晚得黄（闭门关张）。"李领队急忙说："我会告诉国内的组团社计调，以后不给他们团，让他们喝西北风。"刘阿姨连忙说："算啦，算啦，得饶人处且饶人。"

两位游客说因为是坐火车去德国，不会来史基浦机场了，应该在机场逛一逛，机场快餐店的荷兰土豆泥、熏肉肠都是网红食物，还有人说机场里有国际闻名的擦鞋区和一个赌场，可以快速浏览一下。李领队一听他们这样说挺高兴，心想这是给等车解围啊，于是李领队没有征求带队领导老罗的意见就说给大家 30 分钟时间自由活动，老罗听后皱了一下眉头，既不好败大家的兴致，也不好刚下飞机就批评李领队，因为这几天的行程要他服务。

约定的集合时间到了，旅游车也到了，但是除了老罗在，其他 7 个人都没，司机、地陪都面露不快，过了 35 分钟，大家集合齐，兴高采烈地登车。

老罗说赶快到海星酒店去接他的朋友，司机是非裔法籍，刚来荷兰一个月，不熟悉交通，地陪也不熟悉这个酒店，老罗说酒店就在凡高博物馆附近，结果绕来绕去才找到。

把舒曼先生接上车，舒曼先生说要先带大家去市政厅拍照后再用午餐，司机、地陪都沉着脸，李领队问了一下地陪，地陪说已经约定好了午餐时间，李领队向大家解释了一下，说先去用午餐，然后哪怕绕路，司机也会把车开到市政厅，舒曼先生双手一摊，表示只好如此。

午餐是简单的自助餐，别看简单，很符合游客的口味，腌鱼很受欢迎，鱼的鲜味突出，在国内只能在海岛渔民家里品尝到，游客大快朵颐。

到了市政厅，大家都口渴了，老罗买了 9 瓶矿泉水，让李领队发一下，他要去洗手间。李领队说："您带零钱了吗？我借给您点零钱吧。"

每人一瓶水，剩下的一瓶李领队打开就喝了，刘阿姨说："乖乖儿，恁咋把领导的水自己咕噜咕噜喝啦？"李领队一听刘阿姨说话，立刻就笑了："姨，咱俩老乡哩。"李领队知道欧洲许多国家的牛奶比矿泉水便宜，就给老罗买了听牛奶。老罗回来，拿着牛奶说："荷兰是魔术之国？我的矿泉水变牛奶了？"刘阿姨说："你买水连人家司机、导游都不管。领导，牛奶可比矿泉水有营养啊。"所有人都笑得肚子疼。

展览看了，晚餐后直接回酒店。老罗一进酒店大堂，就对李领队说："太陈旧了，算啦，大家没倒时差，这一夜一天都累坏了，凑合住吧。"李领队本来想介绍一下欧洲酒店的情况以及这个酒店的历史，一看大家都急于休息，就没有说。

第二天清晨，大家在酒店匆匆吃了简便早餐，就去火车站了。行车路上，李领队按规定给了司机、地陪红包（小费），向他们道谢。

在软卧车厢，李领队对大家说："我们就要去德国了，我是学德语的，在德国我会大展身手。再见了，阿姆斯特丹。"

（刘海添供稿）

☞ **评析：**

高学历的李领队书生气十足，以为小团省心，其实每个小团都是 VIP。他觉得荷兰的行程就是一天一夜，没有重视，没有及时联系地陪。由于地陪、司机迟到，游客不满。李领队灵机一动，让大家自由活动 30 分钟，由于没有征求团长同意，团长不满意。如果及时与团长沟通了，会是一个妙招，因为来到国外，谁都想到处看看。

团长买的水，李领队忘了有团长的一瓶，大大咧咧地就把团长的水喝了，幸亏有热情的刘阿姨给解围，领队和导游一定要注意细节。

外国大巴司机不熟悉路，绕来绕去，要是在国内，游客早就炸了，但是在国外就采取了宽容的态度。

住宿前通常由地陪或领队介绍入住酒店的历史及服务设施，由于游客急于入住，李领队就没有介绍下榻酒店的情况，本来挺有文化情趣的酒店，被游客认为陈旧简陋，欧美国家住宿、餐饮往往与游客的想象有差距，只不过游客太累，没有倒时差，就凑合住下了。

李领队是学德语的，真的希望他在德国为旅游团大展身手。

✈ 4-9 哥本哈根一日行

2019 年 4 月 2 日上午 8：10，领队续宗宝带领 40 人的旅游团乘大巴车从瑞典的第三大城市马尔默前往丹麦首都哥本哈根，因为此次旅游的北欧四国都是申根国家，各国之间不设关卡，无须海关验护照、签证。

在北欧，经常是领队、地陪由一人兼任，俗称"领兼地"，有经验的国内导游通过实地培训才担当此任，为了旅游行程的顺利和游客的安全，"领兼地"是很操心的。

旅游团乘大巴车通过马尔默厄勒海峡大桥，大桥全长 16 千米，1995 年动工，2000 年 5 月完工，大桥由三部分组成，其中 8 千米是桥梁、4 千米是人工岛上的公路、4 千米是海底隧道（靠近哥本哈根一段，铁路、公路合用）。过海峡大桥时，游客看到大海中矗立着许多巨大的发电风车，纷纷拍照。

行车时间约 40 分钟，续领队在车上为旅游团简介丹麦：

丹麦是我国的友好国家，1926 年 10 月丹麦王储古斯塔夫六世来中国访问，在北京的欢迎宴会上首次向世界宣布 1923 年在周口店发现了两枚古人类的牙齿，京剧大师梅兰芳还在东城区无量大人胡同的宅邸接待来访问的瑞典王储夫妇，1950 年 5 月 11 日丹麦与新中国建立外交关系。

"丹"为沙滩及森林之意，"麦"为土地及国家之意。丹麦与瑞典、瑞士、芬兰、挪威被誉为世界上最幸福的国家。

丹麦位于欧洲北部，南同德国接壤，西濒北海，北与挪威、瑞典隔海相望，东与俄罗斯隔海相望。陆地平均海拔约 30 米，属温带海洋性气候，全年有雨，夏、秋两季较多，最热的 7 月平均气温在 15℃~17℃，最冷的 1 月平均气温在 0℃上下。

丹麦是发达的西方工业国家，农牧渔业同样发达，猪肉、奶酪和黄油出口量居世界前列，旅游业是丹麦服务行业中的重要产业。

丹麦人青睐"橘汁拌鸭块""脆皮烤猪肉""嘉士伯啤酒"，丹麦人酷爱面包，面包店遍布街头，各式单层、双层和多层的面包可达几百种。

旅游的第一站是参观哥本哈根市政厅，市政厅广场的历史已有 800 年之久，历史上许多重大活动都在市政厅广场举行。例如，1945 年 5 月，为庆祝丹麦从德军占领中解放，10 万人在此聚集庆祝。

来到广场时，有一支少年鼓乐队在演奏乐曲，乐手都是初中以下的孩子们，穿着红、白两色单薄的制服，女生短裙下面仅仅是白色的丝袜，北欧的孩子们从小就不怕冻，体质特别好。很多游客要求给 3 分钟的自由活动时间去看一下。续领队说："大家都想看一下，我陪大家一起看，还是要再次提醒，看景不忘安全，一定要保护好自己的证件和财物。"

续领队在广场冒风为大家讲解：

大家知道这支鼓乐队在广场演奏的原因吗？4 月 2 日是安徒生的诞生日，今天学生们以演奏一支又一支的乐曲来纪念这位童话大王。

安徒生的《卖火柴的小女孩》《海的女儿》《皇帝的新衣》《丑小鸭》等童话故事，

几乎全世界的孩子都读过，人称丹麦为童话王国。

1819 年，14 岁的安徒生来到哥本哈根打工，开始了个人奋斗的生涯，在哥本哈根市政厅正门左侧，伫立着一座安徒生的全身铜像，大家路过时可以与这位童话大师握手留影，向他问候。

哥本哈根市政厅建于 1905 年，由建筑师马丁·纽阿普设计，建筑结合了古丹麦与意大利文艺复兴时期的风格。市政厅塔楼上有著名的"世界钟"，每到整点都会响起悠扬的钟声，这座大钟共用了 14000 个零件，有 13 套机械装置同时运行，走时精确，据说每 300 年只误差 11.4 秒。这座大钟可显示世界不同位置的时间以及时差、公历的年月日、一星期各天的名称等。锁匠奥尔森花费了 40 年心血、耗费巨资制作大钟。可惜他逝世时（1945）还未组装启用，10 年后组装完成，由国王弗雷德里克九世和奥尔森最小的孙子共同启动。

市政厅正门上方的镀金塑像是哥本哈根的奠基人，阿布萨隆大主教。1157 年，当时的丹麦国王瓦尔德玛把这个港镇赐给了当时的大主教阿布萨隆，1166 年至 1167 年，阿布萨隆大主教建造了哥本哈根的第一座城堡——克里斯蒂安堡宫城，建造了一些城市和港口的设施。哥本哈根成为商贸之港。

这时，游客崔叔叔惊讶地小声对游客小李说："小李，你的背包怎么割了个口子？"小李悠闲地翻看了一下，狡黠地说："太平无事。"崔叔叔说："我们的护照都烦劳领队保管着，你每到一处都持护照打卡拍照留念，你的护照安然无恙？"小李小声说："我的护照藏在绝对安全的地方，用时不到一分钟就能拿出来。放零钱我也有绝招。俗话说贼不走空，为了安慰小偷，我的旧钱包里有几张叠着的纸，偷了我的，小偷就会知道这个团都是做了防贼准备的。"崔叔叔差点失声笑了出来。崔叔叔问续领队："要是万一护照丢了、被偷了，咋办啊？"续领队说："我会找一个当地的华人，带着丢护照者去中国大使馆办旅行证，4 小时准能办好，然后再与团队会合，当然要给华人一点劳务费的。"由于小李的背包就被割了（小偷绝对不是丹麦人），大家都提高了警惕。

市政厅富丽堂皇，免费参观。中央大厅面积约 1500 平方米，顶部是透光的玻璃顶，二楼间隔悬挂着许多丹麦国旗，这里不仅是市政府官员举行接待仪式的地方，还是新人举行结婚典礼的最佳地点。

这次旅游团丹麦之行的亮点就是观看阿美琳堡王宫 12 点的换岗仪式，平常一日游哥本哈根的行程非常紧促，基本没有时间观看换岗仪式。

旅游团 11：40 就来到王宫前的广场站位，续领队以较快的语速向游客介绍换岗仪式：

丹麦王宫在 1754~1760 年相继建成，四座宫殿互相围绕，形成了一个八边形广场的格局。广场中央是腓特烈五世国王的一尊骑马铜像。

换岗仪式有三种：女王在阿美琳堡王宫，以升起国旗为记，行国王卫队仪式；女王不在家，但亨里克亲王或女王妹妹本尼迪克特公主在，或两位王子以摄政者身份在，行 80 人中尉卫队仪式；平日换岗，行 12 人官邸卫队仪式。

阿美琳堡宫 4 座大门前都有两个红色铅笔式样的岗亭，每个岗亭前站一个卫兵，卫兵每隔 5 分钟沿着固定路线来回走上几十米。岗亭仅容一人，除非遇到大雨、狂风、暴雪，卫兵不会躲进去。非常有意思的是每个岗亭里都挂着一件大红披风，这个大红披风有个传奇故事：很久很久以前有个美丽的姑娘来会见值岗的卫兵，这时长官前来查岗，情急之下，卫兵让姑娘藏在披风后面，鼓鼓囊囊的披风当然被长官发现了，后来每次查岗长官都要翻查一下岗亭里的披风，这个习惯一直延续下来。

换岗仪式开始了，大家看到皇家卫兵的身高都在 190 厘米以上，个个都是皮肤白皙，眼睛很大、深邃，英武帅气。他们头戴黑熊皮帽，身穿古军装：黑上衣（节日时穿红上衣）、金纽扣，湖蓝裤子镶白条边，脚蹬大皮靴，身前交叉白背带，身后挂着剑和匣子，不由让人想起安徒生童话里洋铁兵的形象。

皇家卫队进入广场后，首先进行精彩的军乐表演，3 首曲目大气磅礴、流畅悦耳，军乐手的演奏水平堪称全国一流，据说是通过全国海选挑选上来的。军乐表演完，卫队开始换岗。广场上画有不同颜色的线，标明卫队行走路线、警戒线、游人观看区域，全程有警察维持秩序，观看者不可随意向前挤。

换岗仪式开始了，卫兵手持步枪绕场一周，他们行进的步伐十分有趣，前后卫兵相距很近，后排的卫兵几乎要踩到前排卫兵的脚后跟，但是绝对不会踩上，卫兵既端庄严肃又喜感十足。卫兵不是分头单独上岗的，而是整队前进。卫队行进至岗亭前，列队站好，这时卫队长检查岗亭。新上岗的卫队长喊口令，队列中会有一个卫兵出列，新卫兵走到旧卫兵前交换位置，旧卫兵走到队伍后面入列。换岗交接行注目礼，而不是举起右手行军礼，注目礼行过后，来交接的卫兵就正式上岗了。

由于行程很紧，换岗仪式还没有完全结束，续领队就带领游客去用午餐。

旅游团每到一地都会有一次特色餐，在哥本哈根当然要吃脆皮烤猪肉。用餐前续领队做了简单介绍："丹麦的猪肉素有盛名，猪肉用丁香、黑胡椒、香菜籽、肉豆蔻、香叶、海盐提前腌制入味，捆绑成卷，烘烤后肉皮遍布金黄色小泡，肥瘦相间，香气四溢，切成约 1 厘米的厚片，每人一份。"

用餐后去参观丹麦的标记——小美人鱼，在路上大家看到的不是各式各样的豪车，而是一辆辆的自行车。丹麦人每天都是骑自行车出行，连一些官员也不例外。几乎哥本哈根的每条街道都设有专门的自行车道，有的和汽车道差不多宽。

续领队介绍说：小美人鱼铜像位于哥本哈根市中心东北部的长堤公园，人身鱼尾的美人鱼坐在一块巨大的花岗石上，望着远方。铜像高约 1.5 米，基石直径约 1.8 米，是丹麦雕刻家爱德华·艾瑞克森（Edvard Eriksen）根据安徒生童话《海的女儿》铸塑的。

美丽的美人鱼在波涛中救出了王子，但是王子以为是教堂的一位公主救了他。为了得到王子的爱情，小美人鱼喝了巫婆的药，舍去了尾巴变成人腿，但她成了哑巴。王子不知真相，仍要与那位公主结婚，小美人鱼最后吻了一下王子，把巫婆的剑扔到海里，自己变成了若干白色泡沫，善良的美人鱼至今还在感动全世界。美人鱼铜像已成为哥本哈根的标志。

游客陈大姐说："我们珠海也有个渔女的雕像，是花岗岩雕成的，渔女身捎渔网，裤脚轻挽，双手擎着一颗珍珠，为人间送去光明，珠海渔女是珠海市的标志。"

看了小美人鱼后沿河边走 5 分钟就到了哥本哈根杰芬喷泉雕塑群，续领队说："古时，丹麦曾经被魔鬼劫持，拖入波罗的海中。女神杰芬挺身而出，将自己的 4 个儿子化为神牛，将丹麦拯救上岸，形成今天的西兰岛。丹麦雕塑家彭高根据这个神话故事，在 1908 年完成这个青铜雕塑喷泉设计。"

去挪威奥斯陆的游轮是 16：00 开，15：30 必须到达码头，游客乘大巴车前往码头，在车上续领队讲了如何登船、船舱如何分配、船上一些注意事项、早餐时间以及下船后如何集合。续领队说："旅游团的船舱虽然是 4 人一间，但是和火车的软卧一样，还有洗手间，很舒服地睡一夜，吃完早餐就快到港了。游轮上各种娱乐设施都有，夜晚22 点还能看到日落，早上 4 点多就能看日出了，尤其是日落，海面上真有浮光跃金之景。"游客听后露出了笑容。

团内一些年轻的游客把行李放到舱室，兴冲冲跑到游轮的顶层，挥手向丹麦告别，轻声说着："丹麦，我还会再来看你的。"

☞ **评析：**

这是一篇"领兼地"的带团案例，案例中的续领队非常尽责，一路讲解，游客到了异国他乡最想了解的就是当地的历史沿革和风土人情。游客对于临时性的活动、地标性建筑、餐饮特色都很感兴趣，哥本哈根市政厅广场有一支少年鼓乐队为纪念安徒生诞辰在演奏，续领队为了满足游客的好奇心，就为大家讲解这个临时性的活动以及安徒生的简略生平。

在讲解前续领队特别提醒大家注意自己的人身和财物安全，即使这样提醒了，青年游客小李的书包还是被小偷割破，庆幸的是他有所防备，没有丢失钱财及物品。游客问领队如果丢失护照如何处理，领队胸有成竹，告诉游客申领新护照的过程。显然续领队对常见的突发事件的处理都有预案，要有所准备，否则一旦发生就会手忙脚乱。

游客是否喜爱一地，与导游（领队）的安排与讲解、行程的顺利与否有很大关系，由于续领队富有经验、精心安排，游客依依不舍离开了哥本哈根，并说"还会再来的"。

✈ 4—10　返程误机

埃及、土耳其历史悠久、风光绮丽，吸引着各国游客，领队刘艳 2019 年 9 月 11 日带了一个 9 人的旅游团，9 月 12 日乘坐土耳其航空公司 TK21 航班（00：10/05：25）飞往土耳其伊斯坦布尔，清晨抵达后转乘 TK2026 航班（08：50/10：25）飞往卡帕多奇亚，两段飞机共航行了 12 小时。因为团里有几位老年游客，刘领队不时要关照问候一下，让他们去趟洗手间活动活动，一位阿姨对刘领队说："幸亏你把我们安排在走廊的座位，能伸伸腿，走动也方便，看来没有好身体真不能满世界旅游。"飞机抵达后，参观卡帕多奇亚最有名的世界文化遗产——格莱梅（Goreme）露天博物馆，晚餐后入住酒店。

13 日继续在卡帕多奇亚游览，主要参观玫瑰谷和著名的 KAYMAKLI 地下城。

14 日主要游览古代土耳其首都——空亚，游览结束后拉车（拉车是长途行车的简称，领队之间的行话）前往棉花堡。上千年的天然温泉水顺着悬崖冲击而下，形成棉花颜色的钟乳石和盆地，因此得名"棉花堡"。晚间抵达棉花堡的酒店，晚餐为酒店自助餐。

15 日酒店早餐后参观棉花堡、希拉波利斯古城遗址，然后乘车前往以弗所遗址（拉车约 4 小时），以弗所是圣母玛利亚的终老之地（游览约 2 小时），这里有遗留下来的可容纳 25 万人的露天剧场、市集、浴场和罗马大道等，最重要的是亚美西斯神殿。晚上乘 TK2333 航班（19：50/21：05），飞往伊斯坦布尔。

16 日主要参观圣索菲亚大教堂、蓝色清真寺及托普卡普老皇宫。

17 日凌晨从伊斯坦布尔乘 TK702 飞往埃及红海，飞机延误，凌晨 4：45 才抵达红海，办完入住手续游客就急匆匆进客房补觉。全天自由活动，尽情享受蓝色的海洋、银白的沙滩，也可参加丰富多彩的自费活动。

18 日红海午餐后拉车前往卢克索，抵达后入住酒店，晚餐为酒店自助餐。

19 日在卢克索游览的主要景点是参观哈齐普苏特女王神庙和卢克索神庙。从卢克索午餐后返回红海，在红海酒店用晚餐。

20 日红海酒店早餐时退房，拉车前往开罗，因为路上堵车、行车中休息两三次，6 个多小时后才抵达开罗。游客在车上眯一觉，老看风光眼睛也疲乏，还是听导游讲讲异国风情有趣，但是地陪的嗓子红肿了，刘领队说："让地陪保养着嗓子，大家想听啥？凡是我知道的我就会给大家讲。"北京游客徐教授说："北京故宫武英殿北面有个浴德堂，浴德堂后面有个浴室，据说是皇帝斋戒前洗浴的地方，因为不开放，从来没去过，电视上说这个浴室就是土耳其式的浴室，因为时间关系，咱们没有土耳其浴的节目，刘领队就给我们讲讲土耳其浴吧。"于是刘领队就代替地陪讲起了土耳其浴：

"刚才徐教授说的浴德堂，据专家考证修造于元代，当时元朝和土耳其奥斯曼帝国都是掌握世界话语权的国家，通过陆海丝绸之路，中国精美的瓷器和绸缎源源不断地运送到土耳其，伊斯坦布尔托普卡普博物馆珍藏着 40 余件大型元青花瓷器精品，炫目争辉。土耳其的匠师、艺人也万里迢迢地来到元大都。

土耳其浴室一般都比较宽敞，石头砌成环形墙壁，墙壁内侧有许多热水管和一个个小水槽，浴室中间地上有一块凸出的大理石平台，约有半米高。大理石平台下面冒出一股股蒸汽，室内热气弥漫。沿着墙角砌有一些小石凳，顾客可以坐在那儿洗浴。顾客先用水槽里的热水把身子浸湿，然后躺在热乎乎的大理石平台上。负责搓澡的服务员会手戴一个毛巾制的薄手套，一边按摩，一边慢慢擦顾客的全身，把顾客身上的'泥'都搓出来。"

刘领队说到这里时，游客李叔插话："过去北京澡堂子里也有搓澡的，洗澡、搓澡都是两毛六分钱（20 世纪 80 年代物价），搓澡的用一条毛巾，而不是毛巾手套，中国的简便、实惠。"

刘领队接着说："搓好澡后，另一位服务员手持一个软刷，蘸着薄荷、樟脑等制成的泡沫液，轻轻地往顾客身上涂。土耳其人说这些药物泡沫有消炎止痛、提神醒脑的作用。泡沫浸透皮肤之后，服务员再舀水把顾客身上冲得干干净净的。"

李叔又插话："这不是跟我们扬州学的吗？搓完澡了，搓澡的人用一桶温水哗地往你身上一浇。"李叔老伴王姨说："在哪儿我家的李大白话（huò）都得神侃，刘导，您接着说。"

刘领队说："李叔说得挺好，我都不知道这些事。搓澡服务结束后顾客可以裹上浴巾往澡堂中央的大理石平台上一躺，再让蒸汽好好地蒸一蒸。土耳其人进浴室大都带一个丰盛的食品盒，装着羊肉串、酸奶、榛子等食品，沐浴后，好友聚在一起，边吃喝边聊天，然后各自回到更衣室的单间，美美睡上一觉。"

李叔忍不住又来插话："我们中国洗澡与土耳其好多地方相似，过去男浴池里老爷们儿洗完澡了，就盖上毛巾被睡一小觉，睡醒了喝茶（睡的时候服务员就给沏好茶了，茶叶可以自带），一边喝茶一边和附近的老少爷们儿聊天。"

刘领队接着介绍："当顾客要离开浴室时，服务员就会上前帮他擦干全身，为他换上一套新的浴巾，并询问是否需要刮脸、修指甲等服务，出门时要给排队送行的服务员小费。肥胖者常洗土耳其浴有减肥之效，但是患有心肺疾病、高血压、糖尿病的人不宜洗土耳其浴。"

李叔说："是的，老年人血糖、血压都不是很好，洗不了土耳其浴，听领队说一番就挺过瘾。对了，我还得说下，北京的澡堂子讲究，浴池都高大、宽敞、亮堂，爱唱京剧的能扯开嗓子唱，不像土耳其浴室是闷葫芦罐，简直就是桑拿室。"

刘领队说："叔叔，您讲得生动，我爱听。"

行车途中的午餐是简便的盒餐，抵达开罗，晚餐后入住酒店。

21日乘车前往亚历山大（约3.5小时），主要参观亚历山大灯塔遗址——柯特贝城堡亚历山大图书馆、蒙塔扎皇宫花园等，晚间返回开罗。

这10天的行程一些老年游客真有点疲劳，幸亏领队刘艳时时关照着，老人们说："有你这个好领队保驾护航，我们才身体健康，你时时刻刻给大伙操心，当地餐只要我们吃不惯，你就想办法找点适应我们的菜肴，总为我们这些'老废物点心'（北京老人自谦之戏谑语）受累。"刘领队说："您快别这么说，家有一老，如有一宝。明天参观完了，我们就要返回北京啦。叔叔、阿姨加油！"

22日是重头戏，参观吉萨金字塔群、狮身人面像（外观）、埃及博物馆。

开罗晚餐后乘车前往机场乘TK695（20：50/00：15+1日）飞伊斯坦布尔，抵达后转乘凌晨航班TK20（01：25）。刘领队在开罗登机前就嘱咐游客："这两个航班只有70分钟的间隙，但是伊斯坦布尔飞机场特别大，飞机落地前一定要上好卫生间，拿好自己的随身物品，一出机舱就跟着我大步流星加小跑，误机就会很麻烦。"但是TK695起飞晚了90分钟，游客担心起飞延误能否赶上下一航班。刘领队说："在候机时就对土航的人说了，希望他们协调一下。土航说他们正在协调。"

当刘领队带领旅游团走出机舱时，没有看到土航引导转机的工作人员，刘领队觉得不妙，但仍然带着旅游团小跑急匆匆去转机，当路过第一个机场显示屏时，就看到TK20 航班后面显示 gate closed（舱门已关），游客很是失望但无可奈何。

刘领队带着大家一直往前走，路过土航柜台就与他们确认，土航柜台说舱门确实关闭了，只能办理改签明日的 TK20，因为办理改签的人很多，刘领队就让自己的游客附近找地儿休息，所有事情由她来打理。

柜台人员打出了新的登机牌。土航柜台说："如果你们不提行李，行李就自动转到明天的航班了，如果提行李，就稍等一会儿。"游客都说不提了，凑合一天。刘艳与柜台人员详细落实机场巴士送酒店、住宿、用餐等问题，土航柜台一打开电脑就知道他们几段航行都是土航，今天是土航延误，所以改签、接送用车、餐、住都免费。

出发前刘艳知道有的游客买了"延误险"，她要求土航柜台工作人员按照护照给每个人开出"延误险证明"，土航说只能开一张团队的，刘领队说："我的团队连我才 10个人，游客都住在不同的地区，只有一张证明，办理赔付时很麻烦，多谢了。"土航给每人开出了延误证明（事后李叔老两口每人拿到延误赔付 800 元人民币）。

刘领队拿着全团的护照、登机牌正要带旅游团出机场时，猛然想道："因为到伊斯坦布尔签的是单次入境，出了机场去酒店等于再次入境，必须要做入境电子签！"刘领队带着 9 位游客转身去签证柜台，签证人员困倦，懒洋洋地指着旁边一台笔记本电脑："领队，你自己输入游客身份信息吧。"刘领队直接在电脑上付的签证费（4428 元人民币），签证人员真逗，让刘领队交打印签证的费用，刘领队知道这是变相要小费，得，只要事情办得顺，付点小费就付点。

飞机延误属于不可抗力，但刘领队没有向游客收签证费，自己先垫付了，国内组团社很快就给她报销了。

出了机场，机场大巴把这些延误的游客送到市内指定的酒店，因为办理住宿手续的人很多，刘领队让游客在酒店先用早餐，她排队办理入住手续，这样等游客吃好了早餐就可以直接入住了。因为游客都没拿行李，有的客人没带洗漱用品，刘艳就问前台有没有免费的洗漱用品，前台说有，刘艳就请前台派服务员把洗漱用品送到客人房间去。

游客用完早餐就拿到了房卡，都说刘领队辛苦了。刘艳对大家说："请大家在规定的时间用午餐、晚餐，还是在早餐厅，都是自助餐，挺丰盛，晚餐后酒店有车把我们这些延误的乘客送到机场。"

24 日刘领队带领旅游团乘 TK20（01：25）飞返北京。

抵达北京后，在 T3 航站楼出口刘艳与游客一一挥手作别，游客说："感谢刘领队无微不至的关心、照料，您每次去哪国都知会一声，我们愿意跟着您去旅游。"

☞ **评析：**

案例详细介绍了埃及、土耳其 10 日游的行程，刚入行的领队应很好学习一番，记住了基本上就能走埃土线了。

刘领队热情真诚、有责任心、有经验，在她的带领下，旅游团愉快地游览了埃、土两国文化古迹，享受了当地的绮丽风光，听到了土耳其浴的介绍，客导间还比较了土耳其浴与北京老澡堂子洗浴的异同。只可惜开罗飞往伊斯坦布尔的飞机延误，造成旅游团没有赶上飞往北京的 TK20 航班。

飞机延误带来一系列问题，因为团签是一次入境，出机场去酒店实际上是再次入境，必须再做入境电子签证，刘领队自己忙碌，让游客休息，签证费自己先垫付。旅游团进入航空公司安排的酒店时，很多延误的人都在办入住手续，刘领队安排大家先去用早餐，她排队办理。因为客人都没有拿行李，她就向酒店提出发一下一次性洗漱用品。

平时许多人（包括国内导游）都认为领队带团出国，把团交给地陪就万事大吉了，但是不了解领队辛苦，"拉车"时间长，为解除行车途中的枯燥，地陪嗓子红肿，刘领队为大家讲解土耳其浴，领队要对当地风情有深入的了解。

在北京机场道别时，游客请刘领队："您每次去哪国都知会一声，我们愿意跟着您去旅游。"这是对刘领队的极大肯定。

✈ **4—11** 因退税而误机

9 对新婚夫妻参加了 2019 年 6 月 8 日 ZXL 旅行社希腊一地 12 日团，领队张新刚刚在 4 月中旬新婚，旅行社经理说："新郎领队带新婚团最合适。"

张领队接到任务后按照旅行社要求，给每一位游客发去了微信版旅游温馨提示，提示中有行程介绍、接待标准、注意事项及国外购物退税须知。

6 月 8 日 8：30，旅游团在首都机场 3 号航站楼四层 6 号门内中国海关处集合，张领队迎接到游客后，仔细讲解行程说明和退税须知，最后请游客在文明出行责任书与温馨提示单上签字。

旅游团乘汉莎航空 LH723（12：35 北京时间至 16：45 当地时间）飞往德国慕尼黑，抵达慕尼黑后转乘 LH1754（19：05~22：30）抵达雅典国际机场。

张领队协助游客办理登机手续、带领全体游客通过边防检查、安全检查，到达候机区。

离登机时间还早，有的新婚夫妻是从唐山、宣化来的，想逛一下机场免税店，也有人要去吃早点，张领队着重强调了一下登机时间，提醒游客千万别误了登机。新郎马浩轩是一家房地产公司的部门经理，他说："换了登机牌、过了安检后，没上飞机的乘客，航空公司就得反复广播催促。"张领队正要解释，马游客的妻子娇滴滴地说："轩轩，你这么磨蹭，还吃不吃早点了？"马游客挽着妻子去吃早餐了。

11：50 飞机开始登机，张领队在登机口看着本团游客登机，每进去一位，他就在名单上打个钩，本团游客都登机后，他最后登机。

飞往慕尼黑约 11 个小时，慕尼黑下机后张领队带领游客通过安全检查，排队等待欧盟的边检站盖章，张领队排在最前面，他向边检工作人员出示了本团通关的相关文件。

汉莎 LH1754 正点起飞，22：30 到达希腊首都雅典，地陪高媛在候机楼出口处热情迎接旅游团。由于长途飞行和时差反应，游客都很疲惫。张领队对高导说："你赶快向酒店要房间号，我好分房间，到酒店后让游客迅速入住，这些游客都是新婚夫妇啊。"

到了酒店，入住非常顺利，张领队说："你们都是新婚夫妇，我就不查房了，我和地陪在酒店大堂等 15 分钟，有问题找我。"没有游客下来反映问题。张领队与高导核对行程。

几天的行程游客都玩得很嗨，张领队和高导随时帮他们摄影留念，有两位新娘说张领队能拍出新婚的甜蜜。

6 月 18 日晚上回到酒店后，张领队在酒店大堂给游客讲解返程登机前的退税事宜："我先说一下希腊退税的有关规定，然后帮每一个家庭整理购物退税单，核对退税单英文名字、护照号、居住地址等。"游客乔巧是搞视频传媒的，她对丈夫说："还是老一套，咱们回房间收拾东西。"马游客笑嘻嘻地对乔的先生说："春宵一刻值千金。"

6 月 19 日上午 11：00 张领队带领本团前往雅典国际机场，国际航班至少需要提前 3 小时到达机场，旅游团乘汉莎 LH1757（雅典 15：30~17：00 慕尼黑），到达慕尼黑后需转乘汉莎 LH722（19：05~10：35+1，+1 表示次日）。

前往机场路上地陪高导再次讲解有关注意事项（行李托运、转机事宜、如何退税等）。

地陪帮助游客办理完登机手续后，张领队带团到达登机口，机场告知航班 LH1757 延误 90 分钟，张领队紧急召集全体游客说明情况："在慕尼黑转机时间本身就很短，现在又延误，转机会特别紧张，根据欧盟规定，退税物品需在最后离境国海关盖章，所以只能在德国慕尼黑机场办理退税。今天转机时间紧迫，退税能办就办，没有时间办就不办了，一定要及时登机。如果误机只能改签机票，但改签费很高，这些费用都要自理，大家千万别因小失大。"

LH1757 航班 17：00 才起飞，18：30 到达德国慕尼黑。抵达慕尼黑机场时，飞往北京的 LH722 航班已经开始登机。张领队带领全团客人一路小跑到达移民局盖出境章，告知 10 名不退税的游客迅速去登机。

张领队带着 8 位退税游客到海关办公室盖章，只要盖章了，退税金可以在首都机场领取。

张领队迅速跑回登机口去查看本团登机人数，4 名盖完退税章的游客跑了过来，顺利登机，就差仍在退税的 4 名游客了。

登机口离海关办公室很近，只有两分钟路程，张领队又跑到海关办公室催促游客登机。马浩轩夫妻和乔巧夫妻的几张退税单有问题，因此不给盖章。

张领队郑重地说转机时间太紧张，必须赶快登机。游客乔巧说："最后一分钟前，我会准时登机的，该退税不退，气死我了。"马游客说："我换了登机牌、过了安检，航空公司不敢扔下我就飞。"他们明显有误机危险，张领队立刻向旅行社汇报。

两对夫妻与退税人员争执不休，眼看就到了停止登机时间，张领队请登机口的工作人员多等一会儿，工作人员说："马上就要关闭登机口，你进去不进去？"张领队只能走进登机口。刚走几步，就听到有跑步声，回头一看，马浩轩、乔巧夫妇正往登机口跑来，但是就在这时，登机口的工作人员把玻璃门关上了。

两对夫妻去找慕尼黑机场办公室以及汉莎柜台辩理，机场和航空公司认为他们误机不是机场和飞机造成的。两对夫妻立即向旅行社投诉领队没有尽责，提出"为何在雅典机场不能办理退税？领队为何不阻止关闭登机口？"旅行社说："根据欧盟规定，退税物品只能在最后离境国的海关盖章，在雅典机场不能办理退税。领队在催促你们赶紧登机时，已经向旅行社汇报了情况，如果他强硬阻止关闭登机口，会被判刑。回京后同行客人也会证明领队是尽责的。你们赶快办理改签，如果没有座位了，就更麻烦了。"

他们只好每人花 500 欧元转签第二天的 LH722 航班，由于申根签证到期，无法离开机场去酒店住宿，只能滞留在机场内。

☞ **评析：**

出发前，张领队在机场讲解有关注意事项后，全部客人都在温馨提示书上签字确认。

在转机退税时，张领队多次提醒退税须知并尽力协助要退税的游客，但4位游客不顾领队再三催促，任性地非要退税，要最后一分钟登机，结果误机。

客人与机场辩理不成，便投诉领队未尽责，以便获得赔偿改签费。客人提出"为何在雅典机场不能办理退税"，这是欧盟规定，退税物品需在最后离境国海关盖章，张领队此前已几次明确告知全团。

（海关如何退税、退税税率，有时是有变化的）由于海关原因导致客人购买的某些物品未能退税，这些都不是旅行社的事，更与领队无关。

游客认为领队应阻止关闭登机口，这是无知、粗鲁的表现，显然这些人目无法纪，影响飞机正常起飞，是要被制裁或判刑的。

旅行社领导耐心地给游客分析了责任，并说回京后同行客人也会证明领队已尽责。

未成功登机的4位旅客由于自己的任性，只能自费改签次日航班返回，实属无奈，只能汲取教训，文明旅游的重要一项就是遵守公共秩序，遵守旅游国、旅游地的有关规定，不任性。

附录：

希腊地处欧洲东南角，全国由半岛南部的伯罗奔尼撒半岛和爱琴海中的 3000 余座岛屿共同构成。希腊大陆部分三面临海，海岸多曲折港湾，境内多山，3/4 均为山地，沿海有低地平原。

奥林匹斯山在希腊神话中被认为是诸神寓居之所，海拔 2917 米，是希腊最高峰。希腊被视为西方文明的发源地，有 16 处世界文化遗产。

领队简介希腊

希腊旅游业以 4 "S" 而著名（sun 阳光、sea 海水、sand 沙滩、stone 石头）。三个著名岛屿是：扎金索斯岛、米克诺斯岛、圣托里尼岛。扎金索斯岛的主要景点有沉船湾、索洛莫斯博物馆、圣尼科劳斯教堂、拜占庭博物馆等。米克诺斯岛位于爱琴海，岛上的建筑风格独特，白墙和五彩鲜艳的门窗、阳台，相映成趣。圣托里尼岛因为独特的火山地质造就了独特的黑色沙滩，黑色的火山灰粒据说有美容作用。火山区的土质和气候最宜种植葡萄、西红柿。

希腊海虾肉质地紧实、有弹性，炸后滴上几滴柠檬汁别有风味。橄榄油炸的墨鱼圈、凤尾鱼、肉丸子特别好吃。希腊酸奶非常有名，像麦芽糖一样丝丝粘连，加一点蜂蜜味道更醇厚。

✈ 4—12　遭遇地震

2015 年 4 月 16 日，领队付云鹏带领 31 位客人前往尼泊尔旅游，这些游客都来自天水市及下面的县里，付领队也是天水人，2008 年大学毕业后就从事导游工作了，这几年他基本上是做领队，这次带着家乡人去尼泊尔旅游很是惬意。付领队所在的旅行社同时有 3 个旅游团前往尼泊尔旅游，社里让付领队多操点心。

尼泊尔位于喜马拉雅山中段南麓，北面与中国西藏接壤，东、西、南三面与印度接壤。国土面积 147181 平方千米，北部是高寒山区，中部是温带河谷地区，南部则是平原亚热带地区。民风淳朴，自然风光绚丽多姿，寺庙星罗棋布，特别是在尼泊尔境内能看到珠峰、希夏邦马峰等 8 座世界高峰，世界各地的游客纷至沓来。

旅游团先飞到昆明，由昆明转机飞往尼泊尔首都加德满都，航程 5 小时。

旅游团先在加德满都游览，加德满都海拔 1370 米，年平均温度 20℃左右，终年阳光灿烂、绿树葱郁、鲜花盛开，人称"山中天堂"。自 1768 年以来加德满都一直是尼泊尔历代王朝的首都，人口 30 万，城内的大小寺庙有 2700 多所，素有"寺庙城市"之称。占地 7 平方千米的市中心，庙宇、佛龛、经塔就有 250 多座，游客发现这里庙宇多、佛像多，真是佛国、佛都。

第 8 天旅游团来到博卡拉，博卡拉四面环山，炎热夏季里也可以直面雪山，雪山山峰倒映在佩瓦湖里，湖边有不少独具风格的餐馆和酒吧。

晚上，游客刘阿姨洗澡时滑跌了一跤，伤了了臀部髋骨和股骨头，不红不肿，可以摁，看来没有骨折，但是一坐下就酸疼。

4 月 24 日继续在博卡拉游览，刘阿姨走起路来一瘸一拐，付领队给她找了根棍做拐杖，还好些。午餐时，刘阿姨说她的臀部不适宜坐长时间的旅游车，就不和大家乘旅游车去加德满都了，她和亲友一共 8 个人自费从博卡拉乘飞机到加德满都，到了加德满都再会合。付领队及时报告组团社，组团社让地接社帮她们订票。

当天下午，社里的另一个团来到博卡拉，晚上付领队带着那个团的领队小陈看望刘阿姨："刘姨，明天上午你们先在客房休息，午餐后酒店有车送您去机场，陈领队告诉您们如何登机、托运行李。"

4月25日早上，旅游团从博卡拉出发前往加德满都。临近中午了，旅游团在一个山路边上的旅游餐厅用餐，餐厅前面是散客零点餐厅以及司机导游的用餐处，餐厅有门通往后餐厅，后餐厅建在一个高台上，餐厅有顶有围栏，没有墙，如同中国的"轩"。游客在这里用中式自助餐，餐厅一侧离山很近，不时刮来清爽的风。

12点（北京时间14时11分），突然地动山摇，尼泊尔发生了8.1级大地震，后来得知震中位于博卡拉。

外面餐厅的人都撒腿跑向临街的院子，付领队跑出来后没看到自己的客人，特别着急，顾不得危险，大步流星到后面的餐厅寻找客人。由于余震，餐厅屋顶不断往下掉东西，吊灯在大幅摇晃着，看到客人，付领队一急就说起了家乡话："牛（你们）都好着里么？"客人说："真果的（确实）莫事。"

危险当头的时候人们常常懵懵懂懂，并不会立刻意识到正处于生死之间，还有人手里拿着盘子盛饭呢。付领队大声呼叫："大地震了，快跟着我撤离！"他带领游客捂着头跑到餐厅临街的院子。

出来后付云鹏点齐了人数，看到大家都平安，没有受伤，心情放松了一些，马上把地震的事情向组团社汇报，最后付领队说："按照行程，今晚我团应住在加德满都郊区，地震了，要确保游客安全，我提议把郊区宾馆更换为市内高标准的酒店，次日去机场也方便些。"组团社同意，说马上通知地接社去落实。

院子里所有的游客都跟着餐厅伙计（尼泊尔人）虔诚地双手合十，当然中国人是在心中祈求苍天，当地人是求神佛的保佑。突然听到扑通一声，在沉闷的倒塌声中餐厅外面一堵墙坍塌了，旅游车停靠的地上也裂开了一条手指宽的缝，司机师傅小心地挪开车。

旅游团的所有人以及付领队都没有经历过地震，遇到了这样的强震，也算是丰富了人生阅历。游客七嘴八舌地说："幸亏是中午地震，要是夜里就惨了"，"付领队，咱们是原地等待哪，还是继续赶路程？"游客纷纷提出各种建议，回到博卡拉的、抢时间前往加德满都的、原地静观的不一而足，付领队坚定地说："现在不能贸然乱动，因为震中的位置还不确定，弄清楚情况再决定。"

当时消息很混乱，有人说博卡拉是震中，有人说首都加德满都是震中，付领队心想明天要从加德满都乘机回国，今天最好能够平安到达加德满都。

尼泊尔境内基本是陡峭的山路，路径弯曲、路面狭窄，一边是山，一边是山崖，平时常有翻车事故。地震后，路上肯定有跌落的石块、土方，万一遭遇滑坡，就有车毁人亡的危险。

不知何故，很多人的手机已经完全没有了信号，旅游团中只有一位客人的手机可以拨通，付领队用这位游客的手机及时向组团社汇报最新的进展，接着给大使馆打电话，电话占线，还好给外交部应急办打通了电话，报告了团队信息，外交部应急办表示热切关注，很快会向大使馆转达。

尼泊尔地陪是个 25 岁的小伙子，初次面临这样严重的自然灾害，一片木然。（回国后付领队才知道地陪和司机师傅家里都遭了灾，房子都毁掉了。）付领队让地陪与地接社联系，了解通往加德满都的路况，司机师傅也在不停地拨电话联系其他司机了解路况。

余震频频，不时有断断续续的倒塌响声，在山里每一个响动都显得轰鸣震耳。古人说的山崩地裂应该就是大地震。

震后一小时路上逐渐有了车辆在行驶，付领队估计道路还是通的，地陪和司机经过多方沟通，地接社也确认了去加德满都的路还能凑合开，付领队决定带旅游团马上开拔，前往加德满都。

行车途中手机有了信号，因为漫游费很贵，付领队让车上的 23 位游客用他的手机给家里打个电话报平安。

地陪告诉付领队："社里说博卡拉机场的跑道震坏了，刘阿姨不能乘机到加德满都了。"付领队听后马上联系旅行社、陈领队和刘阿姨，嘱咐陈领队赶紧联系一辆小巴，能行驶时赶快把刘阿姨送到加德满都，组团社说灾难当头，车费社里负担。

旅游车司机家里有老有小，急着回到加德满都，车颠颠簸簸地开着，付领队注意到司机紧绷着脸，随着颠簸，他大腹便便的肚子一鼓一鼓的，付领队突然灵机一动，坐在司机边上的副座，微笑着抚摸师傅的肚子，师傅以为这是中国的按摩术，终于笑了，缓和了恐惧、焦急、忧虑的情绪。

一路上不断有山上跌落的石块，但都没有把路堵死，付领队不断地轻声说着："slowly，please（请慢一些开）"。

有些游客问付领队今晚如何安排，付领队说："组团社已经请地接社为大家换好了一家市内的高标准酒店，而且让酒店准备晚餐。"

旅游车开到首都加德满都郊区，各条路上都拥堵不堪，很多建筑物倒塌了，有的电线杆倒了，一群一群的当地居民聚集在街头，但是很平和，没有人呼天抢地大声哭喊，更没有偷抢物资的，好多人依然露着尼泊尔的微笑，也许这就是宗教的力量吧。

黄昏时分，所有人都饥饿难忍，付云鹏赶紧让地陪带着他在一个小卖部买了些饼干和矿泉水，给大家分了，还剩些作为救急用。

晚上8点终于到了酒店，付领队说先吃饭后办住宿，餐厅里只能供应蛋炒饭。礼县的张叔叔说："付领队，真果攒劲（真有本事），大灾难中我们还能吃上饭、住上酒店。"

分房卡时有的游客说怕再次地震时酒店会坍塌，准备在酒店外的空地过夜。付领队苦笑了一下："各位朋友，这家酒店的建筑强度高，如果睡在外面，劳累之后最容易生病，医院现在忙着抢救砸伤的人，可能顾不上生病的人。如果实在担心，可以在酒店大堂休息。"游客都说付领队讲得在理，礼县张叔叔笑着说"生死由命，好人一生平安"，于是全团都入住了，惊怕之后顿显身心疲惫，游客进了客房躺下就睡着了。

付领队又打电话叮嘱陈领队，"小陈，一定要让刘姨早早出发，凌晨路上车少"。

付领队一夜也不敢睡实，怕有大的余震。

次日早上5点果然有一波余震，晃醒了众人，又累又乏赖在床上，没有几个人跑到大街上。

9点钟小巴车把刘阿姨一行人送到了酒店，全团一起吃了个早餐、中餐的合并餐，虽然还是蛋炒饭。

回国的飞机是16：30的，原计划上午有观雪山的行程，由于地震，只能取消了。付领队说机场肯定拥堵着大批滞留的旅客，咱们得早点去办登机手续。

10：40到了机场大厅，拥拥挤挤地进了值机大楼，突然一波7.0级的余震又吓得好多人跑了出来。

中国大使馆的人在值机大厅指挥着中国的团队及散客去××值机柜台办理手续。在乱哄哄中，付领队总算是为全团办好了登机手续、托运行李，带领大家通过安检、边检。

候机楼狭小，拥挤不堪，有人索性跑出去坐在停机坪上。

无休无止的等待，没有食品卖，没有饮用水，有人发现停机坪一处有中国的救援物资，好多人跑去抢，付领队的客人跑慢了，没有拿到张飞牛肉，只拿到了一些涪陵榨菜。付领队看到有一伙外国人拿了许多大瓶的矿泉水，他纯正的英语发挥了作用，外国人匀给了小付几瓶水，付领队笑着对大家说："榨菜就泉水，越嚼味越美。"

饥饿、困倦、拥挤不堪，折磨着旅游团，付领队不断地对大家说："我们一定能够平安到家，灾难面前坚定的信念就是最大的力量。"天水的陈阿姨说："小付，野国（昨天）、今国（今天）可把你么迷实碾（语气词）地累坏了，你扩庆麻擦（抓紧时间）歇一下，要不，和我们片传（聊天）片传你出国的经历。"

夜里2点半全团登上了返程飞机，到了昆明机场，由于加德满都机场的原因，大部分人的行李都延误了，一天一夜，浑身都馊了，没有换洗衣服，有的人嚷着要航空公司赔付行李延误费，航空公司说地震是不可抗力，不符合赔付条例，但一定会把行李运到你们的城市。（一周后游客收到了行李。）

在昆明有市区观光的行程，但大家说没力气逛啦。付领队与组团社商议为旅游团安排丰盛些的午餐、晚餐，压压惊，庆祝平安回国，计调经理说："小付，你就放手安排吧。"

在付领队的带领下化险为夷，大家纷纷向他表示感谢，张叔叔噙着泪花说："国家是俺亲娘，鹏，你比俺儿好。"担惊受怕的时刻付领队一直都很平静，但这一句贴心话却让他的眼睛红润了。

付领队回到家才知道中国政府派来52架飞机，安全接回滞留在加德满都的5685名中国公民。由于祖国母亲及时的呵护，旅游团在大地震中虽然经历了"颠沛"但未曾"流离失所"。

（付云鹏供稿）

☞ **评析：**

导游带团出游，随时都有可能发生事故，付领队带团时遇到尼泊尔8.1级地震，令他和游客都终生难忘。

虽然付领队是第一次遭遇地震，但他沉稳应对、措施到位。他带领游客冲出餐厅到空旷的地方避险；他与各方联系，让我国驻尼泊尔大使馆知道他的旅游团在前往加德满都路上；因为国外漫游话费贵，他让全团游客用他的手机向家人报平安；得知道路尚可通行，于是让司机开车前往加德满都；他让滞留在博卡拉的8名游客打车前往加德满都与旅游团会合；他安排旅游团住进高级酒店还吃上饭；最后他带团安全回到昆明。这足以证明付领队有很强的责任心、有经验、思路清晰并能随机应变，富有同情心。游客噙着泪花说："鹏，你比俺儿好。"面对这样的褒奖，付领队受之无愧。

若没有祖国强有力的措施，旅游团脱离险境、安全回国是难以想象的，由于祖国的呵护，旅游者才没有在外国流离失所。

在国外遭遇自然灾害，国家就是我们最坚强的母亲。

附录：

2011 年，中东突变，利比亚动乱，中国启动紧急撤侨，10 天内 35860 名中国人从 9000 公里外的利比亚回到祖国。

2015 年 3 月，也门硝烟四起，中国派出 3 艘军舰撤出中国公民 613 人。

祖国母亲

2015 年 4 月 25 日，尼泊尔大地震，祖国调了 52 架飞机，安全接回滞留在加德满都的 5685 名中国公民。

2016 年 11 月新西兰发生 7.5 级地震，中国大使馆包下了所有的直升机，接走中国游客。

2018 年 9 月 4 日 21 日超强台风登陆日本，台风瞬间摧枯拉朽，一片狼藉，3000 名游客滞留关西机场，其中有 750 名中国游客，黑暗中大家绝望地等待着，中国驻大阪领事馆调来的专车奇迹般出现了，台湾人问"我们可以上吗"？"只要你觉得自己是中国人，就可以大步上车。"

第五章　事故篇

凡是有可能严重影响旅游行程的事情，皆可称为旅游事故。

旅游中的事故往往随时突发，不可抗拒的因素往往导致突发事故，如由于天气突变造成旅游行程不顺利，飞机或火车的延误严重影响行程，由于游客自身原因也会引发事故（例如，游客走失、得病、受伤）。

旅游活动从开始至行程结束，整个过程都有可能发生突发事故。突发事故不仅全程存在，还全方位存在，因为旅游活动涉及食、住、行、游、购、娱六方面，有时是因第三者或环境不好，导致发生事故。

事故中涉及各方面的利益与权益，导游对于事故处理不好，前功尽弃，还会负面扩散，反之，理智沟通、合理解决、情感交流，则可能化难为易，就有可能和谐圆满。

处理突发事故最能检验导游对复杂事情的处理能力，对游客情绪的引导能力，对事情发展的预料能力，导游的自控能力是否强（不能说错话、感情失控），导游是否具有团队凝聚力，以及导游自身的修养、文化、文明，是否干练，社会经验、生活经验是否丰富。

有些事故令导游终生难忘。阅历和经验是导游的宝贵财富，点滴经验也是强有力的援手，失败的教训更加弥足珍贵。

导游带团就是深入社会、体验人生。

✈ 5—1　优惠票引起的麻烦

来自 F 市的 AB 旅游团为中转团，第二天就飞往 W 市游览，导游白冰与新导游赵青云在机场接到旅游团后就带领大家登车前往本地一著名景点。

B 车先到了景点，赵导签单后就带领旅游团进了景区。A 车路上遇到堵车，后到景区，团中有 5 位老年人，白导在车上收齐了他们的身份证，签单购票时购买了老年人优惠票。

回到酒店后 A 车的几个老人请白导把节省下来的费用退给他们，白导说："我是签单购票，你们看到了我们旅游团是凭着一个单子进景点的。购票节省的钱归旅行社，很抱歉，没法给你们退费。"A 团老人一听就不干了，认为旅行社侵占了他们的利益，于是联合 B 团的两位老人，向旅行社提出退费要求。

当晚旅行社经理来到酒店对老人们解释："你们的旅游行程上没写购买老年优惠票，但导游买了优惠票，主要是为旅行社节约成本。旅行社的门票都是团购，节省下来的费用贴补到旅游车费上，景区对旅行社有优惠很正常。"

这些老人反复地说旅行社占了老人的便宜，B 团的导游不负责任，该给老人买优惠票而不去买，一定要向旅游局投诉旅行社和导游。

经理为了息事宁人，分别到 A 团 5 位老人所住的房间，给他们退了所优惠的部分，这几个老人认为旅行社退的差价不够。经理再三解释："我们是团购，无法按照门市价退差价。"A 团老人说："行程中景点的标价是门市价，肯定是以门市价收我们旅游费的，必须按门市价退余费。"经理本想解释："虽然标注了景点价格，但组团社给游客是综合报价，而且是以团购价和地接社结账的。"但是碰到了较真儿的老人就啥也别说了，越说越乱。白导觉得给经理添麻烦了，自掏腰包给 A 团 5 位老人补足了差价。

A 团有位老人马上告诉 B 团的老人，说旅行社给他们退了费，B 团老人更加愤愤不平，情绪激烈。白导一看事情愈演愈烈，万一有老人因情绪激动身体出事就麻烦大了，立刻按照门市价的半价给 B 团的 2 位老人退了费，导游赔点钱事小，老人平安事大。老人拿到退费，对白导说："帅哥导游，你很会办事，是个当总经理的人才。"

幸亏旅游团次日乘早班机飞往南方，如果继续游览，门票问题就很棘手了。

☞ **评析：**

> 不同的景点对老年人免票、半价票的年龄规定不一致，有的景点规定 70 岁才享受优惠待遇，有的景点对外地老人的优惠也不同于本地老人。总之购买景点门票好像是有些门道，不是旅行社的人一般不易弄明白。
>
> 通常导游应该为享有优惠资格的游客购买优惠票，事先收齐相关证件（老年证、学生证、军人证、残疾证），在购买好全团门票后归还证件，旅游团进入景点验票时，享受优惠票的游客应持证件，以备查验。

为游客购买优惠票，导游应事先请示旅行社，并做好怎样退费等预后准备，A、B团的地陪更要行动一致。

案例中，白导为A团的老人购买了优惠票，目的是为地接社节约门票费，因为行程上没有注明老人买优惠票，就没有准备给老人退费。B团的赵导是新导游，没有多想就全买了全价票。两名导游因为退门票遇到了麻烦：A团老人要求旅行社按门市票价退优惠的差价，B团的老人认为没有收他们的老年证，不买优惠票，他们吃亏了。

在两团老人为退门票钱而情绪激动时，白导自掏腰包，给A、B旅游团的老人退费，平息了购票风波，安慰了老人，白导是个善良、大度的导游，他知道"赔点钱事小，老人平安事大"。白导的做法是否得当、此事怎样解决为好，大家可以讨论。

5-2 押金条刮飞了

导游吴雨伦带着一个46人的旅游团在LY市远郊旅游。

山青水美地肥，游客呼吸着清新的空气，吃着可口喷香的农家饭，非常愉悦。下午来到天水湖游赏，水鸟不时从芦苇丛中飞出，湖面如镜，倒映着湛蓝的天、飘移着朵朵白云。湖面上有许多白鹅形状的脚踏船，悠悠荡荡驶来驶去，非常吸引人，游客纷纷要乘船游玩。吴导对大家说："因为划小船具有危险性，所以旅行社行程上不安排这项活动，希望大家谅解。"很多游客仍然坚持要求给时间，自费划船。吴导说："如果大家都要划船，请你们签字，万一出了安全问题，旅行社和我负不起责任，请大家理解。"王阿姨很不客气地说："我们自由活动也签字？我们参团是玩来了，不是受导游管制来了！"

这些客人索性自己到游船售票处租船，租游船需要交押金，租船处的工作人员说："如果导游员交押金，每条船交100元，如果游客自己交，每条船交200元。一条船可以坐4个人。"游客开始自由组合，王阿姨是个爱逞能的人，她把12条船的押金都收齐了，对吴导说："吴导，我把12条船的押金给你，你帮我们交吧，租船的照顾你们导游。"不由分说，把1200元塞给吴导。

吴导办完了押金手续，就把押金条交给王阿姨，王阿姨说："押金条我就不拿了，省得我一忙乎给丢了，你给我押金就行了。"她顺手就把押金条塞到吴导的衬衫口袋里了。

吴导协助租船处的工作人员讲解划船的注意事项，照顾着游客登船。11条船都发出去了，就剩下王阿姨和另外一个阿姨，没人和她俩组合在一条船上，王阿姨一看全团就剩下她俩了，就说："吴导，你坐我们的船吧，我们姐俩都退休了，没劲儿蹬船，你帮我们划船。"吴导来不及推辞，王阿姨就连拉带拽地把吴导拉到了船上。

吴导不停地蹬船，两位阿姨在船上互相拍照好不开心。王阿姨特爱张罗，一会儿让吴导划到那条船边上，一会儿又要上湖心岛。划到湖中央时，风很大，突然把吴导上衣口袋里的押金条刮飞了，押金条飘了一下就没影了。原来吴导在蹬船时，随着他用力，押金条一点一点从口袋里蹿了上来，风一刮，就飞了。

上岸后，吴导问游船售票处押金条飞了如何处理，售票处说："凡押金条丢失的，凭有效身份证件一个月后来领取。"

吴导找了一个 ATM 机取出 1200 元，把押金还给王阿姨。她数了数钱，连一声谢谢也没说，扭头就走了。吴导心里叫苦不迭，天水湖这里不通公交车，一个月后自己怎么来啊？

☞ **评析：**

> 　　旅游者要求自由活动，要求自费参加某项游乐活动是让导游两难的事情，不满足他们的要求，大家心中不悦，意见纷纷。满足他们的要求，一旦出了事，他们第一句话就是导游同意了的，导游、旅行社就得承担一定责任。若全团要求时，更让导游为难。
>
> 　　案例中全团旅游者要求坐脚踏船游赏天水湖，处理此事时吴导很无奈，迁就了游客，本案吴导有三处不妥：
>
> 　　几乎所有导游业务书上都写明：游客要求自由活动，尤其是参加不安全的活动时，导游一定要告知活动具有危险性并劝阻。导游要劝阻旅游者划小船，因为不能保证安全。吴导应郑重地向游客说明情况，求得通情达理的游客支持，只要有几位游客写下安全免责书，万一发生问题，导游就有证据了，吴导虽说了但没有坚持。
>
> 　　吴导被王阿姨连拉带拽地拉到船上，替她们划船，万一出事，导游如何开脱自己的责任？倘若出事了，吴导就会明白"一时姑息，终身遗憾"这个道理了。
>
> 　　旅游者租船游湖，押金由旅游者支付，导游代交也无可厚非，但王阿姨非要吴导保管押金条不可时，他应当婉拒，或者问一句"万一丢失怎么办？"结果在蹬船时押金条一点一点从上衣口袋里蹿了上来，风一吹就刮跑了，给自己找了麻烦。事后，吴导一定会很委屈，很懊悔，只能自己汲取教训。
>
> 　　这里要为导游说句公道话：

在旅游者兴致很高的时候导游阻止他们自由活动，让旅游者签署安全自负的文字，旅游者往往不高兴，旅游者拒绝签署，导游也是毫无办法的，粗鲁的旅游者还可能责骂导游，煽动旅游团的不满情绪，影响后续的旅游行程。如果旅游者向旅行社反映导游固执己见不满足他们的个别要求，旅行社怕失去客户，也不敢理直气壮地支持导游，私下还会埋怨导游不会灵活处理问题。

导游赶上了自以为是、汹汹然、不文明的旅游者，确实有理讲不通。王阿姨的作为就是欺负导游，作为导游都是尽量不与游客争辩，更不与之正面冲突，以免破坏旅游团的和谐气氛。

文明的导游最怕不讲理的游客。

5-3　游客夜不归宿

来海阳市的旅游团基本是一日游、两日游的团，暑期海阳导游每天迎来送往，真的挺累。一天晚上导游周绍沣要接待一个自驾车旅游团，当晚入住海阳大酒店，第二天招虎山国家森林公园一日游，第三天清早前往即墨。

这个旅游团都是济南的散客，一路赏景、散心、吃对口的饭菜，客人觉得省内游真是舒服。山东省文化和旅游厅对导游要求特别严格，一件事做得有点瑕疵就扣分，所以导游都兢兢业业的。

晚上8点，旅游团来了，因为人少没派全陪，周导给游客办理入住手续，26个人，13个双标间，游客自由结合，一会儿就搞完了。周导对大家说："咱们饭店在市中心，如果晚上想散散步、吃点海鲜烧烤的，记着早点儿回来。海阳的安全没问题，你们大可放宽心，万一迷路了，准会有热心的市民引领你回酒店。明早7点叫早，7点半用早餐，8点准时出发。"说完就回家了。

第二天早晨周导边吃早餐边招呼着客人，7：45，安排大家上车，趁着清晨比较凉快，人齐了就早出发。在旅游车上周导清点人数，但数了3遍都是24个人，于是点名。1302房间的胡瑞智和郝海洋没有到，周导立刻打他俩的手机，但是他们关机了。周导让饭店工作人员打开他们的房间看看是否还在睡觉，饭店工作人员死活不肯打开房间，说出了问题不好交代。周导找了饭店保安部以及两个游客陪他去看房间。1302房间内两张床非常整洁，看来昨晚没有人住宿，但是行李箱都在。

走失游客，周导从来没有遇到过，就赶快给旅行社老总打电话，旅行社老总把警察也叫来了，问了问其他游客，一点线索也没有，都说昨天刚从济南出来，互相还不熟悉。警察说："让旅游团先去旅游吧，旅行社老总跟我们去趟派出所，做下笔录。"警察很自信、轻松，一点也不紧张。

在招虎山讲解时周导说错了好几处，把雷音潭说成雷音寺了，鸳鸯池说成了鸳鸯谷，周导总在琢磨这俩游客去哪里了。周导心想："这两个'老活（计）'是济南人，都是1990年出生的，个高，长得帅，他俩夜不归宿，干什么去了？害得全团不安宁。"

中午，旅游团到招虎山餐厅用海阳风味餐，周导一进餐厅就愣住了，旅行社老总把这俩游客带来了。原来他们有个大学同学是海阳的，这个同学得知他俩来海阳了，立马就把老同学接到家里去热情款待。他们边喝啤酒边拿手机和全国各地的同学海聊，手机打得没有电了，两人喝得晕晕乎乎，索性住在同学家里。

今天上午他俩刚回饭店就被旅行社老总在大门口截住了，警察随后也到了，问了几句话就说："你们去游览吧。"旅行社老总开车把他俩送到景区餐厅。

通过这次游客一夜未归，周导长了经验，旅游团来海阳入住饭店后，周导就会郑重地告诉游客：凡是准备22点后回饭店的必须给领队或者全陪请假，回饭店后要给领队或全陪打个电话报平安。没有全陪的，向地陪请假、销假。

旅游淡季时，饭店也会给地陪一间司陪房，晚饭后周导就在大堂坐一会儿，看到有外出闲逛的，就提醒他们早些回饭店，顺便问一下房号，晚上给他们房间打个电话，问下回来没有。周导的妈妈心疼孩子，常对街坊说："一个小导游要操那么多心，遭罪啊。"

☞ **评析：**

旅游者走失，尤其在夜间走失，是件麻烦的事。发现旅游者走失，当然要及时积极寻找，但是没有一点线索，怎样寻找？这时导游只能报告地接社，请公安机关或者饭店保卫部门协助处理。案例中周导是这样做的，符合导游服务规范。

旅游者夜间外出，导游一定要提醒他们不要走得太远、不要回来太晚。对入境旅游者和出境旅游者更要认真提醒，尽力避免他们滞留不归。

人们外出旅游，也应该自律，案例中那两位旅游者被家在当地的同学接去喝酒，整夜不归，很不应该，也可能他们最初没有预料到畅饮一夜，但是参加旅游团就应该遵守参团纪律，要文明出行，至少应该告诉导游。

遇到此事后，周导长了经验，旅游团入住饭店后，周导就严肃说明：凡是准备22点后回饭店的游客必须告知领队或全陪，回来后要报个平安。饭店给导游陪同房时，周导坐在大堂及时提醒游客早些回酒店，不怕辛苦，很好！

　　我国许多地方的饭店对于司陪房各有规定，地接社一般是不给地陪和当地司机提供司陪房的，所以地陪不住酒店，下团后地陪就回家休息了，若发生旅游者夜间迟归、不归，又没有全陪随团，地陪应如何处理，希望各位导游和读者畅所欲言，提出合情、有效的解决方式。

✈ 5-4　找爹记

　　好几年前，导游席兴早上接了陕西汉中的散客团，就开始走行程，上午是天安门广场、故宫，午餐后游览北海，王府井步行街，晚餐自理。下午5点旅游团就到了王府井，席导强调晚8点旅游车上集合，游客开始自由活动。

　　席导一看表快6点了，该吃晚饭了，于是请全陪吃馄饨侯的烧饼、馄饨，他取来热气腾腾的馄饨和刚出炉的芝麻烧饼，这时全陪的手机响了，游客李大哥打来电话，焦急地说："麻影子时分（黄昏）哦（我）达（爹）丢了！"一细问，原来李大爷不愿意逛商场，想坐坐北京地铁，李大爷在儿子、媳妇、孙子的陪伴下，乘地铁从王府井站到了北京西客站，地铁站里非常拥挤，他们准备从西客站再坐地铁到前门游逛，儿子一家都挤上了地铁，但李大爷没有挤上去，地铁车门就关了。李大哥一家三口坐了一站马上赶回来，可老爷子不见了，孙子都急哭了。李大哥问怎么办？席导问："你们现在在哪里？"李大哥说仍然在西客站地铁站。席导让李大哥赶快报警，他马上就赶过去。

　　席导对全陪说："你吃好了就去停车场等旅游团，把旅游团送回酒店。我通知酒店把房间门卡给你，你为旅游团办理入住手续。我们随时联系。"

　　李大爷走失，席导和全陪都及时向各自的旅行社汇报了。

　　席导赶到了西客站地铁站内，见到了李大哥一家，李大嫂噙着热泪。席导问她："李大爷身上带着手机、身份证吗？"李大嫂说："手机、身份证都在我书包里，公公身上倒是带着钱哩。"席导首先安慰了李大哥一家："只要李大爷带着钱就好说，第一，他能买吃买喝，不会饿坏了。第二，李大爷没有身份证，要住只能住在地铁沿线的小旅馆，大饭店不会接待没有身份证的旅客。虽然不好找，但公安部门会缩小寻找范围。"

　　席导陪李大哥又去了地铁警务站，把李大爷的穿着、相貌，以及家乡的电话等又细致地说了一遍，地铁警务人员说没发现打听问路的走失人员。

　　席导突然想到地铁内每个站都有录像，如果查看一下，李大爷的行踪不是很容易查到吗？席导找到地铁的办公室，办公室的人说地铁的录像他们播放不了，只能到北京地铁总公司去申请查看，但是现在已下班肯定查不到了。

　　他们打车去了西客站所属的派出所，把李大爷的各种特点以及家乡的地址、电话等又细说了一遍，派出所让李大哥在记录纸上签了字。李大哥说："寻不着哦达（我爹），怎么睡哩？"派出所说因为 24 小时是个缓冲期，过了 24 小时才能给全市的公安系统发布讯息，寻找失踪者。

　　李大哥想从西客站出发，到沿途每个地铁站去问问。席导心想要是不陪着，李大哥一家准得说北京导游不热情、怕累，得，舍命陪君子吧。一直到北京地铁末班车了，他们才回到酒店，因为酒店没有地陪的司陪房，李大哥让席导和他住 508 房，李大嫂和孩子住 509 房。席导和李大哥躺在床上毫无困意，探讨如何寻找，一直说到了夜里两点多。

　　地接社考虑还是席导继续陪着李大哥寻人较好，第二天就派了一个导游替席导带团。

　　一大早，席导陪着李大哥来到地铁总公司，要求查看录像，地铁公司办公室的人说："你们的心情和要求我们充分理解，但是不能任何一个旅客想看录像我们就给翻查，只有公安部门才有权力调阅录像，请你们理解。"地铁公司说的在情在理，席导他们只好怏怏而回。

　　正在李大哥愁闷之时，突然西客站所属的派出所来了电话，说让他们到西二旗的收容所去领李大爷，谢天谢地总算把李大哥的爹找到了。

　　他们见到了李大爷，李大爷说昨晚走失后，非常着急，也饿了，就在一个小饭馆喝上闷酒了。天黑了，就到处找旅馆，一个出租司机把他拉到西三旗的一个洗浴中心，出租司机与洗浴中心很熟，就安排李大爷住下了，洗浴中心经理上班后得知李大爷是走失人员，立刻报了巡逻民警，民警把李大爷带到了临近的收容所，李大爷对警察说："儿子、媳妇的电话记不得，昨晚在西客站迷路的。"收容所一联系西客站警务站，就得到了李大哥的电话。

　　当天晚上一些团友为李大爷在和平门烤鸭店设宴压惊，让席导参加。席间李大爷一家和游客轮番给席导敬酒，席导说："工作期间，真的不能再喝酒，要不然我也丢了，李大哥这回你得找导游了。"李大爷说："有事就找民警，民警保天下安全哩。"

☞ **评析：**

> 旅游者李大哥的老父亲在地铁走失，席导让他立即报警，做法正确。席导赶到西客站与他会合，向地铁警务站详细介绍了老人的相貌特征和衣着，并陪李大哥在地铁里一站一站地寻找，还到地铁总公司要求查看录像，旅行社安排席导第二天陪着李大哥继续寻找，当他们在西二旗收容所见到李大爷后，悬着的心总算放下了。李大哥和团友感谢席导，请他参加压惊宴，大家为他敬酒，这是旅游者对他服务工作的肯定。
>
> 案例表明，席导是一名有经验、有责任心的好导游，席导安慰李大哥一家，陪着寻找老人，不得休息，席兴处惊不乱，沉稳处理游客走失事件，急旅游者所急，一切为旅游者着想。这是好导游的具体表现。
>
> 导游带团，若有旅游者在自由活动时走失，要及时寻找，如果是入境旅游者，更要在第一时间报警，防止入境旅游者非法滞留。公安机关是人民的依靠，李大爷说得好："有事就找民警，民警保天下安全哩。"
>
> 李大爷走失后，席导要陪着李大哥去寻找，无法照顾旅游团，请全陪晚餐后去停车场等候旅游者，带团去酒店入住，地接社另派导游接替席导带团旅游，这些处理很到位。
>
> 安排旅游者自由活动之前，导游一定要强调注意安全，并说明万一走失，如何处理，怎样报警。如果团内有老年旅游者，不妨询问他们一下，导游是否讲清楚了。

✈ 5—5 学生的行李箱哪儿去了

2018 年 4 月 22 日，兰州某中学高一年级的 268 名学生开始在杭州进行 5 天的文化考察活动，下榻于湖滨某四星级大酒店。

几天的时光很快就过去了，返程是 26 日 16 点的飞机。26 日一大早，全陪李尧、王文斌很早就来到餐厅迎候师生用餐，陆陆续续有一些同学提着走轮箱来到餐厅，李导、王导和已经到酒店的地陪忙着收房卡。

李导、王导把收到的房卡都交给几个地陪，地陪收到一个房卡就在分房表上画个圈，只要收到一些房卡就送到前台，以便酒店及时查房。李导不时和前台核对，看是否有学生自己把房卡交到前台了。

外面淅淅沥沥下着雨，一会儿大一会儿小的，高一二班的谭志轩、李彤来到大堂，准备把行李箱放好再去用早餐，就把房卡交到前台。他俩一出酒店大门就看见两辆旅游大巴停在那里，第二辆车的师傅正从第一辆车上搬矿泉水。这时雨下得急了，因为雨伞已装在行李箱内，就不愿意再拿出来了。谭志轩灵机一动，对门卫小哥说："师傅，麻烦您把这两个走轮箱放到第二辆大巴，司机已经打开车下面的行李箱了。"门卫小哥说："放心吧，我去放。"两个男生就去二楼用早餐了。

已经 7∶40 了，还有 18 间房的房卡未交，导游就分别给那些房间打电话，有的学生可能还在酣睡，根本不接房间电话，打他们手机也不接，带队老师很着急，对李导说："我让班里的同学去敲他们的门。"王导说："我们几个导游上门催他们。"李导给导游分了下工，逐个房间去催学生。

敲开门才知道有的学生在酣睡、有的在洗浴、有的在收拾行李，反正是乱糟糟，导游嘱咐他们快点收拾，临出门前再仔细检查一遍，别落下东西。

等这些学生急急忙忙地来到餐厅时，已经 8∶10 了，有个班主任说："叫早的铃声也叫不醒你们，起得这么晚，算啦，别吃早餐了。"李导连忙对餐厅经理说："这 20 多个学生起晚了，吃早餐来不及了，请给点餐盒，让他们装点面包吧。"

教导主任李强胜老师走过来对李导说："谢谢你们几位导游，这么体贴学生，学生刚 16 岁，在家都娇惯着，让你们费心了。"李导说："老师不用着急，我们预留了退房时间，今天上午就龙井问茶一个活动，午餐后就去机场了，参观龙井茶的地点就在宋城西面，去机场很方便。"

导游在前台领了一大堆东西，学生的遗落物品五花八门，睡衣睡裤、充电宝、润肤膏、杭州画册、保温杯、饮料……好在客房部把每件东西都贴上了房号。几个导游提着这些东西，在旅游车上问 ×× 房号的同学在车上吗？司机坐在司机座上默默地笑着，有个司机还逗导游："发不下去、无人认领的都给我，导游就省事了。"有几个男生说："给师傅，给师傅。"

"龙井问茶"是杭州的一个特色旅游项目，学生要观看龙井茶的制作过程，完成茶知识作业，在这里用特色茶乡农家饭。因为学生众多，1~3 号车先看制茶，4~6 号车先品茗。

茶厂讲解员为师生讲解龙井茶：

因为茶出在杭州西湖乡龙井村，所以叫龙井茶。龙井村附近群山环绕，雨量充沛，气候温和，土壤呈酸性，为茶叶生长提供了得天独厚的自然条件。龙井茶是一种高档绿茶，"色翠、香郁、味醇、形美"，1200 多年来受到世人钟爱。

喝龙井茶讲究喝小芽茶，又名鹰爪、雀舌、谷粒，泡在玻璃杯中，茶叶直立不倒，载浮载沉，茶色虽淡，却入口香浓。中芽也不错，中芽又名"一枪一旗"或"一枪二旗"，即中心一芽，外有一或两片稍卷的小叶。

茶水是最好的解渴饮料，但是喝茶更是一种悠闲、一种清雅。

好茶都是手工炒制的，工序有：摊放、炒青、回潮、分筛、回锅、筛分、贮存。制茶师傅在电锅里用手翻卷着茶叶，他们的手法不断变换，边做边介绍"抖、搭、捺、拓、甩、扣、挺、抓、压、磨"技法。有的学生问："师傅，龙井茶不是色翠吗？我看只是像嫩柳芽那种颜色，并不是碧绿啊。"师傅说："翠，是翠玉的翠，不是碧玉的绿，这是龙井茶的特点。"

品茗大厅很热闹，茶厂的美女为师生沏茶，每人一个晶莹透亮的玻璃杯，玻璃杯是热的，已经用热水烫过了，杯中大约有 3 克龙井茶，第一巡先往杯中倒入 1/3 杯 80℃~90℃的开水，茶叶慢慢散发出淡淡清香，第二巡再斟到 7 分满，淡绿色的茶水清澈，缕缕清香飘逸。沏茶美女提醒大家："饮龙井茶不要等水喝干了再续水，喝去 2/3 时，就要续水了。"

茶厂给老师特意沏了高档龙井，茶水是嫩黄色的，更加沁人心脾。

一位老师问沏茶美女："我在北京买过西湖的龙井茶，可是沏出来没有你们的香，这是怎么回事？"沏茶美女说："主要是水的缘故，我们这里的泉水和虎跑泉是一样的，这一带雨水丰沛，群山林木茂密，地下是石英砂岩，雨水经过一层层的石英砂岩过滤，渗入地下，形成了丰富的岩层泉水。泉水沿岩层倾斜的方向水平运动，形成地下潜流。砂岩层有许多细密的裂缝，潜流遇到岩石阻挡，由横向运动变为向上的竖向运动，在沉积层较薄弱处夺地而出，形成天然涌泉。泉水的酸碱度、矿物质含量都是一个最佳状态，硬度低、张力大，所以沏出茶来好喝。"

茶厂的师傅带领师生进入炒茶车间参观后，请师生品茗，品茗后用餐。茶厂的豪华餐厅特别大，上的菜都很好，以东坡肉、笋烧肉、西湖醋鱼、素烧茭白、小河虾最受欢迎。

用餐后 6 辆大巴直奔机场，司机开起车来都是八仙过海各显神通，2 号车、3 号车率先到了机场，师生拿行李、集合，突然 2 号车的学生谭志轩、李彤说他们的走轮箱不见了。2 号车地陪说这一路并没有开大巴上的行李箱啊，不可能丢。她赶快找到全陪李导，说了情况。李导问这两个学生："是你们自己上的行李吗？"谭志轩说："因为下雨，我的雨伞装在箱子里了，我就让酒店门童帮我放到车上，我亲眼看着门童把行李放进行李箱，当时就两辆车。"李导问 2 号车的师傅："师傅，您早上是一来就排在 1 号车后面吗？"师傅说："今天我来晚了，来了之后他们给我挤了个空，我才排在 1 号车后面。"李导对学生说："你的行李一准装错了车。"谭志轩说："每天旅游车都是挨着号排的，怎么今天就不挨号了？"2 号车的地陪心直口快："同学，你不看车号，自己不上行李，让门童给你服务，你着急也是应该的。"

2 号车师傅打开对讲机问："早上谁排在 1 号车后面来着？是否有门童给学生上的行李？"5 号车的师傅说："早上我跟 1 号车借矿泉水，所以排在 1 号车后面了一会儿，酒店门童给学生上行李，上我的车，我心想这学生还真有派头啊。"李导对学生说："行李在 5 号车上，记着一定要亲自装行李，避免出差错。"

6 辆车都来齐了，谭志轩、李彤从 5 号车拿下了自己的走轮箱，谢了谢师傅，他们还给师傅鞠了个躬，师傅开心地笑了。

每辆车的地陪都检查了一下车上有无遗落物品，全体师生人齐、行李齐，导游引导大家进入候机大厅，开始为师生办理登机手续。

临分别时，地陪组长徐导不好意思地对全陪李导、王导说："今天早晨上行李时，我应该安排个地陪看着点儿。"李导说："如今的学生都是他们家的太子、公主，你说深了，招惹他烦，说浅了，没人在意。好在我们时间安排上留有充分余地，一顺百顺。"

☞ **评析：**

带领研学团外出旅游，虽然有老师随团管理，但是导游，不管是全陪还是地陪，都必须有高度责任心，诸事要更加细心，全程关注学生的安全。

学生旅游团返程时通常是一片混乱，不起床、房间里遗忘很多物品，案例中的李导、王导与几个地陪催促学生退房、发放遗忘物品、给迟到学生备上简易早餐，工作细致，很有人情味。

由于导游忙于收房卡退房，学生上行李环节没导游在场，两个学生怕淋雨，让酒店门童给上行李，学生误以为第二辆车就是 2 号车，到了机场找不到行李，虚惊一场。

不论是出发还是返程，导游应预先提醒游客：最好自己上行李，若是司机、导游、酒店行李员帮助放行李，游客一定要亲眼看到自己的行李装进旅游车的行李箱，放错车、忘了装就麻烦了。

大团队多辆车上行李时，全陪、地陪应有人照料行李上车，开车前请游客确认他们的行李已放入本车的行李箱。

案例中介绍了龙井茶的来历、特点、制茶工序等知识，有史以来，茶文化一直是中国人的骄傲，正如茶厂讲解员所说："喝茶是一种悠闲、一种清雅。"

✈ 5—6 虚惊一场

海南地处热带北缘，属热带季风气候，素来有"天然大温室"的美称。近十几年来海南最多的入境游客是俄罗斯人，国内游客是黑龙江人，海南的椰风海韵更吸引黑龙江省的学生。2017年12月21日，黑龙江省某市一个国际学校的320名师生到海南进行研学旅游，组团社为节约费用只派了青年导游冯伟和她同学王瑶作为全陪，这些师生分乘相邻的两个航班，冯导、王导各负责一个航班。

这个国际学校的学生主要是在黑龙江的外籍人士子女、港澳台子女，也有些华侨子女。很多华侨觉得孩子还是在老家上学好，所以这些学生的身份证件大多是外国护照、港澳通行证和台胞证，华侨子女和一些企业家的子女是中国身份证。学生的身份证件很重要，往返飞机、海口、兴隆、三亚的住宿都要用身份证件。校领导要求组团社派出的全陪负责保管298名学生的身份证件和学生证，按说导游没有保管身份证件的责任和义务，但是组团社为了揽下生意，还是答应了学校的要求。

两个航班相距70分钟，校长让全体师生都一起从学校出发，说是让乘第二个航班的学生在候机厅送第一个航班的学生登机。开车前各班带队老师就把学生的身份证件、学生证分别装在两个袋子里，8个班16个袋子交给了全陪。冯导、王导各自备了双肩背背包装这些证件，再沉也得背啊，好在女导游只要一出团都是女汉子。

师生早早到了机场，冯导、王导请师生去洗手间把羽绒服等厚衣服都换下来，她们俩先为大家换登机牌，这两次航班的主要乘客都是学生，碰巧团队值机柜台前就他们这个团队，等师生整理好了行李，登机牌都换好了，于是开始托运。

全体师生过了安检，各班老师把身份证件收齐后又交给了冯导、王导。

冯导带团乘第一个航班，下午4点抵达海口，4位地陪举着绘有海南风光的接机牌热情迎接师生，4辆旅游车直接开往酒店。

办理住宿时，各班老师配合酒店进行身份验证，每打开一个身份证件，老师叫名、由酒店人员刷脸，都弄好了，老师把身份证件整理好，交给前台。冯导再三嘱咐前台人员要分班复印身份证件，千万别弄乱了班级。傍晚快6点时王导带的4个班也到了酒店，冯导帮助她搞好了住店环节。

晚餐后，冯导、王导领回了全部身份证件，房间里的保险柜空间太小，根本装不下身份证件，冯导问前台酒店有没有大的保险箱或者能否代为保管，酒店说身份证件和财物只能客人自己保管。

地陪买票时要用学生证，有的景点还抽出一些学生证检查，冯导、王导提前做了准备，在每个班的学生证包里放了一个小硬卡，卡上写着"×年级×班学生证××个"，"××个"是用红笔写的，景点售票人员可以一目了然，不用数了。每天早上出发时，冯导、王导就把学生证交给负责买票的地陪组长刘导，晚上回到酒店冯导、王导再过一下数。

下榻兴隆的酒店同样折腾了一回身份证件。

12月23日晚餐后，全团下榻三亚亚龙湾的一个五星级酒店，酒店的入住程序特别细致，地陪负责组织各车学生排队，老师按照身份证件叫人，酒店刷脸，酒店人员看着导游登记好某房住宿人员再发房卡。一个班弄好了，班主任老师把身份证件整理一下、装包，交给前台。等冯导、王导从前台拿回身份证件时已经夜里11点了。

最后一晚师生在酒店大会议室举行平安夜联欢会，全团提早用了晚餐，晚餐快结束时，冯导对教导主任陈老师说："明天下午要返航，现在我们想请班主任核查一下身份证件是否全对，麻烦您把班主任老师都叫来吧。"陈主任客气地说："哎呀，你们的工作太细心了，不过现在老师们正忙着化妆，老师们说颜值是节目的配偶，咱们明天核对吧，对不起啊。"

25日是圣诞节，早上7点两位全陪和8个地陪开始忙着收房卡。酒店的自助早餐非常丰盛，海南的名吃几乎都有：文昌鸡、嘉积鸭、东山羊、和乐蟹、南沙的基围虾……在用早餐时，冯导找到陈主任说："我想请各班带队老师把身份证件核对一下。"地陪组长刘导说："查房还没结束，学生遗落的东西太多，还是抓紧时间弄这些吧，中午我们在三亚大东海一家大餐厅用餐时再核对吧，再说每次住宿都弄了一遍，证件哪里会有什么问题？"冯导说："今天午餐因为餐厅小，分两拨用餐，王导的团后吃，他们后到机场，怎么提前核对证件啊？"正在这时，一位老师拉着陈主任去吃大虾馄饨，地陪组长刘导豪爽地说："陈主任您去吃馄饨，到机场身份证件有啥问题，我全权负责。"

上午游览开始不久，王导的团里有2名同学和1位班主任老师开始闹肚子，他们早晨吃冷海蟹、海虾和冰激凌太多了，还好附近有个海军医院，王导和一个地陪带着这3个病号去治疗，化验后，大夫说是肠胃大寒所致，打上一瓶点滴就能止住。

午餐后冯导带团赶到了机场，办登机手续时，值机柜台说你们300多人，分两个值机柜台办吧，地陪组长刘导负责王导的团在另一个值机柜台办登机牌。

冯导这里办得很顺利，还有几个学生的护照，马上就办完了。突然刘导神色紧张地跑过来："冯，冯，冯导，怎么初三（四）班的学生中缺一个身份证、一个台胞证？"冯导把剩下的几本护照交给一位老师帮着弄。

刘导、冯导把初三（四）班的所有证件数了两遍，又对了一遍学生名单，真的就缺两个证件。陈主任也过来数了一遍。

刘导说："我马上给酒店前台打电话！让他们在前台查！一定是他们复印时搞丢了。"5分钟后酒店回话说酒店根本没有遗落的身份证件。

刘导说："没有身份证可以在机场补办临时身份证，台胞证怎么补办啊？我们赶到市台办，人家也该下班了。万一学生走不了，冯导，还有他们的老师都得陪着住下来，麻烦大了。"

冯导觉得证件不应该丢失，但不知道是怎么一回事，于是给初三（四）班的班主任打电话，恰巧班主任就是腹泻的老师，他们团正在来机场的路上，腹泻的老师有气无力地说："亚龙湾酒店刷完脸，我就把他俩的身份证、台胞证分别插在旧护照的塑料皮里了。"

刘导说："值机柜台说这两本护照是过期的，谁还去摸摸塑料皮里面有没有身份证、台胞证的卡啊。"冯导说："一急，就容易犯最傻的错误。"

办完全团的登机手续，冯导发现自己的头发都汗湿了。这时王导也带着几个班的师生来到了机场，导游开始帮师生办理托运。

临到安检口，刘导不好意思地说："冯导，真对不住，如果提前让老师核对一下，就知道一个证件不缺，也不会让您着急了。好在有惊无险。这次真的给我上了一课。"

☞ **评析：**

身份证件应由旅游者自己保管，需用证件时全陪（领队）收取，交给地陪，地陪用毕立即归还，每次交接都要当面点清证件数量。

这个国际学校领导为了减轻老师的负担，要求导游保管证件，旅行社为了揽下生意就答应了学校的要求。两个女导游要背着298名学生的证件，每次使用还要核对数量，好在冯导、王导的工作非常细致。

由于老师图省事、地陪组长自负，返程前没有能够再次核对证件，到机场办理登机手续时发现少了一张台胞证、一张身份证，在地陪乱了分寸时，冯导沉稳思考，打电话问班主任，结果是虚惊一场。旅游团的身份证件比钱还重要，不可疏忽，出发前一定要验查，这个程序不能少，否则容易出问题，如何坚持原则又不僵化，那是导游的工作艺术。

附录：

中国公民身份证丢失，由机场、火车站的警务站开出临时身份证。

台胞证丢失，到遗失地派出所报失，凭游客的其他证件和地接社证明，地级市公安局出入境管理部门开具临时出境证明。

港澳居民在大陆旅游丢失港澳同胞回乡证，可凭当地公安机关出入境管理部门签发的《中华人民共和国入出境通行证》出境。返回港澳后，再申请换领新证。

一、在遗失地公安出入境管理部门申请办理出境手续：

1. 到遗失地派出所报失，并填妥《境外人员临时住宿登记表》。

2. 带齐以下文件前往暂住地区公安局出入境服务大厅办理遗失手续：（1）已填妥的《境外人员临时住宿登记表》；（2）填写《中华人民共和国入出境通行证申请表》；（3）提供 2 张大一寸正面蓝底免冠彩色相片；（4）提供能证明申请人是港澳居民身份证明的文件。

3. 申请人必须本人到公安机关办理。

二、来不及在遗失地申办或适逢节假日，申请人可直接在深圳罗湖或珠海拱北等口岸提交申请。经核实身份、入境记录及确定不属于不准出境人员后，可获发一次出境有效的《中华人民共和国入出境通行证》。

外国游客在华丢失护照，应向当地公安机关出入境管理部门申请护照报失证明，护照报失证明有效期一个月。本人应向所属国驻华使领馆申请办理新护照，持新护照和护照报失证明到当地公安机关出入境管理部门申请签证，公安机关将在 5 个工作日内为申请人签发签证或居留证件。对在华确实无法办理新护照的外国人需紧急出境的，可向公安机关出入境管理部门申请《外国人出入境证》。

✈ 5—7 老姐俩桥下躲雨

夏天，某单位组织退休员工到郊区某森林公园旅游，导游王启程、尹义龙各负责一辆旅游车，两人服务周到，这些退休人员非常喜欢他们。到达景区下车前，两个导游再三强调大家要量力而行，不要走得太远，11：30 准时上车去用午餐。

进了森林公园，有的老同志在山脚下遛弯，有的聚在一个亭子里打扑克，爱唱歌、唱戏的扯着脖子纵情放歌，喊山的一群老人立刻让宁静的森林公园热闹了起来。王导、尹导在公园里转悠着，看见独自赏玩的老人就提醒他不要走得太远，提前到达集合地点。

10:20，天空突然乌云密布、雷声隆隆，游客从森林公园的各处匆忙奔来，聚集在公园大门内的廊子里。风刮起来了，天更黑了，马上就要大雨倾盆，游客有些慌乱，带队领导说："导游，请赶快集合队伍，咱们提前撤离吧。"

王导、尹导各自用麦克风呼喊游客赶快上车集合，旅游车就在森林公园门口的停车场。10:35，全团游客都上车了，但缺了两位阿姨。领队分别给她俩打电话，一人停机，另一人是电话一通就挂上。有人说："这老姐俩带个手机就是聋子耳朵——摆设。"

领导问谁知道她俩在哪儿？有的游客说曾看见她俩在一个山坡下挖野菜，正说话间瓢泼大雨降了下来。谁去找这两位游客？导游义不容辞，王导、尹导请公园保卫人员协助，冒雨四下里寻找这老姐俩。

最后在一座木桥下面找到了她们，她俩浑身都被雨水淋透了。进了公园她俩兴致勃勃、一门心思地挖野菜，也不看天，直到打雷、闪电，黄豆大的雨点掉下来，才意识到下大雨了。一看附近有座木桥，就跑到桥下避雨，幸好桥下河的两边有高坡，还能站在那里，要是河水涨了，这老姐俩就危险了。尹导、王导分别把自己的雨伞给了阿姨，两个导游在雨中立时成了落汤鸡。

从寻找她们，到连拉带搀地把两位阿姨扶上车，前前后后一个多小时，开车时已经快 12 点了。带队领导沉着脸，对导游说："开车。"

这两个游客都是王导车上的，大家问她俩干啥去了？一位阿姨说她一家都爱吃野菜团子，看见有野菜就忍不住了。大家问："怎么一打电话你就关机啊？"她说："我一着急就老摁错了。"另一位说："我烦骚扰电话，没事我就关机，省得乱心。"同伴们说："两位老姐姐，你们真够悠闲的。"

王导怕再谈下去会引起不愉快，就开始讲起当地人的年夜饭了，王导的讲解立刻吸引了全车游客。

☞ **评析：**

　　单位组织的一日游活动，游客都是退休老人，虽然有带团领导，但导游的责任还是不轻松。到了景区下车前、进景区后，导游多次提醒老同志注意安全，不要单独行动，不要远离团队，不要到偏僻的地方活动等。有的老年人性格孤僻、不大合群，导游还给予了单独提醒。就是这样，还是有人不听导游的劝告。案例中两位老阿姨在挖野菜时，突然下起暴雨，她们手足无措，听不见导游的呼喊，又不知如何与团队会合，很是狼狈。

老人走失、电话关机，寻找游客当然是导游的责任，王导、尹导有经验，他们请公园保卫人员协助，根据其他游客提供的线索进行搜寻，终于在一座木桥下找到两位老人。

在景区游览，导游不仅要提醒游客注意安全，也要提醒游客保持手机畅通，以便随时联系。但有的老人不带手机，有的不太会操作，有的为省话费老关机。这是导游接待老年旅游团时的一个难题，这就要求导游随时注意老人的动向，最好能让老人不离开导游的视线所及范围。但说起来容易，做起来却很难。

怎样接待好老年旅游团？希望大家共同探讨，尤其希望导游提出宝贵建议。

✈ 5-8　在庙会吃撑了

2018年春节期间，游人特别多，旅游团的安排紧密，让带团导游高度紧张。

初五，毛主席纪念堂第一天开放，几乎所有初二来京的旅游团都赶在这天去。初五下午的庙会最热闹，游人也最多。导游刘海添带的旅游团初六就要乘飞机返程了，只能在初五凑这个热闹了。

刘导这样安排初五的行程：7∶30到达毛主席纪念堂，即使排队等候，大约9∶30可以完成瞻仰活动。然后龙潭湖庙会，早上游人较少，停车也方便些。11∶30进天坛，先在天坛餐厅用午餐，然后参观天坛。14∶30去颐和园游览，晚上回饭店用晚餐。

刘导让家人初四19∶00就守在毛主席纪念堂的预约网站，20∶00一到就点击进去，非常幸运地预约上了，如果到现场排大队至少要两个小时。

初五，旅游团顺利去了纪念堂，9∶00他们就登车前往龙潭湖庙会了。

刘导是在北京长大的，热爱传统文化，在旅游车上津津有味地给游客讲庙会：

在中国有庙必有会，城乡都有庙会，因为寺庙祭祀，来人众多，商业机会好，庙的附近就有人设了各种摊子，卖各种小吃的、糖果的、水果的、生活用品的，理发的、裁剪衣服的，唱戏的，说书的……集市是乡村里每隔多少天必有一集，大型庙会一年只有一两次，远近的人都来拜庙逛会，所以庙会比集市更火爆、更喜庆，庙会已成为中国的传统民俗活动。现在北京的庙会已经不是清末民初时期的庙会了，凡是类似庙会形式，尽管没有庙也叫庙会，庙会最大的特点就是人多、热闹。

陈游客问刘导："北京的庙会和广州的花街有何不同？"刘导说："广州的花街我没

有去过，回答不出来。"游客一下子就乐了。

刘导继续讲解北京的庙会：

北京春节期间有很多个庙会，庙会里美食集中，有各种买卖铺子，古玩、书籍、帽子围巾、绢花、灯笼、儿童玩具等，还有许多文娱表演节目。

林游客说："刘导，我们广州的庙会上有很多美食大排档，你们北京庙会卖什么好吃的？"

刘导说："北京庙会上也是传统美食聚集，民以食为天嘛。"

咸口的小吃介乎三餐与零餐之间，咸口的有肉包子、卤煮火烧、烧饼夹猪头肉、卤豆腐、锅贴、豆腐脑、煎扒糕，炸灌肠是最畅销的。炸灌肠在明朝就是北京人的小吃，《故都食物百咏》中云："猪肠红粉一时煎，辣蒜咸盐说美鲜。"灌肠是用淀粉加红曲水、五香水调成稠糊，灌到布袋里蒸熟，不烫手的时候捏成棒槌形，炸前切成小片，在大饼铛上半煎半炸（最好用猪肠子油，现在都是葵花籽油、玉米油了），煎到两面金黄就好了，用小叉子（过去用竹质小叉子）蘸着咸蒜汁吃，外焦里软，非常香。

甜口的小吃更多，光年糕就有豆馅的（不是豆沙）、豌豆芸豆杂豆的、大枣的、小枣的，有江米的（糯米）、江米面的、黄米面的，还有南方口味的白果年糕（有少量肥猪肉丁）、金鱼造型的年糕等。豌豆黄，色泽浅黄、细腻、纯净，入口即化，不足半寸厚的小方块上面放片山楂糕，色味俱佳，因慈禧喜食而出名。栗子面小窝头（有栗子味道，玉米面、黄豆面、白糖制成）是一道著名的宫廷小吃，据说慈禧最爱吃。

驴打滚又称豆面糕，黄米面或者江米面裹红豆沙馅，外面滚一层熟的黄豆面，像驴在黄土地上打了个滚。

艾窝窝，糯米洗净浸泡，入笼屉蒸熟，凉凉后揉匀，揪成小剂子（小团），包上馅（核桃仁、瓜子仁、芝麻、青梅、金糕、白糖）。为何叫艾窝窝呢？据说明朝红丸案中的那个只当了29天皇帝的朱常洛喜欢吃，他常说"御，爱窝窝"，后来就简言为艾窝窝了。

糖卷果是用山药和枣制成的。取3份山药去皮剁碎，1份大枣去核切碎，山药、枣肉拌匀，稍加水和面粉，搅拌均匀，用油皮将拌匀后的料裹紧包好，上笼蒸8分钟，准备消毒过的干净豆包布一块，将蒸得的原料趁热置于布上，捏成三角状长条，凉后切成小手指厚般的块，入七成热的油锅，炸成焦黄色时捞出；另用锅加油、水、桂花、白糖，小火熬成糖稀，将炸得的卷果倒入，裹上糖汁，撒上白芝麻和白糖，软绵香甜，有滋补作用。

还有奶油炸糕、糖耳朵、面茶、糖火烧、姜丝排叉，都大受欢迎。

冰糖葫芦是北京市的名片，酸甜可口，只有冬季适于制作。冬季人们多食油腻厚味的饭菜，吃一串冰糖葫芦消食解腻、清火化痰。

北京人喜爱的小吃有个显著的特点，就是物美价廉，少数民族风味（满、蒙古、回等民族）与汉族风味并存。

刘导介绍了北京的风味小吃，游客口水都快流出来了，他对大家说："小吃虽美味，但浅尝辄止为宜，因为你们已经在北京五天了，每天早起晚睡，休息不好，胃的消化功能减弱。还有两点要提醒：第一，记住集合时间和集合地点，11：15 在龙潭湖西门外售票大棚处集合。第二，一定要注意人身和财物安全，谨防不良分子。"

11：00 时，旅游者都出来了，就缺李大爷夫妇。刘导请全陪在西门这儿看着，自己进园去找，没法广播，人这么多，根本听不清。刘导估计李大爷一定去看魔术表演了，因为初三晚上旅游团看杂技时，他说最爱看变戏法，刘导才知道 20 世纪 50 年代把魔术、杂技称作变戏法。在杂技团的演出场地二位老人正伸着脖子津津有味地看魔术师表演。

天坛餐厅初五照例是饺子宴，全团都吃得很高兴，只有林大哥一家没吃多少，林大哥说："庙会的小吃太好吃了，儿子和岳母不停地吃，现在还撑得慌，可是看见各种馅的饺子、水晶肘花就又吃上了。"刘导说下午游览时走一走就好了。

下午在颐和园东宫门签单时工作人员说："你们这时候来真来对了，刚才人多的还挤不动。"进了东宫门，还真是人不太多，刘导讲解也有情绪，旅游者既能听进去她的讲解，也能照几张好照片。

在乐寿堂后院游览时，林大哥着急地问刘导附近哪有洗手间，说他儿子和岳母想吐，全陪陪着他们去了。

在听鹂馆时这祖孙俩又要吐，刘导跟听鹂馆的人比较熟，就领着阿婆和她外孙去听鹂馆的洗手间。刘导很紧张，心想千万别是食物中毒啊，刘导跟听鹂馆要了两个不同的塑料袋，把阿婆和外孙的呕吐物装了一点，以备化验。阿婆的外孙挺逗，一个小男孩死活不跟外婆进女洗手间，刘导带男孩进男洗手间了。

刘导和全陪对林大哥说："阿婆和孩子得看医生了，万一严重了，明天怎么乘飞机啊？"林大哥觉得有道理，就问去哪里看病为好？刘导建议他们立即去附近的中国医学科学院西苑医院治疗（三甲中医医院）。

从颐和园出来登车时刘导给林大哥打了电话，问阿婆她们怎样了。林大哥说："呕吐物排除了食物中毒，大便也没有问题，血液也化验了，大夫说就是吃撑着了，现在给他们做艾灸和拔药罐。"

　　旅游团刚回到饭店，林大哥就给刘导打了电话，问怎样坐地铁回饭店。路上林大哥又给全陪打电话，说："阿婆和儿子又饿了，晚餐最好给弄点热汤面。"

　　初六刘导送团时，刘阿姨在意见表上这样写："导游非常认真负责，虽然年轻但富有经验，嘱咐大家注意饮食卫生，提醒老年人注意集合时间、地点，旅游者病了能正确处理并提出很好的建议，给旅游者安排了易消化的病号饭，真是一个北京的好导游。"

☞ **评析：**

　　刘导在春节带的旅游团初六就要离站，但初五毛主席纪念堂才开放，北京庙会也没有逛（初五的庙会最热闹，人也最多），由于刘导的精心安排，顺利完成了旅游行程。

　　刘导让家人帮助成功预约了纪念堂，节约了排队时间，安排上午游龙潭湖庙会，避开了游人高峰，旅游者在天坛吃了丰盛美味的饺子宴，在颐和园拍摄了很多照片，高高兴兴地结束了在北京的游览活动。

　　可惜美中不足，刘导虽然提醒庙会上的美食浅尝即可，但一老一小两名旅游者还是禁不住诱惑，没有管住嘴，吃坏了，到了颐和园就吐开了，这可把导游吓坏了，要是食物中毒，麻烦就大了。经刘导建议，祖孙俩去了邻近的西苑医院诊治，好在只是吃撑了，导游悬着的心放下了。

　　刘导巧妙安排行程，热情周到服务旅游者，导游服务到位。

　　刘导是一个有心人，关注着每个旅游者。两名老人集合时未到，刘导到杂技团的演出场地找到了他们，因为他们曾说过喜欢看变戏法。有旅游者呕吐，刘导沉着冷静，为排除食物中毒，留取了呕吐物，以备化验。并提出正确建议，让旅游者尽快去距离颐和园最近、合适的医院就医。刘导懂一些医疗常识，对患病旅游者可以正确指导。所以旅游者称赞刘导"是个北京好导游"，这样的评价，他受之无愧。

　　在旅游者眼中，导游是当地的形象代表，他们往往以这个导游来评价这个地区的旅游服务质量，如果接待他们的导游很好，他们就会向亲友推荐到这个地区旅游，案例中，旅游者对刘导的评价就是一个明证。所以，导游一上团就得认认真真工作，从而给他们留下导游和导游服务的美好印象。

✈ 5-9 吃错了餐厅

进入新时代，老年人焕发出青春活力，经常参加各地区、省乃至全国的歌舞大赛。

2017 年 4 月，全国各省、地区老年人舞蹈团来京参赛，61 位导游负责接待。只要是多团一起活动，食、住、行就显得困难。所有团分布在近 30 个宾馆里，基本上一个团一辆旅游车，但是有的团 58 人或 62 人，这样还得拼团乘坐。排练节目要分成几个场次，用餐更麻烦，下榻宾馆的餐厅接待不了全体团队，有的团要到宾馆附近的餐厅用餐。

为了提高工作效率，组委会把用餐的餐厅、时间段都发在微信群里，组委会让餐厅每天用餐前和导游核实用餐人数、用餐时间，导游也要积极与餐厅接洽。

导游柴继铭接待的是四川德阳地区的老年舞蹈团（简称"德阳团"），全团 47 人，领队霍老师 50 多岁，组织能力特别强，所以柴导的工作就比较轻松了。

根据计划，4 月 26 日上午舞蹈团在北京剧院排练，北京剧院在北四环路安慧桥的北面，午餐就安排在四环路的黄龙酒楼。午餐后舞蹈团回宾馆后根据专家的意见细致加工节目，晚餐安排在下榻宾馆附近的黄山饭店。

到了北京剧院，各个舞蹈分团按照登台次序逐团彩排。

排练期间，导游在剧场最后两排座位上休息，柴导和谁都是自来熟，不停地和一些导游搭讪着："小春妹妹，早餐你吃好了吗？""大刚兄弟，晚上去我酒店，咱们哥几个喝点，打会儿牌"……组委会刘老师是一位退休中学教师，快人快语，她走到柴导跟前低声说道："柴大导游，您能消停点吗？你老说话，添乱。"

10 点左右餐厅、导游开始互相联系，确认用餐时间、人数。柴导接到黄龙酒楼前台的电话，酒楼叮嘱他快出发时打个电话，酒楼做好准备，以便歌舞团的老师来了就吃到热菜热饭。柴导爽快地答应了。

一家旅行社计调给柴导打来电话，五一节有个大团去泰国，约柴导做一个分团的领队。柴导的媳妇也是导游，柴导提出安排她一起带团，旅行社计调同意了。柴导就把夫妻俩的身份证号、导游证号、手机号报了过去。刚报完，柴导的好友齐兴就打来电话，说 5 月 2 日有个去日本的游轮团，导服挺高，在游轮上基本没有多少活儿，此行还有好几个导游都是他们的好友，齐导希望柴导夫妇一起去带游轮团。柴导心里翻腾开了，左思右想之后，就和旅行社计调说了声对不起，推了泰国的团，旅行社计调劝说了许久，柴导也没回心转意，但是心里很乱。

11∶50 舞蹈团结束排练，柴导就带着大家去用午餐。他想都没想，告诉司机去宾馆附近的黄山饭店。

一路顺畅，很快到了黄山饭店，柴导让服务员安排就桌，舞蹈团老师高兴地分坐 5 桌。柴导到前台去签字，前台经理一看用餐签字表，就对柴导说："导游，你团的餐是晚餐啊，中午用餐的团马上要来了，你要把餐桌给腾出来。"柴导立刻就蒙了，人家黄龙酒楼曾打来电话，我怎么带团来黄山饭店来了，唉，要是看一下微信用餐安排，或者提前给餐厅打个电话，就不会出错了。柴导恳求黄山饭店给解决一下。

正在这时，导游王娟带着她的团到了，早就约好了用餐时间，王导带团一向风风火火，不会让自己的团平白地等桌。柴导只好让自己的游客站起来给人家让桌，德阳团的老师意见很大，陈团长劝慰大家说："谁都有差错，都要互相体谅，支持别人就是温暖自己。"

这时黄龙酒楼给柴导打来电话，问怎么还不来用餐，柴导说我现在到黄山饭店了，肯定不能跑到四环去用午餐了，黄龙酒楼立刻就把情况反映给了组委会。

黄山饭店把雅间整理出 5 桌，让柴导的团用上了午餐。

王导对柴导说："你赶快向组委会承认错误，问问晚餐是去黄龙酒楼吃，还是就近在黄山饭店用餐，别一犯错误就失魂落魄的，没个导游样。"组委会说安排一下再通知柴导。

组委会告诉黄龙酒楼，今天晚上会多安排一个 5 桌的团去用餐，以弥补中午的失误。通知柴导晚餐仍在黄山饭店，不能让舞蹈团跑远路去用餐。

晚餐后柴导回到酒店，导游组长李旭玲在大堂沉着脸等他："柴继铭，你每年都得出点故事，自己想想，到底是怎么回事儿？"

☞ **评析：**

柴导喜欢热闹，和谁都是自来熟，应该说他的性格适合从事导游工作，有利于广泛接触旅游者，他好与人搭讪，但不看场合，在剧场聊天被组委会批评。

柴导答应了一家旅行社带团去泰国，并要求安排他妻子同去担任领队，旅行社答应了他的要求，但好友约他们夫妇去带条件更好的游轮团时，两团时间冲突，出于私利，柴导悔约，辞去了泰国团，并置旅行社计调的耐心劝说而不顾，不应该。

带什么团一事弄得柴导心里很乱，于是就不按工作程序操作，既不看用餐安排，也不提前给餐厅打电话，说明用餐时间、人数、标准，去错了用餐地点。好在组委会的通融下，两个餐厅合作，解决了团队用餐，但是客人因为长时间等桌，很不满意。

导游切记：带团时心若旁骛必然出错，见利思迁信誉必然大跌，甚至可能断了带团之路；人的信义远比利益重要。

✈ 5—10 "老丢"归队

2016 年 11 月 25 日下午 3 点半，导游张自强在浦东机场接到旅游团，旅游者都是陕西宝鸡市凤翔县两个村的农民，各村的村支书带本村农民来大上海旅游。张导看到这些农民叔叔、大爷、大婶、大娘都是满面红光，精神气十足，由衷感到改革开放带来的极大变化。

张导引领大家登上旅游车，开始做沿途导游讲解。

坐在第二排穿着羊皮坎肩的大叔说："导游小哥哥，哦（我）叫李振华，哦听你拿着话筒讲了半天了，非常细香（详细），但是你说的制达（这里）、那达（那里），哦莫（没）去过，想不出来怎么个了杂列（很美）。哦和你骚情（拉近乎）一会儿。"张导有点蒙，李支书对张导说："我村李老汉想和你聊几句。"于是开始了客导对话。

游客老李："导游小哥哥，上海有上古的文物吗？"

张导："上海博物馆中有西周的晋侯青铜器和秦国早期秦公器等重要文物，有新石器时代的彩陶和灰陶、商周及春秋战国时代的原始青瓷。在中国历代玺印馆中还有西周的印玺……"

游客老李："导游，你知道'明修栈道，暗度陈仓'吗？哦是陈仓人，陈仓现在是宝鸡市的一个区，周朝时称西虢（guó），大名鼎鼎嘞。咱们中国最大、最沉、最贵重的宝贝——石鼓，就在哦家那达儿（我家那块地方）找到的。"

张导："先秦石鼓是我国头号宝贝。"游客老李满意地笑了。

旅游团第一站是外滩。外滩南起延安东路，北至外白渡桥，在这段 1.5 公里长的外滩西侧，矗立着 52 幢风格迥异的古典复兴大楼，素有外滩万国建筑博览群之称。与外滩隔江相对的浦东陆家嘴，有上海标志性建筑东方明珠、金茂大厦、上海中心大厦、上海环球金融中心等，它们是上海现代化建设的缩影。

介绍完外滩，张导给游客 25 分钟的自由活动时间，然后在陈毅公园门口集合。

集合时间到了，全团 48 人就缺游客李大叔，他的老乡说："这个'老丢'总是到处乱跑，这次又得丢了，上海这么大，怎么找？"张导按照名单上的手机号给李大叔打电话，手机倒是响了，不过手机在大叔的亲弟弟手里。李振中（大叔弟弟）说："哦大哥没带身份证和手机，他也不记得我的手机号。"

全陪陈微是个小姑娘，也是第一次来上海，遇到这种事干着急。

张导让大家等候一下，他和全陪向外滩的保安介绍了丢失游客的情况，请他们帮助寻找，然后自己和游客李振中沿着外滩寻找一遍。

半个小时过去了，丝毫没有踪影，外滩的保安用对讲机互相通报了情况，有一个保安说好像有两个外国小伙子和一个穿羊皮坎肩的人过马路了，张导心想："天啊，难道大叔会英语？"

找不到李大叔，全团只好去吃晚饭、入住酒店。

刚分完房，张导的手机响了，来电是山东的号码。

"喂，你是导游张自强吗？"

"是的，噢，噢，太好了，麻烦您把电话交给外滩的保安……保安，请您看住这位大叔，我们30分钟后赶到外滩。"

张导、游客李振中在外滩见到了大叔。大叔走失的经过很有趣：有两个外国小伙刚从延安来上海，看见大叔的打扮很陕西，就说想穿大叔的衣服照几张生活照，正好有个上海外国语大学的男生给当翻译，大叔给外国小伙介绍陕西过去的着装习惯"冬天青、夏天白，春秋两季一碇墨"。外国小伙住在和平饭店，带着大叔、上外的男生去外滩对面的和平饭店拍照去了。拍完照李大叔又向外国小伙讲述先秦石鼓，反正有人给翻译，外国小伙热情地请他们吃晚饭。

李大叔说导游一定会到外滩来寻他，于是上外的男生带着大叔来到外滩，一点也没看到导游和团队的影子，就问大叔，能否记起谁的电话，大叔突然想起张导在旅游车上给每人发了一张名片，从裤子后兜掏出了张导的名片，名片上写着：导游张自强1581×××××××是您在上海的亲人。这位男生立刻联系上了张自强。

一行人回到酒店，游客问张导："导游，你怎么这么神奇，刚下飞机就知道'老丢'要走迷瞪？"张导说："保证游客的安全是导游最重要的责任。"

☞ **评析：**

> 游客李大叔是个好热闹、好表现的陕西游客，在上海外滩游览时走失了，张导多方寻找，无果。
>
> 李大叔的走失很有戏剧性，在上海外滩自由活动时，他遇到两名刚从陕北来上海，对陕西风情有浓厚兴趣的外国年轻人。外国小伙看到穿着羊皮坎肩的李大叔，就要求

与其在酒店拍摄生活照，李大叔欣然同意，又有上外的男生当翻译，李大叔与他们天南海北聊起来，一起去了和平饭店拍生活照，并吃了晚饭，就是忘了着急寻找他的导游和同乡。酒足饭饱之后，李大叔由上外学生带到外滩寻找旅游团。靠张导给他的名片，联系上旅游团，"走失"事件又戏剧性结束。

在这虚惊一场的走失事件中，张导的处理方式值得称道，一发现游客走失就立刻与外滩保安联系，一起寻找。在人多热闹、环境复杂的游览地，保安一直注视着游客的动向，保安是最知情的，又会积极合作，请保安帮助是绝对正确的。张导在前往外滩的旅游车上发给每位游客自己的名片，是个很好的办法，可以化解游客走失难题。

✈ 5-11 虞老伯被汽车撞了

2020年1月10日上午11点，北京地陪马辰在北京大兴国际机场接到了来自广州的旅游团，游客大部分是退了休的叔叔阿姨，为了节约时间就在机场附近用午餐。司陪用餐时全陪刘导和马导核对了一下行程，刘导说："小马哥，我这是第二次带团来北京，仍然很陌生，您要多操心。"马导说："刘导，您就放心吧。凡是需要提醒的我都会说到，应该做的我都会努力办好。美女，你穿的有点少啊，别冻着。"

用餐后就开始走行程，第一站游览天安门广场、参观故宫。马导人帅、口才好，控团能力特别强，45人的大团紧紧地跟着他，刘导暗暗佩服。

晚餐后开车去酒店入住，在旅游车上马导说："各位叔叔、阿姨，我们入住以后，希望大家好好休息，大家早上坐飞机，下午游天安门广场、故宫，这一天真的很累。我接待过很多老年旅游团，团里的叔叔阿姨精神特别足，经常晚上自由活动，去逛超市啊，去夜市吃北京小吃啊。我这里郑重提醒各位叔叔阿姨，今晚最好待在酒店早点休息，您如果要出酒店闲逛请您向全陪刘导请假，回来后销假，外出时带好自己的财物，带着酒店名片，过马路一定要小心，绿灯亮了再过马路……"游客虞永勤是位退休的老工人，他笑着说："马导，谢谢你这样细细嘱咐，我们都是老旅游啦，外国都去过多次啦，旅游经验丰富着哩。"

导游讲北京小吃

到了下榻酒店入住很顺利，马导、刘导分完房卡，就开始照料游客、行李进房间，进行查房工作。一切都弄妥善了，两位导游在大堂又把次日的行程碰了一下，马导就要回家了，这时看见虞老伯兴冲冲地要走出酒店，马导迎上去说："虞老伯，您这是去哪里啊？您最好还是在房间好好休息休息。"虞老伯笑吟吟地说："孩子，我当汽车兵的头两年就在北京，北京我哪里都熟悉，你就放心吧。"马导又嘱咐了一句多注意安全，虞老伯说："孩子，我在部队是开汽车的，放心吧。"

这时，刘导说："马哥，社里来微信说让我把游客在天安门、故宫的照片发回去，您给他们拍了许多照片，咱们先传照片吧。"

正在传照片时，大堂经理急急忙忙走来说："您二位是刚入住团的导游吧？警察说一位老先生骑着小黄车被小轿车撞了，老先生说住在我们酒店，导游还在大堂，我估计是您们的客人，你们赶快去看看，出事地点就在酒店东面 500 米处。"

马导跑得飞快，到了出事地点，看见虞老伯坐在路边，交警在调看遥控监视器上的交通视频。好在虞老伯伤得不重，头皮出了点血，右手食指指甲瘀青了，左腿小腿碰破了。

交警很快开出来《道路交通事故认定书（简易程序）》，判定小轿车司机和虞永勤对事故负有同等责任。

刘导急忙问虞老伯是怎么回事，虞老伯只是笑了笑，刘导还想继续问，马导对刘导说咱们赶快听交警的安排，把刘导的发问岔开了。交警对虞老伯说："听您自述，身体无大碍，很庆幸，但是必须去医院检查一下，李小刚正和保险公司联系，按照常规，保险公司负责一万以下，超出一万的部分各付一半，现在让小李带着你去看病，这里离宣武医院挺近。"交警对马导说："刚才问了，虞老伯家属亲友不在身边，你们是他的导游，要陪同老伯前去治疗。"刘导用粤语嘟囔了一句："我们导游当然会陪伴受伤游客的，这一点还用嘱咐吗？"交警说："姑娘，你在说啥？"马导立刻说："警官，她说幸亏伤得不重，入住前我就多次嘱咐注意安全了。"

到了宣武医院急诊室，事主李小刚负责挂号。马导、刘导分别向旅行社汇报了情况。医生很快开了照 CT 的单子，头部、腿部的 CT 片子很快就出来了，医生说基本没啥撞伤的问题，开了消炎和止疼的药，说夜里伤口会疼得厉害一些，过 3 天再复查一下。马导、刘导又各自向旅行社简要汇报。

李小刚把虞老伯、马导、刘导送回酒店。马导说："虞老伯，今晚我打地铺睡在您的房间，万一有事，有我在。"虞老伯说："没事儿，孩子，我身体很好。"但是马导还是打地铺睡在了虞老伯的房间。

次日清晨，二位导游在早餐时问虞老伯恢复得怎样，是否在酒店休息一天，虞老伯说："一点也没事，我照样旅游。"

13 号该复诊了，早上当事人李小刚来接虞老伯，旅行社特意派了男导游小吴带团游览，马导与刘导一起陪虞老伯去医院。到了宣武医院，急诊室的护士联系了医生，医生说复诊的都得挂普通门诊。挂上号以后等了近一小时才看上病，大夫说急诊拍CT是随时就可以，但是普通门诊要约时间，一般要等十来天，这位老伯伯是来旅游的，他能等吗？李小刚和保险公司一联系，保险公司说虞老伯可以回广州复诊，具体如何办理，会告诉李小刚。虞老伯偷偷对马导说："我身体没事，还用复诊吗？"马导说："一定要复诊一下，这样几方面都放心。"

14日旅游团乘飞机回广州，虞老伯在进安检前噙着热泪对马导说："这次撞车，对于我、所有老年人都是一个深刻的教训，平时出门要特别注意交通安全。小马，你就把我的事讲给你接待的每一个旅游团，注意安全真是万万忽视不得的。"

☞ **评析：**

北京地陪马辰上午接到来自广州的旅游团，下午走行程，活动和酒店入住都很顺利，入住时，马导嘱咐游客好好休息，外出要和全陪说一声，要注意安全，带上酒店名片，但是富有旅游经验的游客虞老伯并不在意。

虞老伯曾在北京当汽车兵，对哪里都熟悉，兴冲冲外出，骑共享单车闲逛，由于过马路不下车被小轿车撞伤，幸好无大碍。马导是一个负责、有经验的导游，服务到位，当晚打地铺陪虞老伯同住，陪同到医院复诊等。

虞老伯说："这次撞车，对于我、所有老年人都是一个深刻的教训，平时出门要特别注意交通安全。小马，你就把我的事讲给你接待的每一个旅游团，注意安全真是万万忽视不得的。"这个案例对于导游、游客都有警示意义。

附录:《道路交通事故认定书（简易程序）》

当事人A：李小刚（身份证号……）住址：北京市西城区……

交通方式及车号：驾驶小型客车（京N……）

保险凭证号（保险公司）ABEJ050CTP……（中国太平洋财产保险股份有限公司北京分公司）

联系电话：189……

当事人B：虞永勤（身份证号……）住址：广东省广州市越秀区……

交通方式及车号：自行车（无）

保险凭证号（保险公司）（无交强险）

联系电话：135……

事故事实：2020 年 1 月 10 日 20 点 35 分，在北京西城区……街段，当事人 A 李小刚驾驶车牌号为京 N……的小型普通客车由东向西行驶，未确保安全。当事人 B 虞永勤骑共享单车由东向南行驶，B 车由东向南横过马路未下车推行，与 A 车发生交通事故，造成车辆接触部位损坏，虞永勤受伤。

受伤当事人伤势轻微，各方当事人一致同意适用简易程序办理。

当事人签名：

A 李小刚　　　　B 虞永勤

受伤人签名

虞永勤

当事人责任：李小刚驾车时有其他妨碍安全行车的过错行为；虞永勤有驾驶自行车在路段上横过机动车道时不下车推行的过错行为。李小刚、虞永勤负有事故同等责任。

赔偿情况：

告知：

1. 当事人对交通事故认定有异议的，可以自道路交通事故认定书送达之日起三日内提出书面复核申请。同一事故的复核以一次为限。

2. 你可以通过北京交警 App、北京市公安局公安交通管理局对外网站或者到对外窗口打印 PDF 格式的《道路交通事故认定书（简易程序）》。

交通警察：张新　警号……

5-12　意外情况考验全陪

2018 年 9 月 19 日苏州导游杨志峰到社里取行程，经理对杨导说："后天（21 日）你带领太仓市的一个散拼团走昆（昆明）大（大理）丽（丽江）线。这个团里有个怀孕的李姐，虽然有她老公小袁随行照顾，但是你也得多操着点心。"杨导说："经理，派个女导游不更好吗？"经理说："你不是太仓人吗？你带着太仓乡亲们旅游多有情调啊。"杨导心里想："合着让我带团就是因为与我有乡亲关系？真会说话。我还学过法语哪，你组点法国团，我来带。"经理说："杨导带团水平高，人又帅，魅力大，一定能把团带好。对了，团里还有三个村主任（村长）哩，他们是咱们社的重点客户，这次昆大丽你一定把他们都照顾好了，费心啦，小杨。"杨导听了，心里暗暗叫苦。

旅游团是 21 日上午的航班，下午到了昆明就开始走行程，当晚入住昆明一家四星级酒店。

从昆明到大理再到丽江，行程一路顺利，团里的三位村主任啥事都挺配合，不用杨导和地陪邵导操心，杨导就着意关照着怀孕的李姐。虽然李姐的丈夫小袁说有他看护着，导游就不用费心了，但是杨导总是经常提醒他们，如大巴车连续急转弯时，杨导就示意一下小袁，让他在座位上扶着点李姐。总之，这几天游玩时，李姐身体没有一点问题。

玉龙雪山是丽江的经典景点，是许多游客向往的景点，地陪邵导买索道票前，杨导特意问李姐坐索道、登雪山，身体能否吃得消，李姐说没问题，李姐 5 岁的儿子说："杨叔叔，我会照顾妈妈，爸爸总是自己玩得很嗨。"

25 日早上，因为要收房卡办理退房，杨导很早就到了一层的西餐厅，杨导热情地招呼着本团游客，顺便接过他们的房卡。

李姐带着儿子来到餐厅，但没有去取食物，坐在餐桌旁，脸色有些不好，杨导走过去悄声问："李姐，用不用我帮您取些食物？"李姐说："谢谢杨导，我早上起来后肚子有点疼，先歇会儿，待会儿再吃。"这时，李姐的丈夫小袁哼着昆曲悠悠达达进了餐厅，他用昆曲的声调说："啊，杨导，鄙人已然将房卡放置前台，行李已挂好牌放到车下的行李车箱，你就放心了吧。"杨导笑了笑："袁大哥真不愧是太仓人，昆曲贤圣魏良辅把昆腔的魂给您了。"（明嘉靖年间魏良辅在太仓，用了 10 年的时间与一些善曲者将昆山腔提升为昆曲。）

25 日的主要行程是到拉市海骑马，再进一个土特产店，然后到大理乘火车回昆明，行程很松弛。早餐时很多游客就问地陪邵玲玲拉市海骑马活动。邵导说："'拉市'是古纳西语，意思是'新的荒坝'，云南的湖泊大多称为'海'。拉市海的湖面海拔 2437 米，高原湿地的景色特别清新。来到拉市海，很多人都会去骑小矮马，小马悠闲地行走在茶马古道的山间小路上，游客呼吸着新鲜空气，骋目望去远山、白云、蓝天、湖泊，这才是旅游。"游客跃跃欲试。

要出发时，李姐对丈夫小袁说她下体有点见红了，可能有问题，小袁就跑来问杨导咋处理。杨导说："哎呀，这种情况李姐不宜随团旅游了，我和地陪商量一下。"邵导生过小孩有经验，她对杨导说："一见红，可能是流产的先兆，真不能随团旅游了。"

杨导、邵导找到李姐两口子说："李姐不宜再活动了，是否去医院看看？"小袁说："你李姐身体棒，先不去医院了，在酒店休息会儿吧。也许待会儿就好了。"邵导说：

"临近中午我社有个团直接去大理，你们一家可以乘这个团的车，在大理等我们。"

小袁是个大大咧咧的人，他说："我和儿子就爱骑马，杨导，你陪着李姐直接去大理吧。你李姐是个女汉子，她自己就能照顾好自己。"杨导本来想说自己是未婚小伙子，怎么好陪着有可能流产的游客，转念一想，全程陪同、照料游客是全陪的责任，不能推却，于是杨导说："袁大哥，能找个女游客一起陪着李姐吗？"小袁说："大家是出来玩的，这话不好问的，一问，那些女乡亲一定骂我是十三点（二百五的意思）。"小袁是个只顾玩不管媳妇的人，确实没法张口找别人照顾，杨导叹了口气，和地陪邵导交接了一下工作，旅游团就出发去拉市海了。

杨导向前台要回了两间挨着的客房，对李姐说只要难受就立刻打他电话。

快10点时，李姐打来电话，说情况有点不好，杨导说："咱们赶紧打车去医院吧，我通知袁哥回来。"杨导给邵导打了电话，邵导说："你们赶快去市医院，我想办法找车送小袁去市医院找你们。"

李姐在丽江市医院急诊室就医，做B超、验血。B超很快出来结果，大夫说："子宫内没有妊娠囊，输卵管部位发现有异常包块，可以诊断为宫外孕，如果还继续流血，应该立即住院做手术，但是我院最好的妇科手术大夫去上海学习了，28日才回来。"

杨导立刻把情况汇报给苏州组团社经理，经理说："一定要把没危险当作有危险来处理，李姐他们应该尽快飞回来治疗，小杨，你要向李姐和小袁说明情况。"

小袁带着儿子乘出租车赶到了医院，杨导向他们说了组团社的建议，李姐是个豪爽的人，立刻说："我们自费，坐最快一班的飞机回苏州。"

几分钟后组团社经理打来电话："最快一班的飞机是13：20飞上海的，但是只有两个座位了。"李姐说："我和小袁坐，儿子麻烦杨导照顾吧。"李姐的儿子说："妈妈放心，我喜欢杨叔叔。"

杨导请地接社安排了去丽江机场的车。

在等车时，杨导拜求医生，总算给开了李姐可以乘飞机的证明。杨导对小袁说："你们的行李在旅游团的大巴车上，你儿子、行李都由我来管，你把李姐照顾好就行了。"

地接社派的司机小和师傅真好，很快把他们几个送到丽江三义机场，李姐说："杨导，这里就不用你管了，你带着我儿子去找旅游团吧。"

杨导和邵导一联系，旅游团正在土特产店购物，司机和师傅笑着对杨导说："老天爷专门照顾好心的人，我把你和这个男孩送到土特产店就完成任务了，不然，我还得把你们送到大理。"杨导会来事，对和师傅说："胖金哥（帅哥）和师傅，这是一条苏州真丝绸围巾，本来是送地陪邵导的，送给您吧，您谈恋爱时送给胖金妹（美女）。"司机高兴极了："胖金哥导游，你若没有老婆，就到丽江成家立业来吧。"

国庆节期间游客小袁来到苏州，把表扬杨导的锦旗送到了旅行社。

（洪万磊供稿）

☞ 评析：

一个未婚男导游要整个旅游过程中照顾孕妇李姐，确实为难苏州导游杨志峰了。

杨导以旅行社的安排为重，在照顾全团的同时重点关照李姐：时时提醒李姐的丈夫小袁旅途中多搀扶妻子，登雪山坐索道时询问李姐能否承受，李姐出现流产先兆，小袁玩心太重仍带孩子骑马，反而是杨导留在酒店陪着李姐，李姐和小袁提前乘机回苏州，杨导照顾他们的儿子。事后小袁把表扬杨导的锦旗送到组团社，正如组团社经理所说："杨导带团水平高，一定能把团带好。"

本案例还有一点值得一提，该旅游团的全陪、地陪、司机配合默契、合作和谐，有这样一个优秀的导游服务集体是旅游团的幸运。

✈ 5-13 一天两次游客丢失

16日早7点半，女导游刘建新接了一个全国散拼旅游团，32位游客，以中年客人为主，第一天的行程是长陵和居庸关，晚餐后回到市内看《功夫传奇》。

旅游车一出德胜门刘导就开始讲解：

整个十三陵陵域面积80平方千米（12万亩），共建有13位皇帝的陵寝，依次是首陵长陵（成祖朱棣）、献陵（仁宗朱高炽）、景陵（宣宗朱瞻基）、裕陵（英宗朱祁镇）、茂陵（宪宗朱见深）、泰陵（孝宗朱佑樘）、康陵（武宗朱厚照）、永陵（世宗朱厚熜）、昭陵（穆宗朱载垕）、定陵（神宗朱翊钧）、庆陵（光宗朱常洛）、德陵（熹宗朱由校）、思陵（思宗朱由检）。

担任建陵的主要官员有：武职的是公、侯、伯，文职的是内阁辅臣、工部官员、兵部官员及各衙门工科官员，有职衔的太监承担下传上达、督办工程之责。

为何由武职官员领衔承担修建陵寝的重任？因为军人是最好、最棒的劳动力，所以担任建陵的主力军，农村出来的兵士有人在家乡就是石匠、泥瓦匠、木匠，军队里建筑人才多得很。

　　在营建明十三陵过程中，历朝都有杰出的设计者和寿工（陵寝工程）主持者（营建总指挥）。

　　工部尚书毛伯温在明嘉靖十六年（1537）提督天寿山陵寝，因为道路崎岖不平，运输大型石料极为艰难，毛伯温创造性地发明了八轮车（结构像能爬楼梯的车一样），这种车能过沟越坎，一下子减轻了民工的劳累，加快了建陵速度。

　　数不胜数的能工巧匠以及流血流汗甚至牺牲生命的民工建造成了举世壮观的明十三陵。

　　保存完好是明十三陵的一大特点，除了李自成焚毁定陵祾恩门、祾恩殿、左右配殿及康陵、昭陵的明楼，民国期间思陵被土匪盗挖外，十二座陵寝均未被盗掘，这在帝陵中很少见，主要是保护得好。明代有组织严密的护陵军；清朝为每个陵寝设立若干陵户，负责巡查保护。清乾隆二十二年（1757）设立司香内使，即守陵太监；民国期间设明陵警察所，负责保护陵寝安全、消防工作。

　　游客听得津津有味，李大哥问："你们旅行社有没有把 13 个陵都游览的团？"刘导说："明十三陵目前只开放长陵、定陵、神路、昭陵。有的旅游团有明皇蜡像宫的行程，一组组蜡像再现明朝十六帝的精彩历史场面，比如朱祁镇在土木堡被俘虏，瓦剌军烧杀抢掠，于谦保卫北京，朱厚照在宣化邂逅李凤姐，也就是京剧《游龙戏凤》的情节，天启年间魏忠贤迫害东林党人……我们这个团没有这个行程就不去参观了。"

　　旅游车到了长陵，刘导从祾恩门开始讲起：

　　第一进院落的大门是陵门。

　　第二进院落的大门为祾恩门，明嘉靖十七年（1538）朱厚熜改革礼制，把天寿山各陵寝享殿前的宫门定名为祾恩门，祾恩门匾额上有个错字，1935 年修缮长陵换匾额时把示字旁的"祾"写成了禾木旁的"稜"。

　　祾恩殿是举行盛大祭祀仪式的殿宇，因而规格最高，祾恩殿坐落在三层汉白玉须弥座上，面阔九间、进深五间，面积 1938.23 平方米，重檐庑殿顶，顶覆黄琉璃瓦，殿高 28 米。殿内地面所墁金砖至今光亮完好，现在为保护文物在金砖上面采取了保护措施，说实在的就是让游人去踩踏，游人也不忍心去踩。

　　游客进入殿内一下子就被 60 根粗大的楠木柱所吸引，为保护古迹文物，这些柱子下部都用透明塑板围了起来。看一看这些世界罕见的高大楠木柱也是眼福，清康熙三十四年（1695）开始重建太和殿时因为缺乏金丝楠木，柱子用的是东北红松。楠木大柱以及柱子上的明初斗拱是祾恩殿的看点之一。现在殿内有定陵的出土文物和复制品。

长陵祾恩殿是明代帝陵中唯一幸存的享殿，保留着明代初期的建筑特色，规模之大、等级之高、保存之好，这些都是长陵祾恩殿的文物价值。

过去，祾恩殿内一年四季供奉着墓主神位（牌位），陈设墓主衣冠、谥册谥宝。

从祾恩殿出来，刘导带旅游团去参观陵区。刘导为游客讲解棂星门、石供案和石五供、明楼、宝顶：

明楼是帝王陵墓的标志，是每座陵墓中轴线上的最高建筑，站在明楼上可以俯瞰整个陵寝风光。

明楼重檐歇山顶，顶覆黄琉璃瓦，红色四壁厚重，四正位开很大的券门。明楼内正中立有"圣号碑"，碑制为龙首方趺，碑首阴文篆书"大明"，碑身阴文楷书"成祖文皇帝之陵"七个径尺大字。"成祖"是庙号，"文"是谥号的简称，"皇帝之陵"是每个圣号碑通用的后四个字。

朱棣原庙号"太宗"是一种辈分，改为成祖则突出"成就一代伟业"之意。谥号"文"，寓意"经纬天地"。

圣号碑初立时文字泥金，碑身用朱漆"阑画云气"，故又有"朱石碑"的俗称，现在碑身只留下朱砂红的痕迹了。

游客纷纷说刘导的讲解太精彩了，李大哥说："刘导的讲解真让我迷上了朱棣皇帝。"

午餐在金肆维旅游餐厅用餐，因为32位游客，有两桌是11人，餐厅说这两桌给单加一个肉菜，菜上齐了刘导说用餐后大家去下洗手间，12：30上车，午餐游客吃得都挺满意。

集合时间到了，游客都已坐好，刘导开始点名，发现李大哥和他的一个伙伴没有在车上，刘导赶快给李大哥打电话，原来李大哥进餐厅前就注意到明皇蜡像宫就在餐厅隔壁，他吃了几口饭就带着哥们儿去参观了，刘导让他俩赶快跑来上车，李大哥他们很快就上车了。

上车后刘导提醒各位游客要遵守集合时间，因为游客来自各省市，都不认识，无法相互提醒。如果你耽误时间了，不等你，你会认为不人性化，等你，耽误大家的时间，要是有三五个人先后迟到，行程就会耽搁。

从昌平环岛到居庸关距离很近，刘导就简单地介绍了长城的历史沿革和居庸关长城的情况。旅游车停在3号停车场，刘导签单换票后，在检票口对大家说："现在是13：20，进入检票口后愿意听我讲解的，我带着爬一段长城，边爬边讲解。愿意自己爬长城的自由活动，要注意安全。全团15：50集合，16点钟准时发车，因为还要吃晚餐、看节目，大家千万别迟到。"

集合时间到了，游客小吴和他叔叔未到，打他俩手机是通的，但是不接。时间不允许多等，刘导分析如果走错了停车场或者脚崴了，不会不接电话啊。大白天的不可能出啥事故啊。刘导向旅行社汇报了，旅行社经理说："你的团今晚还有娱乐节目，你先带团回城。社里负责联系居庸关管理处，请他们帮助找人。"

旅游团用晚餐时旅行社经理给刘导打来电话："游客小吴和他叔叔找到了，居庸关办事处正把他们往南口送，我让他们在南口打车回城与你们会合。"

在看节目的红剧场门口，小吴和他叔叔与团队会合了，大家问他们怎么走失了，小吴叔叔说："俺们怕旅游餐吃的不好，就带着两只烧鸡，午饭吃完了看见小卖部有卖白酒的，我的酒瘾犯了，买了两瓶白酒，怕刘导说俺们，我就把白酒倒在矿泉水瓶里啦。俺们在长城找了个风凉、清静的地儿，俺爷俩就开吃开喝，由于早上起得挺早，喝完酒就睡着了，没想到睡得那么死，人家长城巡查的把俺们叫醒的。"

旅游团在看节目时，旅行社经理给刘导打来电话，说刘导工作不到位，控团能力要提高，时间安排没有留出宽松的余地，刘导听了有点郁闷，心里想："这些情况，我怎么能预料到？"

☞ **评析：**

女导游刘建新带一个全国散拼团，第一天游览十三陵和长城，在前往景点的旅游车上和十三陵现场，刘导的精彩讲解获得了全团赞扬，刘导具有文化底蕴，并且热情服务。

可惜，美中不足，第一天的游览活动就有两次游客走失，午餐时李大哥两人偷偷去了明皇蜡像宫。第二次更离奇，午饭后游览居庸关长城，两个游客躲在角落里喝酒吃烧鸡，吃饱喝足竟然睡着了。一天两次走失游客，受到了旅行社的批评，刘导很委屈。

刘导委屈，可以理解，但是刘导在服务过程中没有给散拼团打预防针，对散拼团要特别强调遵守时间，不可随意自由活动，倘若到时不到，旅游团不会长时间等候，一切责任自负。刘导应接受教训，向带散拼团有经验的老导游取经，避免以后带团活动时再次出现类似事故。

第六章　文明旅游篇

一个国家真正的强大在于人民的文化素质和文明程度，人民道德高尚、文明礼貌，就会凝聚成令人尊敬的国家精神。

文明代表着国民的气节、气质，代表着国人旅游的层次。孔夫子云"道之以德，齐之以礼，有耻且格"（《论语·为政》），中国是文明古国，外出旅游，时时处处都应显示出文明行为，只有文明旅游才会有真正的文化旅游。

能否引导游客文明旅游，是衡量导游、领队工作能力的重要指标。

导游的一言一行会对旅游者的文明旅游产生无形的影响。例如，当游客高兴地大呼小叫时，导游压低了声音开始新的导游讲解，游客会意识到这是导游在提醒自己不要喧哗；当游客把矿泉水瓶、水果皮扔在地上时，导游拾起来扔进垃圾箱，游客就知道自己太随便了；导游安排旅游团在标志性建筑、风光前合影时，与其他团队互相谦让并抓紧时间拍照，谦和的氛围就会油然而浓郁。

非常高兴地看到在抗击疫情获得阶段性胜利后，辽源导游为援鄂医护人员导游服务的案例，中国导游真的很棒！

中国导游要做文明旅游的表率，中国旅游者要做最可爱的游客，文明旅游从我做起，从今天做起，从一点一滴认真做起。

✈ 6—1　我为辽源市援鄂医护人员当导游

2020年5月5日旅行社经理通知我6日上午去文旅局开会，经理说5月12日，恰逢第109个"国际护士节"，辽源市总工会、文旅局、卫健委联合组织"周游辽源"致敬"最美逆行者"公益体验游，盛邀辽源市48名驰援武汉的医护人员参加此次活动，经过推荐，市文旅局决定委派你和另外一家旅行社的刘导为英雄医护人员做导游。"

　　6 日上午，会后，文旅局旅游科刘科长把我们两个导游留下，又把各个环节细说一番，还特意对我说："吴雨伦，你在北京上大学读的是旅游专业，还是北京旅游专家的得意弟子，你一定要让这些医护人员感受到辽源导游的风采。"我对刘科长说："自春节后我一天也没带过团，早就盼着带团啦，我一定把这个光荣的接待任务完成好。"

　　按照文旅局的安排，凡是和医护人员有直接面对面接触的服务人员，6 日下午都要到市中心医院做核酸测试以及相关体检，以保证健康服务。

　　接下来的时间里我就潜心为这次接待定制欢迎词、讲解词，做各种具体准备。

　　5 月 12 日，集合发车时间是 8 点整，我和司机早上 7 点就来到了集合地点人民广场（因在市委大楼前面，百姓都叫市委广场）。我穿着西服正装，恭敬地站在车门一侧，等待尊敬的援鄂白衣天使。司机小关说："吴导，天挺凉，你上车里来吧，等看见有护士、大夫往这里走，你再下去迎候。"我说："要让这些医护人员和市里的有关领导看到咱们辽源的导游和司机是多么敬业。我一看到有大夫往这里走，关哥你麻溜地下车，咱俩一起恭迎客人。"司机小关笑着说："北京毕业的导游就是水平高，把我也拽下车了。"

　　48 名援鄂医护人员来自辽源市的几个大医院，第一批援鄂的是 20 名，由刘导接待，第二批 28 名由我接待。

　　等候时下起了小雨，关哥让我打伞，说西服湿了不好看。快 8 点时，客人络绎来到，我为每一位医护人员献上红绶带。8:10 了，每辆车都有好几位医护没到，刘导跑过来说："吴导，咱们是否按照名单上的手机号，催一催没到的大夫？"我对她说："领导说有的医护人员是下夜班后才赶过来，还有从县里赶过来的大夫，一打电话就给人催促的感觉。这次集体慰问活动，他们都会参加的。这样，我们给没到的大夫发个短信，就说您别急，我们在等候您。"

　　每一位医护人员上车后就测体温，让他们分开坐。我把自备的一包口罩和酒精喷雾剂放在车前面，方便大家使用。

　　8:40，48 名医护人员全都到齐了，发车。我首先致欢迎词："援鄂的大夫们早上好，我是大家的导游吴雨伦……"我刚开始致欢迎词，坐在车中间的一位陈大夫问我："小吴导游，你今年是不是 26 岁啊？"陈大夫旁边的王护士长说："陈大姐，你要给导游介绍对象吗？别看你迟到了，你一上车就给吴导相面。"陈大夫对我说："孩子，我们应当早就见过面。"我很诧异，突然我想起了往事，就腼腆地说："陈大夫以及所有的医护大夫，都是我一生最大的恩人，我与生俱来与医护人员有不解之缘。"全车的人都想听我说下去："我妈妈还没有到预产期，一天半夜，羊水全破了，赶快就到了医院，结果难产，到了黎明时分，我妈妈已经筋疲力尽，母子都有危险，这时一位大夫说'孩子你出来吧'，她那温暖柔软的手一下子就把我拉到了幸福的人间，这位大夫就是陈大夫。后来陈大夫就成了我们家的女神了，但是我从未见过陈大夫，陈大夫，让我拥抱一下您。"陈大夫说："孩子，你先别拥抱，后来我见过你好几次，我给你接生以后就转到呼吸科了，你3岁的时候得了严重的支气管炎，你妈妈带着来看病，我俩都认出了对方。吴导，你和我真有缘分啊，我给你治疗了几次，很快就好了。哎呀我这次从武汉回来，竟然意外遇到了你。"现在陈大夫已经退休了，因为医术高，又被医院返聘回呼吸科，这次新冠肺炎疫情，她义无反顾地参加了支援武汉的战斗。

这一段小插曲使得车厢里活跃起来，我们很快来到了第一站的参观景点——皇家鹿苑博物馆，博物馆位于东丰县工业园区内，一楼为鹿文化展厅，从"盛京围场""皇家鹿苑""鹿业复兴""创新发展"再到"梦筑鹿乡"，5个展区向大家生动地解读了鹿乡300余年的历史。二楼是鹿产品的展厅，百余类千余种的全链条鹿产品，在新时代，辽源的鹿产业正方兴未艾。

我们接着来到江城森林植物园，一走进森林植物园仿古大门，映入眼帘的便是青山碧水，欧阳修有言"野芳发而幽香，佳木秀而繁荫"，吊桥、荡桥、彩虹桥更是增添了情趣。三四位医护人员蹬着脚踏船游湖，小船悠然轻驶在波光粼粼的湖面上，这些医护人员经过了几个月的奋战，真的应该好好放松一下。

团队在森林山庄就餐，就餐前有个夺宝活动，山庄外面若干个小房子里藏了许多宝包，包里有奖号条，每个奖号条都有对应的礼品，这些礼品都是我们辽源的特产，如精棉线袜、手工编织品等，山庄的礼品也在里面。寻宝时趣味横生，尽管藏得很机密，也被医护人员一一找到。

山庄服务人员在大门外列队欢迎："热烈欢迎援鄂天使，你们辛苦了！"一遍又一遍的热情欢迎，代表了家乡人民对援鄂医护人员的尊敬。

开餐前，市有关领导为大家敬茶，一位护士代表全体援鄂人员讲话："市总工会、卫健委、文旅局精心为我们安排了这次活动，每个医护人员的内心都非常感动，我们不过是换了地点、换了医院做了自己的本职工作而已，何德何能受到家乡父老的如此礼遇？真的无以为报，我们只有做好自己的本职工作，更好地为家乡人民的生命健康保驾护航。"

48位医护人员正好坐6大桌，我们服务人员单坐一桌。席间我听好几位护士说要是我会做锅包肉就太好了。我灵机一动，找了餐厅经理，请他安排厨师讲一讲锅包肉的做法。我给厨师开场："问大家一下，锅包肉这道菜香不香？锅包肉虽然是哈尔滨的原创，但是我们辽源做的亦有千秋，现在就请李大厨给讲解一下锅包肉的做法。"李大厨说做好锅包肉的关键是初炸后还要经过两次复炸。还有人问酸菜五花肉卷如何制作的，学厨艺活动非常热闹，抗疫后大家都分外珍惜幸福的生活。

用餐后按奖品号颁发礼品，这些礼品是辽源人民的一点心意，感谢他们不顾生命危险去营救湖北患病人民。

用餐后我们去参观"养鹿官山园"，来到园区，依山而行，在南山诗路我高兴地大声吟诵了几句古诗文："独怜幽草涧边生，上有黄鹂深树鸣。"（韦应物《滁州西涧》）"树林阴翳，鸣声上下，游人去而禽鸟乐也，然而禽鸟知山林之乐，而不知人之乐……"（欧阳修《醉翁亭记》）

辽源是梅花鹿之乡，但大家是否知道辽源何时开始养鹿的？康熙在回盛京（沈阳）祭祖途中发现热河（雍正时更名为承德）风水、景色很好，遂建避暑山庄，并在避暑山庄之北建坝上围场，为了给坝上围场做猎物储备，康熙下旨以坝上围场之例建盛京围场，盛京围场比坝上围场规模更大，大小围场108个，其中在辽源地界就有32个。据《盛京典制备考》载：盛京围场每两年一次进贡幼鹿60只，以及干鲜鹿肉等。光绪年间，野生梅花鹿越捕越少，难以如数进贡，猎户从捕来的怀孕母鹿在圈养过程中生下仔鹿受到启发，于是开始圈养、繁殖梅花鹿。1895年光绪帝将"盛京围场"钦赐"皇家鹿苑"之名，盛京将军依克唐阿将今西丰冰砬山至小四平一带方圆40里圈为皇家鹿苑，派官兵驻守。

鹿在中国人的心目中是瑞兽，《白蛇传》中白素贞到仙山采灵芝，那里就有鹿童、鹤童保护仙山，鹿身上各个部位都可入药，据说雍正就喝过鲜鹿血。康熙、乾隆曾用鹿角制作鹿角椅，北京故宫现珍藏有4把鹿角椅。

野生梅花鹿是中国国家一级保护动物，列入世界自然保护联盟（IUCN）2015年《濒危物种红色名录》。为保护珍稀物种、开发旅游市场，辽源市努力恢复盛京围场古貌，现在围场占地面积约300公顷，远期拟在1000公顷左右。养鹿官山园的工作人员会详细讲解辽河先人如何与鹿结缘，现在如何科学饲养、繁育梅花鹿，工作人员已经备好了鹿最爱吃的玉米豆，只要您手里捧着玉米豆，梅花鹿就会主动来亲近你，如果鹿舌头舔着您的手心了，不要紧张，一点也没事的。

随后我带这些医护人员参观鹿品展览馆里琳琅满目的鹿产品。

最后一站是参观"显顺琵琶学校"，中央音乐学院学琵琶的学生中80%来自辽源，为了培养更多的琵琶人才，辽源很早就兴办了琵琶学校。

我在车上给这些医务人员讲解了琵琶的历史：

历史上的琵琶，并不仅指具有梨形共鸣箱的曲项琵琶，而是指多种弹拨乐器。秦朝开始流行一种圆形的、带有长柄的乐器。因为弹奏时主要用两种方法：右手向前弹出去叫"批"，右手向后挑起来叫"把"，所以人们就把这种乐器称作"批把"，后来，为了与当时的琴、瑟等乐器在书写上统一起来，便改写为琵琶。南北朝时，曲项琵琶由波斯经新疆传入内地。

唐代是琵琶发展的高峰期，上至宫廷乐队，下至民间演唱都少不了琵琶，而且在乐队中琵琶处于领奏地位。白居易在《琵琶行》中这样描述："轻拢慢捻抹复挑，初为霓裳后六幺。大弦嘈嘈如急雨，小弦切切如私语。嘈嘈切切错杂弹，大珠小珠落玉盘。"

唐代后期由横抱演奏变为竖抱演奏，由手指直接演奏取代了用拨子演奏。琵琶演奏家众多，白居易在《琵琶行》序言中说画舫中的琵琶女"本长安倡女，尝学琵琶于穆、曹二善才"，善才就是艺术家。

《塞上曲》《十面埋伏》《霸王卸甲》《大浪淘沙》《昭君出塞》《阳春白雪》是历史上的琵琶名曲。

显顺琵琶学校的领导介绍了辽源作为琵琶之乡的发展历程，因为疫情，学生没有在校，学校的"善才"老师在演艺厅为医护人员举办了精彩琵琶演奏。

在回程的车上，我说了精心准备的欢送词："今日之辽源随着时代发展的脚步，山更青，水更绿，已成为宜居之城和美丽家园。家乡的新变化、新风貌，让每一个辽源人为之震撼、为之振奋。辽源人民凝心聚力抗疫情，英雄的医护人员是我们的保护神，我们一定会很快地迎来疫散花开的那天。到那时，我们摘下口罩，毫无顾忌地走进青山绿水，享受大自然，尽情感受福地辽源的魅力与风采！感谢各位医护人员对我和司机师傅的支持。"

医护人员下车时纷纷对我说："我们辽源还有这么好的导游，感谢你。"

☞ **评析：**

2020年初夏，导游吴雨伦带领辽源市援鄂医护人员游览，这是他导游生涯的幸福时刻，也是他终生难忘的经历。

为了做好导游服务工作，吴导专门精心定制了欢迎词、欢送词，身着正装，并与司机在旅行车前迎接援鄂医护人员。巧的是在车上遇到了为他接生的医生，激动之余，幽默地讲述了他的诞生过程，立刻让旅游车内的喜庆气氛大增，客导关系其乐融融，游客在轻松愉快的气氛中开始了旅游。

在旅游车上、在景点，吴导很专业地讲解了有关鹿的知识、辽源养鹿的历史沿革以及琵琶的名称来历、形体演变过程和演奏技法，显示出吴导是名知识渊博的导游员，文旅局选派吴导为援鄂医护人员服务，慧眼识珠。游览结束时医务人员感慨地说："我们辽源还有这么好的导游"，这是对吴导服务工作的高度评价。

吴导热情洋溢地讲解养鹿业的发展和琵琶演奏的相关知识，证明吴导深深地热爱着自己的家乡，热爱导游职业、刻苦学习，所以他的导游工作才出色，当然与他师出名门、具有导游天赋也有关系。

✈ 6—2 救团记

2019年8月10日上午，导游栾广德带着媳妇、女儿到阜外医院给住院的二大爷送午饭，父亲在老家几次来电话说："你二大爷是我的堂哥，你们一定要照顾好他，当初我当兵在外面，家里全是你二大爷受苦受累，他女儿嫁到国外了，你就得担起儿子的责任。"二大爷看到侄子、侄媳妇、侄孙女都来了，非常高兴，说栾导媳妇包的饺子真好吃。

下午一点，旅行社计调部经理打来电话："栾导，我可遇到麻烦事了，就我老家的那个46人团崴泥（糟糕）透了。来北京之前组团社说一定给安排个文化好、长得漂亮的美女导游，我就让咱们的社花郭美玉带这个团。今天上午的行程是毛主席纪念堂、天安门广场、故宫，下午是国子监孔庙、王府井自由活动。早上因为两个家庭吃早餐晚了，出发也就晚了。到了毛主席纪念堂，佩佩和全陪李导给大家看包，集合时少了7个人，一打电话说去广场对面上厕所去了，具体地点他们也说不清楚。郭导从只言片语中知道他们去了前兵部洼那里居民区的公厕，就与全陪李导一起去接他们。等这一行人回到广场，又有几个青年游客带着老人、孩子拍照去了，郭导打电话催他们，他们说广场的摄影师正给他们拍人民大会堂纪念照哩。郭导说咱们别瞎跑好不好，客人说你们去找人，俺们就笔杆条直傻等着？

这么前后一折腾到午门就11：30了，客人说中午大热的天导游带着逛故宫，早点来多好。郭导说这赖我吗？总有人迟到，几个年轻的游客反讥郭导是否带过团。进故宫后又有瞎跑的，游客李大爷说《打銮驾》打的是西宫娘娘的銮驾，他带着老伴直奔西六宫而去。几个年轻人不听讲解去找延禧宫了。郭导一再说参观中我要按照行程标注的景点依次讲解，有的游客说计划是死的、人是活的。结果好多游客包括全陪都给组团社打电话，说郭导水平不行，必须换导游，要求换个男导游。你说这样的团，谁爱上？刘总说让小栾救火吧。"

栾导对计调说："您也知道我二大爷住院，我向社里请了假。"栾导的二大爷听了就说："你要是孝顺我，你现在就带团去，我（心脏）搭桥以后，能吃能喝能遛弯散步。"二大爷真行，立刻给栾导的父亲打了电话，让小栾带团，栾导父亲说："哥，太巧了，早上我和广德娘已经买了火车票要去北京，想给你来个意外惊喜，哥，你让这小子立马带团去，让咱儿媳妇在那儿陪你说说话，夜晚我就到北京了。"

计调经理说："这个团马上要出故宫了，栾导你和郭导联系一下，是在神武门接，还是在景山东街的餐厅接。"栾导嘱咐了媳妇几句就去接团。

栾导联系了郭导，郭导说："师哥，你别急，咱们就餐厅见吧。"栾导到阜外医院对面的华联超市买了一大桶二锅头白酒。

栾导赶到餐厅时，游客已经入座，栾导对大家说："各位叔叔、阿姨、大哥、大姐以及小朋友好，郭导是我的小师妹，今天她未来的婆婆从上海来北京，所以由我来替她，其实我也有事，我二大爷住在阜外医院，但是你们是我们旅行社计调经理的老乡，是贵客啊，我就来了，给大家带了点二锅头，叔叔、大哥们中午喝点，解解乏。"嘿，这几句话说完还有不少掌声。用餐时，栾导不去吃司陪餐，给每桌斟酒。

用餐后去国子监、孔庙，在国子监街西口下车后，栾导心里想这个团自由派游客很多，一定要在这国学大课堂不动声色地让他们接受国学的熏陶，栾导带团边走边讲：

别看这条街的街牌是"国子监街"，但是街东口、西口各立一座牌坊，横额上题"成贤街"。元大都城内各个街道的行道树都是槐树，700多年过去了，只有这条古老的街道里"树"貌依旧，暮春时节整条街弥漫着甜丝丝的槐花香，沁人心脾，夏天枝繁叶茂，浓荫匝地。街上总是静悄悄的。成贤街被评为中国历史文化名街，这是古都北京留存下来的唯一的牌楼街。

"国子监"（"监"读 jiàn，官署、官府之意，如钦天监）是国家的最高学府，兼有教育部职能。

"国子"就是国家的儿子、国家的栋梁，中国人自古就热爱学习、崇尚文化、尊重教育，在汉朝就形成了"左庙右学"之制。

当我们走进国子监，痴痴地看着殿堂馆舍、古树碑刻，辽、金、元、明、清，五朝国子监的历史气息如云似雾袭来，弥漫着浓郁、深沉的文化氤氲。

国子监的学规严明，要求学生品德高尚、恪守言行、谨遵师训、勤奋攻读，行为举止要礼貌有加，不得串班、交结朋党，不得非议他人，必须严格遵守生活起居的规定，黎明即起，食宿不语，在国子监不许跑、不许慢吞吞走路，只能小步急趋，不得喧哗。

国子监给学生提供餐宿、服装、学习用品，监生必须穿统一的校服，校服分冬装、春秋装、夏装。国子监设有若干个大小食堂、澡堂，以及医疗室、住院处。内班学生住校，每月发给膏火银（助学金，零花钱），外班学生是走读生，只发衣服银和较少的膏火银。

东、西两庑是高、中、低班6间大教室，称"六堂"，教学紧张有序，虽然国子监监生众多，但很少有人声鼎沸的时候，翻书声，甚至写字的声音都能听见，夜晚"传柝（tuò，打更的梆子）三更静，挑灯六馆明"。

明朝国子监，每月初一、十五放假，三十日机动，会讲（上大课）6天，复讲（辅导课）7天，背书14天。会讲时全校师生同听，讲课的博士压力也很大。

每个学堂均设"堂谱"，上面有历届优秀监生的名字，堂谱挂在堂内显眼之处，激励后学，到了国子监才知道什么是刻苦攻读。

国子监监生才华横溢，清康熙十七年（1678），监生周清源写了一首《太学白丁香诗》，其中"月明有水皆为影，风轻无尘别递香"的诗句在京城广为传诵，这两句诗对仗工整，月明对风轻，有水对无尘，为影对递香。经"博学鸿词科"考试，周清源名列一等第五名，入翰林院，康熙召见时，看到他的名字，不由轻轻念起这两句诗，皇上都记得这两句诗，多大的影响力啊。

栾导讲解时没有一个游客说话，全陪李导经常站在栾导身边听讲解。

参观完国子监、孔庙，栾导深沉地说："历代的先圣先贤'为天地言心，为生民立命，继往圣之绝学，为万世开太平'，所以华夏文明几千年薪火相传，延绵不断。高山仰止，景行行止。虽不能至，然心向往之。"

游客说："栾导是状元导游，讲得真好，俺们可爱听啦。"

☞ **评析：**

组团社要求北京地接社安排一名文化好的美女导游接团，但经验不足，又由于游客是计调部经理的老乡，就有些"气粗"，要求换导游。栾导临危受命，让媳妇照顾住院的二大爷，救团事大。栾导以实际行动感动游客，拉近客导距离。

遇到自由散漫的游客，导游批评，游客反感，不批评，其他游客认为导游不负责，把整个旅游团紧紧团结起来，真的要有本事。

栾导的导游讲解具有翔实的历史知识、丰富的文化内涵，妙趣横生，特别是讲解得法，因而牢牢吸引住游客，再也无人走散，都在认真听讲解，所以游客赞栾导为"状元导游"。

栾导的同事郭导该说的都说了，该做的也做了，没有什么错误，但是需要提高控团能力，有时必须郑重其事地说明纪律，总是哄着也不行。栾导的讲解有"洗脑"的内容，如国子监监规，不声不响地引导了文明旅游。

✈ 6-3 接团迟到以后

2号上午计调把行程给了导游曲桂青，3号，一个19人的团去怀柔某风景区。计调说这是××厂家在会议期间组织的联谊活动，与经销商沟通感情，会议代表分别住在南二环天坛一带的几个汉庭酒店，曲导负责带这个19人的团。

曲导接到行程就给YY出租汽车公司的刘洪学师傅打了电话，把酒店电话给刘师傅发了过去。

3号一早曲导就出发了，她家住马连道，汉庭酒店永定门店在永定门外彭庄乙58号。曲导乘公交车倒来倒去，下了车又打听地址，才望见了汉庭酒店永定门店，酒店门前停着一辆银建的中金龙，曲导很高兴，这时才8：10，旅游团是8：30出发。曲导看司机师傅坐在车内，就说了声刘师傅好，司机师傅说："我姓吴，你找的刘师傅在汉庭酒店永定门桥店。"啊？曲导掏出行程一看还真是，有"桥"、没"桥"一字之差害得曲导找错了酒店。

曲导忙问吴师傅："汉庭酒店永定门桥店"在哪儿？吴师傅说在琉璃井路38号，"哎呀，离出发就15分钟了"，曲导着急如何赶过去，师傅说："导游你别急，我给老刘打个电话，让他来接你，你自己去就误事了。"

曲导和刘师傅到了永定门桥店时已经8：40，游客都在酒店大门口等车，车一到就蜂拥而上。

上车后，曲导一五一十把迟到经过说了一遍，向他们赔礼道歉，并说刘师傅早就到了，大家也看到了。一位游客说别的酒店的团都正点出发了，就我们迟了。曲导说，一会儿就能追上他们。坐在车厢中间的两位游客说："导游，你迟到了，说一声对不起就结束了，怎么也得给个说法吧？"曲导急忙说："今天午餐是快餐，我给每人买一瓶农夫山泉吧。"这俩游客毫不领情，大声指责曲导，什么"时间就是生命"啦，什么"浪费别人时间无异于谋财害命"啦，不一而足。车后面有个人操着公鸭嗓说："到怀柔请我们吃虹鳟鱼！一人一条，小小的要求啦。"曲导正在着急地寻思怎样应对，这时那个公鸭嗓游客又阴阳怪气地说："小妹，你不要着急啦，所有的花销我给你出，晚上你好好陪我逛一逛街，让我开心一点，一切就 OK 了。"

突然，刘师傅把车停在路边，冷冷地说道："一个小姑娘导游，不认识酒店，就晚了 10 分钟，赔礼道歉不行，给买矿泉水也不行，你们吣（qìn，口出污言乱语）的是人话吗？下车，我不拉你们了，爱上哪儿投诉上哪儿投诉去。"

车里一下子鸦雀无声，一位女游客对刘师傅说："师傅，他们是玩笑话，我去骂这两个野驴，您开车吧。"曲导也求刘师傅继续开车，刘师傅说："再胡吣一句，我就拉你们去公安局！"

开车以后，曲导让刘师傅把麦克风打开，刘师傅瞥了曲导一眼，没理她，刘师傅心里想："不值得给这些没素质的人进行沿途导游讲解。"刘师傅在车载电视上播放现代京剧《智取威虎山》，多一半游客开始睡觉了。

中午旅行社老总给曲导打来电话，说夏游客（即公鸭嗓游客）向旅游局投诉导游迟到、司机骂人，旅游局了解情况时，老总就把刘师傅的录音发了过去，原来他们胡说八道时，刘师傅一直开着手机录音，把那些丑话都发到旅行社计调的手机上了。旅游局质检部门非常策略地回复了夏游客，夏游客赶忙撤了投诉。

曲导对刘师傅学了一遍，刘师傅大笑，但说："我真不拉他们了，我和吴师傅换。"曲导忙劝慰刘师傅，怎么也不能和游客真的对着干呀。

从怀柔回城，游客在车上交流经销经验，曲导也就没作沿途讲解。

☞ 评析：

有的人外出旅游就不知道自己是何许人了，对为其服务的导游百般挑剔，有人胡言乱语，提出种种无理要求。案例中，曲导搞错了酒店，迟到 10 分钟，实事求是地说明了情况，并赔礼道歉，但有的游客（经销商人）却不依不饶。曲导赔礼道歉不行，答应买矿泉水也不行，有人要求导游请他们吃虹鳟鱼，还每人一条，而且提出下三滥的非分要求，欺侮年轻的女导游，这是不文明旅游的又一种表现，而且是一种恶劣的表现。

面对这样的游客，导游不能一味忍气吞声。案例中曲导手足无措时，司机师傅仗义助人，立即停车，让他们下车，镇住了他们。而且师傅是个有心人，开着手机录音，把一些游客的胡说八道传给了旅行社计调，因此避免了一次倒打一耙的投诉。

案例中导游有对有错：粗心大意搞错了酒店，迟到了，不应该。去往景区途中，先有游客胡言乱语，后有司机与游客斗气，就没有沿途讲解，返程时，因游客交流经验也没有讲解，这样做不大妥当，因为沿途导游讲解是导游服务的一项重要内容。不过曲导实事求是地讲清迟到原因并赔礼道歉，提出给游客买矿泉水以示赔礼，做得对，说明曲导是一名诚实的导游。曲导请司机继续开车去旅游地点，劝阻调换司机，正确。曲导是一名有责任心的导游，会正确处理客导关系。

当游客无理取闹时，客导之间发生矛盾时，导游不能总是忍气吞声，该说理时要说理，但要掌握分寸，注意方式方法，理明则让，不发生正面冲突，绝不能以牙还牙，总之，不能真的对着干。

案例中，如果司机真的让旅游者下车，或者旅游者真的赌气下车了，若下车后出了事故，事情闹大了，就不好收拾了，导游、司机、地接社都将承担不可推卸的责任。

去程中已经给一日游活动蒙上了阴影，返程时如果游客发现司机换了，他们会怎么想，会怎么看待北京的旅游服务工作？虽然换司机不影响旅游行程，游客也无法提出意见，但会给游客留下不好的印象，影响游客对北京旅游的认知，北京精神中就有"包容"二字，即宽容和容纳。

✈ 6—4 三伏天接澳洲团

2019 年 7 月 28 日 23：20，导游宫志伟在机场接到一个来自澳大利亚的老年旅游团，全团 46 人，宫导非常干练地引领旅游团登上旅游车。司机和宫导往行李箱里码行李就像机械化一样，一位老先生看得入迷，不上车，一边拍司机和导游上行李的录像，一边说"wonderful"（真棒）。

在旅游车驶往中国大饭店时，因为游客很疲乏，宫导精练地致了欢迎词，概括介绍旅游团的在京行程。宫导说："大家飞行了很长时间，抵达酒店已是午夜，都辛苦了，但是明天上午我们要按照计划走行程，大家入住酒店后要及时休息。七八月是北京最热的季节，明天最高气温 37℃，大家一定要做好防暑的准备，带好矿泉水，穿宽松的衣服。现在你们的家乡是'严寒的冬季'，最低温度 10℃，我本人也有点胖，怕热，所以特别羡慕你们的冬季。"

宫导得体的话语、纯正的英语，给游客留下了很好的第一印象，在说说笑笑间给游客打了"预防针"，提醒他们要克服暑热。

办理入住后，宫导和领队聊天时得知领队从来没有来过中国，而且身体也不好，宫导心想这领队不就是一个游客吗。

29 日上午 9 点半，旅游车停在前门东 23 号院门口，一下车就热浪袭来，租耳麦的小张给宫导把全团的耳麦送了过来。

宫导带着大家走团队通道到了天安门广场。宫导正在讲解广场时，有 8 个游客说："Kevin 先生，天气太热，我们憋得透不过气来，我们要回饭店休息。"平时，游客临时不参团需要写安全自负的责任书，这么热的天，又是在广场，这个导游条例不好执行。于是宫导就当着大家的面，问了要回饭店的游客 3 遍是自愿放弃行程，宫导用手机录下音来，再三提醒他们要注意安全。广场东侧没有空驶的出租车，宫导说："团队马上要去故宫，团队走到长安街下的地下通道时，你们就看见公交车站和地铁站了，你们可以在天安门东乘公交车回中国大饭店。"宫导怕他们买票时说不清楚，立即在记事贴上写下了中国大饭店以及自己的手机号，交给他们。

宫导带着团队快走到国旗杆时，突然有父女俩板着脸对宫导严峻地说："Kevin，我要向中国政府投诉你，为什么这么热的天要来广场，广场没有遮阳的地方，你难道不知道吗？今天这么热，应该在酒店休息，你带团出来就是折磨游客。"宫导说是按照计划走行程，你们在北京的行程很紧，不可能在酒店休息，你们看许多入境旅游团都在广场上。父女俩激烈地"驳斥"宫导，广场执勤的警察也过来了，问有啥情况，有的游客对警察说他们俩不想游览了。团内很多游客对父女俩提出了尖锐的批评。没有时间和父女俩辩理，宫导对大家说："这里很热，我们还是继续行程吧。"父女俩理屈词穷，只是说："我们走不动了，你把我们送到故宫出来的地方，我们与团队一起去用午餐。"这对父女提出的要求无法做到。宫导略想了一下说："参观完故宫都要从神武门出来，你们既然走不动了，我让人帮你们打上车，送你们到神武门对面的景山公园门口，好不好？当然打车费你们自付。"父女犹豫了一下表示同意。宫导说："你们还记得下车的地方吗？"女儿说："好像记得。"宫导立即给租耳麦的小张打电话："小张，真得麻烦你了，有两父女说啥也不去故宫了，要去神武门等团队，这样，我让他俩去找你，你帮助他们约个滴滴快车，一定告诉司机，把车停在神武门对面。"宫导给父女俩拍了一张照片，发给小张。把小张的电话、神武门、自己手机号都写在记事贴上，给这父女。租耳麦的小张迅速就把这事办好了。

有的游客不断地问还有多少米到故宫，宫导说："仅仅 500 米啦，马上就到。"

好不容易走到午门游客服务中心前的休息区，游客呼啦啦都坐下了。好几个游客举手说："Mr Kevin，我们受不了炎热，实在走不了啦，不去故宫参观了，请你帮助我们回酒店。"宫导统计了一下，竟然有 14 位游客不去了，宫导拿出一张纸，写上以下游客自愿放弃故宫游览，请他们签名，然后把名单以及在广场走的 10 个人的名字及时发给了旅行社计调，以便及时退票。

宫导给要回酒店的游客画了乘地铁示意图，带他们走到太庙（北京劳动人民文化宫）后门，让他们从太庙穿行到长安街，从地铁天安门东站直接回中国大饭店。

有 3 位老妇人说："我们的先生，来中国最大的愿望是看一看中国皇帝办公和住宿的地方，但是我们自己实在走不动了，Mr Kevin，你一定要帮助我们。"宫导想："如果你们在广场说实在走不动了，我能帮你们找推轮椅的师傅，他们都有很好的服务经验，你们还想陪着老伴游故宫，又走不动了，真难为导游啊。"宫导知道游客服务中心有租借轮椅服务，如果借上轮椅让她们的先生推着她们，便各得其所。服务中心的轮椅是免费给老残病弱游客使用的，交 800 元押金，神武门交车退押金，但是只剩下一辆轮椅了，宫导看见墙边还有两辆轮椅，服务中心的人员说："那两辆轮椅走起来爱跑偏。"宫导说："没事，故宫老师，救救急吧。"

宫导带着剩下的 22 位游客游故宫，宫导带团走在东侧阴凉处，因为有几个游客深深地向往着故宫，进了太和殿广场，宫导大致讲解后就请他们上去参观，宫导带着受不了热、受不了累的那些游客边走边休息。因为戴着耳麦，宫导还能随时为参观三大殿的游客讲解几句。

这几位客人从保和殿后面走了下来，宫导问大家是否愿意去喝咖啡、买冷饮，大家都面露笑容。卖咖啡的地方座位少，于是宫导带着游客到景运门外的故宫餐厅去了，游客很爱吃有故宫创意的雪糕。

当走到御花园时，有位老先生脸色有些灰白，凉汗直流，宫导敏锐地感到不好，赶紧问他是不是很难受，是否需要急救车。老先生说"谢谢，请叫救护车"，宫导给 120 打电话，介绍了情况，说在神武门外等车。

宫导先用一辆轮椅把老先生送到神武门的门洞通风处，又接上所有游客，一起出了神武门，这时 120 急救车来了，宫导对 120 救护人员说"送'和睦家'"，外宾在"和睦家"的医疗费回国后可以通过医疗保险进行报销。

在神武门宫导也接到了那对父女，宫导带着大家去乘旅游车，旅游车不是随便可以停靠的，还要走一段路，宫导耐心向大家解释并指给大家看外宾团都在走着去上车。

在路上宫导心里琢磨如何走下午的行程，决定在午餐时征求游客的意见。这时，一阵风吹来，宫导觉得身上有点凉意，他的短袖衬衫全被汗水湿透了。

大家都羡慕带入境团的导游，觉得收入高、体面，但接外宾团容易吗？

☞ 评析：

> 7月、8月是北京最热的两个月，澳大利亚老年旅游者从舒适的冬季（最低气温10℃），突然来到热浪滚滚的北京旅游，确实让老人一时适应不了，可以理解。但是个别游客指责宫导在这么热的天带旅游团来天安门广场游览是"折磨人"，还要投诉，就没有道理了。"不如在酒店休息"，游客可以这样说，地接社和导游绝不会这样安排。如果顺从游客的随口之言，会是什么样的结局？
>
> 在广场有8名游客自愿放弃游览，在广场不好让他们写下安全责任自负、自愿放弃游览的责任书，宫导当着大家的面问了3遍并手机录音，予以确认，并安排他们乘公交车或地铁回酒店。不想游览但又不舍弃午餐的父女、午门前放弃游览的14位游客，宫导都很好地安排了。最难的是有三位老妇人，她们实在走不动了，但是她们的先生来中国就想游故宫，宫导只好想办法给她们租了轮椅，由她们的先生推着，各得其所。宫导敏感地发现有人严重中暑，及时处理，非常有经验。
>
> 宫导敬业、带团经验丰富，真诚、热情服务于无理指责他的旅游者，值得大家学习。

✈ **6—5** 聚会中的不和谐

2017年4月22日早上，苏州导游洪万磊陪着老家的表伯游虎丘，暮春时光百花盛开，空气里弥漫着清新的花香。洪导虽然是陪着亲戚游虎丘仍然是不停地讲解，表伯说："小磊，看你风风光光带团的照片可高兴了，今天才知道你带着旅游团要讲这么多话，孩子你这么受累，以前伯伯不晓得。"洪导说："伯伯，我们讲习惯了，不讲解还憋得慌，导游都有这个职业病。"洪导说完这话，自己不禁笑了起来。正在这时，旅行社计调打来电话："洪导，有34名游客，他们都是老同学，从各地来到苏州聚会，组织者早晨来到社里，说今天要去杭州游G20峰会会址，明天上午游乌镇，经理说带这个团有难度，指定让你带这个团，洪导你赶快来社里取行程吧。"表伯一听洪导有团就催他去旅行社接任务，自己游虎丘。

洪导从旅行社领了行程就给聚会的组织者陈总打了电话："陈总您好，我是你们的导游洪万磊，从苏州开车到杭州要2个多小时，下午4点G20峰会会址就不卖票了，我们最好一点钟准时出发，请您们把房间退好后再用午餐，我12点就会到达您们下榻的酒店，12 点半开始往旅游车上装行李。"陈总说："谢谢洪导游，侬（你）定的时间来塞格（苏州方言，可以的），我们这些老同学都是有身份的，一定不会让侬费心。"

洪导 12 点就到了客人下榻的酒店，一问前台知道客人没有退房，客人正在用午餐，洪导心里想出发时间一定会晚，4 点赶不到 G20 会址就麻烦了。

12 点半的时候，洪导到餐厅找陈总，客人依然在边吃边聊，老同学多年不见总有说不完的话，洪导请陈总催促一下各位老同学，陈总只说好的好的就是没有行动。洪导只好自己上阵："各位前辈大家好，我是导游洪万磊，因为杭州 G20 峰会会址售票有时间限制，我们无论如何要 4 点前赶到 G20 会址的售票处，请大家抓紧时间用餐、退房。"有几位老阿姨说："幸亏导游提醒我们，不吃了，赶快回房间收拾东西，退房。"洪导又补充道："回房间后，大家去下卫生间，高速路上不好去洗手间。"有位穿着唐装的刘教授笑嘻嘻地走到洪导面前，用昆曲的道白说："小生，你也忒意地啰唆了。"洪导一愣，真不知道如何答言才好，只好尴尬地一笑。

在酒店大堂，只要下来一位客人，交完房卡，洪导就立即帮他把行李拿到酒店外面，司机严师傅负责行李装车。意想不到的是刘教授不去车上坐着，而是在前台帮着洪导催促没下楼的老同学赶紧下来退房。

好不容易 13：30 所有客人都上了车，洪导说："严师傅，您晓得的，尽量早点到 G20 会址吧。"

刚出了苏州地界，就有好几位客人要上洗手间，陈总走到车前对洪导说："老同志不能憋尿，有时候憋尿会发生重症。"洪导只好让严师傅进一个服务区，洪导嘱咐大家千万别去看服务区的商店了，刘教授又说了一次："小生，你也忒意地啰唆了。"有位阿姨对刘教授说："刘梦和同学，你天天看戏曲频道，怎么就会这一句啊？"刘教授把袖子一摆，摆出不屑一顾的神情，老同学哈哈大笑。

15：45 旅游车开进了 G20 峰会会址，这里只能临时停车落客或上车，洪导把提前备好的会址入口图交给陈总，让他带着大家走，自己跑着前去购票（售票处与入口不在一处，相隔有一段距离），总算有惊无险地进入了 G20 峰会会址。

参观后陈总让洪导给找一家专做杭州菜的餐馆，洪导悄悄问陈总要啥档次的餐馆，陈总说农家餐馆就挺好。洪导带领大家在龙井村下车，进了一家挺不错的农家餐馆，陈总看了看环境，看了一下给别人上的菜，翻了翻菜谱，这才决定在此用餐。陈总让洪导去安排个大包间，有一个大包间但只有 3 张大圆桌，客人是 34 位，等入座的时候，许多人都说太挤了，说累了大半天了怎么也得舒服舒服啊。洪导说："今天是周六，杭州市各家餐馆生意都好，如果到市里，包间、大堂都没有空桌，各位前辈，坐得挤象征亲密无间啊，陈总点的都是特色菜，坐得紧，方便布菜、敬酒。"

陈总点的都是杭城名菜：龙井虾仁、西湖醋鱼、东坡肉、叫花童子鸡、宋嫂鱼羹、糟烩鞭笋、斩鱼圆、炸响铃、油烹河虾、莼菜羹等，酒要的是 12 年的绍兴花雕。酒桌间觥筹交错、酒酣耳热，这些老同学开始浪漫起来：叫外号，说××是我暗恋的偶像，××抄我的作业但只给我买了一个枣泥饼，某某巴结老师总给老师擦单车（自行车），××今天光给别人敬酒自己不喝在耍机灵⋯⋯

吃好、喝好之后开始登车，洪导一看有个游客走路晃晃悠悠，就想扶他一把，这位先生说："谢谢小导游，你以为我老了？我们还年轻着哪。"上车后洪导要收身份证，有位阿姨说她是皇太后，她来收，但是有的先生不交身份证，说怕被阿姨拿了不给他。一会儿有的老同学要换座，说有私房话，51 座的车空座很多，他们就一会儿坐这儿，一会儿坐那儿，洪导连忙停了沿途讲解，对大家说："请大家坐好，安全带不能解开，如果再继续换座位，司机师傅就停车了。"洪导要继续沿途讲解，陈总说："洪导，你休息会儿吧，让他们自由交谈好了。"一会儿就有开始唱歌的了，一位被称为"小开"的侯老板和丁阿姨唱起情歌《敖包相会》。

到了下榻的酒店，洪导让门童帮助下行李，他去办理入住手续，每位客人一间房，没有分房问题。身份识别刷脸时，好几位客人不认真嘻嘻哈哈，侯老板还做鬼脸，吐着舌头，弄得前台人员蹙眉，很不满意。

入住后洪导前去查房，看看有没有问题，到了侯老板房间，侯老板拿出 300 元钱，嬉皮笑脸地说："帅哥导游，受累带我去个歌舞厅潇洒一下。"洪导冷冷地说："我不熟悉这里的歌舞厅。"侯老板狠狠地说："猪头三（苏州土话，不识好歹的人），滚！"

第二天因为有几个客人要乘下午 3 点的火车回家，客人说起个大早去乌镇，西餐厅一开门客人就开始吃早餐，洪导给大家办理退房。

早晨路上车不多，8 点半就到了乌镇，洪导买了票、请好了乌镇讲解员，但是送讲解器的人还没到，洪导对大家说七八分钟后就会送到，侯老板说："洪导，你是怎么安排的？一看你就不是个负责的导游，11 点我们就得往苏州赶，算啦，不等啦，咱们不听也比他们导游知道得多。"在旅游车上和侯老板对歌的丁阿姨也带着情绪说："景区和导游就知道赚钱，我看了一下票价，每人 100 元，头些年请人来也没人来。我们还要回苏州吃午饭，讲解员小姐，你就用嗓子讲好啦。"丁阿姨拉着讲解员就往前走，最后全团只剩下陈总和一位男士。洪导拿到讲解器三步当作两步行，赶紧追上，发给每人一个讲解器。

11：15 开始返程，这些老同学都累了，很多人开始小憩，刘教授坐在前面和洪导聊天："洪导，你是苏州人，你会唱几段昆曲啊？"这一问弄得洪导有些脸红，难为情地说："一段也不会。"坐在后面的侯老板突然大声地喊："老刘，你真是个老糊涂，他还会唱高雅的昆曲？你说说，这个导游除了蹭吃、蹭喝、蹭玩，他还能干点啥？"

陈总突然走到车前面对洪导说："洪导辛苦了，把这点巧克力吃了吧，谢谢您啊。"陈总说完紧紧地握了握洪导的手，洪导心里一热，深情地给陈总鞠了个躬。

☞ **评析：**

> 一些当年的老同学在苏州聚会之后，仍不尽兴，要去杭州和乌镇游玩，旅行社把这个有难度的团安排洪导来带，洪导上午受命，下午开始带这个老年团。
>
> 洪导既是全陪又是地陪，洪导知道 G20 峰会会址停止售票的时间，几次催促他们早点集合出发。在旅游中老年人自由散漫、自以为是，给洪导带团增加了困难，但洪导都能及时化解。
>
> 旅游业的发展趋势要求一地的导游不仅熟悉本地还要熟悉周边地区，如苏州导游除苏州外还要熟悉南京、镇江、上海、杭州一带的景区，北京导游要熟悉承德、北戴河、雄安新区等地区，导游只有这样才能扩大带团范围。洪导就很熟悉杭州地区，带团如鱼得水。
>
> 在带团中导游总会遇到不友好的事情、遇到非礼要求。案例中的侯老板要求洪导带他去"潇洒"，被洪导拒绝后，侯老板恼羞成怒爆粗口，在乌镇对洪导的工作横加挑剔，贬低导游，还有人不听导游安排，说"不听也比他们导游知道得多，景区和导游就知道赚钱"等，洪导沉着应对，没有反唇相讥，他知道敬重是人际关系的润滑剂，导游切忌做"嘴上胜利者"。
>
> 洪导真诚周到的服务，一些"老同学"看在眼里，带队的陈总在侯老板胡言乱语时走到车前说"洪导辛苦了"，还让洪导吃巧克力，这是对洪导服务的肯定与感谢，这也证明洪导的确是位能干、有经验的好导游。

✈ 6—6　转机插曲

我国旅游者非常青睐海岛风光，20 世纪一听说 ×× 去了海南岛都心生羡慕，现在很多游客都属意巴厘岛。巴厘岛是印度尼西亚 13600 多个岛屿中最耀眼的一个岛，海天一色，海滩平阔，沙质细腻，海水湛蓝清澈。远处，眼看着滔滔海浪滚滚扑来，但是到了游客脚下却是柔情蜜意的温暖海水。

全岛山脉纵横，地势东高西低，有四五座锥形完整的火山峰，其中阿贡火山海拔3140 米，是岛上的最高点，近期总有喷发，人称世界的肚脐。每年 5~9 月，澳大利亚的冷空气北上，这时巴厘岛气候宜人。巴厘岛是世界著名旅游度假区，也是新人拍婚纱照的地方，因为景色极具画面感，天际边，南太平洋的海浪用力拍打着礁石，浪花飞溅，虽不是"惊涛裂岸"，却也惊起了海鸟翻飞。

春节前后去巴厘岛的团非常多，2019 年 2 月 1 日领队蔡启明带团去巴厘岛，凌晨3 点半在首都机场 T2 航站楼出发大厅集合。18 位客人陆续提前到了，只有宋永强等 4人未到，他们都住在房山，蔡领队给他们打电话，宋游客说他们 4 人在一辆车上，他的司机开车很快，马上就到。但好几次"马上"也没有到。游客纷纷说："蔡导，别等了，赶快换登机牌，托运行李，我们早点过安检。"蔡领队及时帮大家办好了手续，然后围拢在一起做出发前简明扼要的说明介绍。一切都完成了，蔡启明把游客送到安检口。

蔡领队又一次拨通了宋永强的电话，他说："不知为啥，汽车开锅了，汽车里也没带着水，高速路上没法下去找水，只好凉凉降温。蔡导您就先带团进安检，我走南闯北的，坐了几十次飞机了，登机手续我会办。"

蔡导每过五六分钟就给宋游客打个电话，宋说："亲爱的大哥，你能消停会儿吗？误了飞机是我们自己的事，你歇会儿行吗？后半夜的你精神真足啊。"

印度尼西亚鹰航 GA891 开始登机了，这时宋永强他们呼哧带喘地跑了过来，蔡领队招呼着他们 4 位登机，在登机时宋永强向蔡领队介绍："这位是农民企业家宋某的夫人，那个年轻小伙是我的办公室主任李航，身边是他女友。"宋总夫人嘟囔着："我就不爱和老宋出来，大半夜的一路不顺溜。"蔡领队搭讪着："大姐，您一上飞机就全顺溜啦。"

飞机刚飞行平稳，宋老板就酣然入梦，打起了呼噜。蔡领队坐在宋老板的前面一排，不时推推他："宋总，您小点声。"宋总笑眯眯地说："蔡导，飞机上有不许打呼噜的红头文件吗？"宋总假寐，成心打了一个呼噜。宋夫人对丈夫说："你也快 40 岁的人啦，能有点修养吗？"宋总说："再啰唆，我现在就跳机。"这几句对话逗得前后几排的乘客偷偷发笑。

宋总不打呼噜了，开始前后搭讪："哎，蔡导，我在网上查到巴厘岛的美食有炒面（Mie Goreng）、烤乳猪（Babi Guling）、早餐松饼（Pancake）……我们能吃上吗？""前排的这位帅哥，你来过巴厘岛吗？哪儿潜水好啊？贵吗？""李航，你别闷葫芦似的，你问问在哪儿拍婚纱照好？哪儿的便宜？""蔡导，待会儿发啥饭啊？有酒吗？我三大爷说过去飞机上还供应茅台酒呢。"

空姐开始送餐，宋总问这问那，恨不得把每种餐都领略一番，领到餐盒后宋老板风卷残云几下就吃完了，觉得胃里还是空，又要了一盒，吃饱饭后宋老板又眯了一觉，呼噜声倒是降低了。

GA891航班14:15抵达雅加达国际机场，蔡领队要带着全团游客进入印度尼西亚海关，虽然印度尼西亚是免签国，但是还是要验护照、在护照上盖章，领队要把行李申报单呈上。旅游团要从国际到达厅转到国内出发大厅，转乘GA410航班，登机时间是14:57。雅加达候机楼很大，面积有上万平方米，国际到达厅、国内出发厅分别在候机楼的两端，直线距离约1000米，必须在很短的时间内完成转乘的手续，虽然蔡领队在开说明会时已经强调了这个流程，但是出了海关，蔡导还是又简略说了几句，让大家把护照、转机的登机牌准备好。

蔡领队带着所有客人急匆匆赶到国内出发厅安检口，宋老板怎么也找不到他们4个人二次登机的登机牌了，蔡领队说："宋总，您别急，肯定是忘了放哪里了。"宋夫人、李主任女友都沉着脸，宋总一看这三人都脸色阴沉立刻怒了："要不是你们老说快晚了、快晚了，催命一样，我怎会乱了方寸？"宋夫人一听这话，扭身就往外走，"宋大爷，我们说自己拿着，你说我们都是没出过门的人，你拿着保险，得嘞，你也别瞎找了，我回北京！这么不顺溜，到了巴厘岛不知还有啥倒霉事。"宋老板也急了："都滚回去，我一人逛。"他这样一说，李主任女友脸上挂不住了，也往外走。蔡领队急忙对李主任使了个眼色，悄声对李主任说："赶快让您女友拦住宋夫人，你拿着你们上一班的登机牌，我拿着你们的护照，咱们赶快去补办登机牌。"

蔡领队带着李主任跑到航空公司值机柜台前，值机人员说："很抱歉，410航班办登机牌的时间过了，坐下一班吧。GA420航班15:55起飞。"值机柜台的人立刻给打出了登机牌，蔡领队嘱咐李主任："请拿好护照，我在巴厘岛机场等您们，不见不散。"马上就跑去登机。候机楼的空调开得猛，大厅凉飕飕的，但是蔡导却忙得满头大汗，小眼镜也几次差点跌落。

蔡导登上飞机后，飞机并没有正点起飞，蔡导见两个空姐一面看表格一面小声嘀咕，听声音好像在说宋永强4个游客的名字，蔡导想是否要等宋永强他们登机啊？蔡领队知道现在向空姐说明情况也没用，航空公司会及时通知机组起飞的，这时空姐广播再次请大家系好安全带，飞机马上起飞。

16:45飞机落地，印度尼西亚地陪在巴厘岛机场迎到了旅游团，蔡领队让地陪先带着旅游团回酒店休息（从北京候机开始算已经超过一天一夜了），然后再麻烦司机前来迎接宋总等 4 位游客。

一个小时后，GA420 航班抵达巴厘岛机场。宋老板一行人远远就看见蔡领队站在迎客区的栏杆外向他们挥手。

旅游车上只有宋老板 4 位游客，宋老板大模大样地坐在前排，宋夫人和李主任连忙说："谢谢蔡导，让你费心了。"蔡领队说："这是我应该做的。"说完，从司机身边拿起两束鲜花送给宋夫人和李主任女友（鲜花是地接社准备的）。蔡领队满面春风地说："我代表组团社与印度尼西亚地接社热烈欢迎宋总一行莅临（这个词是专为宋总用的）巴厘岛，现在我作沿途讲解……"

宋夫人眉开眼笑地说："小蔡，就是因为有你前前后后的辛苦，特别是你不跟那不懂事的一般见识，我们才由磕磕绊绊转为顺溜啦。"宋老板睁开了眯缝的眼，说："吉人自有天助。"宋夫人白了老公一眼，到车后面坐去了，全车人都笑了。

☞ **评析：**

> 游客宋老板夫人丧气地说"大半夜的一路不顺溜"，而这种"不顺溜"都是宋老板有钱自负造成的。他们一组 4 人迟到，让全团和蔡领队焦急等待，结果在最后时刻登上飞机；在雅加达转机时，自以为有乘机经验的宋老板丢了二次登机的登机牌，从而不能和旅游团同机飞往巴厘岛。集合迟到、丢失登机牌，看似是主观过失，其实是缺乏修养之为。
>
> 宋老板在登机过程、飞机上以及转机过程中不文明的言行，很有代表性，这种不遵守文明出行、瞧不起旅游服务人员的游客，不在少数，比宋老板更粗俗的人也不少见，在出境的飞机上会让乘务人员看不起，给中国人丢脸。他们的不文明为导游的工作增添了不少困难，但是导游依然要真诚相待、热情服务，案例中蔡领队从不计较，总是不怕辛苦，积极为游客解决困难。

✈ 6—7 "给我弄两张肉饼！"

一个一日游 300 人的会议团，午餐定在离景点很近的一家很大的旅游餐厅，餐标是普通团餐，导游知道有些会议代表很不好伺候，因此导游郭飞和其他导游根本顾不上自己用餐，不停地在各餐桌间巡餐、服务。

会议代表王科长看见郭导走过来就并着食指中指挥了一挥，把郭导叫到他的桌前，冷冷地问："这餐是你订的？""是旅行社订的，你有什么意见，请指示。""我没有吃饭。""为什么呢？""我不爱吃米饭，我只吃馒头和烙饼。""你看这个大餐厅里1000多人都是吃米饭，没有一桌提供馒头和烙饼的，真的很抱歉。如果你一定要吃，餐厅中央有自费零点的厨台，他们提供现烙葱花饼、肉饼，你可以去看一下。""你马上去给我弄两张肉饼来。""领导，肉饼是需要客人零点现付的。""我说你还想不想干了？开会头一天领导就说大家一定要吃好喝好，一桌就一瓶可乐、一瓶雪碧，你们连瓶啤酒也不提供，我能喝好了？一张烙饼也不给，我能吃好了？！我只吃馒头和烙饼，吃不了米饭。"

郭导一看王科长那蛮横无理的样子，知道他肯定是个难缠的人，也许平常他耍威风耍惯了。这位王科长好像就是自己车上的游客，本想自己掏钱给他买两张肉饼以便息事宁人。但是看王科长那架势，以及"你还想不想干了"的威胁，他会把抱怨发酵给全团的，这可是个300人的大团啊，团中肯定还有人和这位王科长同样的脾气秉性，非常可能发生连锁反应，每个桌都有人要吃肉饼，怎么办？那真成了破财找罪受。

郭导急忙去找这个会议团的会务组人员，说了王科长的个别要求。会务组的人说："别搭理他，有的人总是不断地找事儿、挑事儿、闹事儿，整个会议简直没有一处是对的。"

虽然会务组的人说"别搭理他"的话，但是郭导的心里还是不踏实，他的导游师傅也在带这个大团，于是就请师傅过来再次向王科长说明了情况，表示了歉意。王科长如同没有听到一样，根本不搭理这位老导游，同桌的游客都说："没事，没事，不怨你们，我们都吃得很好。"

这位王科长不甘心在一个小导游面前跌了威风，把投诉电话打到了市旅游局质检处，质检处的领导一听就明白了八九分，为了负责，还是与郭导通了电话核实情况。

下午乘车时，郭导注意到这位王科长真的就在自己车上，游览参观时特意更加认真细致地讲解。多次请王科长留神脚下的台阶，王科长终于勉强笑了一下。

☞ **评析：**

人们外出旅游，饮食是一个大问题，绝大多数旅游者都会随遇而安，但总会有一些挑剔的人，这些人中有的对旅游服务理想化，一不合意就故意挑剔，有的人爱占便宜，总想闹一闹会得到好处，但也有人确实接受不了某种饮食。所以，导游在服务准备阶段，要了解旅游团中是否有特殊饮食要求，在不违背旅游协议、不提高接待标准的情况下，尽力予以满足。若有旅游者抵达后提出特殊饮食要求，导游可以积极协助解决，但不能突破餐标，不过这样一个300人的大团，而且只有一餐午饭，导游是无法一一满足多种个别要求的。

案例中的王科长不习惯吃米饭，但此人不好通融，不随和，餐厅内旅游团几百人都在吃米饭，就他蛮横地提特殊要求。如果只有一两个人，导游给他买一两张烙饼，不是不可以，但几百人的大团，如果有一些人跟着要求吃烙饼、吃肉饼就非常棘手了，给甲买饼不给乙、丙买，导游破钞还招致抱怨，自找麻烦。本案例中的导游曾有此想法，但没有行动，很明智。面对客人提出的出格要求，郭导不仅耐心解释，而且征求会务组人员的意见，又请自己的师傅向那位科长说明情况，致以歉意，做得到位，博得了会务组人员和其他旅游者的谅解和支持，是成功的导游服务。

导游要热情为旅游者服务，但一定要实事求是。面对旅游者这样那样的要求，必须按"合理而可能"原则处理。若有旅游者无理取闹，出言不逊，导游必须沉着冷静，耐心解释，但不能过多与之理论，更不能正面冲突，以免影响其他旅游者的情绪。

即使有旅游者无理取闹，导游也不应计较。郭导在下午游览时，讲解更精彩，给予王科长特殊关照，多次提醒他注意脚下，终于博得王科长难得的一笑。郭导是名合格导游，很好地完成了这次一日游的导游服务工作。

旅游团的餐饮标准，是地接社根据旅游协议规定的标准安排的，导游要严格执行。

地接社若任意降低餐饮标准，旅游者可采取维权措施。《旅游法》规定，旅行社若"拒绝履行合同"（例如降低餐饮标准）将受到严厉惩罚，直至"责令停业整顿"。执行旅行社错误决定的导游也要承担相应的法律责任。

✈ 6-8　"拿退团吓唬谁啊？"

地陪徐健朝颜值高，游客非常喜欢这个阳光灿烂的帅小伙。旅游团中一位珠光宝气的楚女士从徐导接机开始，总是以一种异样的神情看着他，端详着他。

第二天晚上游客回饭店后楚女士没有急于回房间，在大堂轻柔曼妙地踱着步。她看徐导忙完了，就走上前，微笑着说："小徐呀，忙一天了，辛苦得很。姐姐请你去一个高档洗浴中心，放松放松。"徐导毫无表情地说："饭店旁边就是一个豪华洗浴中心，你自己去就行。"楚女士说："洗浴之后，我想有人陪我说说话……""游客自由活动期间，导游员没有奉陪义务。"徐导说完转身就走了。楚女士追出饭店门外，望着徐导远去的背影，恨恨地站在那里。

次日上午参观完一家土特产店，游客上车后，徐导开始讲解下一个景点。楚女士打断了徐导的讲解，话横着就出来了："导游，你是不是为我们服务的？"徐导没有回答，沉静地看着她。楚女士厉声说："导游，我问你话哪！导游，你歧视我，进了土特产店你不陪着我挑选商品，你严重失职！"徐导仍然没有说话，楚女士火冒三丈，尖叫着："你是聋啦还是哑啦？我问你话哪！你为我服务不服务？！不服务我就下车，退团！"

徐导淡淡地对司机师傅说："师傅开车门，让她下车！退团吓唬谁啊？"司机师傅没有开车门，继续行驶。

楚女士给旅行社打电话投诉徐导："导游态度恶劣，逼我下车、退团！"

晚上回到酒店，旅行社经理在等候他们，因为徐导说错了话，旅行社经理带着他向楚女士赔礼道歉。整个赔礼过程徐导就说了三句话："对不起，我说的不对，请你原谅。"楚女士给徐导打开一听饮料，徐导放在一边一口也不喝。

旅行社经理向楚女士告辞时，楚女士向徐导伸出手，徐导装作挠手臂，拒绝和她握手。不过楚女士倒不在乎，拍拍徐导的肩膀，笑着对旅行社经理说："你们做旅游的很辛苦，明天早上导游还要送我们去机场，经理呀，南宁那边你要安排一个好导游啊，麻烦你了。"

☞ **评析：**

案例中游客楚女士不规矩，她要帅哥徐导陪她去洗浴中心，陪她在土特产商店挑选商品，徐导都没有理她，于是开始责问，甚至破口大骂，很不自重。

徐导没有陪她去洗浴中心，正确；没有在购物商店专门为她服务，应该。如果徐导满足了楚女士的要求，问题就大了。但徐导年轻气盛，耐性不足，脱口说出"退团吓唬谁啊"的话，还让司机师傅打开车门，让楚女士下车。本来徐导和楚女士的对峙，游客看在眼里，谁对谁错，游客心里自有公论。可惜徐导一气之下失言。回到酒店后，旅行社经理只得带着徐导向楚女士赔礼道歉，请她原谅。

导游要提高自我修养，努力提高心理素质，增强自控能力，绝不感情用事。面对骚扰一般应置之不理，但尽量不在公众面前与之正面交锋。导游一定要记住"小不忍则乱大谋"这一富有哲理的名言。

旅游者自由活动，导游没有陪同义务，旅游团游览、购物，导游不能只为个别人服务，导游要向游客解释清楚，尽管楚女士这样的游客依然会揣着明白装糊涂，但大多数游客是通情达理的。

　　在一地旅游期间，司导之间要密切配合做好旅游服务，案例中司机没有听徐导"打开车门，让她下去"的要求，倘若真的打开车门让楚女士下车，一旦出了事，地接社、导游都要承担责任，司机也脱不了干系。司机做得很对，为旅行社、徐导，也为自己避免了不可预测的麻烦。导游服务集体成员之间就得这样相互协作、相互制约，完成导游服务工作。

✈ 6-9　失落手机要保险公司赔

　　几年前，导游张世豪带着旅游团游览千丈岩风景区。千丈岩海拔 2300 多米，到达山巅有一条索道，两个人坐一个露天的座椅，有保险架保护着，经济实惠，还可以拍摄高空风景。今天早晨因为风大索道没有运行，张导带的旅游团到达时索道刚开，全体游客都决定自费坐索道上山，以免登山之苦，纷纷把费用交给了张导。

　　乘索道上山前，张导向大家介绍了千丈岩的风光，特意提到城里现在是 38℃，霾气笼罩，闷热极了。千丈岩山下是 30℃，山顶却只有 16℃左右，而且风大，怕冷的游客可以自己租棉大衣，租一件押金 100 元，租费 50 元，回来后凭押金条退 50 元，张导自己也租了件大衣。

　　在排队等候索道时，张导提醒游客："请把手机、钱包放在书包内，把书包拿紧，不要在索道上吃东西，不要从书包里掏东西，不要打电话、接电话，安全第一。记着 12 点在索道出口处集合。"索道站的管理人员也不断告诫："在索道上不要乱动，注意安全，把自己的书包搂住了，以免跌落了，抱紧自己的孩子，脚要蹬在踏板上。"

　　许多游客都在笑，山下穿短袖还这么热，租啥大衣啊，可是看着山上坐索道下来的游客几乎都紧紧裹着大衣，很是不解。游客李伊娜指着刚下索道的许多小伙子说："还大老爷们儿，一点也不经冷。"李伊娜着一袭纱质上衣，一条休闲裤，坐上了索道。还没到半路，尽管太阳猛烈地晒着，却已经寒风刺骨了，她的纱质上衣不如一张纸保暖，休闲裤是七分裤，太透气了，风从裤腿直钻进去。李伊娜用手遮着阳光，放眼望去，天湛蓝，白云朵朵，群山奔涌，山下一片碧绿，远处的一个个山头都戴着雪帽、披着冰衫，哎呀，都七月中旬了，积雪还不化啊！李伊娜说了声这不是小西藏吗，说着就从裤袋里把手机掏出来，准备拍风景照。因为太冷，可能是手有点僵，刚掏出来，眼瞅着手机从自己的手中滑了出来，掉在索道下面的草丛中。

到达索道站后，李伊娜立即问张导："我手机从索道掉下去了，怎么处理？"张导说："索道下面都是很深的野草，无法去寻找，就是拨打手机，索道底下范围很大，也听不见声音。查不出手机现在躺在哪里。这个地方的蛇特别多，踏着草翻找手机真是打草惊蛇了。我和管理处的人说一声，秋天草衰了，万一有下落了，让他们通知你。"李伊娜很不愉快，愣愣地站在那里。

山上特别冷，张导看到李伊娜冻得噘噘的脸色都变了，就把大衣给她穿了。李伊娜说："你们旅行社不是给我们上财产保险了吗？索道站不负责给我们保险吗？"张导耐心解释："旅行社上的是旅行社责任险，由于旅行社安排不当，造成旅游者各种损失，保险公司予以赔付。旅游者在组团社报名参团时上了人身意外险，这些都不包含你自己造成的财物损失。手机掉下去是你自己不小心，怎么能让索道站赔偿你的损失？"李伊娜说："山上太冷，我下去问索道站，导游，我把你大衣穿了下去啊。"

张导冻得鸡皮疙瘩都起来了，招呼着游客抓紧时间照相，山上太冷，大家都没敢多待，很快乘索道下山了。

张导一点人数齐了，问大家大衣是否退好了，就带领大家到杏花村吃农家饭去了。

旅游团就住在农家院里，住谁家就吃谁家的农家饭。开餐了，有些游客开始串门，看看这家吃啥、那家吃啥，虽然都是同样的炸素丸子，他们品评这家的脆，那家炸得色泽金黄，口味更香，游客全都不顾减肥、保持体形了，游客说："吃了个肚歪，还想吃！饭菜真香啊。"

晚餐时，地接社给张导打来电话，说游客李伊娜向社里投诉，说导游未提前进行安全提示，未提醒游客注意自己的财物安全。张导说："我已经提醒让大家拿好书包、东西，索道站的同志们都听到了。她的手机在高空丢落下来，没有办法寻找，而且肯定会摔坏的。游客都是成人，应该对人身、财产安全有较强的保护意识。"

李伊娜又向市旅游局投诉，理由是：未明确说明乘缆车时不要掏手机，我们游客没有经验，导游员不尽责，造成手机掉下来；还有，索道是自费项目，旅行社强行推销。

旅游局值班人员与导游核实情况，张导申诉："组团社在旅游行程中已经注明该游乐项目和收费标准，全团游客自愿购买索道票，以节约体力、节约时间，因而不是强行推销。未进行提醒事宜，也不成立，已经提醒大家把手机、钱包放在书包里，把书包拿紧。未做提醒的事情很多，但都是一个正常的旅游者应当自己注意的。导游不可能把一切都说到了，比如不要掉钥匙、不要掉眼镜等。"

地接社外联部经理康莎莎陪大连某国旅的经理踩点，也住在杏花村。康经理得知后就去安抚丢手机的李伊娜，李伊娜讪讪地说："导游说了，如果是旅行社的责任、导游的责任，保险公司就得赔，反正也不是你们赔偿，你们就担待一点责任。"

康经理劝解游客，坦诚地对她说："你不小心掉了手机，我们也心疼，但是我们不能合伙到保险公司骗保，这是触犯国家法律的，如果犯法了，就有刑事责任，非常严重。"

李伊娜知道自己不占理，赔偿无望，康经理给台阶就顺势下了："破财免灾吧，那个手机落伍了，早就想扔了。"

☞ 评析：

　　乘索道时，游客不当心掉落了手机，提出一些无理的赔偿要求，甚至要求地接社和导游与她一起向保险公司骗保，既让人费解，也非常可笑，现实生活中就有这样的人和事。

　　因合法权益受损，旅游者投诉导游或地接社，进行索赔，是正当的，他们有这个权利，但是必须事实确凿。案例中掉落手机的游客，向旅行社投诉导游，向旅游局投诉导游与旅行社，让人感觉就是胡搅蛮缠，其真实目的就是试图获得不应该得到的物质补偿。她的心理就是把事搅乱了、把人搅烦了，就有可能得到赔偿，很可能得到一部更好的手机。

　　碰到这样的事，遇到这样的人，导游一定要沉着冷静，摆事实，讲道理，不说一句过激和不占理的话，不能让对方钻空子。张导就是这样做的，值得点赞。

　　案例中张导向旅行社、旅游局进行了有根有据、条理清晰的辩解，帮助领导了解实情，获得了领导的理解和支持。尽管游客无理取闹，社领导仍然前去安抚她，但坚持"不赔偿"原则。李伊娜自知不占理，赔偿无望，就顺势下坡了。

　　关于自费旅游项目，《中华人民共和国旅游法》第三十五条指出："旅行社组织、接待旅游者，不得指定购物场所，不得安排另行付费旅游项目，但是，经双方协商一致或者旅游者要求，且不影响其他旅游者行程安排的除外。"旅行社和导游都不得强行推销自费项目，案例中的索道项目既然在旅游行程中已然注明并标出了收费标准，可以证明这是事先协商好的另行付费项目，游客也自愿缴纳了费用，所以是合法的，不能成为投诉理由。

　　我们要严肃说一说骗保问题。李伊娜工于心计，对女经理说："如果是旅行社的责任、导游的责任，保险公司就得赔，反正也不是你们赔偿，你们就担待一点责任。"她是要地陪和地接社做假证，承认她丢手机是导游的责任，与她一起骗保，女经理明确表态："我们不能合伙到保险公司骗保，这是触犯国家法律的，如果犯法了，就有刑事责任。"非常正确，正直的导游员，守法的旅行社就应该这样做。

　　导游注意：以后遇到这样的旅游者，碰到这样的事，一定要坚持原则，不要因为试图摆脱李伊娜这类旅游者的纠缠，或发"善心"，或"糊涂"，满足这类见不得人的要求，必然自害其身，很有可能导致终身遗憾。如果同流合污，一起骗保犯罪，终将受到严厉的法律制裁。切记！

✈ 6-10 不配美眉导游就退团

　　大年三十的下午，导游武海生去首都机场 2 号航站楼接团，5 个家庭一共 15.4 人（15 位成人，4 个儿童），这个团没有全陪，武导很熟练地把旅游团带上了旅游车。

　　广东人春节有送彩头的习惯，武导把准备好的 5 个大红中国结赠送给了每个家庭，有 3 个家庭回赠了武导利是（红包）。

　　武导讲完行程之后，开始讲老北京人怎样过春节。这时坐在车厢后面的游客陈大兴发话了："我报团时，旅行社说北京的地陪是一个很漂亮的美眉，怎么是你这个中年老男人啊？"

　　陈大兴突然发难，但武导还是很冷静地回答："对不起，我真的不知道这回事，您可以给组团社打个电话。"

　　陈大兴真的给组团社打了电话，叽里咕噜的粤语武导根本听不懂，但是陈大兴要求退团、换导游的要求武导听出来了，组团社的答复估计也简洁明了，陈大兴抗辩了几句就败下阵来。不过，陈大兴却毫不客气地指责武导："东莞的、广州的、深圳的导游都是 25 岁以下的美眉，岁数大点儿的、模样差的都不行，更不要说你这个老爷们儿了，你早些下岗吧。听口音你也不是北京人啊，跟你们旅行社说马上换导游，不换导游我就退团。"车上的其他游客都回头看了看陈大兴，低声埋怨着他。

　　面对个别游客正式提出导游下岗、换导游、退团的要求，武导不能沉默了，微笑着说："如果我工作不好肯定会下岗的，您自己要求退团请您与组团社联系，地陪只负责接待旅游团不管业务，请您谅解！"

　　武海生理了理佩戴着的导游证，表示自己有合法的执业资格。武导猛然想起一位老导游说的话"争辩是非格调低，以德报怨品行高"，意识到此时应该真诚地与旅游者交心，争取全团对他的同情和支持。于是简单介绍自己：

　　"我是山西平遥人，失业后，来到北京跟着一个亲戚在什刹海蹬三轮车，干胡同游。看到导游很神气，我就在北京考了导游证。我知道自己38岁不年轻了，但每个年龄段的导游各有自己的优势，北京有许多老导游都在一线工作，他们是活的北京名片。前几天中央电视台老年人节目，播映了青岛市的一支银发导游队伍，说他们也是青岛的一道风景线。虽然我的声音没有北京小姑娘好听，容貌也老，但是我会尽心竭力地为大家服务。"

　　陈大兴还在叽里咕噜嘟囔着，一位游客回过头对他不客气地说："你到北京是旅游来了，还是……来了？车里有上学的孩子，说话注意点文明，你说的话，现场全球直播啊！"全车都笑了，只有陈大兴沉着脸，成了"现场直憋"。

　　快到酒店时，武导讲了入住的注意事项，特意讲了酒店的大堂、楼道都安装有摄像头，不要把刚认识的朋友带回酒店，大家都明白武导说的意思。

　　除夕晚餐就在入住的酒店，每桌上都有酒水，大家纷纷互相敬酒庆贺新春。游客很通情达理，都催武导赶快回家与家人团聚，但武导还是等大家都吃完了才回家。

　　回家路上武导给计调打了个电话，问她能否给旅游团换个女导游，计调说："武哥你知道春节期间一导难寻，你不要在意个别游客的不合理要求，一定要顶着困难把团带好。"

　　第二天早餐时陈大兴说自助餐根本不够四星级酒店水平，比东莞的酒店差多了，他提出明天不吃早餐了，要求退早餐费。武导知道陈大兴一定是看到咖啡厅的牌上写着"自助早餐156元/每位"，如果退了早餐费，自己随便买点早餐也就20元。武导对陈大兴说："行程上有早餐的，早餐费包在房费里，不吃也不会退。"陈大兴瞪了武导一眼。

　　上午的行程是天安门广场、国家博物馆、前门大街，武导提前预约了国家博物馆，就不用这个团的游客排长队了，大家说还是岁数大的导游办事妥帖。

　　下午游览故宫，人头攒动，武导提醒大家跟紧队伍，走散了很难找。他强调说："万一走失了，首先给我打电话，第二就是必须15∶45到达故宫的后门神武门，在那儿与全团会合，千万不要走出神武门。"陈大兴心不在焉地听武导讲解，东看看，西看看，有时还对同团队的游客老李说："你看，那个团的几个女士真有风韵。"武导几次提醒他跟上队伍，但他总掉队。

　　旅游团观看三大殿内外陈设的时候，武导最费神，人员散乱，挤成一锅粥，武导眼睛紧紧扫看着自己的游客，陈大兴一走远，武导就招呼他。

　　观看了保和殿后的大石雕，内左门那里有个洗手间，武导让大家去方便一下。

　　10分钟后大家都聚齐了，就缺陈大兴，武导赶紧给他打电话，但关机了。几个游客说："老陈一定是寻找美女去了，不用理他，导游你也说了在神武门内集合。"

武导把团带到乾清宫庭院，讲完了先让游客参观拍照，自己跑去广播室请求广播寻人。广播室就在景运门，离乾清宫很近，武导还没有回到乾清宫就听到连着几次广播："东莞的陈大兴游客，导游请你到神武门与团队会合。"

游完后三宫、御花园，武导带着团到了神武门，哪里有陈大兴的影子？武导打电话后得知陈大兴在外东路走迷了，武导让他别动，就跑着去接他。

回到神武门后，全团没有一个人问老陈去哪里了，陈大兴非常尴尬。

第三天的行程安排是登八达岭长城、去雪世界滑雪，回城的路上武导预报第四天的行程，讲解北京庙会的历史和特色，特意说到今年每个庙会都有一个鹊桥园，就是相亲会场，免费为孤男寡女登记，发布信息，会场上人特别多，基本都是为儿女操心的家长。陈大兴一下来了情绪，在车上就问吴导明天逛庙会时怎么找到鹊桥园，武导觉得可以和他调侃一下了："陈大哥，您是给孩子相亲吗？"陈大兴不好意思地道出了隐情，原来他离异多年了，儿子和爷爷奶奶住在一起，自己孤苦伶仃。武导很同情他，告诉他鹊桥园的地点，还给他提了几条建议。

庙会出来后，陈大兴就像换了一个人一样，又说又笑，他说相亲的对象没见着，但是有三位准岳母和他相谈甚欢，让等回东莞后与女儿加强联系。

第五天走完行程送机的路上，武导致欢送词时特意祝福陈大哥早日喜结连理。陈大兴笑着朗声说："今年过年遇到了这么好的导游，我要走运啦！"

☞ **评析：**

游客陈大兴不喜欢地陪武导，因为他是男导游，又是近40岁的"老男人"。

旅游者，尤其是南方来京的旅游者希望北京地陪是个年轻漂亮的姑娘，倒也无可厚非。但因为导游是个半大老头而提出退团、换导游的要求，就过分了，怪不得同团的游客低声埋怨他。

面对游客出言不逊、下岗、换导游的无理要求，导游应客气但态度坚决地顶回去，不过不要过多理论，更不能正面冲突。最重要的是不管游客怎样说三道四，导游绝不能忘了自己的责任，而是相反，遇到这类事导游要更加积极地工作，妥帖安排各项活动，更热情周到服务旅游者，帮助游客在有限的时间内最大限度地享受旅游生活。案例中武导做得很好，让旅游者体会到了"老男人"成熟的优质服务。

在故宫这样人头攒动的著名景点内，导游要精彩讲解，但最让导游费神的是防止游客走失。虽然地陪一再提醒游客，陈大兴还是自由活动去了，还迷路了。地陪多次打电话，跑到故宫广播室请求广播寻人，跑着去外东路接他，地陪的行动，游客看在眼里，留下了很好的印象，而陈大兴让团友等待，浪费大家的时间，孤立了自己，很是尴尬。

当武导了解陈大兴离异多年渴望重组家庭的情况，同情他，指点他去北京春节庙会内的"鹊桥园"相亲，这是很有人情味的个性化服务。

陈大兴从"鹊桥园"回来后有说有笑，与过去判若两人，武导又祝福他早日喜结良缘，陈大兴终于说出了"今年过年遇到了这么好的导游"的话。武导的服务效果不错，使得陈大兴改变了对男导游、对"老男人"导游的看法。

银发导游在中国很少，但在西方比较常见，许多退休的教授、政府官员甚至议员加入了导游队伍，他们在博物馆、旅游风景区为游客导游讲解。这些专家把服务游客、宣传家乡视为享受，而游客聆听老专家娓娓道来、知识量大、深入浅出、饱含深情的讲解非常过瘾。

✈ 6—11　试图讹诈的贾"津师"

11 月 13 日 21：40，领队张圣斌正在酒店大堂和泰国地陪阿龙说话，他的手机急促地响了起来："领队，你到 1608 房间来一下，我是游客贾文明（化名，以下简称游客贾）。"张领队和地陪阿龙立刻乘电梯到了 1608 房间，游客贾气势汹汹地说："你们看，房间里的蚊子把我儿子胳膊上咬了个大包，这还是五星级酒店？你们说怎么办？"张领队、地陪阿龙一看小男孩的右小臂上真的有一个红包，看样子是蚊虫叮咬的，他俩赶快用手机拍了下来。张领队说："贾先生，这样吧，我们现在带着孩子去医院处理一下。"阿龙说："我刚才看到你下电梯带着孩子朝后花园走去了，会不会是花园的蚊子、虫子咬的啊？"游客贾一下子火冒三丈："你有什么根据说是花园的蚊子、虫子咬了我宝贝儿子？你们泰国导游就这个素质吗？我跟你们说，你们俩导游陪着去看病是不够格的，必须得酒店总经理、旅行社总经理陪着。"

张领队、泰国地陪阿龙立即给自己的旅行社打电话汇报。阿龙的老板请来了酒店总经理桑总，桑总说他派两辆车立即去医院，他亲自陪着游客贾一家三口前去就医。到医院时，地接社总经理徐总也到了。

虽然是急诊，徐总还是请了一位外科主任级的医生，医生认真看了，用泰语说："没有事的，就是有一点红肿，涂上药很快就会好的。"游客贾看到医生很轻松地查看，就对两位老总说："这个大夫是个二把刀、糊弄事，我们再到其他医院去诊疗。"没有想到这位主任医生是华裔，他严肃地用汉语说："这位先生，请你不要随便评价我的医术，我是曼谷知名的外科医生，你上网可以看到我的资料。你说是室内的蚊虫咬的，但是小臂还有两处轻微划痕，小孩子可能去摘花时，被蚊虫咬伤的。"游客贾愤愤地瞪了医生一眼，对医生说："我是中国的律师，对游客的各种权利有专门的研究，医生的话是要负法律责任的。"小男孩的妈妈问孩子还疼、还痒吗？男孩说还有点。医生说："抹上药就会消炎，两天就痊愈了。"

涂上药后，酒店桑总问游客贾和他夫人："贾先生、贾太太，您看我们是不是先回酒店休息？"贾太太说："好的，回酒店吧。"游客贾冷冷地对他老婆说："孩子要是夜里发烧，你带着上医院啊？"游客贾向徐总要处方单、药费单，徐总说："这些单据，我们要给保险公司的，不能给你。"游客贾不屑地冷笑了一下。徐总说："贾先生，有啥事，您直接打我电话。"

回到酒店后，张领队对酒店桑总说："明天我们在曼谷是自由活动，旅游团 16：00 在酒店集合乘车去机场飞香港，贾先生的房间能否延迟些再退房？"桑总微笑着说："几点退房都可以，现在请贾先生一家先去西餐厅随意点些食物、饮料、水果，酒店买单。"游客贾说："这件事，不能就吃点、喝点就行了，旅行社、酒店总得给个赔偿吧？孩子不能白白被蚊子咬。"桑总、徐总说："主任医生的话，你也听到了，我们也带着去就诊了，酒店、旅行社在力所能及范围内给您照顾，至于您的赔偿要求，我们觉得过分了，你如果认为不公平，可以直接向泰国或曼谷的旅游局投诉我们。"游客贾说："你们有地方保护，懒得理你们。"游客贾又对张领队说："泰国是泰国，你们是北京的组团社，必须给出赔付，不然我回到北京就进行投诉程序，打官司是我的职业。旅游意外事故自发生之日起 180 天内都可进行保险赔付的诉求。"张领队详细将经过汇报给了北京组团社。

次日早餐时，地陪阿龙也特意跑过来，与张领队一起问候贾先生一家，游客贾只是"嗯"了两声。

中午，张领队给游客贾房间打了电话，看看孩子是否有问题，但是打了几次电话也没人接，估计游客贾外出购物了。于是就给游客贾的手机打了电话，游客贾不知道张领队往房间打电话，说他正在房间给孩子涂药，目前还没啥问题。张领队觉得这个律师真能撒谎，于是他就坐电梯上去，摁了 1608 的门铃，屋内一点声息都没有。

到了集合时间，全团乘车前往机场，办理登机手续、安检、过关都很顺利。

在香港取行李时，游客贾突然问一名工作人员："我是大陆旅游团的游客，我的小孩在泰国被蚊虫咬了，能否帮我给行李消毒？"张领队一听就知道他要捣乱，当着全团的面严肃地对游客贾说："请您走在全团的最后面，等全团的客人出了海关，您再申请行李消毒。如果你提前报了，全团都要经过严格消毒，今晚全团还要在维多利亚港乘船游香港夜景。"一些游客威而不怒地对游客贾说："请你听领队的安排。"游客贾一看多位游客的表情就知道众怒难犯。这时张领队给香港地陪打了电话，让她在出口等着，把全团交给她，然后回去接游客贾。

香港机场工作人员对游客贾一家的行李进行了消毒，并询问情况。检疫人员询问张领队时，张领队说只有贾先生的孩子被蚊虫叮咬了，别的游客都没有问题，并把手机里泰国医生开的处方照片翻出来给检疫人员看了，检疫人员笑了。

因为团队的晚餐肯定是赶不上了，张领队带着游客贾一家在机场吃了晚餐，打车去了酒店入住。

这个旅游团在香港的行程是两晚三天，次日是全天自由活动。早餐时游客贾非要带着孩子去香港医院检查不可，张领队向组团社汇报之后，组团社给地接社打电话，于是香港地陪过来了，与张领队一起陪同游客贾和孩子去医院。游客贾说他夫人去探望亲友了就不去医院了，张领队心里好笑，刚才贾太太还问怎么去铜锣湾最方便，游客贾说瞎话张嘴就来。

到了医院，外科大夫说："红肿已经消退很多了，根本不需要涂药了，不会有问题的。"游客贾问："会不会有蚊虫咬后的后遗症？"大夫说："先生，你是学医学的吗？你的医疗思想非常超前，我要向你请教的。"游客贾说："医生，请你开一个诊断证明，我知道香港是非常讲科学的。"大夫说："先生，请你去找医院院长开诊断证明。"游客贾讪讪地走出诊室。

走出医院，游客贾说："张领队，你打车把我们送到铜锣湾吧。"地陪说："贾先生，不回酒店休息吗？这里离酒店很近。"游客贾说："我去那里探望亲戚。"

回到北京，散团时游客贾对张领队说："张导这一路为大家很辛苦，给你个面子，我就饶了你们旅行社啦，有工夫我还得办大案、要案。"张领队没有答话，微笑了一下而已。这时河南籍的张大叔对游客贾说："贾（假）律师说话就是可中哩，高水平，给个名片吧？"游客贾说："我出来旅游，从来不带名片。"游客贾走近张领队低声说："我的手机号码不可以给任何人，否则就是侵权。"张领队笑着点了点头。

在走向机场大巴时，张领队听见游客李大哥对张大叔说："叔，叫'文明'的人不见得一定文明啊，这个人在北京工作，可惜了（读 liao）啦。"

（刘艳供稿）

☞ **评析：**

> 这是又一个游客不文明的案例，还是一个"文明人"不文明企图讹钱的案例。
>
> 游客贾自称是"律师"，他在泰国旅游时住在五星级酒店，他的儿子被蚊虫叮咬，胳膊上起了一个红肿小包，于是兴风作浪，大做文章。他要求酒店和旅行社总经理陪他儿子到医院诊疗，曼谷知名医生看后说"就是一点红肿"，贾游客就否定他的医术，要求去别的医院诊疗。因为没有得逞，进香港海关又挑事，在香港又要去医院诊治，香港医生说根本不需要涂药了，他还问医生"会不会有蚊虫咬后的后遗症"这样无知、可笑的问题，受到香港医生的讥讽。
>
> 因为泰国地陪看到贾游客父子去酒店后花园，提出可能是在花园被蚊虫咬的，曼谷医生发现孩子臂上有两处划伤，显然是在花园里划伤的，贾游客做贼心虚、气急败坏。
>
> 酒店请贾游客去西餐厅随意点些食品、饮料、水果，酒店买单，但是贾游客说："这件事，不能就吃点、喝点就行了，旅行社、酒店总得给个赔偿吧？孩子不能白白被蚊子咬了。"这是他就"孩子被蚊子咬"这件小事胡搅蛮缠的真实目的，斯文扫地。
>
> 也许贾游客自称律师是吓唬人的，若真是律师，他满口胡言、谎话连篇，能公平办案吗？必是律师界的败类。
>
> 领队、旅行社、酒店在处理这个案例时，有理、有利、有节，一丝不乱。

✈ 6—12 行李箱找到了

2017 年 4 月 22 日，领队张自强带着旅游团从天津机场飞往台湾，这个团只有 26 位中老年游客，下榻酒店全是五花级或五花以上，自助餐安排也很多，张领队觉得全程一定会很轻松，自己就是陪着这个团的叔叔、阿姨们游台湾了。

在候机时遇到了家在通州的领队郭佳颖，郭佳颖也带团去台湾，张自强原来只和郭佳颖在柏林碰见过两回，没有聊过天，这次互相加了微信，天下领队是一家，两个领队聊得很开心。

到了桃园机场两个团出关都很顺利，张领队、郭领队各自带领旅游团到大转盘处领行李。因为行李迟迟没出来，张领队团的游客孙树营叔叔以及几名游客就先去了洗手间。

　　游客都拿到了行李，张领队带领旅游团一出来就看到了台湾地陪郭佳懿，郭导高高举着接站牌在出港口热情迎接旅游团，引领大家上车，青年司机阿祥帮助游客放行李。郭导虽然是个新导游，但是健谈，人很热情，她对大家说："我的父母是个饕餮客，从小跟着父母吃遍台湾，所以我懂吃，在接下来几天的行程中会给游客介绍、推荐一些台湾小吃，在我的引领下，大家一定会吃上正宗、独到、物美价廉的台湾小吃。"游客们听了个个馋涎欲滴。

　　旅游团下榻在圆山大饭店，因为有分房表，张领队很快把房卡发到每位游客手中，并宣布了次日的叫早、早餐、集合时间。

　　张领队和郭导在大堂核对行程时，游客孙叔叔和老伴提着行李箱来找张领队，孙叔叔说："张导，这下麻烦啦，这个行李箱和我的一模一样，打开一看，却不是我的行李，这可怎么办啊？"郭导赶快让叔叔、阿姨坐下。张领队说："叔，您别急，我赶快查找。"孙叔叔的老伴有点着急："小张啊，千万帮我们找回来，儿子在东京讲学时给买的索尼全画幅微单相机等物品，都在行李箱里。"张领队和郭导让二位老人把行李箱里的主要物品（特别是有特点的物品）说一遍，他俩一一记录下来了。张领队说："叔叔、阿姨，先到房间休息吧，您的行李今晚有可能拿不回来，您二位将就一下，我们这就联系机场，有消息了第一时间告诉您。"孙叔叔很大度，他说："我不急，财物都是身外之物，一着急血压就会高，就旅游不了啦。"

　　台湾郭导给机场行李处打了电话，行李处说没有发现无人认领的行李箱，也没有人询问是否有人错领了行李箱。这时已经快 22 点了，张领队和台湾郭导分析，最大可能是孙叔叔他们在去洗手间时被几乎同时落地的旅游团游客错拿了，旅游团的游客下飞机后很兴奋，有些事都匆匆忙忙的，而散客大多是台湾人或者来过台湾的，他们很从容，散客错拿走行李箱的可能性比较小。张领队立刻联系郭领队："郭导，真不好意思，现在如有可能，询问一下你团是否有人错拿了行李。"

　　领队郭佳颖在全团的微信群里询问，每位游客都回复了说没拿错。郭佳颖对张自强说："和我们几乎同时抵达的还有个大陆旅游团，可能是急着走行程，他们领行李时特别匆忙，我看见有人拿了行李一看不是自己的就又扔到转盘上了，所以我再三提醒我团游客认真看一下自己的行李，我的客人没有错拿行李的。"张自强说："郭导真是心细、眼明，向您学习。"

　　台湾郭导说："张大哥，与你们前后脚落地的航班确实有个大陆旅游团，那个地陪的接机牌有旅行社落款，我能找到那个地陪的电话，让她问一问是否有人拿错。"通过一番联系，郭导知道了那位台湾地陪叫李璐璐，大陆领队是杨海。

很快 3 个大陆领队、3 个台湾地陪互相联系上了，如果 3 个团队的游客都没拿错行李，只能到机场申请看取行李的录像了。按照以往带团经验，游客回到酒店一打开箱子就应该发现拿错了，现在午夜了还没有任何游客提出拿错了行李箱，这件事有点复杂了。这 3 个团明天都会离开台北，于是 3 个领队、3 个地陪导游商定调整一下行程，明天第一站都先去台北故宫，停车在一起。早上往旅游车上行李时各位导游、领队也细心观察一下，上车后再询问一下。

次日 3 位领队、3 位地陪导游在车上再次问是否有人拿错了行李，3 个团队都没人提出拿错了行李。领队、导游交流情况时都不会当着游客面打电话，他们通过 line（台湾微信）交流了情况，张领队在 line 说："麻烦各位导游和领队在旅游车上严肃说一下，如果通过机场录影查出谁错拿了行李，是很麻烦的，负有法律责任。"

台湾地陪李璐璐在 line 里说："说到负法律责任后，我团王大哥的脸色有点不自然，我发现他和王嫂今天还是穿昨天的衣服，王哥的胡子也没有刮，这就与旅游习惯很不合，看样子王哥是最有可能拿错了箱子。"张领队在 line 里说："我车会先到，你车到了，我上去说一下。"

张领队的旅游车刚刚停在台北故宫停车场，杨领队、李导的车就到了，张领队跑了过去，上车说道："各位游客大家好，我是大陆领队张自强，我团有位叔叔捡到一个箱子，我们想寻找失主的线索，发现行李中有张大陆的银行卡，如果找不到失主，我们就打银行客服电话，查找他的姓名、电话，以便及时还给他。"王嫂急不可待地问道："是建设银行银色的贵宾卡吗？"张领队没有回答，心中微微一乐。

团队游客下车后，张领队对游客王哥说："王大哥，我的客人把您的行李箱拿错了，给您添麻烦了。"这时司机阿祥提着箱子来到这辆旅游车前，王大哥看到自己的行李箱，脸色一红一白的，王嫂吞吞吐吐地说："人家箱子里都是贵重物品，还有照相机，我们就怕别人说我们贪便宜，不敢说拿错了，你看看我们啥也没动啊，你王哥是搞房地产的，不缺钱。"张领队说："大姐，经常有游客拿错行李，您千万别介意。王大哥您打开箱子，看看缺啥？"王嫂问张领队："银行卡在哪里啊？"王哥拉了王嫂一下，暗示她不要问了，行李箱边的两个司机都忍住了笑。

张领队把孙叔叔的行李箱拿回到旅游车上，让孙叔叔看看缺啥不，孙叔叔翻了一下，说啥都没缺。孙叔叔问张领队："你们神通真大，怎么找到的？"张领队说："叔啊，天下事难不倒导游员。"

☞ 评析：

　　游客拿错别人的行李，一般很快会发现，但是由于领队张自强的团队去夜市小吃，迟迟才发现。在拿错的情况下领队和地陪首先要安慰游客，稳定情绪，然后分析错拿的环节，研究出如何寻找的方法。

　　最初游客"王哥"也是无意错拿，但到了酒店发现错拿的行李箱里都是贵重物品，由于种种杂念，没有及时通报领队。领队、地陪在旅游车上说的"如果通过机场录影查出谁错拿了行李，是很麻烦的，有法律责任"，具有警示作用，"王哥"听后表情就不自然了，但是仍然没有承认自己错拿了。领队张自强非常有心计，他不问谁错拿了行李，而是说捡到了一个行李箱，接着又说："我们想寻找失主的线索，发现行李中有张大陆的银行卡，如果找不到失主，我们就打银行客服电话，查找他的姓名、电话，以便及时还他。"利用游客未必记清行李中是否有银行卡，虚晃一枪。王嫂马上脱口说出"是建设银行银色的贵宾卡吗"，这样就承认错拿了行李箱。张领队对王哥说是他团的客人拿错了行李，给游客王哥留了面子。如果张领队揭穿真相，会使事情复杂，可能整个团队在宝岛台湾的行程不顺利，所以，导游、领队处理此类问题时要特别谨慎。

　　如果孙游客的行李箱找不到，台湾之旅就不会很开心，这样一件很复杂、棘手的事故，张领队在各位台湾地陪、大陆领队的配合下，化难为易，孙游客的行李箱完璧归赵，皆大欢喜。

　　案例中两地三团的领队和地陪，并不熟悉，为了寻找一名大陆游客错拿的行李箱，他们精诚团结，和谐协作，令人感动。游客赞曰"神通广大"，他们受之无愧。

　　领队带团就得与各国、各地的合作者，特别是相关导游互帮互助，支持别人就是帮助自己。中国导游界素有团结、协作的优良传统。

第七章　文化旅游篇

在旅游中吃得好、住得好、交通安全舒适是游客对旅游的生活要求，欣赏美景、感受文明、享受文化是游客对旅游的精神需求，游客的精神需求比生活要求更重要，如果游客只注重食、住、行，可以不参加旅游团。

导游讲解是导游在带团游览中对观览内容的讲解，以及对旅游所在地的综合介绍，"讲解"和"介绍"的内容涉及历史、人文、自然科学等。讲解的内容必须正确。

现在"抖音""快手""每日头条"等移动端 App 大受欢迎，人们都懒得阅读文字资料，乐于或听或看。导游讲解要让游客爱听，层次要清晰，逻辑要严密，详略要恰当，不时还得来点幽默逗趣，导游讲解是需要艺术性的。

导游讲解若是精彩，一定会给游客留下深刻的印象，游客回家之后往往会对亲友说："导游讲得可好啦，特别吸引人，导游有学问，他一讲我们才知道了不少事情，至今我还记得导游讲解时的音容笑貌。"导游讲解使景观更具有知识感和欣赏性。

导游服务是整个旅游过程的躯干与枝叶，导游讲解则是枝干上的鲜艳花朵。导游服务是一整台大戏，导游讲解是戏里的核心唱段，唱得好才能满台生辉，反之则索然无味。

导游讲解融入了导游的知识水平以及他的精神世界，导游讲解对旅游者是一种文化享受，同时也能获得一些思想启迪。

游客的文化水平、思想境界可能参差不齐，但是一听导游讲解，都能听出来导游的"水深水浅、层次高低"，所以导游讲解要求导游必须有文化！

文化旅游是时代潮流，文化是一个人、一个民族、一个国家最鲜明的气质，文化也是人与人、民族与民族、国家与国家、人类与自然和谐相处的催化剂。

什么是文化？每个人、每个民族、每个国家都有自己的界定，中国作家梁晓声说："文化是根植于心的修养，无须提醒的自觉，以约束为前提的自由，为别人着想的善良。"文化会让善良发自内心，骨气融于血液，坚强刻进生命，自信充溢风采。

文化旅游的重要内容之一是继承、传承祖国的优秀传统文化，彰显时代风貌。

文化旅游之"文"不仅仅是文化资源，还包括了人民的文化需求与文化创意。

鲜明的地域文化包括地理环境、特殊美景、当地人民的生活方式、风味餐饮以及近些年的巨大变化等，这些林林总总的"文化看点"都是旅游的吸引力，如异地的饭菜虽是平淡无奇的普通食材，但那味道却是独有吸引力的，那烹调技艺是千百年流传下来的。生活方式与生命同在。

文化旅游会让游客有更多的获得感，只有"赏心"才会让游客怀念这次难忘的旅游，"赏心"就是接受了文化。

把景观之美、内涵意义讲给旅游者，是导游对于景点的敬畏与热爱；把景观的文化讲解得深入浅出，是导游对于景观的深刻理解。文化性的导游讲解不是说教而是娓娓道来，时常还具有故事性，这是因为导游对于景观文化把握得游刃有余。导游把景观讲解得风生水起、幽默隽永，显示着他的思想水平、文化水准达到了一定高度。

中华民族五千年悠久的历史和灿烂的文化，是文化自信的根基。曹丕说："年寿有时而尽，荣乐止乎其身，二者必至之长期，未若文章之无穷。"文化旅游引领文明旅游、健康旅游，文明之源在于文化，文明出自修养，得益于文化。文化与文明彰显一个人的正直和善良，健康不仅是身体健康，更在于心灵和行为的健康。文化旅游的本身就是文明旅游、健康旅游，旅游者在旅游中得到美的享受、德的启迪、智的增长，游客会获得真正的旅游快乐。

本章后六篇是文化深度旅游的导游讲解范例，供导游参考，并敬请随时指教。

7-1　风雨交加讲故宫

2019 年 5 月 26 日 9 时，天阴得很厉害，很快就要下雨。导游李镇海在午门前焦急地等待着 45 位游客，已经到了约定的集合时间，但只来了 2 位游客。他们是某网络华东、华南的销售操盘手，来北京开会，会议结束后，一些人利用返程这天逛故宫，就在网上某旅行社平台购买了故宫门票和讲解。有的人是第一次游故宫，有的人是故宫迷曾来过多次。他们早餐后就陆续乘公交车或地铁自行前来故宫，还有人在天安门广场拍照，直到 9：40 才稀稀拉拉地来到集合地点（故宫游客服务中心门前）。

天暗得很，风也刮了起来，估计很快就要下雨，李导提醒游客可以在故宫游客服务中心买简易雨衣，李导对几个拉着行李箱的游客说："进入午门后，您直接去午门最西侧那个门洞寄存行李箱，值班人员会发您一个行李牌，故宫免费给您运到神武门，参观完了凭牌领行李箱。"

李导看见两人架着一个小伙子，一瘸一拐地径直向故宫游客服务中心走来，凭直觉感到他们是这个团的游客。快到服务中心时，游客带队的颜碧蓉迎了过去，对瘸腿的游客说："小郭你昨天崴了脚，大夫让你休息，你非来不可，这个样子怎么游故宫？要走很多路呢。"小郭狡黠地笑了笑："俺有保驾的大臣。"

李导一看故宫游客服务中心还有可借用的轮椅，就建议小郭借用轮椅，小郭喜出望外，李导带着小郭去办借用手续。游客服务中心的人说体弱的高龄游客和幼童才可借用轮椅，李导说："您看他穿着拖鞋，脚脖子上缠着纱布，药膏都渗出来了，真的行走有困难，麻烦您了。"游客服务中心的人看了一下，笑着对小郭说："请出示身份证，交一下押金，神武门还轮椅时会把押金退您。"俩伙伴对小郭说："皇上，请登御辇，我俩伺候着，赏我们故宫冰窖餐厅吃烤鸭吧。"

带队的颜碧蓉、刘洪学按照名单点了一遍人名，还差俩人没到，这俩人说已经过了广场安检，但还没有走到天安门，颜碧蓉对李导说："不等了，我们进故宫吧。"刘洪学说："你们先进去，我等一下她们，这俩人总是晕晕乎乎的。"

李导引导大家排队验票："验票时大家刷自己的身份证，进了午门之后，我们在午门最西侧的门洞前集合，我发放无线讲解器和故宫地图。"就在大家通过验票口的时候，冷风挟着雨帘从天而降，李导急忙喊道："网络的朋友们，我们先在午门最中间的门洞避雨！"

过了检票口、安检，游客立刻奔跑到 3 个门洞里避雨，只有一部分游客集合在午门正中的门洞。

即便天晴气朗的时候，紫禁城的各个门洞里都有很冲的穿堂风，现在这穿堂风就更厉害了，粗粗的雨丝随风横刮进门洞里，形成了"雨鞭"，每位游客都体会到了古人说的"风吹雨打"。带队的颜碧蓉既没有买雨衣也没有带雨伞，因为她在后面催促着同事过安检，身上淋得很湿，冷得瑟瑟发抖。李导一看这种情况就把自己的雨衣脱了下来，让颜碧蓉穿上，雨衣能保温。颜碧蓉说："李导，你也不能淋雨啊。"李导说："大姐，我带着雨伞哪。"

在避雨的时候，李导想等雨小些的时候，挤在三个门洞的游客一出去就准会乱营。李导利用自己 1.86 米的身高优势，在门洞里大声宣布："雨小些时，网络的朋友们在贞度门，就是太和门西边的那个门里集合。"说完李导打着伞跑到右门洞、左门洞里说了几遍。

　　集合游客本来就是件不容易的事，而在疾风骤雨中则成了一个更难的问题，有的游客跑到太和门、熙和门、协和门了。李导请游客打电话，通知跑散了的同事到贞度门这里集合，但是有几个人说他们要去深度游，不跟随队伍了。

　　李导对大家说："各位朋友在百忙中游故宫，天气不好也没有退票，我很感动，我的讲解时间不会从9点计算的，从现在开始计算，一定会讲解够4个小时的，现在我发讲解器和故宫地图。"游客发现李导竟然背着一个大背包，背包里变出来了几十个讲解器和故宫地图，李导边发讲解器边说："请用装讲解器的塑料袋罩上讲解器，免得进雨水，最后在御花园时记着把讲解器还给我，赶火车、赶飞机需要提前走的朋友，也记着提前还讲解器。"

　　天气好时旅游团是边看景观边听导游讲解，下着雨，只能是远远望景听导游干讲了。许多旅游团都挤在贞度门内，没有用讲解器的几个导游大声地解说，一片嘈杂。有的导游说着光绪大婚前贞度门起火殃及太和门，有的导游说着太和殿的建筑结构和作用，有的导游吼着讲远处的10个垂脊小兽……这几个导游的高声大嗓此起彼伏，加上游客的相互说话，交织成一个蛤蟆坑，乱糟糟的。雨中游客根本看不清太和殿的建筑细节，哪个游客也听不好导游讲解，仅仅明白这是导游在尽责而已。

　　这样糟乱的环境下，李导没有心绪讲解，但是作为导游怎么能够敷衍塞责呢？他沉下心来，认为"讲实不如讲虚"，就从明永乐十九年（1421）四月初八三大殿遭雷击起火，明永乐皇帝奉天门御门听政说起，讲述了"夺门之变"，利用讲解器的便利，小声地娓娓道来，这些历史事件犹如好听的故事，游客忽略了耳边的杂音，专心听李导的讲解。

　　雨还在下，李导征求了大家的意见，就冒雨带着游客登上了三大殿的须弥座，依次讲解前三殿。在保和殿李导说道：

　　自清乾隆五十四年（1789）以后，保和殿是殿试的考场，考生根据"策问"（考题）在这里写一天卷子（策论），要写2000字左右。考卷要经过8~10位读卷官轮流评审，认为好就画一个〇（圈）。

　　清同治四年（1865）乙丑科殿试后读卷官把得〇（圈）最多的10份卷子呈给皇帝，由皇帝决定三鼎甲，俗称皇帝点状元。但是同治帝仅10岁，他看不出这些卷子的优劣，慈安和慈禧说，就按照卷子上的圈来决定吧。拆开卷子的弥封一看，第一名竟然是蒙古旗人崇绮，因为顺治爷有谕旨满蒙旗人不得进入一等进士及第，以缓和民族矛盾。但是同治很认真、很执着，说一定要由他来点状元，两宫皇太后只得由着他。同治把头三名的卷子卷成3个纸筒，放到装书画的大瓷瓮里，他闭着眼摸，摸了3次，抓到的卷子都是崇绮，同治喊着这是天意。两宫皇太后觉得点状元一事非同小可，自己和皇帝都不宜承担违背祖制的罪名，但是同治三次摸到的卷子都是崇绮，此乃龙心眷顾。慈禧心计多，就让读卷大臣与军机大臣议决如何处理。大臣已经知道同治摸卷的事情，认为不能把皇帝的意向否定了，以"只论文字，何分旗汉"的结论呈上，整个大清朝旗人与汉人一起殿试，夺魁天下的只有崇绮。

清同治四年（1865）乙丑科一等进士及第3名、二等进士出身100名，三等赐同进士出身165名，我在想同治朝如果有你们这些网络精英，他就可以准确地确定这265名进士的名次了。游客都开心地笑了。

因为雨还是很大，李导就在日精门处讲解乾清宫。

李导讲到日精门南侧庑房就是御药房，小郭坐在轮椅上说："我对御药房很感兴趣，你了解吗？"李导说："我参加过北京中医药大学办的导游培训班，中医大的教授说御药房隶属内务府，御药房里常年储备各地的特产药材，比如枸杞必用宁夏银川的、三七必用云南文山的，御药房存有鹿茸、人参、熊胆、虎胫、牛黄、狗宝、麝香、琥珀等400余种药材，目前国内的中医院中药房只备180~200种常用药材。御药房有药房人员和御医，他们分班侍值，侍值又分宫值和外值，宫值地点在皇帝寝宫旁的御药房，外值则在东华门内的太医值房。外值为宫廷中的宫女、太监等人诊病。御医一共10名，都是从太医院内挑选出来的，他们医术精湛、品行端正，进宫之前需在太医院供职6年，并经过3年或5年一试、二试、三试合格者，才有资格入选。帝后有了疑难重疾，从各省督抚举荐的名医中挑选御医。"

游客小郭说："李导，如果皇帝崴了脚，怎么医治啊？"李导说："清朝皇帝老出去打猎，有多次崴脚的记载，御医说崴脚实际上是扭了筋，筋骨相连，'伤筋动骨一百天'。崴脚了，御医有时给放瘀血，有时给糊药，就是不能按摩、不能烫脚。"

这时一位游客说："喝虎骨酒管事吧？"李导说："中医大的老师说虎骨酒有强筋壮骨之效，但是没有给皇上喝的案例，有在脚脖子上涂抹虎骨酒的说法。盛京（沈阳）每年都进贡虎威骨（虎尾骨，虎尾老活动，其骨药效强）、虎胫骨（虎两只前腿小腿的腿骨，药性尤佳），制成虎骨酒，有时用虎骨酒作药引子，虎骨的药性特别大，把虎骨研磨成粉，舔一点，嘴唇会发麻。这些年根据《中华人民共和国野生动物保护法》已经不准制作虎骨酒了，但是有很多中药药膏。小郭同志可以喝一点绍兴黄酒，黄酒有活血化瘀、通经活络的作用，有助于血液循环。"

李导的讲解引发了游客的兴趣，推轮椅的俩小伙子说："小郭，晚上吃烤鸭时，咱们喝10年陈的花雕酒。"游客李双静说："我老家在遵义，我爷爷还珍藏着两瓶豹骨酒，1955年的时候，我爷爷用茅台酒泡的。"大家纷纷说珍贵啊，咱们中医就是有学问。

很多游客都说当一名导游真不容易，啥也得知道，连虎骨酒都知道。

观赏御花园时雨小了，在钦安殿李导开始收讲解器，一数，少了2个，带队的刘洪学帮着查出了谁没交，刘洪学一打电话，他们已经在神武门外了。

李导在神武门外收齐了讲解器，建议大家在神武门外拍一张集体照，因为神武门上有"故宫博物院"几个大字。李导说："哪位朋友的手机像素高？我来给大家拍合影。"刘洪学喊了一声："风雨交加游故宫，网络精英美不美？"大家齐声说："美！美！"小郭突然说："哎哟，我不美。"小郭在喊"美"的时候一用力把崴了的脚给弄痛了。

带队的颜碧蓉说："故宫是一个来了就不想走，走了还想来的地方，优秀的李导，真的给故宫锦上添花了。"

☞ **评析：**

在故宫导游讲解，对于导游而言本来就不是件容易的事，在风雨交加中讲解故宫更难，然而李导却做了精彩讲解，游客听得津津有味。天气不好的时候，导游进行讲解，要保证旅游团的安全，还要不丢失游客。案例中李导在集合游客、相机讲解方面做得很好，很有经验。

网络收客深度游是近年悄然兴起的一种旅游方式，游客的文化欣赏度高，导游在规定游览时间内，讲清景观的看点，讲解景观的历史价值、文化内涵，是一种典型的文化旅游。

在故宫游览最好是一边讲解，一边让游客欣赏，但在大雨中无法这样游览，李导是一位认真负责的导游，于是多讲与故宫有关的人和事，娓娓道来，与游客进行文化交流，因此游客在雨中也能很好地享受故宫之游。

李导是一位敬业的导游，一切为游客着想，为游客准备故宫地图、帮助借轮椅、指导寄存行李，游览结束时建议大家拍集体照。正如带队的颜碧蓉说："故宫是一个来了就不想走，走了还想来的地方，优秀的李导，真的给故宫锦上添花了。"

✈ 7-2 贪多未必好

邓立娟大学毕业后干导游也快三年了，游客对她的总体评价还不错，但是在她讲解时游客总是左顾右盼，其实她讲得真的挺有内容的，都是正说，为这事邓导挺苦恼。

4日晚上邓导接到旅游团，5日上午走天安门广场和故宫，在车上她就开始讲朱棣怎样以"靖难之役"推翻了他侄子建文帝（朱允炆）夺取了政权，朱棣如何建设北京城，刘伯温如何与姚广孝斗法，把北京城建成三头六臂的哪吒城，她正说得来劲儿，车到前门了，带团去天安门广场吧。

广场人山人海，旅游团在国旗杆下以天安门城楼为背景拍照留念后，就赶紧去故宫。

9点到了午门前，邓导简单地给游客讲述了午门的作用、建筑特点以及进出午门的规矩（条令）。听到别的导游有声有色地在讲明朝午门廷杖，她也开始讲廷杖。

验票口刷身份证后带领全团进了午门（故宫网上订票系统显示带团导游及全体游客的身份证号），邓导开始讲紫禁城的布局、内金水河的作用，在讲太和门时说：

明代太和门称奉天门，明嘉靖年间改称皇极门，明朝历代皇帝在此御门听政，但是怠政的皇帝如嘉靖、万历，多少年也不上朝，大臣们难谒龙颜。太和门的东、西两侧各有一个门，明代叫左顺门、右顺门，朱棣、朱瞻基御门听政后经常在左顺门、右顺门继续办公。明景泰八年（1457）正月十七凌晨，发生夺门之变，英宗朱祁镇在奉天门复辟登基，英宗对百官说："卿等以景泰皇帝有疾，迎朕复位，众卿仍旧用心办事，共享太平。"

清顺治元年（1644）九月十九日，顺治入住紫禁城武英殿，因为皇极殿（太和殿）被李自成的大顺军焚烧了，十月初一顺治帝在残存的皇极门（太和门）举行登基大典。

清光绪十四年（1888）十二月十五日，御林军侍卫值宿，马灯挂在贞度门上，着火了，北风呼呼地刮，烧及太和门，延烧两日。根据大清礼法，皇帝大婚时，皇后须进大清门、天安门、端门、午门、太和门，假若皇后从太和门的废墟而入，既失皇家体面又不吉利。重建是来不及的，于是，慈禧便下令让在太和门原址上扎一个彩棚太和门。

邓导讲了康熙朝曾在熙和门拴过毛驴的小典故，游客说："导游，这毛驴是康熙用的吗？"邓导说："毛驴主要是为大臣服务的。康熙皇帝念及有的大臣年老腿脚不便，就赏赐给他们一个特殊待遇，宫内可骑小毛驴。小毛驴个头不高，便于老臣上、下，毛驴跑又快又稳。平时上早朝，大臣从家里或坐轿或骑马来到紫禁城，但是车马是不能进宫的。耄耋老臣进宫后在熙和门骑上毛驴去见皇帝，但是到了皇帝所在的宫门外就得下来，走进去。"有位游客问："一头毛驴怎么能照顾那么多位老臣？""可能有几头毛驴，也可能一头毛驴轮番用，皇帝早朝时并不是所有老臣都来。"游客听后都笑了，邓导讲解更来了情绪。

在太和殿广场，邓导开始讲为何3万多平方米的广场不种一棵树，如何上大朝，什么是大驾卤簿，体仁阁、弘义阁的作用，滔滔不绝地开讲太和殿的建筑规制、建筑特点、作用、金殿传胪，以及铜龟、铜鹤、日晷、嘉量的作用，大铜缸的鎏金工艺如何高超。为了多讲些内容，她不由得加快了语速，有个青年游客说"邓导讲起来是大珠小珠落玉盘",邓导微微一笑。

中和殿、保和殿邓导简单讲解了建筑特点和作用,就开始着重讲光绪在中和殿被逮捕软禁。清光绪二十四年八月初六(1898年9月21日)清晨,光绪入中和殿,审阅礼部所拟秋祭社稷坛的祭祀文稿,刚一迈出中和殿门,荣禄的官兵称奉太后之命,把光绪带到中南海的瀛台,光绪就这样被秘密逮捕并软禁起来。光绪沉默着,没有任何表情,愤懑时不顾一切地摔古玩摆设,把字画撕得粉碎,光绪根本不是影视作品中的唯唯诺诺、战战兢兢的形象。游客听得来了兴趣,问邓导光绪的爸爸是谁,光绪妈妈与慈禧是一母同胞的姊妹吗?邓导于是又说上了慈禧的弟弟、妹妹,外甥女隆裕。

到了乾清宫院落,邓导看游客喜欢在乾清宫的丹陛桥上拍照,就开始讲丹陛桥的作用:"丹陛桥其实就是一条豪华甬道。乾清宫是明朝皇帝的寝宫,皇帝进进出出,下台阶、上台阶的很不方便,于是就设计了这个丹陛桥。乾清宫的建筑规制仿奉天殿(太和殿),但是等级不一样,一条生活方便的甬道就把等级降下来了。太监、宫女不可以在丹陛桥上行走,只能从丹陛桥下面的洞里东西穿行,这个洞叫老虎洞。"

邓导接着给游客讲天启皇帝朱由校和宫女、太监捉迷藏的故事:"熹宗朱由校不爱学习,就爱瞎玩。他特别热衷于在浓雾弥漫的夜晚在乾清宫庭院和宫女、太监捉迷藏。明人陈琮曾经做有《宫词十二首》,其中《老虎洞》这样写道:'石梁深处夜迷藏,雾露溟濛护月光。捉得御衣旋放手,名花飞出袖中香。'"游客问:"宫女怎么知道是御衣?名花飞出是咋回事?""皇帝的衣服上常常织着龙,宫女一摸高档的衣料或龙的纹饰,就知道是皇上。朱由校拽着宫女不撒手,宫女知道朱由校怪怪的,挣脱了跑开,这是'名花飞出',宫女跑了朱由校闻闻自己的衣袖,觉得宫女的香气还在。"

邓导兴奋地讲起明朝发生在乾清宫的几桩大案:

嘉靖皇帝朱厚熜的"壬寅宫变",宫女杨金英等在乾清宫谋杀嘉靖皇帝。

光宗朱常洛的"红丸案",明万历四十八年(1620)七月二十一驾崩于弘德殿,八月初一朱常洛即位,万历的郑贵妃进献八名美女,朱常洛日理朝政,夜幸美女,"圣容顿减"。八月二十九日上午朱常洛竟问起他的"寿宫"之事,神情黯伤,不顾阁臣阻挠,要服用鸿胪寺丞李可灼的仙丹。中午李可灼进献红丸,服后"暖润舒畅,思进饮膳",傍晚为增药效,不顾御医反对,又服一丸,九月初一五更暴毙。

邓导讲得兴起,又说起廷击案:

明万历四十三年(1615)五月初四夜晚,有个叫张差的汉子持枣木棍,悄悄闯到太子朱常洛居住的慈庆宫,用棍击伤宫门值守李鉴,闯到前殿檐下时被内侍擒获,审问时这个汉子供出许多人,幕后操纵他进宫的主使人是郑贵妃身边的执事太监庞保和刘成。一霎时惹动公愤，举朝内外，人言籍籍，郑贵妃吃不住劲，哭诉着请万历出来平息，处死张差后，司礼监处死了执事太监庞保和刘成，其他有关人均被流放。

朱常洛死后，他宠幸的"西李"（住在西宫的李选侍）控制着朱由校，群臣激愤，在太监王安的帮助下，群臣将朱由校拥上御辇移至慈庆宫，并册立为皇太子。诸臣以朱由校登基后必须入住乾清宫为由，逼西李即日搬移乾清宫，到仁寿宫去居住。搬迁时西李的内侍偷盗金宝，当场被捉住多名。

邓导一看时间不多了，就简单讲了一下雍正皇帝在"正大光明"匾后秘密建储，游客还没来得及看顺治御笔"正大光明"，邓导就把游客带到交泰殿。在交泰殿只讲了25颗玉玺的材质，在坤宁宫只说了这是清朝皇帝大婚时的洞房，连谁在坤宁宫大婚也没说，更没有时间介绍萨满教礼仪以及皇帝大婚前后的一些事。

御花园有亭台楼阁、奇石古木、假山池塘、花石小径，令人目不暇接，仿佛空气都带着浓郁的御苑气息，邓导只简单讲了朱高炽病逝于钦安殿、四个亭子的名称，非常有故事、有特点的养性轩、绛雪轩、摛藻堂连提也没提，给了游客几分钟时间，让他们自由拍照。

匆匆忙忙出了神武门，已经下午1点半多了，登上旅游车去吃午餐，一游客问她："导游，你讲得累不？你不饿吗？"邓导听口气就知道这不是关心，更不是表扬。

午餐时邓导给师哥李尧打了电话："师哥，我辛辛苦苦在故宫讲了4个小时，没有掌声、没有表扬，白卖力气了。"李导说："贪多嚼不烂，絮絮叨叨令人烦。"

☞ **评析：**

"导游，你讲得累不？"邓导在故宫讲了四个小时，怎么不累？但她纳闷，游客为何要问这样的问题？邓导百思不得其解。其实游客听她这样讲解也很累，而她从来没有考虑游客听得累不累。

邓导不是新导游，知识量也算丰富，工作认真负责，导游讲解一丝不苟，她愿意多讲，希望游客多了解故宫这个世界上最宏伟的古代宫殿建筑群，所以她在午门讲了午门的建筑规制、作用以及进出午门的规矩，又讲了廷杖；进了午门，她讲了故宫布局，内金水河、太和门，还说上了熙和门、乾清宫几个大案，参观紫禁城的几个小时内，游客随着她的导游讲解，前三朝、后三宫头绪纷繁，不断地穿越明、清两朝，游客的脑袋都大了。

邓导希望把自己掌握的知识尽可能灌输给游客，目的很好，但她忘了游客是来玩的，期望旅游轻松愉快、赏心悦目，而不是新导游来踩线，也不是学子来修学。导游讲多了，游客就可能会烦、会累；什么都讲，主线就不突出，头绪零乱，内容繁杂，什么都没有讲透。讲解贪多就不大可能有声有色，游客逐渐失去了听讲解的兴趣，即使听了啥也没有记住。导游讲解必须详略得当、突出重点。

有的导游不管游客兴趣、天气好坏和周围环境，自己由性任意讲解，更糟的是有的导游凭借网上、微信上的资料夸夸其谈，以显示学问渊博，凡是哗众取宠的讲解必定华而不实。

邓导这次讲解不成功的另一个重要原因是语速太快，游客还没有理解，她又讲下面的内容了。导游的语速过快似乎是个通病，语速快不等于知识娴熟，希望导游研究一下播音员的语速，你的讲解不是为了炫耀而是要让游客听明白。

导游讲解首先要正规，其次要适度，最后要受听，让游客爱听。老百姓说："宁吃仙桃一口，不吃烂桃一筐。"导游，你的讲解是仙桃吗？

✈ 7—3　现宴现卖

4月29日导游张小涛去社里拿5月4日一日游的行程，平谷某中学到中国人民抗日战争纪念馆举行新团员入团仪式。旅游团参观中国人民抗日战争纪念馆通常都是旅行社给约馆里的讲解员讲解，或者游客自行参观，导游一般不讲。张导问计调："你约讲解员了吗？"计调还真忘了安排，联系后得知抗战纪念馆的讲解员上午都预订满了。计调说给学生们租电子讲解器，再一问纪念馆，所有讲解器也预订完了。计调说："没事，学生团嘛，哈哈，你就看着来吧。"

张导真的挺郁闷，不想接这个团了，坐在屋子一角，琢磨着，突然他想起来，去年七七卢沟桥事变那天，他也带团去了，西城区××办事处离退休的老同志在那里举行仪式后唱了《团结就是力量》《歌唱祖国》，效果很好。张导向计调提议让史维振给他当助手，史导是男高音，又会指挥，到时候实在不行让他带着学生唱革命歌曲吧。

5月4日，张导、史导和两位司机师傅早早到了学校，师生登车后前往中国人民抗日战争纪念馆，途中张导和史导分别在车上讲七七事变：

1937年7月7日，驻华日军在卢沟桥附近演习时，借口一名士兵"失踪"，要求进入宛平县城搜查。这个无理要求遭到中国守军的严词拒绝，日军悍然向中国守军开枪射击，炮轰宛平城，制造了震惊中外的"七七事变"，又称"卢沟桥事变"。这是日本帝国主义蓄谋已久的侵略战争，标志着日本全面侵华战争的开始。

张导、史导生动、详尽地讲述这段历史，学生们听得聚精会神。

到了卢沟桥中国人民抗日战争纪念馆，学校团委书记主持了新团员的入团仪式，在庄严肃穆的氛围中，同学们成了光荣的共青团员。

入团仪式结束后，张导、史导开始给新团员讲解抗战纪念馆了，张导说："10 年前的我，9 年前的史导，和你们一样，摘下了红领巾，佩戴上了团徽，所以我俩也非常激动。我提议咱们一起唱支歌，由史导指挥大家唱《团结就是力量》《歌唱祖国》。"

进了抗战纪念馆真得要讲解了，张导根据自己的了解先讲了一段，史导去看下一段的文字介绍，然后史导接着讲，张导再去现学。他俩现趸现卖把讲解纪念馆的任务完成了。这些新团员认真听讲，觉得这是入团后的第一次团课，谁也没有意识到两位导游在现趸现卖。

在回平谷的路上，司机播放电视剧《远去的雄鹰》，这两张碟是张导提前买好的，讲的是国军航空英雄高志航的一生，既符合纪念抗战，又有励志情节。

学生们挺逗，在平谷上车时管张导、史导叫导游，返回时叫叔叔，这两个导游挺能感动学生。

☞ 评析：

本案例应该是个特例，现趸现卖不能成为导游讲解的常态。张导本不想接这个不大会讲解的任务，但是旅行社安排，他只能勉为其难。

在特殊情况下导游临危受命去救场，即使对某景点不是很熟悉或者有点生疏，也得硬着头皮上，凭着平时积累的知识资本和导游讲解技能，靠现场灵活应对各种问题的经验，完成导游服务工作。

案例中张导、史导通过现学展厅的文字介绍，应付着轮流讲解，基本完成了导游讲解任务，学生们也比较满意。看来他俩是有导游经验的，克服困难完成了带团任务，但是严格地说他们是在蒙混过关，可能这两位导游认为自己讲了总比不讲好。中学生到抗日战争纪念馆举行入团仪式，是一次爱国主义教育活动，高唱革命歌曲是爱国主义教育的一种方式，但导游（讲解员）更应该正经地讲解纪念馆展示的主要场景和主要展品，其中许多背景资料是展厅的文字材料所不能一一列举的，这就得靠导游（或讲解员）的事先备课、当场深入讲解，给学生以知识、以教育。

引领旅游者到爱国主义教育基地参观，导游必须认真准备（当然接待任何旅游团时，导游都得充分准备），认真讲解，绝不能糊弄旅游者，导游只有以高标准要求自己才会成功。

✈ 7-4 "导游，你是学啥专业的？"

2015年4月8日上午11点，导游刘珊珊在北京六里桥接到一个自驾车团，这些游客都是某县的退休干部，行程很简单，8日游览颐和园。9日参观首都博物馆、国家博物馆，10日游览明十三陵长陵后返程。接团前旅行社计调对刘导说："都是些老干部，你讲得慢点，要让老同志高兴。"

刘导上车之后热情地在旅游车上致欢迎词："各位老领导上午好，我代表热情好客的北京人民欢迎您，你们千里迢迢来到北京，各位老领导辛苦啦！为了表示对各位老领导的真诚欢迎，我献歌一首《北京欢迎你》。"刘导具有歌唱演员的好嗓子，每次唱完都会有热烈的掌声，但是这次唱完只有两三个人稀稀落落的掌声。一位老同志（同行者都叫他刘科长）说："导游，你是学啥专业的？"刘导说："旅游专业啊。"刘科长说："你说代表北京人民，我以为你学的是市长专业。我们没有千里迢迢，才300来里，在明清时代都属于京畿。"刘科长的几句话倒是引起了笑声。全陪刘波一看事不好，就赶紧走到车前头低声和女刘导嘀咕了几句。男刘导说："我们很快就会到餐厅，利用这短暂的时间，我和女刘导对唱一段各位老领导熟悉的《夫妻双双把家还》。"两个刘导唱完，也只有稀稀拉拉的掌声。

午餐后在去颐和园的路上，女刘导大致讲了讲颐和园的历史沿革，一位白发的女干部说："姑娘，麻烦你把北京3000年的建城史，给我们说说。"女刘导大致说了说3000年的建城史，从表情上能看出来，大家都不满意。

男刘导知道这些县里的老干部希望听到有学问的导游讲解，女刘导带这个团肯定不灵光，于是在颐和园游览时，男刘导就多给老干部们拍照，这样女刘导就可以少讲解。

在知春岛可以欣赏昆明湖的大部分景观，女刘导讲解：

"站在知春岛上可以270°环视全园，北看雄伟山景，西眺远山塔影，南望水天一色，远景、中景、近景，一览无遗。知春岛名取自苏轼《惠崇春江晚景二首》'竹外桃花三两枝，春江水暖鸭先知'。昆明湖在金代称金海，元代称瓮山泊，明代称西湖，清朝乾隆年间称昆明湖。昆明湖面积大约220公顷，占颐和园面积的3/4。"

刘科长说我给大家唠叨几句：乾隆皇帝为何要修昆明湖？一是为了彻底解决北京城平日缺水、雨季洪水泛滥的问题，二是为了给修建清漪园一个名正言顺的理由。清乾隆十四年（1749）冬组织了上万名民工利用冬闲疏浚湖底淤泥，清理湖中杂草，整修沿湖堤岸、开掘扩大湖面，整修后湖水容积量扩大了整整一倍多。这次浚湖、扩湖将一个自然湖泊变为北京历史上第一个大型水库，而且是按照园林规划设计而扩湖的，前湖开阔深远、烟波浩渺，西堤以西的湖泊、后湖则含蓄曲折。挖出的土方根据图纸堆积在山上。清漪园确是一个造园与水利工程成功结合的例子。

1982 年 2 月出现了昆明湖历史上第一次大面积全湖干涸的状况，为了保护颐和园的美丽景观，北京市政府 1991 年 1 月 6 日在知春亭举行了隆重的昆明湖清淤工程开工仪式，18 万人参加了义务劳动，清除了湖底淤泥 65 万立方米，湖底平均深挖了半米多，基本恢复了清漪园时期昆明湖的面积、蓄水量。这是自清漪园建成 240 年后首次大规模清淤，清澈浩渺的昆明湖犹如天上之水。现在昆明湖的水是来自京密水渠，颐和园得花钱买水。

有人问："刘科长，你怎么知道这么详细？"刘科长答："俺二小子（二儿子）那时候在清华大学念书，老来参加义务劳动，回家就给我念叨这些事。"

二位导游称赞刘科长讲解的昆明湖太棒了。

在游长廊时，许多老干部就对全陪说换个地陪导游吧，组团社就把换导游的要求向地接社反映了。地接社有点发愁，这样有文化的老干部真的不太好伺候，找哪个导游上？旅行社经理说："让李旭玲上啊。"计调打了电话说："李旭玲在广州带团哪，我已经让李旭玲推荐导游了，李旭玲说一会儿就给信儿。"

李旭玲推荐了师弟尹义龙，旅行社把情况向尹导在电话里简单说了说，尹导说："今天晚上我下火车，只能明天早上去见游客了，首博我讲过好多次了，争取让游客满意。"

晚间尹导回到北京后，给全陪刘导打电话了解了情况，男刘导最后说："团里有个刘科长，对北京可熟悉啦，你小心点。"尹导听完就笑了，他知道怎样讲解才符合这些老干部的胃口。

早餐时，尹导早早来到餐厅进行服务，对大家说："各位爷爷、奶奶、叔叔、阿姨好，因为社里明天有个小学生的团，女刘导最适合，社里让我替她为各位老领导服务，希望老领导多批评，您的教导就是我进步的阶梯。"这些老干部一看尹导长得这么帅，说话间还有一丝南方口音，一位阿姨说："尹导，你是北京人吗？"尹导说："对了，我应该介绍一下我自己，我叫尹义龙，我在北京读的大学，老家在湖北黄冈，各位老领导都是县里退下来的，我爸爸尹细秧最初也是县里的干部，在黄冈黄州区工作。"刘科长笑了："合着尹导是咱们县干部的小子（河北人把儿子都叫小子），好啊，尹导可比俺家二小子帅多了。"

在首都博物馆北京规划展板前，尹导侃侃而谈：

北京的地形像一个海湾，三面环山，只有东南是平原，地势自然是西北高、东南低，水脉自西北而来东南而去。任何一个城市、都城都是以水定城、以水定都。辽南京、金中都时，是以今日北京西站附近的莲花池为城市主要水脉，元朝时，莲花池水系供应不了庞大的元大都，河北邢台人郭守敬"习知水利且巧思绝人"，他先后被忽必烈任命为"提举诸路河渠""都水监"。郭守敬从昌平县的白浮村神仙泉引水，向西流再折向南，一路上汇集了一亩、榆河、玉泉等众泉，截取了沙河、清河的上游，共流入瓮山泊（昆明湖）。从瓮山泊经长河（高粱河）流入和义门（西直门）的水关到积水潭（海子，明代后称什刹海）。从积水潭东的万宁桥（步粮桥、后门桥）经大都城皇城的东墙外流向文明门（今崇文门）外，向东，在今朝阳区杨闸村向东南折，至通州高丽庄（今张家湾村）入潞河（今北运河故道），全长 82 千米，元世祖忽必烈将此河命名为通惠河。

通惠河开挖后，积水潭是大运河的终点，商船百船聚泊，千帆竞泊，热闹繁华。在元朝中后期，每年最多时有二三百万石粮食从南方经通惠河运到大都。但是北京地势是东南低西北高，水往低处流啊，怎么保证通惠河的河深？郭守敬在通惠河的主要干线上修建了 24 座水闸，每闸都是设计巧妙、雄伟壮观，而又科学。当初在东便门外有个地方叫"二闸"，成了元、明、清三代的一个自然风景点，有好多茶楼酒肆。

明嘉靖七年（1528），因修建皇家坛庙、殿宇的需要，在巡仓御史吴仲的主持下，又一次疏通通惠河。吴仲是按照郭守敬的引水路线加以疏通的，因吴仲疏通通惠河有功，人们在通州为他建祠纪念。

元朝的统治者是蒙古人，但是元大都的规划设计是以中华传统文化为理念的。

因为冬季寒冷的西北风向东南刮，元大都的北面城墙就开两个城门，以阻挡朔风和阴气。春天开始刮温暖湿润的东南风，南面的城墙就开三个城门，吸纳更多的东南风和阳气。元大都建城并非是传说刘秉忠要建三头六臂哪吒城。

元大都内有 49 个坊，城内街道自南向北为"经"，由东而西为"纬"，大街 24 步阔，小街 12 步阔，5 尺为一步。街巷胡同除了沿河流湖水走向而成斜街外，都是横平竖直。元大都四四方方的城垣好似汉字的"口"字，中轴线从口字正中穿过，就是一个"中"字，方方正正的城池就是"正"，中国人自古以来以"中正"自律、自励，堂堂正正做人，磊磊落落做事，我们的宅院房屋、城池无不体现着民族的文化理念。

明代的北京城沿袭并发展了元大都的规划设计，"象天设都"、天人合一，南郊有天坛，北郊有地坛，东、西郊有日坛、月坛，紫禁城俨然天之心、地之中，皇帝是天地人中的人。

古都北京是一座先有规划而后营建的城市，是中国古代都城的最后结晶。

一位女退休干部说："尹导，你歇会儿，喝口水。阿姨用手机把你讲的都录下来了。"

刘科长说："孩子，你是学啥专业的？"

尹导："我是学旅游专业的，我爸爸曾是县里、黄冈市规划局、水利局、工商局的带头人，所以我对城市规划和水利就略知道点。昨晚全陪刘哥说刘科长了解昆明湖疏浚，我就想到刘科长管过水利。"

女退休干部对小尹说："孩子，你知道我姓啥？"刘科长说："小尹，俺们这位大姐姓郭，是郭守敬的后人，团里好几位干部都是邢台人。小尹，你讲得太对路啦，姓郭的、邢台人都听迷了。你的讲解是自己心里出来的，不是鹦鹉学舌。"尹导："我老师说只有钻进去才能讲出点知识。"

下午的国家博物馆参观、次日的长陵游览，尹导的导游讲解和导游服务大获成功。

☞ **评析：**

> 导游应该是个杂家，要有丰富的、多方面的知识，还要会临场应变。
>
> 游客问女刘导"导游，你是学啥专业的？"认为她讲解肤浅。有的导游平时带团经常以唱歌、夸夸其谈、调侃来取悦游客，导游讲解常常浮皮潦草一带而过，遇到文化层次高的旅游团就现眼了，只能下课。
>
> 游客问尹导"孩子，你是学啥专业的？"是惊讶小尹学问广博，好似环境地理专业的大学生。一个青年导游讲解北京的地理、水利竟能让水利科科长老刘认同，吸引得游客录音讲解，应该说尹导的讲解有文化、有功力。
>
> 尹导是一个会说话的导游，他说刘导去带小学生团了，把客人"辞退导游"、导游下课体面地回避了。尹导是一个会办事的导游，下火车后不顾疲劳向全陪询问旅游团的情况，这样就会有所准备，而且也让全陪放心，后几天会合作愉快。
>
> 尹导是个悟性高的导游，能够敏锐地知道游客的兴趣所在，他把内容讲到游客的心里，尹导是个颜值、学问、服务俱佳的导游。

7-5　藏拙与亮彩

导游田文彪上大三的时候就在北京考了导游证，毕业之后直接从事导游工作也有3年多了。前两个月经同学介绍，到 XR 旅行社专职精讲故宫、颐和园、雍和宫。田导觉得精讲景点对于导游是一个挑战，游览中的导游讲解要更有文化内涵。田导是个爱学习、"透亮"（有灵气、有悟性）的小伙子，但总是不满意自己的导游讲解，于是他就去找他师傅张老师去了。

"老师您在景点讲解时许多知识、许多事，一说就饶有意思，好似小河流水、天上行云，特别'熨帖'。我就不行，甚至有的时候一些相关年代、人名甚至有的事儿，突然就怎么也想不起来了，当时挺尴尬。"

"过去我带你看戏时说过，演员要会'叠褶儿'就是把自己不擅长的，或者缺欠的，要遮住、盖上，比如花脸演员个子矮，他就穿更厚的'厚底儿'（靴子），在符合剧情的情况下，站在别人前面一些，旁边的演员就不显得比他高了。每一个导游都有知识欠缺，或不在状态的时候，也需要在带团中'叠褶儿'，不擅长的可以点到为止不再深入下去，要善于发挥自己的特长，例如有的导游嗓音不是特别好，但是他知识丰富娓娓而谈，照样吸引客人，总之要把最好的一面献给游客，巧于'藏拙'，妙在'亮彩'。"

田导虽然年轻，但是素有"颐和园小专家"之称，虽然如此，田导在带领旅游团游览颐和园时还是十分小心，生怕讲解时出纰漏。

一天，田导带团在德和园参观时讲起了德和园的建造经过：

慈禧最大的心理需求是抓权，最大的文化消遣是听戏。咸丰驾崩以后慈禧有三大必须：掌权、看戏、养生（看戏也可算作养生的一部分）。慈禧嫌听鹂馆的戏台小，场面大的戏演不开，音响效果也不理想（那时候说"不拢音"）。光绪要尽孝心，大臣要献忠心，就打算给慈禧在颐和园修建一个比紫禁城畅音阁还豪华的大戏楼。

戏楼在哪里建？最初设计大戏楼建在昆明湖的东堤，有一部分建筑延伸在湖中，非常有诗意，但是光绪皇帝指示要建在万寿山东麓，距离乐寿堂较近，便于慈禧皇太后观戏。慈禧喜欢赏王公大臣陪同看戏，这些人不能深入园内，所以德和园大戏楼就建在仁寿殿北侧，距东宫门很近。

这时有个游客问："乾隆清漪园时期这里有建筑吗？叫什么名字？"田导一下子忘

记了乾隆时期这里是怡春堂，就说这里是有建筑的，是乾隆与大臣诗文酒会之所，但是毁于英法联军焚毁三山五园罪行之中，避开了怡春堂之名。田导怕游客继续探讨这个问题，就加深了对德和园大戏楼的讲解：

德和园大戏楼有五大特点：第一，清漪园中没有大戏楼，颐和园创造性地建起来了。而且自成独立院落，是一个突破。

第二，后台配套设施齐备，演员化妆空间非常棒，扮戏楼内有两层，演员能非常方便地走到前面的三层戏台。热河避暑山庄、紫禁城宁寿全宫虽有清音阁、畅音阁大戏楼，但是没有如此大型的扮戏楼。清朝管剧场叫戏园子，管化妆叫扮戏，管大角儿叫老板。德和园是大清朝的国家大剧院，为演员提供的化妆室能不好吗？德和园大戏楼的后台可以存放连台大戏的戏箱道具。

第三，德和园建有颐乐殿作为顶级的观众席，设计非常理想。清音阁、畅音阁大戏楼虽有供帝后看戏的殿堂，但是在距离舞台的位置以及殿宇的规模等方面，颐乐殿更为理想。

第四，传声效果好。虽然德和园大戏楼以畅音阁为模本，但是在舞台结构方面更严谨、更规范、更理想，比如舞台下面的水井挖得更深，井口直径也更大些。您可以亮亮嗓子，试试音儿，保证"响堂"。

第五，上演的剧种丰富、剧目繁多、文武大戏、名角荟萃、精彩纷呈。舞台好、戏好、角儿好、看戏的殿宇好，这些是任何一个戏楼无法与德和园大戏楼相抗衡的。别看在慈禧领导下的光绪朝国运衰败，德和园这里却总是好戏连台。

丁游客问田导："慈禧爱看哪些戏？"田导说了一些目前舞台上常演的传统戏如《四郎探母》《白蛇传》《打渔杀家》《捉放曹》等。丁游客又问："慈禧爱看《天女散花》《萧何月下追韩信》吗？"田导心里一惊，真没跟老师学过慈禧爱看的剧目，这时贾游客说："《天女散花》是梅兰芳一九一九年（应1917）首创首演的，《萧何月下追韩信》是周信芳一九二九年（应1922）在上海首创首演的，那时候慈禧早就驾崩了。"游客帮助田导解了围。

田导想起老师曾说过慈禧如何看戏，于是就把讲解内容放到这方面：

慈禧看戏时喜欢依窗倚坐在西次间的前檐炕床上，半蜷曲着腿看戏，她最爱看角儿出场，慈禧就是要看演员挑帘出场那一霎间的风采。"角儿"对自己在剧中每一次出场都特别重视，如果大将出场，头盔上扎有长长的雉尾翎子，"出将入相"的门帘儿仅比演员略高，他出场时必须先将头低一下，以免折了翎子，然后把身子一"侧"，把身架"圆上一圆"，以弧线形的台步快速出场，略"踮"上几步，在"九龙口"（舞台的右前方）亮相，定住姿势，一双眼睛神采奕奕，角儿挑帘出场时的一刹那，他既是剧中人物又是他自己。

慈禧看戏是什么时兴看什么，比如光绪年间河北梆子非常红火，慈禧就传皮黄、梆子两下锅（京剧、河北梆子同时演）。

慈禧爱看戏里的一个角色几个演员分别演，她要看看谁演得最精彩。过去老戏班有"三三"制，一个角色由三个演员分别演，观众可以欣赏到不同的表演风格，慈禧弄四个，《四五花洞》有四个潘金莲同时出场，苏三、罗成都弄好几个，让几个演员竞争。

这时丁游客问："导游，那时候慈禧是隔着玻璃窗看戏吗？清宫最早什么时候就在窗户上安玻璃了？"田导说："慈禧是隔着玻璃窗看戏的，但是那时的玻璃不是很大。"至于清宫最早何时进口大块平板玻璃田导没有研究过，于是他这样讲解：

"玻璃"一词1000多年前就上了诗文中（口头会更早），唐朝诗人皮日休在《初入太湖》诗中这样形容太湖："三万六千顷，顷顷玻璃色。"明末清初，由于耶稣会传教士供奉内廷，广州成为法兰西、荷兰、西班牙商船队的贸易集散地，大量玻璃制品进入宫廷，但是那时宫廷里安的是"玻璃眼"（小块平板玻璃），后来玻璃价格下来了，在窗户上用许多小块玻璃装在窗格里，乾隆中期才有长款2尺多的平板玻璃，但是很贵。乾隆还写了《玻璃窗》的诗："西洋奇货无不有，玻璃皎洁修且厚。"同治、光绪年间是否在颐和园装了今天这样的大块玻璃，我看书不多，没有看到过记载。

史游客问田导："在老生、花脸、青衣、武生、小生、丑角中，慈禧最爱看哪个行当的戏？"这个问题，田导也没有研究过，不过田导脑子好，老师说的他都记得住："慈禧只要你演得好，她就都爱看，好像是最爱看武生戏，原因嘛，就不用说了。"史游客爱刨根问底："田导，慈禧会唱戏吗？她会唱哪些戏？上过台吗？"田导平素讨厌慈禧这个历史人物，所以没研究过，于是这样回答："慈禧是大戏迷，肯定会唱一些，因为她是皇太后，在那个年代'伶人'是没有社会地位的，慈禧会唱哪些戏，没有记载。但是慈禧肯定会唱，当年她在圆明园凭着唱小曲弄得咸丰五迷三道的。"

德和园的最后一进院落的主殿为庆善堂，田导为游客讲起了慈禧的油画像：

曾经有两个洋画家为慈禧画油画肖像，第一次是美国女画家柯尔曾经在庆善堂的东二间为慈禧画像。清光绪二十九年（1903）闰五月二十日巳正（上午10点），正式开笔作画。慈禧身着一套绣有紫色牡丹花的黄色衣袍，鞋子、手帕均为同样花式。蓝色的丝围巾两端绣寿字，每个寿字中央都镶嵌一颗润泽明亮的珍珠。

由于不懂油画，慈禧问了许多可笑的问题，慈禧看到油画上她的脸上有一块一块的阴影，就说："怎么深宫（太后的谦称）的脸上黑一块蓝一块？脖子怎么一边黑一边白？"德龄公主向她解释这是光的阴影部分。慈禧觉得坐在那里让画家慢慢地画太枯燥无味了，侍奉慈禧的德龄、荣龄公主想了一个办法，推荐她们的哥哥勋龄来到颐和园为慈禧摄影，洗出照片以供画家临摹（《圣容帐》载，光绪二十九年至光绪三十二年，慈禧的照片大小累计 786 幅）。

清光绪三十年（1904）四月十九日，油画即将告成，慈禧看见画像的右下角有几个英文字母，问这是什么意思，德龄解释说这是柯尔的签名，慈禧说："外国人做事都怪怪的，哀家的画像却写上她的名字。"慈禧说完谁也不敢笑。

现在颐和园内珍藏的慈禧油画肖像是一位荷兰画家华士·胡博所画，这幅画作目前正在首都博物馆《园说》展出。华士·胡博为慈禧绘制了两幅油画肖像，一幅收藏于美国哈佛大学佛格博物馆内，一幅陈列于颐和园内。

画家华士·胡博同柯尔一样基本上都是住在颐和园内为慈禧绘制画像，异邦男性进驻御苑帝后生活区域，绝对是违背皇家制度的，清廷封锁了华士·胡博为太后画像的一切情节。按照世界上多数著名画家的习惯，总是会对自己重要的作品，讲述难以忘怀的创作过程，但是至今没有发现这位荷兰画家留下的只言片语。

华士·胡博所绘制的慈禧油画像具有重要的历史和艺术价值。1933 年故宫的 13491 箱南迁文物中就有这幅画作，文物北返后画作回到颐和园。

丁游客问："颐和园所存华士·胡博所绘油画尺寸多大啊？（长 2.32 米，宽 1.42 米）"田导真不知道，他想起师父说过"藏拙"不是隐瞒，不知道的就实话实说，于是坦然说道："我在首都博物馆参观时没有问讲解员，也没有上网查，真的对不起大家。"众游客说："你的讲解已经非常棒了。"

田导说："德和园大戏楼中的急管繁弦戏剧演出给予了慈禧莫大的精神欢乐，1904年、1905 年连续两年慈禧在德和园庆善堂延请一女一男两位洋画师为自己摹写圣容，给予了慈禧莫大的心理慰藉，留下了永久的圣容。听戏是乐事，画像是乐事，德和园是慈禧的乐园。"

有几位游客问田导："小伙子，你读了许多书吧？真有学问。"

田导："学习是我的必修课，学习也是我的享受，实话说我很多地方是鹦鹉学舌，还要请大家多提宝贵意见。"

游客说："导游真谦虚，你是一个好导游。"

☞ **评析：**

> 　　任何一个导游都有不懂的、不会的、不擅长的，但导游在导游讲解时尽量不要说"这个我不懂，那个我不会"，以免让游客没有兴趣听下去。导游要学会避开不熟悉的知识区，发挥自己擅长的、素有研究的知识领域。当然，避开不能生硬，不能让游客发现是在回避他的问询，现场发挥也不能跑题，更不能不懂装懂、胡编乱造。
>
> 　　藏拙不是对游客敷衍了事，而是通过藏拙，尽可能多地把美感呈献给旅游者。通过藏拙，导游知道了自己的弱项和不足，会加倍努力、刻苦学习，完善自己的知识结构。
>
> 　　正如文中介绍，田导是个爱学习、"透亮"（有灵气、有悟性）的小伙子，他既会"藏拙"，更善于"亮彩"，值得青年导游们学习。

第八章　研学经典范例篇

此篇收录了 6 个经典范例供导游员学习，内容丰富、精彩，不设评析。

✈ 8-1　太上皇宫文化游

导游刘燕霞 11 日带领一些游客进行故宫深度游，这些游客都是在网上报名听精讲的，在午门前集合时，从游客的交流谈话中，刘导就知道团里有几位"故宫迷"，游客孙志森是位青年学者，手中拿着《明清皇宫陈设》，不断地翻看着，刘导做好了被质询的思想准备。

在珍宝馆的宁寿门前，刘导微笑着开始了讲解：

明朝时在紫禁城外东路零星分布着几座建筑：太子住的慈庆宫，太妃们住的仁寿宫、哕鸾（huì luán）宫、嘚（jiē，声音和谐）凤宫。清康熙二十八年（1689）把这里改建为宁寿宫，奉养顺治的第二任皇后孝惠章皇后。

乾隆践祚（继位）之初，曾焚香告天，皇祖（康熙）御极 61 年，自己不能超过，倘若能执政 60 年，一定归政退闲。清乾隆三十五年（1770）八月十三，乾隆 60 岁生日，万寿庆典之后乾隆下旨要重新修建宁寿宫建筑群，以作为太上皇的殿宇。因这组建筑群里有宁寿宫，故称宁寿全宫，这组建筑于清乾隆四十四年（1779）完工。

宁寿全宫非常气派，实际上是微缩的紫禁城，皇极殿、宁寿宫为前朝，养性殿、乐寿堂、颐和轩、景祺阁为后廷。西路宁寿宫花园为御花园，东路畅音阁为紫禁城内最大的戏楼。

太上皇之称始自汉高祖六年（前 201），刘邦的父亲与大臣一起向刘邦行礼，刘邦觉得面子上过不去，就给了父亲太上皇的称呼，但是没有为他建太上皇宫。

历史上还有哪些皇帝当过太上皇？唐朝有 3 位太上皇，李渊、李旦、李隆基。唐李世民发动玄武门兵变，迫使父皇退位，其父李渊住进了规模不大的太上皇宫。唐景龙四年（710）唐睿宗李旦第二次登基，唐先天元年（712）八月，以彗星出现为借口，被迫禅位于太子李隆基（唐明皇）。李隆基因安史之乱，被迫让位给太子李亨，做了6年太上皇后驾崩。

宋朝也有3位太上皇，徽宗赵佶、高宗赵构、孝宗赵昚（shèn）。

宋徽宗赵佶在北宋宣和七年（1125）宣布退位，但没有建太上皇宫，只过了两年的太上皇生活，便被金兵掳去。高宗赵构在南宋绍兴三十二年（1162）宣布退位，做了26年的太上皇，其太上皇宫规模很大，名曰"德寿宫"。赵构之子孝宗赵昚于南宋淳熙十六年（1189）让位于儿子赵惇（dūn），退居德寿宫（后改名为重华宫）。

明朝只有一位名誉上的太上皇——朱祁镇。明正统十四年（1449）八月十五英宗朱祁镇被蒙古俘虏，国不可一日无君，九月初六朱祁钰登基并遥尊其兄为太上皇，次年其兄八月十五回到北京城，被囚禁在南宫。

乾隆在嘉庆元年元旦正式禅位，禅位前夕乾隆自豪地诗云："此日乾隆夕，明朝嘉庆年。古今难得者，天地赐恩然。"乾隆认为历史上的太上皇都处于冷遇之中，依然能够皇权在握的太上皇只有自己。

皇极殿为外朝正殿，九五开间，黄琉璃瓦重檐庑殿顶，廊前的石阶是最高规格的"阶与间宽"（石阶的长度等于两柱中线的长度）。

皇极殿为太上皇受朝贺之所，现在值开放期，我们可在殿内近距离地观看地平床上的皇帝宝座，宝座后的屏风，宝座下面的太平有象、盘龙香亭、宝鼎香炉。往殿顶看有八角浑金蟠龙藻井和轩辕镜，藻井及轩辕镜的品级仅次于太和殿，太和殿的藻井我们无法近距离观看，在这里可以一饱眼福。殿内立4根沥粉贴金蟠龙柱，有的朋友会问："为什么蟠龙柱上的金箔颜色好像有点差别啊？"这是因为贴金箔时桐油的干湿有些不同，金箔的纯度略微有差别，殿下面与半空中的光线不一样，这三个因素凑一起，大家看到的金箔颜色就略有差异了。

刘导看到游客孙志森一边翻看手中的书一边看楹联题匾，于是刘导讲了殿内几幅匾、联。

慈禧太后真是脸皮太厚，她把乾隆题写的楹联匾额都撤下，换上她题写的，如正殿大匾"仁德大隆"，其实慈禧的字真是乏善可陈。慈禧不可能把整个殿宇的匾、联都题写了，那就不显要了，她让光绪也写，光绪只能题写歌颂慈禧的、祝她万寿无疆的。平时很少能看到光绪的字，这里都是光绪的斗方大字，光绪的字比祖宗的字可差多了，但是词句相当有文化，比如，皇极殿北内檐光绪题联"日之升，月之恒，八表同登仁寿域；天所覆，地所载，万年常巩海山图"。八表就是八方之外，比四面八方还辽阔。皇极殿东壁匾额"椒风嘉祥"，许多游客觉得"椒"字写得别样，因而感兴趣，椒风嘉祥的意思就是和风祥瑞。其实光绪也暗含讽刺慈禧的意思，西汉未央宫皇后所居殿宇称椒房，以花椒和泥涂壁，温暖、芳香，并象征多子。慈禧当过皇后乎？多子乎？

皇极殿后是宁寿宫，七三开间，单檐歇山顶，门不居中偏东，窗台放低，吊搭窗，一看就是盛京风格，现为"石鼓馆"。

先秦石鼓刻于秦献公十一年（前374）每个石鼓腹部刻有四言诗一首，记述西周天子或秦国国君游猎、戍边、开疆之事。先秦石鼓是《首批禁止出国（境）展览文物》之一，国之重器、故宫镇馆之宝。

历朝对于秦始皇素有非议，所以石鼓一直流落在荒野，唐贞观年间（627~649）有人在陕西陈仓（凤翔）发现了石鼓，唐朝书法家兴奋地进行研究，认为石鼓文是金文（青铜器上铭文）向秦小篆演变过程中的一种字体。那时石鼓上尚有465个字可以辨认，著名书法家虞世南、褚遂良、欧阳询等盛赞石鼓书法"古妙"，到凤翔临摹、拓片。韩愈时为国子学博士，他向国子监祭酒建议把石鼓置于太学加以保护，祭酒没有允诺，韩愈遂作《石鼓歌》感叹国宝的流落，韩愈高度赞美石鼓文的典雅，甚至夸张地说王羲之的字根本无法与石鼓文相比，"羲之俗书逞媚姿，数纸尚可博白鹅"（王羲之的书法媚人入俗，书写几幅字可以换到一些白鹅）。

中唐元和九年（814）郑余庆兼任凤翔国子监祭酒，把石鼓迁到凤翔孔子庙，可惜那时石鼓已经丢失一个。

北宋初年，司马光的父亲司马池任凤翔知府，他是个有文化的人，知道文物的重要，将石鼓置于府学门庑下。北宋皇祐四年（1052），有个叫向传师的人邂逅失落的那个石鼓的拓本，他偶然在关中山村夜宿时意外发现了石鼓，但它已经做了舂米石臼，每竖行足足少了3个字。几经周折才买下石鼓，放置于凤翔学府，十个石鼓终于凑齐。

宋徽宗素有金石之癖，北宋大观二年（1108）将石鼓运到汴京国子学，命人将石鼓上的字填满黄金以减缓风化，当时石鼓尚有432个字可认。

北宋靖康二年（1127）金军占领汴京，到处抢掠，金人不知道石鼓的珍贵，但看到涂满了黄金，所以一块儿带走。途中石鼓字上所嵌黄金被抠去，石鼓上只有386个字了。因其笨重，石鼓被抛于旷野。

元大德十一年（1307），大都国子监助教虞集在大兴府学附近发现了石鼓，元皇庆元年（1312）虞集升任太常博士，将石鼓移至（北京）孔庙大成门内。

日本侵华，文物南迁，国子监和孔庙的领导找到故宫博物院院长马衡，提出石鼓是第一国宝，必须运走，马衡同意了。装运前有的石鼓石皮与鼓身分离，一拍就有"嘭嘭"的声音，如果石皮脱落就没有价值了，经过反复思索、试验，把"高丽纸"浸湿，覆在石鼓鼓面上，用棉花按捺，高丽纸就按进了字里，不会断裂。干了，高丽纸是石鼓的紧身衣，合为一体，装箱时用两层棉被裹紧，粗麻绳捆牢，装进厚木箱子里，稻草填满缝隙，箱子外打上贴皮条。每鼓重一吨，用一辆汽车载之。路上千难万险无法一一叙述。

抗战胜利后石鼓回到故宫。2400 年前的石鼓，历经千难万劫，今天得以近距离地观赏，何其有幸！

参观完宁寿全宫的前朝，刘导带游客看了畅音阁大戏楼，讲了讲慈禧过生日看戏的情况，然后就开始带游客参观太上皇宫的后廷部分。

乐寿堂设计为乾隆寝宫，但他一天也没住过，乾隆这样解释"乐寿"："乐惟以天下，寿愿共春台""偕天下同乐，与山川共寿"。

殿内有三件大型和田青玉"山子"（玉雕），现原状陈列。

清院乾隆二十一年至二十四年（1756~1759）平定回疆后，打通了和田玉运往中原的通道。乾隆认为玉精致而有灵性，温婉而有品性，凝聚着千万年甚至亿年的天地精华。驻疆大臣每年进贡几千斤美玉，造办处设玉作，乾隆时设如意馆。乾隆被后人雅称为"玉痴""玉皇"，乾隆给儿子起名都是王玉旁，嘉庆帝名颙琰，琰就是美玉。

有一年新疆进贡了 6 块和田青玉，其中一块 5000 斤，乾隆令如意馆画师姚文瀚因材作玉瓮画稿，清乾隆四十一年至四十四年（1776~1779），扬州工匠雕成玉瓮，瓮外面雕云龙行走，江海翻腾，海兽出没于波涛，瓮内有乾隆御笔《玉瓮记》。《玉瓮记》说道元世祖曾将墨玉"渎山大玉海"置琼华岛广寒殿，宴请群臣时盛御酒。后来这个玉瓮沦为西华门外真武庙道士的咸菜缸，乾隆得知，让大臣重金收回玉瓮，在团城承光殿前专建玉瓮亭珍藏，亲制御诗三首，由玉工精工镌刻于玉瓮膛内。乾隆曾让玉工雕刻了一个小玉瓮，这个小玉瓮在 2019 年首博《园说》展中展出过。为何乾隆对玉瓮如此感兴趣？乾隆在《玉瓮记》中说"免兵戈之苦，是吾于志过之中，而又有大志幸者存焉，故为文泐（lè，通勒，刻写）瓮中"（乾隆为边境安定、玉山层峦叠嶂，松柏茂盛天下太平而自豪）。

东暖阁陈列"丹台春晓玉山"。元、明、清都有不同的《丹台春晓图》，乾隆令扬州玉工按照画稿雕"丹台春晓"，"丹台春晓玉山"刻制于清乾隆四十二年至四十五年（1777~1780）。丹台是神仙居处，春晓是最好的时光。玉山层峦叠嶂间有山壑溪流、小亭曲径，采药仙童仪态不凡。在玉山的最润泽处镌刻着清乾隆四十六年（1781）的题名及御制诗，抒发了对于高山流水的向往，"丹台春晓"是乾隆超逸情怀的写照。

"大禹治水玉山"陈列在乐寿堂中央北敞厅，乾隆以大禹治水暗喻自己的十全武功。

大禹治水玉山是紫禁城内体量最大的玉雕、乾隆最看重的玉雕。

玉坯从开采到运至山下用了两三年的时间，运到北京又用了 3 年时间。乾隆令以大内所藏宋代名画《大禹治水图》为蓝本制成蜡模，清乾隆四十六年（1781）玉石运到扬州在建隆寺内雕刻。扬州天气热，蜡模有点化，又制一木模。雕玉的工艺是：开料、出粗坯、出大形、细作、抛光。历时六七年雕成"大禹治水玉山"，清乾隆五十二年（1787），从水路运到北京花了 3 个月的时间，从往北京运玉石到扬州刻制完成再运回大内，用了 10 年时间。

大禹治水玉山高 224 厘米，重 5 吨余，为世界之最。顺着玉石自然形状雕成崇山峻岭、飞流急湍、云气缭绕、苍松遍山，大禹率领众多工匠开山、疏通河道。

开山场景 10 余处，劳作者 50 多人，有的在抡锤，有的在打桩。诸多古代开山营作方式逼真展示，玉山正面中下方，利用杠杆来撬动巨石。摆锤，现在很少能看到了，玉山侧面中下方，两名工匠利用铁索和铁球制作了摆锤，将摆锤拉到一定高度，快速放下，利用势能和重量撞击山体，古人称之为"借一分力，发八分力"。许多开山、疏导洪水的劳作方式充分体现了古人的聪明才智。

玉山有浮雕和立体雕，巧妙地根据玉料的纹理和色泽，雕出重峦叠嶂、参天古木，各具面孔的匠人表情丰富、劳作逼真，衣着线条流畅。

山巅处有山神助力，水中动物奔向湖泊。

玉山正面中部山石处刻乾隆阴文篆书"五福五代堂古稀天子宝"十字方玺。玉山背面上方最润泽处特意刻有乾隆御笔"题密勒塔山玉大禹治水图"及诗文，下部刻篆书"八徵耄念之宝"方玺，底座为嵌金丝山形褐色铜铸座。乾隆非常看重"密勒塔山玉"这 5 个字，标识大清国疆域空前辽阔（1216 万平方千米）。

密勒塔山属昆仑山脉，位于黄河源头，海拔 5000 米，终年积雪，空气稀薄，每年只有夏季才能登山采玉，每年夏季，山洪暴发，昆仑山上大量的山石被不断地冲刷到山下的白玉河边，年复一年的河水涤荡，有的玉石成了鹅卵石状，表面温润、细腻，十分光滑，这就是玉中极品——和田籽玉。清乾隆三十三年（1768）年底纪晓岚被发配新疆，清乾隆三十五年（1770）六月从新疆回京，据说回京时还带了几块籽玉。

慈禧自比太上皇，晚年她住在乐寿堂西暖阁。乐寿堂内楼上楼下金丝楠木隔扇上镶嵌着千百幅小书画，这是大学士为慈禧贺寿而作，慈禧非常欣赏清同治十三年

导游讲解"青玉大禹治水玉山图山子"

（1874）状元陆润庠（xiáng）的书法。

颐和轩是乾隆的休息之所。明间正中悬匾乾隆御笔"太和充满"，如何充满太和之气，乾隆御笔的抱柱联做了说明："景欣孚甲含胎际，春在人心物性间。"（万物萌发，生机勃勃，一个人只要有欣欣向上的心态便永远拥有春天。）

明间东木板墙镌刻清乾隆二十三年（1758）御笔诗《西师诗》，《西师诗》记述平定准噶尔、新疆回部的几次战斗经历。平叛起自清康熙二十九年（1690），完胜于清乾隆二十二年（1757），历时68年，巩固了西北边疆，维护了祖国统一。

明间东木板墙镌刻清乾隆二十三年（1758）御笔诗《开惑论》，乾隆虚构了3位古人（春秋硕儒、臻成大夫、信天主人）论平准、回之战，进行思想交锋。当时朝中不少人曾反对新疆用兵，乾隆对他们保守、迁就的陈腐思想进行了有力的批驳，抒发了"收天下未收之土，臣天下未臣之民"的雄心壮志。隔扇后面的横匾"導和養素"和柱联"静延佳日春常盎（àng，盛），茂對祥風景總宜"。匾与柱联都是用螺钿片镶嵌而成，亮晶晶的非常好看。抱柱联之间是条案，案上有玉质花卉盆景。

走廊中有一月亮门，门内上方有横匾乾隆御笔"挹（yì）明月"，月亮门外横匾是"引清风"，心中明月缓缓升，身边清风徐徐来。不论是一个帝王还是我们普通人，能有清风明月的心境，一定是一个脱离了低级趣味的人，一定会为社会尽责。

走廊尽头是一幅通景画（墙壁上的画，有景深的透视感），墙壁上有横匾乾隆御笔"静听"，听什么？画中有抱柱楹联"亿万人增亿万寿，太平岁值太平春"，这是乾隆最强烈的心声。

雄伟的建筑、无比珍贵的陈设，除了精美的本体之外，更宝贵、更具有价值的是它的政治意蕴和文化内涵。

听了刘导的讲解，游客纷纷说太精彩了，刘导应该上抖音、快手直播，今天的故宫之行真是文化旅游。

✈ 8-2 动物园之游

自2018年7月初开始，大型夏令营团密集来到北京，很多导游都是连轴接团，晒黑了，喊哑了，疲惫不堪。我们接的夏令营团一直住在一个大学里，活动场地很大，住宿、用餐条件都非常好。

8月12日，从航天博物馆回营后，晚上陆续就有很多导游病了，呕吐、发烧，夏令营医务室的大夫说："因为这些天酷热，晚上宿舍里空调温度太低，这两天又淋了雨，每天睡眠不足，铁人也得病了。"医务室给他们开了药，发烧厉害的当晚就被组委会送进城里了。

今天早上夏令营组委会指示发烧 37.3℃以上的导游就不要带团了，组委会安排车送他们进城看病，看完病直接回家休息。得病的导游说今天是夏令营第五期的最后一天了（导游不负责送站、送机），坚持一下就抗过去了，组委会说万一病重了，就麻烦了，必须珍惜健康。总导游马忠华对这些病号导游说："留下来的导游，一定能完成你们的任务，你们必须进城看病，回家休息，世界上最宝贵的是健康。"

当日行程有三条线，我是 A 线，A 线是 22 个队（每辆旅游车为一队），只有 15 名导游，7 辆车上的教官非常干练，就不派导游了。A 线的 22 队师生去北京动物园。

早餐时马导给我们开会，布置如何分工合作：

"动物园的北门会给我们专开一个验票口，这样验票计数工作不会乱。因为旅游车不可能同时到达，有先有后，到了动物园，每个导游带两个队进园游览讲解。后面的导游，只要赶上 2 个队前后脚到达的，同样是一个导游带两个队，咱们先紧后松，至于带两个队如何游览、讲解，你们自己想办法。"

5 队、16 队的教官很干练，师生都按时上车了，马导说："王敏，你再与教官核实一下人数，只要人齐了，你就带团走吧。"

我在核实人数时，对 16 队的张教官说："张教官，行车时咱俩开启微信群聊语音通话，你把手机对着旅游车上的麦克风，这样我在 5 车讲解，16 车的同学们也能清楚地听到。"

旅游车一开车，就渐渐沥沥地下起雨了，我在车上讲解了行程安排之后，开始介绍北京动物园的资料知识：

说起动物园，古代就有，殷商的王、贵族喜欢在田野打猎，但是"田猎"毁坏庄稼、劳师兴众，于是建起了很多的囿和圃，圃人饲养囿里的野兽禽鸟。商纣王在朝歌（河南淇县）建有"鹿台"，前 1075~ 前 1046 年在沙丘（河北广宗县）筑"苑台"，放养着麋、鹿、野猪、野牛、雉鸡等动物。

公元前 11 世纪，周文王在长安县西 42 里建"灵囿"，《诗经·大雅》"灵台"篇这样写道："王在灵囿，麀（yōu 母鹿）鹿攸（yōu，所）伏。麀鹿濯濯（zhuó，肥壮），白鸟翯翯（hè，白有光泽）。王在灵沼，于牣（rèn，充满）鱼跃。"（王在园林，树荫下的母鹿肥壮，白鸟羽翼光洁。王在湖池，鱼儿欢跃）

战国时，卫懿公喜欢鹤，鹤洁净的羽毛、修长的颈项、亭亭而立的身姿，让他着迷，于是宫苑中到处养鹤，养鹤得有湖沼，湖里有鱼、虾、龟鳖、鹅、鸭等亲水动物。

　　秦始皇修建的"上林苑"中有"虎圈""狼圈"，每次游猎有大批的武士保护始皇的安全，临潼秦始皇陵区出土的陶俑就有圉人俑。

　　中国3000年前就有动物园，比西方更早。

　　北京动物园的历史已有100多年，清光绪三十二年（1906），"农工商部"呈上一份奏折，题为"富国之道首在兴农"，希望兴办"农事试验场"。光绪皇帝批复"奉依议。钦此（准办）"，"农工商部"征用了西直门外乐善园、继园、广善寺和惠安寺。"农事实验场"由动物园、植物园和农产品实验园三部分组成，另外还建有实验室、标本室、咖啡馆、照相馆等。

　　平时慈禧太后总是反对"洋务"，这次居然一反常态予以支持，她发懿旨："拟选取各种鸟兽鳞介品种，选行豢养陈列。"大臣端方从德国订购了第一批动物，花费了两万九千多两白银，清光绪三十三年（1907）四月，总计130多只动物运到了试验场中的动物园，其中有象、虎、豹、熊、狮、野牛、斑马、麋鹿、斑马、袋鼠、猿猴、鸵鸟以及其他禽类、鱼类等。随动物到来的还有两位高薪雇来的德国动物饲养员，除此之外还从邻国购买了一批鸟类。国内各地的官员和出使各国的大使也纷纷呈送了各种动物，形成了动物园的最初规模。

　　虽然动物园很小，但是有一个很大的名字："万牲园"，也有人说是漂洋而来的"万牲园"。许多咬文嚼字的人说"万牲园"不准确，"牲"是人所豢养的牲畜，不是野生动物，应为"万生园"，韩愈有诗"万生都阳明，幽暗鬼所寰"，"生"指生命，活物也，"万"指数目众多。

　　为讨慈禧欢心，在试验场内给慈禧盖了个西洋楼，楼正门有慈禧所题匾额："畅观楼"。畅观楼为七楹两层，整个墙体均为清水墙，土红色。有75厘米高的基座，为灰色砖砌筑。楼东、西两侧不对称，东边为圆柱形三层，楼顶为一圆形平台，登台可俯视远方。西边为八角形二层，屋顶为西式盔顶。楼周围环水，楼前数十米处有南薰桥。当时的《顺天时报》赞曰："高大恢宏，华丽无比。"

　　畅观楼为帝后去颐和园路上的用膳之所，楼内的陈设、器具都是当时最新式样，有特制的各式沙发，沙发垫绣着花卉禽鱼。地板、楼梯皆铺地毯，五彩织绒，铜条饰边。楼内四壁悬挂螺钿镶嵌屏、绣屏。西边二层两室，有西洋铜床、帐褥，以便慈禧、光绪来此休息。清光绪三十四年（1908）四月、九月，慈禧及光绪两次来试验场，慈禧曾在畅观楼三层平台上观看景致，并与光绪等在楼上用茶点［日军占据农事试验场前，试验场将畅观楼内40件贵重物品（瓷器）寄放在故宫博物院内］。

　　据说慈禧在畅观楼用膳后逛过动物园，慈禧见到了活的狮子，过去见到的都是铜

导游讲解动物园
的老虎

狮子、石狮子，慈禧问左右："画师画的狮子全身都有蓬松的毛，怎么和活狮子不一样？"看到老虎后，她又问："这虎很是瘦弱，莫非月粮不足？要是把老虎饿死了，看守的人得偿命。"慈禧看到一匹满身条纹的马，很好奇："这马煞是奇异，不知从哪里采买而来？"试验场总管惶惶不能回答，西太后很生气。

1908 年，清廷同意"农事试验场"对外开放，"万牲园"成了中国近代史上第一家向公众售票的动物园。据当时的报纸《顺天时报》记载，万牲园最初的票价是铜钱 20 枚，后来舆论纷纭，又改为 8 枚，儿童、跟役（随从）的门票半价，男女游客分单、双日入园，上午 9 点开门。

清宣统三年（1911），畅观楼开始售票。票价为二百钱。

清帝退位后，一切归国民政府。1912 年 8 月 29 日，广东公会、邮政协会在农事试验场，全国铁路协会在畅观楼欢迎孙中山先生。试验场会场以鲜花拼成"欢迎"二字，孙中山发表演说并与广东公会同乡合影。之后，孙中山在畅观楼就中国铁路问题发表演说。当时的交通总长朱启钤提议推举孙先生为全国铁路协会名誉会长，获得一致赞成，会后亦合影留念。

8 月 31 日，北京参议院在畅观楼开会欢迎孙中山先生。

9 月 1 日，民国军警界在畅观楼开会欢迎孙中山先生，冯国璋致欢迎词，孙中山致答谢词。

抗日战争爆发后，仅有的一头大象因饥饿而死。日本宪兵队称园里饲养的 7 只狮子和 2 只豹子是猛兽，必须毒死。其后，动物园里 13 只较为珍贵的小动物被送往中山公园寄存，动物园沦为日军的仓库和浴场。

现在，北京动物园占地面积 90 多公顷，拥有近 500 种、5000 余只动物，500 多种、5000 多尾鱼类。1963 年在世界上首次于人工饲养环境下实现大熊猫的繁殖，1978 年首次应用人工采精和授精技术繁殖大熊猫获得成功。1980 年从国外引进大批热带观赏鱼，并开始与国际、国内的动物园，进行相互交换特有动物。

车快到高梁桥时，雨哗哗地下大了，我让学生们在车上穿上雨披。

雨中游动物园，无形中增加困难了，看动物必须散开了、凑近了去看动物的生活状态，而且有的孩子肯定看个没够不去集合。团队一散开就得重新集合、清点人数，不然离开了才发现少人，怎么去找？

我带的 5 队有 45 个学生 2 位老师 1 位教官，16 队有 46 个学生 2 位老师 1 位教官，这 97 人的夏令营团浩浩荡荡，怎么带呀？还好，头几期夏令营我带团走过动物园，路线、场馆都熟。进了北门我带团先去距离最近的大象馆，大象馆是馆内参观。5 队先参观，请教官带着 16 队去大象馆后面的洗手间，然后 5 队再去洗手间。

参观大象馆后两个队整队清点人数，我站在两队中间："同学们，你们看到了大多数的象不是在吃嫩枝、树叶就是在来回溜达，怎么有一只象站在那里一动不动啊？"5 队的一个女生说："大象是站着睡觉的，它在午睡。""哎呀，同学们真是有知识啊。"我初中时就是动物迷，对于大象还知道一些知识，于是我接着讲："大象是目前陆地上最大的哺乳动物，大象群居，以家族为单位，雌象是户主，每天的行动路线、觅食地点、栖息场所等都听雌象的指挥，成年雄象是家庭的保安队长。大象不用鸣叫来说话，它们用人类听不到的次声波来交流，在无干扰的情况下，可以传播 11 千米，如果遇上气流阻滞，只能传播 4 千米。如果怕远处的大象听不到，象群会一起跺脚，产生强大的"轰轰"声，最远可以传播 32 千米，声波会沿着远处大象的脚掌通过骨骼传到内耳。

亚洲象主要生活在印度、泰国、柬埔寨、越南以及我国云南西双版纳，亚洲象嗅觉、听觉灵敏，炎热时喜水浴。晨昏觅食，以野草、树叶、竹叶、野果等为食。亚洲象常常被用来骑乘、服劳役和表演等。表演的训练过程往往十分残酷，驯兽师使用尖利的象钩和持续的殴打，迫使大象学会繁难的技能，训练中对大象的生理和心理造成了不可逆的伤害。现在亚洲象已列入《国际濒危物种贸易公约》名录，是我国的一级野生保护动物，我国境内有亚洲象 300 余头。2015 年从友好邻邦老挝进口了 11 只野生象，经过 45 天的隔离饲养、检疫、消毒后放入西双版纳野象谷。北京动物园从 1951 年开始饲养展出大象，1964 年繁殖成功。现在我问一个问题，非洲大象有啥明显特征？有个同学回答："非洲象个头大，雌象、雄象都长象牙，非洲象的耳朵特别大，上下可长达 1.5 米。"同学们真不可小觑，我接着让一个同学讲了"曹冲称象"的故事。

走出大象馆，我突然开窍了，百人大团不会长时间观看，我要把同学们引入知识的海洋，我讲，同学们也要讲，进行知识交流。那个小同学讲完"曹冲称象"脸上露出得意的微笑，学问是学生的骄傲。

带着这百人大团必须选择能容下多人同时都能看到动物的场馆，接下来我们去非洲动物区，看到了肥硕的斑马，我问同学们斑马纹有何作用，一个四年级的小同学排在前面，他直接念解说牌上的文字，我们都笑了。

我们接着去长颈鹿馆，长颈鹿是世界上现存最高的陆生动物，站立时由头至脚可达 6~8 米，刚出生的幼仔就有 1.5 米高。长颈鹿主要分布在非洲的埃塞俄比亚、苏丹、肯尼亚、坦桑尼亚和赞比亚等国，长颈鹿以树叶及小树枝为食物，长颈鹿有一双棕色的大眼睛，眼珠突出，能四周旋转，视野宽广，加上身躯又高，宛如活动的"瞭望台"。长颈鹿因为腿长，奔跑速度飞快，四肢可前后左右全方位地踢打，力量巨大，如果成年狮子不幸被踢中，立刻腿断腰折。

几只长颈鹿正在悠闲地吃树叶和嫩枝，学生们非常开心，有个同学问我："导游老师，长颈鹿吃草吗？"我说它这么高的个头吃草就要低头，太费劲了，没准会得颈椎病。这时有个同学告诉我："因为长颈鹿的牙齿是低冠齿，不能以草为主食。"同学虽年少，知识可不少。

动物园西区的东南角是火烈鸟馆，化石证据表明火烈鸟祖先早在3000万年前就开始分化出来了，远早于大多数的鸟类，火烈鸟分布于热带和亚热带地区。

火烈鸟体型大小似鹳，高80~160厘米，体重2.5~3.5千克，雄性较雌性稍大。火烈鸟身体纤细，头部很小，镰刀形的嘴细长弯曲向下，黄色的眼睛很小，细长的颈部弯曲呈"S"形，双翼展开达150厘米以上，尾羽却很短。有一双又细又长的红腿，脚上向前的3个趾间具红色的全蹼。

火烈鸟不是严格意义上的候鸟。只在食物短缺和环境突变的时候迁徙。迁徙一般在晚上进行，飞行时为群飞，边飞边鸣。迁徙中的火烈鸟每晚以50~60公里的时速飞行600公里。飞翔时，颈部和两腿伸长呈一条直线，火烈鸟性情温和，平时显得胆怯而机警，游泳的技术也很出色。河水中的藻类、小鱼小虾、蛤蜊、小蠕虫、昆虫幼虫等都是火烈鸟的食物，而且进食的方法十分奇妙，长颈弯下，头往下浸，嘴倒转，将食物吮入口中，喙像筛子一样把水和不能吃的渣滓排出，食物留在嘴里徐徐吞下。

红色并不是火烈鸟本来的羽色，而是虾青素的颜色，火烈鸟通过食用小虾、小鱼、藻类、浮游生物等获得虾青素，使原本洁白的羽毛透射出鲜艳的红色。红色越鲜艳则火烈鸟的体格越健壮，越能吸引异性火烈鸟，繁衍的后代就更优秀。

老虎总是具有吸引力的，虎山有两条游览路线，一条是上山俯瞰，一条是山下走廊内玻璃前平视，我安排一队一条线路。大老虎趴在那里懒懒的休息。

学生们思维活跃，有几个同学说："王老师，从什么时候就有老虎了？为什么欧洲没有老虎？"于是我就讲了虎的历史沿革：

200万年前虎起源于东亚，由于气候的变迁促进了动物群的演变、分化和迁移，一大支虎经蒙古、新疆和中亚直抵伊朗北部和高加索南部，但没能通过阿拉伯沙漠进入非洲，也没能越过高加索山脉进入欧洲，另一大支又分为两个分支，一个分支进入朝鲜半岛，受阻于朝鲜海峡，未能踏上日本列岛，另一个分支通过华北、华中和华南，进入中南半岛，到这里后，又分成两股，一股通过缅甸、孟加拉国，直抵印度半岛南端，另一股沿马来西亚半岛南下，渡过狭长的马六甲海峡，登上印度尼西亚的苏门答腊、爪哇和巴厘等岛屿。那么，我问下，老虎怎么渡过海峡的？

我的问题一下子引发了学生们的兴趣，五年级的张泽杭说："王老师，我们四年级有一篇课文，德国人魏格纳在1910年住院治病时面对世界地图有了新的发现，他发现巴西东海岸的每一个突出的部分，都能在非洲西海岸找到形状对应的海湾。后来他了解淡水爬行动物'中龙'既见于巴西东部，也见于非洲西南部，显然，古代的许多动物生活在同一块大陆上，否则，即使插上翅膀也难以飞渡重洋。'舌羊齿'是一种古代的蕨类植物，广布于澳大利亚、印度、南美、非洲等地，植物没有腿，也不会游泳，如何漂洋过海的？ 1915年，魏格纳的代表作《海陆的起源》出版发行了，魏格纳认为古代大陆原来是联合在一起、而后由于大陆漂移而分开，分开的大陆之间出现了海洋。魏格纳的学说叫'大陆漂移说'。"

哎呀，学生们真的有知识啊，我们讨论时总有许多散客凑近了听，教官张广增说："王导的讲解有文化性，能吸引住学生。"我听了深感羞惭，其实很多动物我都不了解，作为一个导游要学的东西太多了。

✈ 8-3 为研学团讲昆曲

导游讲解昆曲之美

2019年5月16日烟台××中学高中部（高一、高二）520名师生在学校领导带领下到苏州进行研学游，导游贾艳华等12位导游为研学团做地接服务。5月17日有个重要活动——晚上看苏州昆剧院的青春版《牡丹亭》，贾导提前做了大量案头工作，并把资料发给同伴导游。

5月17日16：30旅游团到了餐厅，师生就坐后，贾导走到餐厅前面的舞台，用餐厅的音响设备给同学们讲起了昆曲入遗和青春版《牡丹亭》诞生记：

一、昆曲入遗

1997年11月联合国教科文组织第29届大会决定建立"人类口述和非物质遗产代表作"，联合国教科文组织每两年宣布一次"代表作"名单，一个国家每次一般只能呈报一个项目。入选的标准主要有两条：一为具有杰出的文化代表性；二具备需要保护的紧迫性，特别是因社会原因缺乏保护而即将消失的文化艺术形式。

2001年5月18日，联合国教科文组织总干事松浦晃一郎在巴黎总部宣布了世界首批"人类口头遗产和非物质遗产代表作"（Representative works of oral and intangible heritage of mankind）名单，入选代表作共有 19 个，在这 19 个项目中国际评审委员一致通过的项目有 4 个，中国昆曲艺术列为首位。

作为世界非物质文化遗产，昆曲艺术将前所未有地被世界认同，超越国界、超越时空、超越文化界别，超越特有观众圈，具有普适价值。

中国昆曲"入遗"理由：

（一）中国百戏之祖、百戏之师

有 600~800 年历史的昆曲历来被誉为"百戏之祖，百戏之师"，京剧是直接从昆曲孵化出来的，近百个地方剧种都借鉴了昆曲的表演、唱腔、化妆、剧装、戏班管理经验，移植了众多的昆曲剧本，婺剧等剧种里面直接就有昆腔，昆曲当为中国戏曲之祖、之师。

（二）戏剧"活化石"

世界上曾经有三大古老戏剧文化：一是古希腊戏剧，产生于公元前 6 世纪，但 200多年后便衰微了；二是印度梵剧，形成时间不详，但早已是文化陈迹；三是中国昆曲，虽形成于元末，但薪火相传，一直唱到现在。

明洪武六年（1373）朱元璋在宫中接见百岁健硕老人周寿谊，听口音知周寿谊是昆山人，朱元璋笑着问周："闻昆山腔甚佳，尔亦能讴否？"不管百岁老人周寿谊是否会唱昆山腔，洪武初年昆山腔的盛行，无疑起自元朝，因此昆曲的历史不是 600 年，而有 800 年之久，600 年之说，乃历代传袭。

北宋神宗年间，戏班以演唱"诸宫调"为主，宫，是音阶中的第一级音，以宫为音阶起点的曲子称为宫调，多种宫调组合成一个完整的长曲，就是诸宫调，如今只有在昆曲中才能感知诸宫调的风采。

中国各个剧种自形成以来，无不随着时代的变化，从剧本到声腔、表演，都在不断地进行着变革，唯独昆曲变化极少，几百年来特立独行，维系着昆曲独特的味道、独特的表演方式。

无论从世界戏剧源头来看，还是从昆曲对中国戏曲的影响来看，以及昆曲本身，昆曲都是戏剧的"活化石"。

（三）技高、曲雅、艺精

昆曲直到现在还经常原封不动地演唱几百年前的传奇，文化之高雅可想而知。

戏曲的表现手段为唱、念、做、打（舞），昆曲不仅具有高难繁复的技艺，更具有浓郁的文化性，为高端传统艺术。

昆曲比任何剧种都严格，每戏必有曲本，曲牌的工尺谱（乐谱）、词句（长短句）都是严格定好的，每个字、词，演员必须严格按照曲牌和长短句唱。而乱弹则有很大的自由度，二黄（京剧）演员在台上想把二黄腔换成西皮，甚至是梆子腔（京剧与河北梆子两下锅），可以即时随意发挥，鼓师、琴师立刻都能跟上演员。虽然每个著名昆曲演员都有自己的风格和个人的音色，但是这些都是在规范中发挥的，因为严格到了极致，所以昆曲几百年独立称尊。

国剧京剧与昆曲有血脉之亲，凡是著名京剧演员都会唱昆曲。著名京剧演员裴艳玲在青年时期奉命改唱河北梆子，但是她的代表作《林冲夜奔》《钟馗嫁妹》都是"昆的"（昆曲）。四大名旦梅、尚、程、荀都有昆曲剧目的代表作。梅兰芳10岁第一次登台演唱的是昆曲《鹊桥密誓》，梅葆玖说："1931年，我家南迁，1934年我生在上海。那一段日子里父亲着意研究昆曲，对他以前学过、演过的50多出昆曲戏加以整理，重新认识。思南路87号成了充满学术研究氛围的昆曲沙龙。我父亲曾回忆说：'我们这个研究昆曲的小团体里，加上俞五爷，更显得热闹了。那一阵，我对俞派唱腔的爱好达到了极点。我的唱腔于是也就有了些变化'。他请俞老改一改他的《刺虎》，他还请俞老教一些比较冷门的戏，如《慈悲愿》中的《认子》，因为这些昆曲的精品，对京剧是十分值得借鉴的。"

（四）"濒危剧种"

清中期以后，各省的地方戏如雨后春笋般兴起，因为地方戏接地气，既演绎历史悲歌也表现百姓现实生活，曲调有地方特色，唱词、道白较之昆曲大为通俗易懂，因此"抢过去"大批观众。过于文雅和技艺繁难的昆曲遭遇到"阳春白雪"的境遇，只能眼睁睁看着许多观众成了"下里巴人"的俘虏。昆曲剧场里的观众只剩下些穿长衫的文化人，每场戏有大量的空座儿，昆曲戏班只能勉强糊口，演员舍不得丢下老祖宗传下的"玩意儿"，子曰"君子谋道不谋食"，昆曲艺人"谋道"之路苦哉矣。

二、青春版昆曲《牡丹亭》

2001年昆曲入选"人类口述和非物质遗产代表作"，高雅的昆曲热起来、红起来了，苏州昆剧院的昆曲青春版《牡丹亭》借时、助势、创意，燃起了熊熊的昆曲之火，很少接触到昆曲的青年学子开始疯狂追捧《牡丹亭》、开始研究昆曲的前生今世。傍晚，大学的花园里、林荫处响起丝竹曲笛之声，寂静的小路上经常能听到柳梦梅的韵白："啊，姐姐（音 jié jiè）……"不远处就有人学着杜丽娘的回应："柳……郎……"

任何事的兴起都是既有必然也有偶然，那么机缘如何兴起？青春版《牡丹亭》是怎样引领了追求优秀传统艺术的时尚？

（一）创意

1983 年 10~11 月香港举办艺术节，上海昆剧团在昆曲大师俞振飞的率领下来到香港演出，香港人领悟了昆曲的大雅之美。1987 年香港中文大学给俞振飞颁发荣誉博士学位，俞振飞应邀在香港中华文化促进中心举办示范讲座。1989 年香港尖沙咀文化中心大剧院音乐厅落成，世界顶级的音乐家都来演出，大陆六大昆曲剧院也来到这里演出，7 天 10 场戏。"文革"之后，昆曲再次唱响香港，老一辈、新一代的香港人重新开始痴迷昆曲。

2002 年白先勇应邀到香港城市大学讲学，因为香港中学课本有白先勇的作品，很多中学生也来了，大学只好另开了 13 个教室，连线让中学生听。白先勇在香港读的小学，中学读了 2 年，所以白先勇会讲广东话，他的讲座很受欢迎。

得知这个情况，白先勇的好友、香港中华文化促进中心学术总监古兆申博士给白先勇打电话，邀请白先勇给香港的广大学生讲讲昆曲。白先勇自小是昆曲迷，他说可以讲，但是一定要有昆曲演员化装登场示范，示范的青年演员男要帅、女要美。古兆申先生请好友苏州昆剧院院长蔡少华给予支持，苏州昆剧院派了 4 位乐师、1 位化装师（兼行头师）和 5 位青年演员来香港，白先勇讲一段适时插入表演。原计划讲 4 场，场场爆满，只得又增加 1 场。学生领略到了昆曲的传统之雅、青春之美，许多学生都成了这几位青年演员的粉丝，白先勇认为青年演员俞玖林的扮相、声音、体型、气质绝对有古代帅哥之美。

白先勇在讲座时提起了往事，抗战胜利后，9 岁的白先勇与家人在上海美琪大戏院看了梅兰芳、俞振飞、言慧珠的昆曲《游园惊梦》，从此白先勇与昆曲结缘，白先勇成为"昆曲义工"，看到这些青春靓丽的演员，白先勇激动之余萌发了创排大戏的灵感。

2003 年春节期间白先勇来到苏州，苏州昆剧院安排了三场青年演员的戏：周庄一台、剧院剧场一台、观前街的沁兰厅一台，香港凤凰卫视抓住了这个好题材，全程跟踪采访。白先勇看后对这些青年演员很满意，说如果给这些青年演员排一出经典大戏、到台湾做一次有影响力的演出肯定轰动。排一出大戏，排哪出戏有效果？《牡丹亭》是昆曲第一好戏，非他莫属。

青春版本《牡丹亭》的亮点在哪里？全部起用青年演员，运用现代的舞台手段，将时代感注入古老的剧种中，做一个不同于经典的版本，戏好看、好听，而且余味无穷。

排戏要钱，钱从何而出？白先勇化缘作为海外投资方，苏州昆剧院在市政府的支持下作为一方，决定合作投资排青春版《牡丹亭》，并举行了签约仪式。

（二）建组、排演

1. 建组

一台好戏需要剧本好、作曲好、演员好、调度好、行头好……其中最重要的是挑选最适合的演员，戏曲界有句俗话：戏好不是"人保戏"，就是"戏保人"，青春版《牡丹亭》要求双保。俞玖林（当年 24 岁）是白先勇铁定的柳梦梅，在几个杜丽娘中沈丰英被选中。但是请来的昆曲大家张继青、汪世瑜说虽然这些演员是可造就之才，但现在马上排戏，肯定不行，他们的戏还在"皮儿"上。

外行看热闹，内行看门道。为了出戏、出人才，把昆曲五旦（闺门旦）名家江苏省昆剧院的张继青从南京调到了苏州，把巾生（小生）魁首汪世瑜从杭州调到了苏州，二位名家最主要的责任就是培养俞玖林、沈丰英，打造这个青春版《牡丹亭》。白先勇一定要张继青、汪世瑜二位老师收沈、俞为徒。张、汪二位老师对白先勇说："昆曲界教戏有一个很好的规矩，所有的人都是我的老师，所有的人也都是我的学生，向任何一个老师学戏都是可以的，任何一个学生向我学戏也是一定要教的，这是昆曲界的一个不成文的规矩。"白先勇说一定要拜师，这样才是传承。于是在苏州的兰韵剧场举行了隆重的收徒拜师仪式，蔡正仁（原上昆团长）收徒周雪峰，张继青收徒顾卫英、沈丰英、陶红珍，汪世瑜收徒俞玖林，学生行三跪九叩拜师大礼，过去说"师徒如父子"，当把头响响地磕在地毯上，学生深刻地感受到了要把老师的大旗举起来，当老师搀扶起跪在地上的学生时，想起了过去的老话"为祖师爷传道"，觉得自己的传承任务是如此之重、如此具有时代意义。

2. 排演

第三折《游园惊梦》，在众花神引导下，柳梦梅持柳条轻盈上场，走台步时不意间柳、杜两人背身触肩，马上羞怯地分开。青涩的柳梦梅觉得杜丽娘好似眼熟，与杜共挥水袖在舞台中央起舞，舞中默默相看。

柳："啊，姐姐，小生那一处不寻到，你却在这里！恰好在花园内，折取垂柳半枝（柳梦梅牵起杜丽娘水袖，展开，左脚'勾脚面'，做巾生帅气站姿）。姐姐，你既淹通诗书（杜丽娘因害羞撒回水袖），何不作诗一首以赏此柳枝乎？（柳右手擎柳枝，尽显文雅之态）"

杜："那生素昧平生（双手轻搓，是思考的程式，走到柳面前），何因到此？（杜背身，水袖垂下，柳牵起水袖）"

柳：（柳梦梅微微一笑）"小姐，咱一片闲情爱煞你哩！"（柳、杜相依偎）

柳梦梅深情地唱起了【山桃红】："则为你如花美眷，似水流年，是答儿闲寻遍。在幽闺自怜。小姐，和你那答儿讲话去……"

这一段相见非常不好演，动作幅度不能太大，感情从温而热。

柳是第一次出场，首先亮相时的站姿要吸引住观众，着"厚底"（靴子）透着高挑雅致，一只脚伸出来，略斜，勾脚面（脚面半上翘），勾姿要好看，若不够好看，师傅就说"练功去"。因为没有功夫，"身上"（身段与动作）一切都会不"边式"（戏曲行话，指身段受看、耐看），观众看戏首先是欣赏表演，然后才是听唱念。

杜丽娘突然看到了一个风流蕴藉的书生（声音亦青春），惊喜交集，满怀娇羞，手足无措，几次与柳梦梅"对眼光"，这个情感复杂的眼神沈丰英练了几百遍。

中本戏，柳梦梅在后花园《拾画》，回到房中看画，画中女好似春天梦中相会之人，惊喜交加，于是《叫画》，希望与画中人为侣。这折戏完全通过唱、念、做、舞表现柳梦梅的心理活动，整场是柳梦梅一人在演、在唱、在念，没有一分钟的停歇，汪世瑜老师说："要么就不安排这样的身段，要安排就必须唱、做同时到位。"巾生一要文雅，有浓郁的书卷气；二要风雅，风流、潇洒、倜傥；三要俊雅，扮相要美。戏好学，功难练！

俞玖林回忆："牡丹亭的前100场，每演一场，汪世瑜和张继青老师都会从化装、上场到卸装紧紧跟着、盯着，散戏了给我讲唱得好和不好的地方，抠细节，讲人物心理。每演完一场，晚上躺在床上，我的脑海里一帧帧回放当天的表演，想自己哪里表演得好，哪里有问题。"

老师的每一个动作、每一个眼神、每一个音符，都是他几十年演戏的结晶，青春版《牡丹亭》演到100场、200场时，各有境界，演到300场时，演员身心全然入戏，但是觉得汤显祖还是那么遥远，距离老师还有那么大的差距。

主演、配角、助演，全团演员，从形体到表演、唱念，魔鬼式的训练整整用了一年。

苦学十年，走遍天下，再学十年，寸步难行。

如果白先勇没有去香港做讲座，如果苏州昆剧院没有派团队去助讲，如果俞玖林没有参加示范演出……当然以后还会出现机会，但是机缘来了，一切都顺理成章地走向成功。

（三）一炮而红，红得发紫

青春版《牡丹亭》上、中、下三本，每晚一本，演 3 小时，能让观众看了上本接着看中本，看了中本追着看下本吗？能！每每是观众看完上本就开始呼朋唤友来看戏，最后一场是爆满加爆满。

幕间曲牌和舞蹈曲牌，有力烘托出剧情气氛。戏中 12 位花神（代表 12 个月的花神）翩翩起舞，舞台的整个气氛随花神而流动、而灵动。

保持着昆曲的老传统，舞台上仍是一桌二椅，因为《牡丹亭》都安排在现代大剧场演，因而桌椅的尺寸加高、加宽，桌披、椅披色泽与剧情相谐，上面精绣花饰。

戏曲界演传统戏基本上都是套用剧团大衣箱、二衣箱里的行头（戏服），而《牡丹亭》中几百套行头都是根据演员量身定做的，不再是过去宽大的行头而是瘦身掐腰，行头的色泽比传统的更淡雅，行头上的花饰都是经验丰富的苏绣师傅一针一线绣出来的，以至于每朵梅花的层次都不一样。白纺绸的水袖加长，把古典水袖发挥到极致。

整出戏的唱念表演承袭经典苏昆，让观众看到、听到原汁原味的苏昆。

2004 年 4 月 29 日，青春版昆曲《牡丹亭》在台北首演，通往剧场的道路两侧全是印有杜丽娘、柳梦梅形象的道旗，剧场外面挂着十几米高的大幅剧照，剧场里座无虚席。

青春版昆曲《牡丹亭》到世界各大重要城市进行巡演，要赢得世界影响力，总是在当地主流社会的大剧场演。

要赢得广大青年人，必须在国内外著名大学的礼堂、会堂演。2005 年 3 月，青春版《牡丹亭》在北大百年讲堂演出，讲堂 2200 个座位，票一下子全卖光了。在四川大学体育馆演出，三场戏每场都有 7000 多位学生观看，每次谢幕达十几分钟。中国科技大学全部是理科学生，本来是 1500 多人的礼堂，结果有近 3000 个学生连看 3 场。

"春梦暗随三月景，晓寒瘦减一分花""欲傍蟾宫人近远，恰如春在柳梅边""是哪处曾相见？相看俨然，早难道好处相逢无一言"……《牡丹亭》的经典语句已是学生的微信语言。

有的学生开始深入研究昆曲走过的几百年的历程：盛时宫廷里巷、京师偏省，到处都有昆曲的妙音，昆曲戏班如云。康熙也是昆曲戏迷，《宫藏清圣祖谕旨》载有康熙谕旨："乾清宫、养心殿、畅春园各处收的做箫笛管子之料，朕记得有来，如今不知还在否？尔等著速细察，若有报上，带来毋误。"

青春版昆曲《牡丹亭》一气在国内外演了360多场，昆曲迅速被青年人热爱、入迷。昆曲青春版《牡丹亭》之轰动、之大红大紫，在当时乃至今日，没有任何剧种的任何一台戏能超越。

三、昆曲进校园，多版本《牡丹亭》上演

好戏的标志在于有大批观众，而且戏能够传唱下去，不是评了奖就踪影不见了；优秀院团的标志是不断出好戏、不断培养出好演员，《牡丹亭》的两位主演都得了梅花奖、被评为一级演员。

戏曲的前途不在"钱"，首先在于有没有观众，没有观众，戏如何演？没有青年观众，戏曲怎么发展下去？如果每个学生能够看一次昆曲，昆曲就会在他们的心中播下一粒种子。

各昆曲院团相继排出了自己的青春版《牡丹亭》，进校园演出。后来还引发了大师版、强强合作版（不同剧团的演员合演）、精华版、园林版的《牡丹亭》。

2017年7月推出校园传承版《牡丹亭》，演员全部来自16所北京高校的学生，苏昆主演对学生票友进行一对一辅导训练，排练了8个月，每场戏的主要角色由几位学生依次饰演（ABCDE制），凡是本校的主演一出场就有雷鸣般的"碰头好"（演员刚一出场时的掌声）。

穿汉服、看昆曲，已经成为十几年来的校园时尚。

国内的各个昆曲院团都有走进大、中、小学的任务，为学生展演昆曲经典剧目，开设专题讲座介绍昆曲的唱、念、做、打，教学生唱昆曲名段，也许有的小学生会成为未来的昆曲人。学校是文化传承的地方，昆曲蕴含中华优秀传统文化的精粹，昆曲进校园功莫大焉。

四、看昆曲大戏，方知春色如许

作为一个剧种，从南方到北方各个地区都有的、影响力横贯东西的，只有昆曲和京剧，不受其他姊妹剧种声腔影响的，仅有昆曲；剧种历史最长而且在文献典籍《永乐大典》中存之有据的，仅有昆曲。

欣赏昆曲是高品位文化享受，随着人们的生活水平、文化水准的不断提高，欣赏昆曲成为一种高雅的时尚。

水磨雅乐，为六百年时光写照；诗赋词曲，为六百年吟唱传神。昆曲精致、典雅、

大美、至美，昆曲是中国戏曲的精华，是人类文化艺术的瑰宝。

深情寄望下一个 600 年，在九州大地上，昆曲依然款款歌吟、悠然曼舞，雅韵沁人心脾，词曲感化心扉。600 年后，人类一定会把昆曲视为千年艺术绝宝。

丝竹声起，穿越时空。同学们、老师们，用晚餐后我们就到剧场去看昆曲青春版《牡丹亭》，在剧场看与电视上看是绝对不一样的，舞台上，演员一投长长的白纺绸水袖，你的心会怦然一动；演员深情的一瞥、浅浅的一叹，你会感喟良久。只有在剧场才会"情不知所起、一往而深"，我要用昆曲的念白真诚地对大家说一声："不到园林，怎知春色如许？"

✈ 8-4 端午民俗研学游

2019 年 6 月 2 日，某中学初一年级的 5 个班进行端午民俗研学游，导游组长郦冰与 4 个同伴导游把研学团从学校带往东山湖旅游度假区，在旅游车上郦导介绍了研学活动的主要内容：讲解端午来历与民俗，学习包粽子，乘龙舟游东山湖，午餐、返校。

到达景区后，每个班各找一个清静所在进行端午知识讲座，郦导带的是初一一班，这个班是尖子班，都是顶聪慧的少年，几天前郦导就为这次讲解做好了充分的知识准备，洋洋洒洒地讲起了端午民俗：

我首先问一位同学，你知道中国古代的四大传统节日都是什么节庆吗？好，这位同学说得非常对，我国古代的四大传统节庆是：过年（1914 年 1 月，民国政府公布公历新年、农历新年不同称呼，公历新年称"元旦"，农历新年称"春节"，1914 年 1 月 26 日，为中国人的第一个"春节"）、清明、端午、中秋。

农历五月初五为端午节。端，在古汉语中有开头、初始之意，古人习惯把五月的前几天分别以端来称呼。端午也称端五，"五"字与"午"字相通，写作文时，你写端午、端五都对。按地支顺序，五月是午月。又因"午"（"午时""午位"）为阳，所以端午节也叫端阳节。

端午节的来历，有好几种说法，影响最广的是纪念屈原说。

屈原五月初五（农历）投汨罗江后，当地人民驾舟奋力营救，人们怕蛟龙和鱼吃屈原遗体，便投五色粽子，屈原是公元前 278 年投江的，纪念屈原的活动已经有 2000 多年了。最近网上有文章说屈原也吃过粽子，这么说，也许春秋时期就有粽子了，战国时有了端午节。

第二种说法是迎涛神说，为纪念伍子胥和孝女曹娥在五月初五尽忠、尽孝，而设端午节。

吴王夫差听信谗言在五月初五下令处死伍子胥，伍子胥不甘受辱，遂拔剑自刎，吴王夫差令人将伍子胥遗体投入江中。

孝女曹娥的父亲在江上打鱼被激流卷走，曹娥在江边哭了 8 天，这天她看到大浪托起一个黑团，疑是父亲遗体，遂五月初五投江要找回父亲尸首。

第三种说法是恶日说。

先秦时代认为五月是毒月，初五是恶日（孟尝君、宋徽宗赵佶就是五月初五所生，他们刚生出来都不被父亲喜欢），为了排毒驱邪，古人在五月初五饮雄黄酒、插菖蒲。

还有夏至说、龙的节日说。

端午节来源最普遍的是纪念屈原说，人们不免有个想法，最早肯定是汨罗江附近的人、屈原家乡秭归县（湖北宜昌）的人乃至楚国人纪念他，但是怎么北方也开始了纪念屈原？首先我们中华民族是一个大家庭，文化就像血脉一样，紧紧地把各地、各族的人民团结在一起。中国的传统节日最早都是约定俗成的，后来经过官府、朝廷认定，皇帝批准才通行于天下。

民以食为天，中国凡是传统节日必有与节日相匹配的美食，端午节最主要的习俗是吃粽子，"粽子"是"众子"的谐音，寓意人丁兴旺。其他端午习俗还有：门上插艾草或菖蒲；给小孩涂雄黄、佩香囊，饮雄黄酒、菖蒲酒以驱五毒（蛇、蝎、蜈蚣、壁虎、蟾蜍），香汤（艾草等煮水）沐浴、赛龙舟（主要在南方）等。

早在春秋时期，通常以牛角祭天、祭祖，用菰（gū）叶包黍米成牛角状，那时的粽子称"角黍"；南方有的地区用竹筒装米密封烤熟，称"筒粽"。

东汉时期虽然外戚干政、宦官专权，国家动荡不安，但随着农业技术的发展，吃粽子已经很普遍了。

晋代，粽子被正式定为端午节食品，王羲之是临沂人，在山东老家时爱吃饺子，后来到了绍兴就开始随当地习俗爱吃粽子了。

唐朝是"天朝上国"，"白莹如玉"的粽子已流传到朝鲜、日本及东南亚各国，日本文献中就有"大唐粽子"的记载。

唐代，粽子已成为网红食品，连唐明皇李隆基也赋诗说端午、夸粽子："四时花竞巧，九子粽争新。"（《端午三殿宴群臣探得神字》）与白居易齐名的大诗人元稹是鲜卑族拓跋氏后人，他也有咏粽诗："灵均（屈原的字）死波后，是节常浴兰。彩缕碧筠粽，香粳白玉团。逝者良自苦，今人反为欢。"（《表夏十首》之十）

我问一下同学们，这些为粽子写诗的人爱不爱吃粽子啊？同学们回答的都很正确，写粽子的诗人肯定都是特别爱吃粽子的。

宋欧阳修虽然是位非常正统的官员，但是他很接地气，他在醉翁亭欢宴宾客"山肴野蔌（sù，菜肴），杂然前陈，太守宴也"，他的《渔家傲》词中咏粽"五色新丝缠角粽，金盘送，生绡画扇盘双凤……"粽子用五色的新线缠绕捆绑，可谓工艺品。欧阳修是一代文宗，追随老师，他的弟子和门生也写了很多咏端午、说粽子的诗，苏东坡就有"时于粽里见杨梅"的诗句，苏东坡诗中粽子里的杨梅不是鲜的，是蜜饯。宋朝"蜜饯粽"走红，粽子有很多种馅儿。

刚才有位同学问我弟子和门生的区别，由老师亲授业者为弟子，转相传授者、私淑者、老师为主考官时考中者皆为其门生，有些依附名势者，也自称某人门生，但是后来就不严格区分了。

明代早期和中期，端午节时，皇帝要在午门赏赐百官粽子，赐宴，这是有记载的：明成化元年（1465）光禄寺丞顾祯言："往岁元宵、端午等节，赐百官宴……"

清朝宫中非常重视端午节，节令祭神、祭祖，粽子是祭品之一。

宫中从五月初一开始"庆节"，帝后和皇子、公主佩戴香囊，香囊内有朱砂、雄黄、香药，驱瘟辟邪。早、午膳中都有粽子，据说乾隆的膳桌上摆有各式粽子。

虽说端午的祝贺语都是端午安康，但是娱乐活动一点也不少，皇子、公主佩戴丝绸或布做成的五毒、老虎、角黍，互相攀比着。顺治多在西苑（北京北海、中南海）乘龙舟欢宴，康熙往往在避暑山庄过端午节，雍正以后帝后多在圆明园福海观轻舟竞赛。乾隆母亲经常从畅春园来到圆明园观看划船比赛，老太后每每赏赐颇丰，众人皆欢。

《白蛇传》是端午节最好的节令戏，端午时许仙劝白蛇饮雄黄酒，酒后白蛇显出原形，吓死许仙。慈禧时喜欢"外班"演这出戏，所谓"外班"就是社会上的优秀职业演员，宫里的太监演员称为"内班"。

为什么古人爱吃粽子？为什么端午节吃粽子？爱吃是因为好吃。端午节时，天气已经热了起来，需要加强营养，粽子营养丰富、老少皆宜。因为有粽叶严密包裹，放两天也不会坏。

端午节时，全国从南到北、由东至西都吃粽子，2000多年了，端午节时，还没有任何一种食品能替代粽子，粽子是最经典的节日美食。如果评选一种最普遍的节日食品，粽子也是当之无愧的。过年除夕、正月初一，北方普遍吃饺子，但是南方有很多地区不吃饺子。

粽子用的米主要是糯米，糯米味甘、性温，入脾、胃、肺经。具有补中益气、养胃健脾的功效，北方农村因地制宜多用黄黍米包粽子。粽子的馅料多用红枣，历代认为红枣是最好的补品，补气养血，安神健脾，有"日食三枣，长生不老"之说。

元、明时期，粽子叶开始用箬（ruò）叶、芦苇叶、竹叶等，粽子的美味很多是粽子叶带来的。因地区不同，米、馅儿料、粽子叶、粽子形状，都有很大不同，形状有三角形、四角形、尖三角形、方形、长形、多边形等。粽子馅料有红枣、蜜枣、蜜饯、豆沙、杂豆、鲜豌豆、板栗、鲜猪肉、腊肉、香肠、火腿、鸡肉等。

我听我爸爸说，他小时候就特别盼着过端午节，端午前一天，我奶奶下午开始包粽子，晚饭后开始煮，我爸爸负责看煮粽子的大锅，一直要煮到午夜才熟，熟了，有时会偷偷吃一个，美其名曰检验一下熟不熟，端午日的早饭就是美味的小枣粽子。

中国各地的粽子各有千秋，我因为是导游，去过很多地方，吃过各地的名粽，例如湖南汨罗粽子（又称汨罗角黍，肉粽）、广东什锦咸粽、山东黄米粽子、苏州枣泥粽子、福建烧肉粽子、海南定安粽子（馅料有猪肉、火腿、香肠、咸鸭蛋黄等），许多粽子都获得了"国家地理标志证明商标"。

现在我给大家说两款名粽：

南宁凉粽　南宁传统风味食品，凉粽选用上等香糯米，不加辅料。因为南宁端午节时气温已经很高，吃前把粽子在凉水里"拔"一会儿，剥开粽叶，露出了白玉脂滑的内瓤，蘸上蜜糖，咬上一口顿觉清香甜糯，凉凉的粽子Q弹，吃了还想吃。

凉粽中最有名的是苏木灰水粽（苏木是中药材，有活血化瘀的功效），因为苏木珍贵，改用稻米秆烧成灰，用滤过的灰水浸泡糯米，现在为了省事就直接用淡碱水了。凉粽大多包成长条状，三指宽一掌多长。

南宁过年时就不吃凉粽了，那时有鲜肉粽、特大八仙粽、板栗虾米粽、花腩板栗粽……粽子包成枕头状，有五斤、三斤、一斤半一个的，小粽子很少。

南宁过去用芭蕉叶、荷叶、棕叶包粽子，现在很多芭蕉林、棕树林都被房地产商铲平盖楼了，就多用荷叶、竹叶、箬叶包粽子。

2000年南宁曾出过世界粽王，吉尼斯纪录这样记载：

粽王（吉尼斯世界纪录）产生在2000年南宁国际民歌艺术节、广西（南宁）旅游美食节期间，南宁明园。粽王共用了20多口大缸、550公斤糯米、150公斤的五花肉、500公斤绿豆、150公斤板栗、10公斤虾米、10公斤冬菇和7.5公斤粽酱，连包带煮共花6天时间。此外，为煮这只巨粽，南宁化工集团机械厂特制了一口长3.5米、宽2.6米的巨锅。共有3000多人品尝了这只巨粽。

嘉兴肉粽　嘉兴是中国的"粽子之乡"，嘉兴盛产稻禾，为汉唐的"天下粮仓"，嘉兴的黑毛猪皮薄肉香，为嘉兴肉粽提供了充分的食材。

中国自古"食不厌精，脍不厌细"，有着悠久的点心文化，明清以来北方是"官礼茶食"，南方则是"嘉湖细点"，嘉兴粽子成为"嘉湖细点"之一。

嘉兴鲜肉粽糯而不糊，肥而不腻，香糯可口，咸甜适中，风靡中国，有"东方快餐"之称。千百年来，包粽子、吃粽子，不是嘉兴人儿时的记忆，而是每个嘉兴人终生的事。全国各地基本都是在端午节包粽子、吃粽子，但是在嘉兴是天天包粽子、吃粽子，许多人的早餐就是粽子。嘉兴每一条街巷都有卖粽子的铺面，每一个餐馆都有自己的招牌粽。

凡是来嘉兴的游客没有不吃嘉兴肉粽的（少数民族吃甜粽子），没有不买粽子带回家去的。为了满足国内外宾客的需要，嘉兴已经有了好几家大型工厂进行工业化生产，糯米（包括浸泡方法和时间）、猪肉（肥瘦如何搭配、如何入味）、粽叶、包粽子的绳（绳长）、煮制时间等都有固定标准。

嘉兴在每年初夏都会举办中国嘉兴粽子节，有粽子擂台赛、包粽子表演、百粽宴、参观粽子博物馆和龙舟赛等民俗活动。

一种风俗食品，是美味，更是浓郁的民情世风。

一会儿我们去宴会厅包粽子，馅料有红枣（红线捆扎）、蜜枣（黄线捆扎）、花生红豆（花线捆扎）、豆沙（黑线捆扎）、蜜饯八宝（黑线捆扎），在宴会厅我和两位阿姨一起教同学们包粽子，每人包两个，我们班42人，分5组，每组包一种馅儿，包好了阿姨验收，大锅煮上粽子以后，我们去乘龙舟。

在包粽子时，同学们都认真学习、小心操作，许多同学心灵手巧，粽子包得有模有样。一班班长尹灏为说："我爸爸说从小就要学习厨艺、做家务劳动，一个懒惰的人是做不好任何事的。"

每班乘一艘龙舟，龙舟稳稳地行驶在东山湖中，郦导教给同学们两首写端午的诗：《乙卯重五》陆游："重五山村好，榴花忽已繁。粽包分两髻，艾束著危冠。旧俗方储药，羸躯亦点丹。日斜吾事毕，一笑向杯盘。"（端午节，火红的石榴花开满山村。吃粽子，高冠上插艾蒿。按照习俗储药、配药，为的是这一年能平安无病。忙碌完已是太阳西斜，高兴地喝起酒来）

《端午即事》文天祥："五月五日午，赠我一枝艾。故人不可见，新知万里外。丹心照夙昔，鬓发日已改。我欲从灵均，三湘隔辽海。"（五月五日端午节，君赠我艾草。故去的人已看不到了，新结交的朋友在万里之外。往日一心思念为国尽忠，现已丝丝白发。我欲效法屈原，但是与汨罗江相隔甚是遥远）

能背上一首，或者完整讲解的同学都得到了小奖品——端午香囊，同学们非常高兴，班长尹灏为还即兴为大家朗诵了苏轼《赤壁赋》中的句子："浩浩乎如冯（凭）虚御风而不知其所止，飘飘乎如遗世独立羽化而登仙……惟江上之清风，与山间之明月，耳得之而为声，目遇之而成色，取之无禁，用之不竭。"

龙舟行驶了 80 分钟，下船前郦导说："各位同学，一会儿我们就要去用端午餐，用餐时还有意外惊喜。"

这些学生度过了一个文化的、心旷神怡的端午节。

✈ 8-5 中秋之夜

导游说月饼

凡临近节日，旅行社总是要制定出新颖的旅游线路以吸引游客，"节事旅游""节日旅游"越来越火。

2019 年 9 月 11 日上午，导游赵越超来到旅行社报账，段总说："后天，邯郸有一自驾车二日游的 VIP 团来咱们卫辉过中秋节，顺便看看牧野之战的地方，8 个家庭 29 个人，组团社说团里有好几位邯郸的'人物'，你一定要讲好、服务好。中秋节晚餐是中秋宴，组团社要求在院子里摆桌，边就餐边赏月，你要和度假村的餐厅细细落实一下。"

赵导领了计划，给全陪李媛媛打电话，问她这个团的情况，李导说："赵导您好，我是个兼职导游，本职工作是中学的语文老师，去年刚考的导游证，导龄还不够一年，我带团没经验，这个团您得多操心。"

吃晚饭时，赵导对妈妈说："妈，您不是邢台人吗？您知道邯郸人怎么过中秋节吗？"赵妈妈说："怎么，中秋节你带团？不是说好了中秋节咱们去看你爷爷奶奶吗？现在的游客可怪了，大过节的都不在家好好休息，出去旅游乱逛一气。"赵爸爸说："大超，社里安排了就带团，家里的事都是小事。"赵导对妈妈说："妈，现在人们都是趁着节日全家一起去旅游，离开惯常居所，到外面看看新鲜的环境，现在旅游不像过去就是为了坐飞机、看风景、住酒店，游客就是为了放松一下身心，甚至有的游客就是想呼吸新鲜空气，当然最好还能获得一些文化情趣。旅行社在微信平台、公众号发布线路消息，为了组团、接团都要拿出全身解数，个性化的定制线路特别受欢迎，我们导游也得提供有针对性的服务。"

13 日 12∶20，赵导在卫辉市高速路口顺利接到了旅游团，旅游团先在卫辉塔岗水库用农家餐，整个下午在水库景区游玩。

　　旅游团入住在临近水库的度假村，度假村里树林阴翳，鸟鸣啾啾，空气湿润清新，环境幽雅。两位导游合作很快就分好了房，发房卡前赵导对大家说："从出发到现在整整一天了，大家入住后先洗洗澡、换换衣服休息一下，18：45 开餐，中秋之夜要大快朵颐。"

　　晚餐的餐桌摆在院子里，每个餐桌都铺着雪白的台布，甚是整洁卫生。18：30 游客就纷纷落座了，赵导所在旅行社的段总来看望游客："热烈欢迎邯郸的朋友们来卫辉过中秋，大超是我们卫辉市的网红导游，他会陪伴大家度过一个美好的中秋佳节，我今天给大家带来两包豫北的特色茶：卫辉的卫红花茶和怀庆府（焦作）的珍珠菊花茶，待会儿赏月时请大家品茗。"

　　段总看到这里工作一切顺利就开车回去了。

　　中秋宴很丰盛，很多河南特色餐都上了，如糖醋鲤鱼（水库鲜鱼）、套四宝（鸭套鸡、鸡套鸽、鸽套鹌鹑）、灌汤包（如同盛开的白菊花），餐厅自制的酱牛肉、烧鸡等都上了，主食多种，还上了花生糕（河南特产）、油酥烧饼，游客说这么丰盛的佳肴美味真是月宫美食。

　　赵导笑吟吟地说："大家都知道伊尹辅佐商汤（成汤）打败了暴虐的夏桀，伊尹最初是成汤的厨师，他说：'鼎中之变，精妙微纤，口弗能言，志弗能喻，若射御之微，阴阳之化，四时之数'（鼎中的味道变化，精妙细微，口说不出，心思也比喻不出来，如箭术、骑术之妙，阴阳变化，四时运行），伊尹由厨师变为成汤之王师，被后人尊为'厨祖'之首（厨祖还有彭祖、易牙、汉宣帝），伊尹是河南杞县人，河南亦为美食大省。"

　　晚餐后，赵导走到三桌前面宣布"中秋赏月开始"，服务员开始上月饼、水果，沏茶。

　　赵导说：中国有四大传统节日：春节、清明、端午、中秋。八月是秋季的第二个月，所以称为仲秋，民间则称中秋。春秋时代，帝王就已开始祭月、拜月了。

　　一年 365 天，只有中秋之夜亿兆百姓共同赏月，赏月是一种文化情怀，吟咏月亮的古诗文、传说故事远远多于太阳；中秋赏月是浓浓的诗意，庆祝丰收，庆贺团聚，无论我们生活在哪里，无论生活环境、文化状况，中秋给予的总是温馨。张九龄《望月怀远》说得好："海上生明月，天涯共此时。"

　　中秋的故事很多，最著名的是"嫦娥奔月"，我们河南是戏曲大省，中秋节这天舞台上演出"嫦娥奔月"，月宫中兔爷、兔奶奶领着一群小白兔翻跟斗（展演武功）迎接嫦娥，特别好看。中国的农村、县城保留着浓郁的乡俗民风，过节一定要演戏，节令和节气以及相应的庆祝活动都是祖国的优秀传统文化，最早记载八月十五中秋节的文字见于《唐书·太宗记》。

唐朝许多诗人直接以八月十五为题赋诗，杜甫有《八月十五夜月》、刘禹锡有《八月十五夜玩月》、白居易有《八月十五日夜湓亭望月》等。

北宋年间中秋节已成为仅次于元旦的盛大节日，赏月的时候吃月饼、赏桂花、尝鲜果。

卫辉有几位远古大英雄：共工、比干、姜太公（姜子牙），今天我们实际上是与卫辉的古代先贤共赏明月。

为了给大家助兴，我提议让全陪李老师给大家朗诵苏东坡的《水调歌头·中秋》，就是"明月几时有？把酒问青天"那首，请大家打开手机点开苏词原文。

全陪李导说："能陪伴各位游客过中秋，我特别高兴，感谢赵导，按照段总的叫法，感谢大超处处帮助我。苏东坡的中秋词，我来背诵，请大家看手机上的苏词原文，看我背的是否有差错。"

李导动情地吟诵着："……我欲乘风归去，又恐琼楼玉宇，高处不胜寒。起舞弄清影，何似在人间……"

一位上小学的游客说"我也背诵一下李白的'床前明月光'"，大家热烈鼓掌，鼓励这个小学生。

游客崔总说："大超，人帅，声音好听，是否也朗诵一段啊？"赵导说："我向李导学习，我背诵苏轼的《前赤壁赋》。"

《赤壁赋》全篇529字，赵导背诵得一字不错，大家热烈鼓掌。崔总拉着长腔说："我怎么记得有两处苏东坡是这样写的：月出于水库（东山）之上，徘徊于斗牛之间……客喜而笑，洗盏更酌，月饼丰盛（肴核既尽），杯盘整洁（狼藉），相与枕藉乎客房（舟中），不知东方之既白。"大家听完捧腹大笑，开始把崔总叫崔东坡了。

崔总说："大超，餐厅提供了好几种月饼，给我们介绍一下吧。"

赵导说：明天我们要去的淇县，古称朝歌，是商朝的首都（后来成了周朝最大诸侯国卫国的首都），纣王在朝歌建有酒池肉林，中原地区盛产小麦，那时已有类似月饼的饼团供纣王享用，我揣测中国第一块原始月饼出自我们这个地区。汉宣帝也是厨祖之一，汉宣帝特别喜欢制饼和食饼，据说他有制饼的模具，类似月饼模子。从长安到卫辉，古代就有道路和驿站，卫辉人制饼没准就是长安人教的。

月饼的起源、月饼的故事很多，据说唐高祖李渊与群臣一起欢宴赏月，吐蕃商人进献"圆饼"，唐高祖大悦，指着明月说"应将胡饼邀蟾蜍（月亮的代称）"，圆饼赐赏文武大臣。从此，中秋节吃月饼的习俗就流传了下来。有一年，唐玄宗和杨贵妃中秋赏月，唐玄宗嫌胡饼的叫法不雅，杨贵妃觉得饼如明月，便随口说出"月饼"一词，唐玄宗大悦，"月饼"于是定名传开。

岳家军抗金时，沿途百姓箪食壶浆（dān shí hú jiāng），我爷爷说有一年中秋节，岳家军路过卫辉，卫辉人用过年才吃的白面和红糖在大铁锅上烙成一张张的大饼，慰问军士，卫辉做出了最大的月饼，虽然土，但是吃了有劲，河南话是"扛饥"。

元朝末年，苛政猛于虎，朱元璋欲联合各地反抗力量，起义反元，但元军搜查严密，无法传递消息。中秋节前几天，军师刘伯温出计，命人做很多月饼，把写有"八月十五夜起义"的纸条藏入月饼馅心，以中秋送礼为名，把月饼分送到各地起义军中。朱元璋推翻了元朝之后，念念不忘巧借中秋月饼传递信息，大肆庆贺中秋，特赐各地文武百官于中秋放假一天，京师的官员最幸福，内官（太监）会在午门把皇帝赏赐的月饼发下来。

在福建沿海一带，中秋佳节吃"光饼"，这是大有来历的：明嘉靖四十一年（1562），倭寇进犯福建沿海各地，倭寇声势浩大，兵部左侍郎胡宗宪令浙江的戚继光带兵剿贼。戚家军英勇善战大破倭寇，斩首 2200 余级。而后，戚继光乘胜追击，杀至福清，端了倭寇巢穴。倭寇余党慌忙逃窜，戚家军马不停歇，一路猛追，捣毁倭寇据点 60 余营，斩首无数。经过几番战斗，闽广一带的倭寇几乎被戚家军杀光。福建沿海的老百姓感谢"戚家军"保家卫国，于是家家户户制作可口的饼食送到军中，为了战士行军作战中携带方便，在制饼时，特意在中间留有一圆孔，制得后用绳串起来，为铭记戚继光的功勋，称之为"光饼"。这次抗倭后，数十年的和平、安定局面在福建沿海出现了，所以那里的人民每到中秋吃"光饼"。

康熙和乾隆都曾六下江南，每次都是正月出发，农历四月或五月初回到北京（乾隆第五次下江南是正月十二出发，五月初九回到圆明园），虽然他们祖孙俩没有在江南过过中秋节，但是在扬州、苏州时，晚间点心都有苏式月饼，我听苏州导游说，乾隆爱吃苏州的椒盐月饼。

大江南北的月饼各有千秋，月饼按产地分有广式、苏式、京式、宁式、潮式、滇式等。口味有甜味、咸味、咸甜味、时髦口味（巧克力味、水果味、外国风味）；馅心有五仁、豆沙、莲蓉、椰蓉、枣泥、玫瑰、黑芝麻、鲜肉、火腿、叉烧肉、蜜饯等。按饼皮分则有浆皮、混糖皮、酥皮三大类。就造型而言更是多种多样。

这两款是广式月饼，广式月饼的特点是皮薄馅大、软糯细腻、图案精致。口味有咸、甜两类，代表有云腿月饼、叉烧腊肠月饼、双（蛋）黄莲蓉月饼、椰丝莲子月饼、特大月饼等。

这两款是苏式月饼，苏式月饼源于唐朝，盛于宋朝，苏州为原产地。甜味月饼以烤为主，咸味月饼以烙为主。代表有松仁枣泥月饼、甜腿（火腿）百果月饼、猪油夹沙（豆沙）月饼、椒盐月饼。北方称苏式月饼为翻毛月饼，皮儿雪白，层层皮薄如纸，盖着红戳，特别精神。

这两款是京式月饼，代表是自来红和自来白，馅心有芝麻、花生小颗粒、核桃仁、瓜子仁、青梅、冰糖渣、青红丝。清乾隆二十八年（1763）在避暑山庄烟波致爽殿祭月时用的就是自来红。慈禧太后是个铺张的人物，她在颐和园的排云殿举行祭月，祭品有各种果品、七节的大藕，主祭品是御膳房制作的直径达到数尺的超大月饼，月饼皮上刻印着广寒宫、飘飞的云朵、桂花树、嫦娥、玉兔捣药等图案，有经验的厨师分析这种月饼是京式月饼中的提浆月饼，皮厚馅小。

时间过得真快，不觉间已经快 9 点了，赵导说："中秋夜宴的最后一个节目就是自由活动，您或漫步或在客房都可以看到成群的萤火虫在皎洁月光下翩翩飞舞。明早 6：30 用早餐、退房，我们 7：40 出发。"

游客崔东坡诗兴大发，高声吟哦："温馨乎而愉悦哉，得之于心而寓之于景也。（学《醉翁亭记》）噫，微斯人，吾谁与归？时 2019 年 9 月 13 日。（学《岳阳楼记》结尾）"

崔夫人笑着说："老崔，今晚月中嫦娥要和你对诗，快想几首，别老抄袭古文啦。"

卫辉的中秋之夜，真的很美。

✈ 8-6 思茅问茶

甘肃银川市某中学的高二学生研学团来到西双版纳首府景洪市，第二天的行程是"思茅问茶"。思茅，现称普洱市，从景洪到普洱大约 165 千米，五辆旅游车上的地陪都在利用行车时间进行"茶文化"的介绍，一号车的地陪李旭玲是高级导游，她为学生讲起茶文化：

大家上午好，多年来茶文化一直是高雅文化，我的讲解浅薄简略，还请各位老师、同学多批评指正。

一、茶的悠久历史

中国有四大特产：瓷器、茶叶、丝绸、中药。

茶树出现在地球上已有七八千万年的历史了，但是茶的发现和利用却是几千年前。远古时代先民常常生病，为了寻找草药、体验药效，神农氏（炎帝）每天亲尝百草，中毒多次，每每以茶叶解毒。炎帝死后葬于湖南茶陵县，茶陵是中国唯一以茶命名的县。

公元前 1046 年，牧野之战，周武王打败商纣王帝辛，巴蜀各国纷纷向周武王进贡茶叶。

成书于春秋时代的《诗经》："谁谓荼苦，其甘如荠。"出现了最早的"荼"（茶）字。"荼"，过去曾解释为野菜、茅草等，1990 年在一座东汉晚期砖墓室出土了一个青瓷贮茶瓮，瓮的肩部有一个"荼"字，说明"荼"乃茶也。

春秋时代，晏子历任齐灵公、庄公、景公三朝，辅政 50 余年，他"食脱粟之饭，炙三弋五卵，茗茶而已"，饭菜节俭，但仍喝茶，说明了茶已是社会大众的饮料。

隋文帝杨坚未成大业时，因做梦头痛不已，一天偶遇僧人，僧人言："山上有茗草，煮而饮之当愈。"茗草就是茶，头痛病就在饮茶中逐渐痊愈了，当时流传着一首《茶赞》："穷春秋，演河图，不如载茗一车。"

唐代是我国茶叶和茶业生产技术获得空前发展的一个时代。唐代的茶法、茶道、茶艺，茶学著作以崭新的面貌、精湛的艺术呈现在世界面前。唐玄宗著有《开元文字音义》（已失传），玄宗御撰"茶"字，代替了"荼"字。

陆羽的《茶经》一出，天下争学茶事，茶之有书，始于中国，中国茶著，始于《茶经》。关于茶的种植、采摘、制作、焙干、煮饮、品尝、器具，都是陆羽亲身所历。民风、意趣、禅机、史料、逸闻、包罗万象于一书。《茶经》堪称中国及世界第一部茶之百科全书。

唐朝的茶商众多如过江之鲫，他们从遥远的茶山贩茶，远销到全国各地，《琵琶行》诗云："商人重利轻别离，前月浮梁买茶去。"

吐鲁番地区唐代出土文物中有一幅绢画《对弈图》，主宾下棋，侍女手托茶盘准备献茶，饮茶在新疆已成风尚，文成公主也把茶叶和饮茶之法带入了西藏。

唐朝诗人乐趣高雅，他们烹茶待客、吟诗对句，白居易《闲眠》"尽日一餐茶两碗，更到无所要明朝"，《问刘十九》"晚来天欲雪，能饮一杯无"？

茶树生长在温暖、湿润、雨量充沛、酸性土壤的丘陵山野地带，巴蜀地区是茶叶的发祥地，宋朝开始，由于种茶、制茶技术的推广普及，我国东南方以独到的气候水土条件，逐渐成了主要产茶区。

宋朝是一个追求享受的朝代，"采摘之精，制作之工，品第之胜，烹点之妙，莫不盛造其极"。"茶皇"宋徽宗赵佶，著有《大观茶论》，他煮茶、点汤、击沸，手法独到。

惊蛰前后茶树发芽，采茶的时间以夜露未干为佳，此时茶芽浸润。上等茶芽如雀舌（鸟的舌头）、谷粒、瓜子，其中精品"仅如针小"又称水芽。一芽一叶，谓一旗一枪，二叶为中芽，三叶四叶为老芽。一斤雀舌有嫩芽7万余，饮雀舌先冲开水后放茶，先看后饮，杯口云雾萦绕飘忽，品之似淡实浓，茶香沁人心脾。

茶坊、茶肆、茶楼、茶屋、茶棚、茶舍充斥于市井四隅，《清明上河图》凡繁华之处必有茶坊酒馆。宋代兴盛"斗茶"，一竞汤色，二赛汤花，"斗茶"在唐代称"茗战"。

明代兴起喝散茶，散茶保持着更多的茶香。

清朝皇帝都爱喝茶，《清稗类钞》载：光绪"晨兴，必尽一巨瓯，雨脚云花（茶的品种），最工选择"。

二、茶叶类别

茶叶大致分为7类：

（一）绿茶

绿茶为不发酵的茶，特征是清汤绿叶，绿茶制作分杀青、揉捻和干焙三个工序。中国绿茶在世界上处于领先地位。无论品种、质量、数量都占有绝对优势。

江南多名士，绿茶的冠名皆文雅，名品有：西湖龙井、太湖碧螺春、黄山毛峰、庐山云雾、蒙顶甘露（四川雅州）、太平猴魁（安徽太平县）、六安瓜片（安徽六安）等。

（二）红茶

红茶是全发酵茶，特征是红汤红叶。

红茶大约产生于清朝道光年间，传说一支军队路过福建崇安星村，占据了茶厂。一口袋一口袋鲜嫩的茶叶被军士们用作床铺，由于军士们睡觉时压着，身体温度散发，这些茶叶颜色变了、形也变了。军队走后，茶厂老板不忍糟蹋了这些茶叶，赶紧烘制，看看是否还可利用，烘制后试冲了一下，味道挺好。但是本乡人是不认这茶的，福建商人的头脑十分活络，他就把茶运往福州，托洋行试销。这种特殊气味的茶竟然引起了外国人的青睐。目前世界上产量最多、销量最大的就是红茶。红茶的特点为汤色鲜艳、香气浓厚、口感刺激。

红茶有小种红茶、工夫红茶、分级红茶（红碎茶），目前世界上的红茶以颗粒状的"红碎茶"为主。

（三）乌龙茶

乌龙茶也称"青茶"，为半发酵茶，色泽砂绿，主要产自福建武夷山、安溪等地，岩岩有茶，无岩不茶，范仲淹云："溪边奇茗冠天下，武夷仙人自古栽。"名茶有铁观音、武夷岩茶（含大红袍）、广东凤凰单枞、台湾冻顶乌龙等。

苏东坡在《咏茶》诗中赞武夷岩茶："武夷溪边粟粒芽，前丁后蔡相宠嘉。"丁即丁谓，北宋大学士曾任户部尚书。蔡是蔡襄，翰林学士曾任三司使（管理财政），书法家、文学家。

大红袍的得名之一是：江西崇安县令患病，久治不愈，武夷山一僧人攀上山崖采茶，嘱县令每日多饮，县令痊愈后被连拉带拽地爬上山崖，将红袍官衣披在茶树上以谢救命大恩。

大红袍为清朝立过汗马功劳确是真的事。据传，洪承畴文韬武略，皇太极命令战场上只许生擒，不准死捕。明崇祯十五年（1642）农历二月十八日，洪承畴兵败松山，被押往盛京（沈阳），洪承畴决意殉国。谋士为皇太极献计，派俊童白如玉去服侍洪承畴，白如玉为洪承畴梳头洁面，洪承畴有洁癖更有茶癖，白玉如奉上一壶大红袍，俊童劝饮，一盅，乡愁悲催，二盅，滋润肺腑，三盅，萌发求生，洪承畴终于降清，柱石既倒，大明朝很快就灭亡了。

铁观音"美如观音重似铁"，冲泡后汤色金黄，有独特的兰花香，回味悠长，陆游曰"舌根常留甘尽日"，品饮铁观音时讲究用小巧别致的茶具。

（四）白茶

东汉时期，书生尹珍拜谒儒学大师许慎，被门丁拒之门外，尹珍饥渴难忍，于是在门外嚼起随身带的土茶，片刻，茗香袅袅飘进府中。许慎闻之，邀尹珍入书房，尹生说这是家乡的白茶，以余茶为敬，冲泡后汤色碧绿明亮、茶香清芬，品之偶有淡雅苦味，口中生津。

福建关棣县向宋徽宗进贡白毫银针，"喜动龙颜，获赐年号，遂改县名关棣为政和"，宋徽宗在《大观茶论》中讲述了白茶。

白茶属于微发酵茶，不经杀青或揉捻，只经过晒或文火干燥后加工，由于成品茶的外观多呈白色，故称白茶。

白茶的名品有白毫银针、白牡丹、寿眉、贡眉等。

（五）黄茶

黄茶属于轻发酵茶，在加工过程中有"闷黄"工艺，黄茶的品质特点是"黄叶黄汤"。湖南岳阳为中国黄茶之乡。黄茶分为黄芽茶、黄小茶、黄大茶。黄芽茶名品有君山银针、蒙顶黄芽、霍山黄芽。

（六）紧压茶

中国西北、西藏地区畜牧业发达，日食多乳、肉，"一日无茶则滞，三日无茶则病"。马帮将茶叶运到边疆，为适应远途运输，经久不坏、压缩体积，茶农制作了紧压茶。按压造成型的形状和装压方式有砖茶、沱茶、饼茶、方茶、篓装茶等。名品有湖南安化茯砖茶、云南下关沱茶、四川南路康砖、湖北老青茶、广西六堡茶等。

（七）花茶

茉莉花茶又叫茉莉香片，茶胚为绿茶，已有1000多年历史。茉莉花茶发源地为福州，茶香与茉莉花香交互融合，有"窨得茉莉无上味，列作人间第一香"。中医认为香气能通经络、驱邪，如"藿香正气水"，宋朝时太医兴起把香入茶，茶能够解百毒，在福州本土话中，茶和药同音。宋代时有几十种香茶，经过时代变革，只剩下五六种，如茉莉花茶、珠兰花茶、玫瑰花茶、桂花花茶等，茉莉花占比96%，以至于一说花茶就被人认为是茉莉花茶。

慈禧太后对茉莉花有特殊的偏爱，慈禧认为自己的肌肤与茉莉花一样似凝脂如皓雪，于是规定旁人均不可簪茉莉花。外国使节和其夫人到中国时，慈禧就经常将茉莉花茶作为礼品送给这些人，所以在慈禧掌权的几十年间，茉莉花一直高贵无比。清朝时北京黄土岗专有许多莳弄茉莉花的花把式。

茉莉花具有晚间开放吐香的习性，鲜花一般在当天下午二时以后采摘，采收后摊凉，促进开放吐香。一层茶、一层花，相间3~5层，开始窨茶，让茶吸附茉莉的香气，窨制10~12小时后，进行起花，烘焙排除茶叶的水分，好花茶要多次窨制，最后把茉莉花筛拣出去。

1866年后，福建茉莉花茶开始大量出口到欧洲。

莉花茶香气鲜灵持久、滋味醇厚鲜爽、汤色黄绿明亮，具有安神、解抑郁、健脾理气、抗衰老、提高机体免疫力的功效，"茶味、花香、药性融一体"。

因为慈禧爱喝茉莉花茶，皇族、旗人乃至北京人纷纷跟风，北方很多地区喝茉莉花茶。北京茶叶厂在窨制茉莉花茶时还有一道工序,用红香蕉苹果窨制一遍,茉莉味道更清香。

三、普洱走红

祖国南、北、东、西各城市的茶叶城,大部分商铺都在销售普洱茶,香港地区居民特别钟爱普洱茶,普洱茶第一是好喝,第二是减肥效果好。

普洱得名并不是因为茶叶产于普洱,普洱是云南思茅地区的一个县名,是普洱茶的主要集散地(交易区)。

唐樊绰《蛮书》载"茶出银生城界诸山",银生城界诸山就是西双版纳茶区。南宋李石在《续博物志》中说"西藩之用普茶,已自唐朝"。唐朝时,普洱茶不仅销售到青藏高原,还远销到云南毗邻的国家。明谢肇淛在《滇略》中说:"士庶所用,皆普茶也。"

美丽的西双版纳属于边缘热带,四季如春,雨水充沛,土地肥沃。高山、丘陵、河谷地势交错,十分利于茶树生长。勐海县一年有雾可达300天,"雾锁千树茶,高云开万壑",从2月上旬到11月下旬,茶芽萌发七八轮。

茶树是多年生常绿木本植物,大部分为灌木型、小乔木型,而普洱茶树却是高大的乔木型。

勐海县的茶叶产量最高、质量最好。勐海县东的南糯山所产普洱茶最优。南糯山有一棵"茶树王",树高6米,树幅10米,主干直径1.4米,两人合抱不住,树龄已达800多年,现已列为国家重点保护文物。特优级别的普洱茶都是选用生长在海拔1800米以上原始森林中的古茶树鲜叶,手工精制而成。绿茶当年是宝,隔年是草,而普洱茶却是久存不变质,越陈越香。

雍正年间设普洱府后每年要向清廷进贡普洱茶千斤,乾隆第一次喝普洱茶时赞道:"圆如三秋皓月,香于九畹之兰,滋味这般的好"。普洱茶"饮之味极浓厚,较他茶独胜",清廷给外国的礼品中就有普洱。皇族、贵胄皆以普洱茶为茶中上品,《红楼梦》"寿怡红群芳开夜宴"所沏的茶就是普洱茶。

北京故宫现存有普洱茶70余件,其中有七子饼、茶膏和团茶,一套七子饼茶只算一件,目前收藏在地库。

1942年宋美龄女士到美国,由于中国在第二次世界大战中的重要作用,罗斯福总统和夫人隆重地接待宋女士,宴会上总统夫人捧出了一些黑乎乎的东西,说这是贵国100多年前的茶叶,是我们美国政府珍藏的,总统夫人捧出来的就是普洱茶。

普洱茶有生、熟之分，生普洱是传统自然醇化的普洱茶，熟茶是毛茶经过渥堆工序，通过湿热作用醇化的普洱茶。生普洱茶有"杀口"感，熟普洱茶的口感则更为醇厚滑顺。生普洱茶泡出来的茶汤呈黄绿色，熟普洱茶的茶汤则是深红色。

四、生活不可或缺是饮茶

百姓的生活离不开柴、米、油、盐、酱、醋、茶，柴、米、油、盐、酱、醋的使用是有时间段的，只有茶是从黎明即起到夜深人静都在享用的。

当你渴了、累了，茶有生津止渴，恢复气力之效。当你心情不佳，饮茶可以舒缓烦躁、怡情解郁。冰天雪地北风怒号，带着一身寒气回到家中，一杯烫烫的热茶是最好的暖身之物。

饮茶健身，唐大中时，洛阳一僧觐见宣宗，宣宗知他已130岁便问："服何药？"僧答曰："素不知药，惟嗜茶。"苏东坡在杭州为官时，有一次得了感冒，他想与其恹卧不如出游，便邀诗友，遍访西湖一带的佛寺。每到一寺喝茶吟诗。走路出汗，喝茶去火，感冒就在喝茶中痊愈了，为此苏东坡诗云："何烦魏帝一丸药，且尽卢仝七碗茶。"卢仝是唐朝诗人，他在《走笔谢孟谏议穿新茶》（《七碗茶歌》）诗中写道："一碗润物喉，两碗破孤闷，三碗搜枯肠，四碗发轻汗，五碗肌骨轻，六碗通仙灵。七碗吃不得也，惟觉两腋羽清风生。"中国将88岁称为米寿，108岁称为茶寿。

其实人们喝茶时，往往并不是为了解渴，也不是因为矿泉水寡味而喝茶水，饮茶是一种消遣、一份休闲，喝好茶就是自我款待，有时闻一闻茶香，有如读了一首唐诗，茶给予的优雅与熨帖只有饮茶人自知。

古人云嗜茶者应是"佳客"（有文化修养者），欧阳修在《尝新茶》诗中说："泉甘器洁天色好，坐中拣择客亦佳。""古来圣贤皆寂寞，惟有饮者留其名"，李白之"饮者"是饮酒人，我之"饮者"是茶客，饮酒者尽豪放之士，饮茶者多清雅之人。

有人说论及一个城市是否宜居，最真实的指标就是看这个城市有多少茶馆，虽然没有茶馆，人们照样生活，城市照样发展，但是总觉得生活的滋味不足。

四川茶馆天下称雄，成都茶馆川中为王。成都自古就是一个宜居城市，闹市有茶楼，江边竹林有茶棚，竹桌藤椅舒适清爽，茶倌提着壶嘴2尺多长的水壶，远远地给你冲茶续水，滴水不洒，客人坐一天茶馆也不会甩脸色。茶客懒懒地坐在藤椅上，小口啜着清香的茶水，随意翻阅诗书，也可以一边香香地吃着怪味蚕豆，一边和朋友甚至是邻桌的茶客大摆龙门阵，江水汩汩地从脚下流去，在这样的环境中喝的仅仅是茶吗？

茶馆里可以"吃讲茶"，曾有一个小伙子在自家门前的空地摘了一些蚕豆，邻居说摘的是他家的，因为两家的地相连，难以说清楚，于是到茶馆"吃讲茶"。主公道者问双方何时下种，小伙子家晚 20 天，主公道者查看小伙子篮中蚕豆，豆嘴皆嫩绿，按时节对方蚕豆豆嘴应已黑了，显然小伙子没有偷摘，于是邻居付茶费，敬茶言欢。

在广东使用率最高的词便是喝茶，早茶、午茶、夜茶。一年四季，天不亮便有一拨一拨的人去吃早茶，往往你以为去得早，进得茶楼一看早已人头攒动、座无虚席。走进茶楼，服务生或阿妹便热情地为你张罗座位、收拾桌面，给你递上"茶单"。"茶单"上密密麻麻地列着上百种的点心、菜肴（品类之多有如宴席），茶水是免费的，茶单最下面或者背面才是收费的各种名茶，很多外地游客在想这是"早茶"？分明是早餐之宴啊。

茶壶需要续水，把壶盖架在壶口上则可，不消一两分钟服务生便过来为你续水，在茶楼若喊"续水"，会被视为"土老冒"。

人不能总是拼搏不休，闲适会让你静下心来，审视自己，一杯茶中可饮十年岁月。广东人吃早茶时识朋会友、商定生意。茶在水的浸润下，一点点舒展烫开，生意一笔笔谈成敲定，心随逐渐深入的交谈而豁然开朗。

吃早茶是广东人的生活习惯，也是吸引中外游客的一个地方文化特色。如果没有这么多茶楼，没有每天吃早茶的茶客，那还是广东吗？

福建和广东潮汕地区饮"工夫茶"。"工夫茶"费工夫，先将茶罐（即茶壶）、茶瓯（茶盅）烫过，罐中投以多半罐的铁观音茶，铁观音不寒不热、耐泡。首先罐中冲入开水，谓之洗茶，再冲开水，当即盖盖儿，保全香气。客、主的茶盅拢在一起（4 个茶盅排成方形），主人提起茶壶轮流斟茶（关公巡城），为保持每个茶盅浓淡一致，最后将壶中最浓的茶水一滴一滴地轮流而斟（韩信点兵）。客、主捧茶盅互敬，先闻茶香、小呷半口品咂茶汤，然后徐饮，其实茶盅之茶一口就能喝掉。刚喝过五六泡主人就换新茶重新沏茶，久饮不换新茶为失礼。

香港朋友间相约说"得闲饮茶"，生日宴会称生日茶，买楼宴客称入伙茶，新春宴会称春茶。在香港如有人说请你吃茶，就是宴请你，小费称茶费。

五、茶道与茶礼

唐朝《封氏闻见记》："茶道大行，王公朝士无不饮者。"

茶道的"道"将技艺转为活动着的文化，宋代斗茶，上起皇帝下至民间，茶以"新"为贵，水以"活"为上，汤色鲜白、水痕晚出者胜。

导游说茶道

观茶、沏茶、闻（茶）香、赏（汤）色、品饮，形成高雅的环节。茶品上乘、茶具讲究、冲饮繁复、动作飘逸是茶道的炫彩。

晚唐时日本留学僧人把茶种带回国，种茶成功，宋朝时中国茶道（潮州功夫茶）传入日本，日本茶道仪式感强，为一门高雅的文化艺术活动。

饮茶风靡世界，各国各有饮法与偏爱，茶道因而丰富多彩，茶道展现了对茶的礼敬，形成了修身养性之道。

古代典礼中"献爵"（进酒）可以改用"敬茶"之仪。唐代形成了以茶敬客、以茶会友的习俗，颜真卿《春夜啜茶联句》："泛花邀坐客，代饮引清言。"杜耒（lěi）《寒夜》："寒夜客来茶当酒，竹炉汤沸火初红。"

在拜师仪式上，学生（徒弟）要行敬茶礼，这一茶之敬，终生为徒；在结婚典礼中，新人要向双方父母行礼、敬茶，进入家庭。

茶是最清澄净洁的，从生长之地、采摘、烘焙、贮藏、冲泡到饮喝，都需要特别洁净。

茶要好，茶具宜精美小巧。现在为讲求卫生、观赏茶色，多用玻璃茶具，若用瓷具，花色淡雅的骨质瓷为好。

喝茶是最适宜的待客方式，主人为客人斟茶时，应右手握壶把，左手扶壶盖，斟茶顺序是从最尊者（最老者）开始，顺时针有序进行分茶，不宜"跳位"斟茶。茶只倒七分满，茶满欺客，"七分满"的茶杯不会太烫，方便客人拿起，不至于洒出来。斟完一轮茶后，茶壶最后放在别处，壶嘴不可对着客人。待客期间，有新的客人来访，主人需要及时更换新茶，以表示欢迎新客的来访，二次冲泡后的茶水，要先给新客饮用，视为有礼。

喝酒讲究"感情深，一口闷"，饮茶则讲究细、慢、品，不要一口气喝完。主人续水时，客人经常以"叩指礼"答谢。

我们问茶的次序是这样的：先去参观茶树林，然后到茶厂参观制茶工序，在茶厂品茗大厅品尝几种不同风味的普洱茶，午餐在茶厂餐厅用餐。

最后，我要说个小故事：1000多年前，二僧从远方来到河北赵州柏林禅寺，向禅师请教"何是禅？"师问一僧"曾到此间否？"僧答"不曾到"，师曰"吃茶去"。师又问一僧，僧答"曾到"，师曰"吃茶去！"寺之监院（管事的）问禅师："未曾到与曾到，师皆云'吃茶去'，何也？"师唤监院之名，监院应诺（答应），师亦云"吃茶去"。如何体味"吃茶去"，我们先吃茶去，回头再讨论。